U0506297

韩广峰 著

插图本

# 山海經易读

上海古籍出版社

**图书在版编目（CIP）数据**

山海经易读：插图本 / 韩广峰著. —上海：上海
古籍出版社，2015.8（2018.7重印）
ISBN 978-7-5325-7729-3

Ⅰ.①山… Ⅱ.①韩… Ⅲ.①历史地理—中国—古代
②《山海经》—研究 Ⅳ.①K928.631

中国版本图书馆 CIP 数据核字 (2015) 第 167273 号

**山海经易读（插图本）**

韩广峰 著

上海世纪出版股份有限公司 出版
上海古籍出版社
（上海瑞金二路 272 号　邮政编码 200020）
（1）网址：www.guji.com.cn
（2）E-mail:gujil@guji.com.cn
（3）易文网网址：www.ewen.co

发行经销　上海世纪出版股份有限公司发行中心经销
制版印刷　启东市人民印刷有限公司
开本　889×1194　1/20
印张　18 $\frac{16}{20}$　字数 300,000
印数　8,301—9,600
版次　2015 年 8 月第 1 版
　　　2018 年 7 月第 4 次印刷
ISBN　978-7-5325-7729-3/I·2947
定价　40.00 元

# 前　言

　　《山海经》是上古时代中华先民们在认识世界、改造世界的过程中，所形成的一部里程碑式的百科全书。该书涉及的内容之多、地域之广、时间跨度之大，在先秦古籍中无出其右者；且记载的都是人文之初的事情，是对夏朝以前及夏、商、周三代山川、地理、民族、宗教、博物和一些史实等众多事物的象征性描写。从这个角度讲，《山海经》可以说就是东方的《圣经》，《山海经》讲的是中华先民们创世纪的故事。

　　由于《山海经》记载的时代遥远、跨度绵长，记载的事物庞杂，更加上战乱、秦火，书简错乱，故到汉代时，人们对其内容的释解，就产生了歧异。甚至连《山海经》的创作时代，作者是谁，都无法考察厘清。后世对《山海经》的研究一直薄弱，各代虽然都有能人异士，试图破解此经，当然也取得了一些成果，但仍与原著的真实本意有较大距离。如与同为先秦古籍的《易经》相比，其研究的热度，简直不可同日而语。《易经》研究者趋之若鹜，研究专著上千种；《山海经》研究者则寥若晨星，研究专著更是寥寥无几。

　　是《山海经》的文字诘屈聱牙、晦涩难懂？肯定不是。《山海经》的文字相对浅显，除文中存在一些生僻字之外，连小学生都读得通。当然，读得通与读得懂是两回事。那么，是什么原因造成《山海经》难以让人真正读懂的呢？一是由于受到当时书写材料的限制，《山海经》的记述过于简略。我们知道，上古时期，人们的书写材料主要是龟甲或竹简，书写不易，故记述简略。记载的事物，当时之人可能是明白的，后人便不一定能理解了。二是字意、语意不同。《山海经》的写作时代，文字初备，只是按音署字，字义未定。到秦、汉之时，才按音按义署字，故《山海经》中的字义，与我们现在的字义差距很大。字义一变，语义当然也变。《山海

1

经》中最重要的两个字:"海"、"荒"的字义,都与现在字义的相去甚远了(详见第一编第二章、第三章),成了我们读懂《山海经》的"拦路虎"。三是后人对《山海经》记述的时代的历史、文化不甚了解。《山海经》记述的时代,上至伏羲、女娲,中至炎黄,下至夏、商、周,按郭璞的说法:"盖此书跨世七代,历载三千",现在的人们已经难以对当时的历史、文化形成全面的认识。特别是对这期间发生的炎黄民族融合,现在的人们只知道一些皮毛,对其中的长期性、复杂性,以至于历史的本来面目,我们都难以真正地了解。所有这些都是我们难以真正读懂《山海经》的原因。故本书在析解《山海经》正文之前先写入两编:《掌握解开〈山海经〉密码的钥匙》、《中国上古历史文化述略》,试图让读者对《山海经》的内容、所使用的重要术语和《山海经》所述内容的时代背景,有一个大致的了解,为解开《山海经》正文做好铺垫。

做足功课,做好准备,然后到上古时代做一次穿越——就像我们出去旅游之前做好物资准备、找个导游一样。作者就是想充当这个导游,引领大家到历史长河中作一番畅游。当然由于作者水平有限,故本人的识见未必都正确,只想抛砖引玉,以此书引领更多的学者,观注《山海经》,研究《山海经》,并从《山海经》中汲取营养,古为今用,引导人们创作出更多像《山海经》这样汪洋恣肆、瑰丽多姿、色彩班斓的伟大作品。

# 目　录

# 第 一 编

掌握解开《山海经》密码的钥匙

# 第一章 《山海经》概说

## 一、《山海经》都写了什么

这个题目，实际上也是历代《山海经》研究者研究的题目之一，即对《山海经》这部书的性质作一个明确的判断。这实际上是很困难的，因为自《山海经》刊行以来，后世学者对这部书先后给出过："形法家书"、"地理志"、"小说"、"巫书"、"神话故事"，等等。如果一个个单独拿出来看，恐怕是都对，又都不全。因为这部书涉及地理、历史、民族、宗教、动植物、矿产、医药、科技、历法等诸多方面的内容。近代研究学者，把她列为百科全书，还真不为过。

首先，她是一部山川地理志。《山海经》记述的范围基本是华夏故土的范围，即东到大海，西到天山，南到"两广"，北到蒙古高原。当然，有的记述已经超出了上述范围，如朝鲜、倭国、天毒及一些西域国家，还涉及越南北部的一些区域。书中详细记述了26列山系、550多座山岭（如果包括小山，山岭总数达到5370座，其中产铜之山467座，产铁之山3690座），记载河流258条。除此之外，还记载有山川之间的距离，尽管并不准确，但仍可作参考。

二是，她是古代民族志。从《山海经》中，我们可以看出：中华大地在人文之初，氏族林立、邦国比邻。按照以前公认的说法，《山海经》中共记载邦国（或称方国、诸侯、部族）95个，尽管有一些殊方异国，其他史书并无记载，但确有一些民族，能够与历史上的民族相对应。从近几年的考古发现的情况来看，《山海经》中记载的邦国绝大多数都是真实存在的；过去我们认为不存在的邦国，如白民国、一目国等，现代考古发现也已经证实了她们的存在。可以说，《山海经》为我们了解古代民族的起源与发展，提供了难得的第一手资料。同时，从作者对《山海经》的研究来看，《山海经》记载的族群远远超过95个。

三是，她是一部古代神话传说集。书中记载有"夸父逐日"、"大禹治水"、"精卫填海"、"竖亥测地"、"羲和浴日"等神话故事。《山海经》记载的这些神

3

话传说是我国神话传说的最早来源，也成为后世文学作品的创作源泉。如《列子》、《楚辞》，以及后来的《封神榜》、《红楼梦》、《镜花缘》，等等，都不同程度在《山海经》中汲取了营养。

四是，她是古代的氏族世系表，保留了远古时代的文化气息。全书共记载人物一百多人，叙述的世代关系也很多，有伏羲、女娲世系、炎帝世系、黄帝世系、颛顼世系等等，时间跨度上千年，甚至几千年，我们可以将其与其他史书中的帝王世系相互印证。其中《荒经》中最为珍贵的是记述了帝俊世系，这是其他史书所没有的。所有这些，为我们研究上古时代的历史文化提供了重要的文献。

五是，她是上古时代的巫术、医药书。"医"的本字是"毉"，上古时代巫、医不分，中华医学起源于巫术。《山海经》为我们真实地记录下了上古时代的医师名、疾病名，还有一些中草药及其药理。对于这些中草药，《山海经》往往详细地告诉我们哪些可佩，哪些可食，佩后、食后效果如何。这些虽然只是医药学的萌芽，但中华医药学正是从这样一点一滴的实践、积累的基础上发展起来的。

六是，她是最早的博物书。《山海经》形象地记录物产，记载动物127种，记载植物58种，另外还记载了一些矿产。过去人们总觉得《山海经》荒诞不经，如对动物的记载总是古里古怪，与现实相距太远，但如果你真正地进行深入研究，你会发现：其实《山海经》的记述还是有规律可循的。因为书中的一些动物，分两类：一是现实中的动物。二是抽象为图腾的动物，如多头、多尾、多足、人面的动物，并不是现实世界中的动物，而是由动物抽象而成的图腾。《山海经》中好多地方都是既记物产，又记图腾，即民族。过去人们并没有把以图腾记录的民族统计在内，所以我说《山海经》中记载的民族远远超过95个，原因就在这里。

以上是人们在长期研究《山海经》之后得出的结论。但随着对《山海经》的研究渐趋深入，你会发现：

第七，《山海经》还是上古民族图腾总汇。我们知道《山海经》记述的邦国或民族远远超过95个。应该说《山海经》对这些民族的记述方法分三种：一是真名记录。如朝鲜国、肃慎国、西周国、北齐国。二是以趣闻特点作名记入。如长肱国、女子国、贯胸国、深目国，等等。三是以图腾记录。这一部分量最大，如毕方鸟、三珠树、灭蒙鸟以及蜪犬、大蟹等，这些以动物形象或某种比较抽象的事物形象记录的邦国，都是记录的代表这些氏族或邦国的图腾。有的甚至用图腾记录史实，如"巴蛇食象"，"蛇"及"象"都可能是图腾，即以"蛇为图腾"的蛇氏族打败了"象为图腾"的象氏族。可以这样说，如果将《山海经》中一些难以理解的国名、民族名，或其他事物，把它理解成图腾，就能得到合理解释。

第八，《山海经》还是中华上古科技发展简史。《山海经》中记载了众多的上古时代科技方面的发明人，如弓箭的发明人、舟车的发明人、琴瑟的发明人、歌舞的发明人、牛耕的发明人，以及中华律历的创制过程、创制人或创制部族，还有中华先民对天文、地理的探索过程。这些是《山海经》最精彩的地方。当然，这些记载是《山海经》的作者根据本族的传说记录整理的，有的对，有的不对。但无论如何，记载中的这些人物，确实是对这些发明创造或普及使用有过贡献的。

第九，她是记载炎黄民族融合的历史书。《山海经》最大的写作背景就是炎黄民族融合，书中记载了炎黄民族融合过程中发生的黄帝与蚩尤的战争、黄帝与夸父的战争、黄帝与刑天的战争，以及大禹与共工之臣相柳氏的战争，还有鲧攻程州之战、禹攻共工之战，等等。尽管记载的并不详细，但从不同侧面反映了炎黄融合的长期性、残酷性、曲折性、复杂性，使我们对炎黄民族融合的本来面目有一个大致地了解。

## 二、《山海经》的成书过程及作者

《山海经》的校勘者为汉代的刘歆。刘歆，刘向少子，生卒年代约为公元前53年至公元前23年，是著名的经学家、文学家、目录学家、天文学家。刘向、刘歆父子曾奉命校勘皇家藏书，先后编纂、校勘过多部古籍。《山海经》便是刘歆校勘的古籍之一。

当然，刘歆只是《山海经》的校勘者，但《山海经》的真正作者是谁？写于何时？恐怕永远是个千古之谜。古代学者大多认为《山海经》问世于唐虞之际，为大禹同时期的伯益所作。刘歆在《上〈山海经〉表》中说：

> 《山海经》者，出于唐虞之际。昔洪水洋溢，漫衍中国，民人失据，崎岖于丘陵，巢于树木。鲧既无功，而帝尧使禹继之。禹乘四载，随山刊木，定高山大川。益与伯翳主驱禽兽，命山川，类草木，别水土。四岳佐之，以周四方，逮人迹之所希至，及舟舆之所罕到，内别五方之山，外分八方之海，纪其珍宝奇物，异方之所生，水土、草木、禽兽、昆虫、麟凤之所止，祯祥之所隐，及四海之外，绝域之国，殊类之人。禹别九州，任土所贡。而益等类物善恶，著《山海经》。

刘歆的观点得到了王充的肯定，因此，在很长的一段时间，人们都认为《山海经》的作者是大禹和伯益。到了近代，研究学者认为《山海经》很可能产生于战国至西汉时期，各种假说有"邹衍作说"、"南方楚人作说"、"巴蜀人作说"、"洛阳人作说"，等等，众说纷纭。现在比较认可的一种说法是：《山海经》成书非一时之功，作者也不是一个人，应该是周初到汉代，不同时期的方士、巫师、史官长期编写、补充，才成为现在我们所见到的这个面貌。对此，我的观点是：《山海经》的内容，作为传说或者说作为《山海图》甚古，真可能"古"到大禹治水的时代，甚至更早；《山海经》成书则可能晚的多，很可能形成于战国时期。

另外，还有两点需要说明：

一是人们普遍认为《山海经》成书于《山海图》，是先有《图》后有《经》。最早发现这个问题的是南宋的朱熹，因为他发现《山海经》中有一些描述，都是静止或定格的画面。朱熹的这种认识是对的，但也不能过度解读，把一些富有深意的词语，解读成描绘图画，就不对了。如有人把《山海经》中"有人方耕"、"方浴日"、"方浴月"等，都解释成图画中正在耕地、正在浴日、正在浴月，就不对了。因为这里的"方耕"、"方浴日"、"方浴月"，应是指"刚开始耕地"，"刚开始浴日"，"刚开始浴月"。这是一种新行为的开始，这里的"方"是有深意的，应该理解成"刚开始"，不能理解成"正在"。

二是《荒经》及《海内经》当初并不在刘歆所校勘的《山海经》中，《荒经》及《海内经》应该是独立的系统。《荒经》及《海内经》记载的事物与八章《海经》记载事物差不多，但《海经》中的天帝是黄帝，而《荒经》及《海内经》中的天帝是帝俊，当是分别根据两个部族的传说整理而成的。也许是当刘歆的《山海经》刊行之后，有人发现《荒经》及《海内经》与刘歆的《山海经》内容相仿，便将《荒经》及《海内经》附在了刘歆《山海经》的后面，成了现在十八章的《山海经》。

## 三、《山海经》的重要版本

一般认为，刘歆所定《山海经》是十三篇，这与《汉书·艺文志》的记载是相符的。现行版本《山海经》是十八篇，去除《荒经》和《海内经》后，正好十三篇。故十三篇之数应包括《山经》五篇、《海经》八篇。至于什么时候，什么人把《荒经》及《海内经》合编入《山海经》中的，学界一般认为是晋代的郭璞。

刘歆校定、刊行的《山海经》，曾在朝野引起轰动，但由于《山海经》所记事物离汉代已经非常久远，人们的认识水平有限，再加上随着社会的发展，儒、道两家交替主导东汉及之后的社会思潮，故人们对《山海经》所涉及的神怪、氏族、动物等产生了争论，认为《山海经》是"怪力乱神"之辞。这些因素都对《山海经》的传播产生了很大的负面影响。

重新使《山海经》焕发生机的，是东晋的郭璞。郭璞，字景纯，河东文喜（今山西省文喜县）人，一生以占卜为生。其占卜之余，注解多部古书，其中就有《山海经注》和《山海经图赞》两部关于《山海经》的著作。他根据当时新出土的文献，如《竹书纪年》、《穆天子传》等，对《山海经》所记事物进行注释，使人们又能重新读到并读懂《山海经》。虽然郭璞不可能把《山海经》全部参透，即便是现代人也不可能把《山海经》全部参透，但他确实做了一项非常伟大的工作，因为我们能看到的最早的《山海经》版本就是郭璞的《山海经注》。可以这样说，如果不是郭璞注《山海经》，这部奇书很可能就失传了。

我们现在能看到的比较好的《山海经》版本，还有明代杨慎的《山海经补注》。杨慎是正德六年（1511年）的状元，曾任翰林编修、经筵讲官等。嘉靖三年（1525年）因"讲大礼"忤逆皇帝，被贬往云南。一个学富五车的学者，经过在边疆少数民族地区三十多年的生活历练，其见识自然不凡，因此他的《山海经补注》一出版，便受到了人们的高度重视。他主要做了四个方面的工作：一是对《山海经》中的古文字进行解读、补注；二是以亲身经历说明《山海经》中一些事物的真实性；三是以少数民族的文化习俗，解读《山海经》中一些民族的风俗；四是以纯文学的角度，欣赏《山海经》，这是以往人们所未涉及的。

除上述两个版本外，明清两代还有三个比较好的版本，一是明代王崇庆的《山海经释义》，一是清代毕沅的《山海经新校正》，一是清代郝懿行的《山海经笺疏》。

当代注解《山海经》的最好版本，是袁珂先生的《山海经校注》。袁珂先生是我国当今著名的神话学大师，他用现代神话学对《山海经》进行了全面、系统、彻底的解说，使《山海经》的文学经典地位最终得以确立。

## 四、《山海经》内容的真实性

《山海经》这部书虽然直到汉代才刊行于世，但在这之前，恐怕早有抄本流行了。《列子》、《楚辞》这两部书中虽没提到过《山海经》这部书的书名，但却大量地引用过《山海经》的内容，说明列子、屈原对《山海经》的内容是很熟悉的。第一部记载《山海经》的书是《史记》，司马迁在《史记》中是这样评论《山海经》的："至《禹本纪》、《山经》所有怪物，余不敢言也。"把《山海经》中的某些描述看成怪物，说明司马迁对《山海经》是存疑的。

刘歆的《山海经》刊行之后，关于这部书内容的真实性的争论便没有停止过。尽管刘歆在《上〈山海经〉表》中曾经列举东方朔、刘向用《山海经》识异鸟，识反缚盗械人的例子，但后世很多人仍不相信《山海经》内容的真实性。贬斥者指责《山海经》"语怪"、"百不一真"，不信者恒不信。东晋郭璞在其《注〈山海经〉序》中就说："世之览《山海经》者，皆以其闳诞迂夸，多奇怪俶傥之言，莫不疑焉。"好在郭璞已经有了《竹书纪年》、《穆天子传》这两部奇书，他以之作证据，说明《山海经》内容的真实性。《竹书纪年》、《穆天子传》是《汲冢书》，而《汲冢书》是有晋太康三年，河南汲县人挖掘战国时期魏襄王（一说安釐王）墓所得的十几车竹简编撰而成的。《竹书纪年》记载了上至黄帝、下至战国时魏国的一些历史片断。《穆天子传》则是以周穆王巡游为内容的一部小说，也是我国最早的一部小说。它虽是小说，但由于它记载有大量的古代地名及山水名称，因此在我国地理学上占有重要地位。郭璞就是按照《竹书纪年》、《穆天子传》和其他一些书籍，对《山海经》作出注解，并对其真实性进行阐述。他认为《山海经》的记述都是真实的，他说："若竹书不潜出于千载，以作征于今日者，则《山海》之言，则几近废矣。"使人们又开始相信《山海经》。

后世《山海经》的研究学者及注释者，也都在论证《山海经》内容的真实性方面做出了自己的贡献，都认为《山海经》记载的内容是可信的。特别是进入现代之后，一些新的考古发现的面世使得一些前所未有的证据，摆到世人的面前，使人不得不笃信《山海经》内容的真实性。

这里有的读者可能会问：既然《山海经》的内容是真实的，那么为什么书中会出现很多神话的内容？我觉得这可能是作者在记述这些事物时，神话传说已经在民间流行了一段时日，《山海经》的作者们只是真实地记录了这些神话传说。这些神话的产生，多数是由一些语言的异化造成的，如生十日，生十月有二，便是天上有十个太阳、十二个月亮的神话产生的源头。传说者把作为时间概念的日、月与天上的太阳与月亮混淆起来。再如"夸父逐日"，很可能由夸父"逐帝"演化而来的。"逐帝"之"逐"，是驱逐的意思，原本指炎黄民族之间的战争；演化成"逐日"之后，"逐"，是追逐的意思。可见，一个字的字义异化之后，整个语境都变了，神话也就产生了。实际上，神话的产生也是源于生活，高于生活。

因此我们要学会去读神话传说，从神话传说中读出历史的真实性。一般来讲，神话传说中，人物都是真实的，历史上是真有其人的。二是时间上，也是有参考意义的。虽然由于历史久远，真实的时间节点已无法确定，但大体的时间还是可以确定的。三是要破解神话的异化点，雾里看花，也能看出一些事物发展的端倪。本书中，作者已经对一些神话的产生提出自己的见解，读者可以品味一下，并作出自己更合理的解释。破解神话传说，这项工作人人都可以去做，当然得出的结论可能是仁者见仁，智者见智。

## 第二章 《山海经》的海

　　为什么说《山海经》难懂?《山海经》难懂在哪儿? 她首先难懂在"海"、"荒"两字上。如《大荒东经》中有"东海之外,大荒之中"的语句,很多人都理解成现在的东海之外的"大荒",甚至有人说是到了日本,有人说到了南美洲、墨西哥等等。其实这是错误的。为什么会出现这样的错误? 首先是对"海"、"荒"两字的字义的理解出现了偏差。本章只就《山海经》中的"海"作出探讨和研究,"荒"字留待下章分解。

　　我们知道,《山海经》分《山经》、《海经》、《荒经》和《海内经》,仅《海经》就有九章之多,占全书十八章整整一半的篇幅。因此,《山海经》的"海"在全书中占有重要地位,正确理解"海"的含意,对读懂《山海经》有着非常重要的意义。

　　严格地说,《山海经》中的"海"有两种意思:一是地理意义的"海",二是人文意义的"海"。

　　先说地理意义的"海":

　　我们知道我国周边现在有四片海:渤海、黄海、东海、南海。但《山海经》中,我国周边出现了五片海:一是渤海。一次出现在《南次三经》中,一次出现在《海内西经》中,都不是指现在的渤海。而"渤海"一词,在古代并非专指现在的渤海,而是凡深入内地的海湾,均称渤海。《史记·高祖本纪》司马贞索引有:"海旁出为勃"的注解。故《南次三经》中的渤海,当是现在南海中的一个海湾。《海内西经》的渤海,其地望不好确定,很可能是西部的一个湖泊,如渤泽。

　　二是北海。出现在《东次四经》中,指位于渤海之中的莱州湾。

　　三是东海。是指山东和江苏北部以东的海,也就是现在的黄海。

　　四是西海。一般认为,汉代以前都把青海湖称作西海。实际上,古时候,特别是《山海经》的创作时代,西海的范围要比现在的青海湖大的多。因为上古多水,西部青海湖及周边湿地很多,再加上远离中原,人们认识上的局限和偏见,恐怕那时人们脑海中的西海，应指的是青海湖及其周边的蛮荒之地。另外，西海的"存在"，也可能与古人的宇宙观有关，古人认为大陆是漂浮在海洋上的，南有南海，东有东海，北有北海，西有西海。

五是南海。那时南海的范围也与现在不同。《史记正义》是唐代张守节为《史记》作的注，其中有南海词条。注解说："南海，即扬州东大海。"那时候扬州的范围在哪里呢？《史记》上说："淮海维扬州"。当时的淮河是向东入海的，入海口在现在的洪泽湖东北。那时的扬州，应该在那时的淮河以南，一直跨过长江到浙江一带。因此，那时的南海应该是江苏南部以东、以南大海，包括现在的东海和南海。

这是《山海经》这部书中常常出现的地理上的"五片海"、自然界里的"五片海"，这个在《山海经》原文中不难理解。但《山海经》中还有另外一种意义的"四个海"：即人文意义上的"四海"，这个就不是很好理解了。

好在这个人文意义上的"四海"，并不是只在《山海经》中出现。

《尔雅》也是先秦文献，它是一部解释上古词意的专著。其中就有"四海"词条，解释说："九夷、八狄、七戎、六蛮，谓之四海。"大家一看就明白，这里的"四海"根本不是地理上的"四海"、自然界里的"四海"，而是指人，指族群。

孙炎是三国时期的经学家，乐浪郡（今朝鲜西北部）人。《尔雅注疏》就曾引用他对"九夷、八狄、七戎、六蛮，谓之四海"一句的解释："海之言晦，晦闇于礼教也。"这里的头一句话，可以有两种解释：一是"海"读作"晦"，"海"是"晦"的通假；二是"海"就是"晦"的意思。两种解释可以归结为一点，即："海"即"晦"的意思，指九夷、八狄、七戎、六蛮"晦闇于礼教"。可见这里的四海是指众多的蛮、夷、戎、狄族群，在黄帝部族或后来的华夏族看来，他们"晦闇于礼教"，称他们为"四晦"，也就是"四海"。

那这里的"海"，是念"海"的音？还是念"晦"的音呢？都不是！而是读若"喜"。在秦以前，海、晦、喜是同音字，读"喜"的音。《诗经·江汉》有："于疆于理，至于南海。"从中可以看出"海"，在这里只能读"喜"的音，如果读"海"或"晦"的话，韵就不对了。而《诗经》原本是押韵的，现在读起来之所以不押韵，就是因为一些字的古今读音变化很大。再比如《诗经·玄鸟》云："邦畿千里，为民所止。肇域彼四海，四海来假，来假祈祈。"其中的"海"，也只能读"喜"的音，读"海"，读"晦"，都不押韵。

司马迁在《史记》中也曾十多次提及"四海"一词，如"四海之内，咸戴帝舜之功"、"声教讫于四海",等等。可见这里的"四海"也是指人,即族群,并不是指海洋。

除这两部书中有"四海"的词条之外,还有多部书有"四海"的词条。我们俗话当中有这样一句话,叫做"四海之内皆兄弟"。现在我们的理解是全国各民族皆为兄弟民族,是维护民族团结的一句话。实际上,这句话来源很古、很早。是黄帝部族进入中原之后,或者到有了华夏族的雏形之后,当时的领导集团提出来的,为的是维护民族融合之后新民族的团结。这里的"四海"也是"四晦"的意思。实际上,这句话只说了不到一半,只说了"四海之内"。那么"四海之上"呢?只能是"四海"之上皆蛮夷(戎狄)。四海之外呢?那便是荒服了。

看到这里,大家是不是对《山海经》的"海"有了一个全新的认识?原来《山海经》中有两种"海":一个是地理上的海,自然界里的海。一个是人文意义上的海,是指被黄帝部族,或华夏族鄙为蛮、夷、戎、狄的少数民族族群。可见这两个"海"的意义差别很大,中间好像隔着一条"马里亚纳海沟"。好在我们已经认识了这条海沟,跨跃这条海沟还是难事吗?

那么,我们不妨对《山海经》里的"海"作一下分析,看书中的"海",是自然界里的"海",还是人文意义的"海"。一是书名《山海经》,还有章节名称《海外南经》、《海外西经》、《海外北经》、《海外东经》、《海内南经》、《海内西经》、《海内北经》、《海内东经》中的"海",以及正文当中类似于"东海之外,大荒之中"之类的"海",都是人文意义上的海,指族群。

二是《海内经》篇名上的"海",也指族群,但正文中的"海",有人文意义的"海",有自然界中的"海"。

三是正文中的一些"海",如"瓯在海中"、"闽在海中"、"渤海"、"向东流入海"、"向西流入海"、"流入南海",等等,都是指自然界的海。

读者个人在阅读过程中,慢慢品味、体会文中每个"海"的意义,就能跨过地理之"海"与人文之"海"之间的"马里亚纳海沟",真正理解《山海经》这部奇书的内涵。

# 第三章　《山海经》的荒

同《山海经》人文意义上的"海"一样,《山海经》的"荒",也不是指自然界的"荒",而是指人文意义上的"荒",指族群,指"政教荒忽"的族群。当然这也是当时的统治者对周边民族,或者说对周边少数民族的歧视。

司马迁在《史记》中,对"荒"的解释可谓淋漓尽致。他在《五帝本纪》就说:"方五千里,至于荒服。"稍稍点题。

在《夏本纪》中,对"荒"的解释就更加清楚、明白。上面记载了当时的中央统治集团——夏王朝,对天下的统治分了五个层次,也就是所谓的"五服"制度。原文是这样说的:

> 今天子之国以外五百里甸服:百里赋纳总,二百里纳铚,三百里纳秸服,四百里粟,五百里米。甸服外五百里侯服:百里采,二百里任国,三百里诸侯。侯服外五百里绥服:三百里揆文教,二百里奋武卫。绥服外五百里为要服:三百里夷,二百里蔡。要服外五百里荒服,三百里蛮,二百里流。

对这五个层次作一下解释的话,就是说:

第一个层次是甸服,指离开王城五百里内的范围内。距王城一百里之内者要将收割的庄稼贡来,二百里之内者要将庄稼的穗头贡来,三百里之内者要将秸杆、桑木贡来,四百里之内者贡粟,五百里之内者贡米。

第二层是侯服,在甸服外五百里内。侯就是候、侍候,侍候土事,随时听从夏后(即夏王)安排、召唤。

第三层次是绥服,在侯服之外的五百里内。就是要服王者政教。其中靠里面的三百里要服文教,之外的二百里要奋武卫,保护王者不受外面部族的侵扰。

第四个层次是要服,在绥服外的五百里内。要服就是要束以文教,特别要接受刑法的约束。

第五个层次是荒服，在要服外五百里内，包括蛮与流两部分人群。这里的荒服并不用服王者政教，因其政教荒忽，而用其故俗而治之，有点民族自治的意思。其中，荒、蛮与流，《史记集解》引用了马融的解释：荒，"政教荒忽，因其故俗而治之"；蛮，"慢也，礼简怠慢，来不距，去不禁"；流，"流行无城郭常居。"

周朝的"五服"制度与夏朝的"五服"制度有稍稍不同。《史记·周本纪》说："夫先王之制，邦内甸服，邦外侯服，侯卫宾服，夷蛮要服，戎翟荒服。"并且说：甸服要供日祭；侯服要供月祀；宾服要供时（四季）享；要服要供岁贡；荒服则要王事天子，也就是要承认中央政权的领导地位。

《尚书·禹贡》对"五服"制度也有记述，意义基本相同。

关于"荒服"，《尔雅》解释的更简洁明了："觚竹、北户、西王母、日下，谓之四荒。"这句话不用更多解释，但从《山海经》上看，大荒之中的部族，远远多于这四家。

明白了《山海经》的"海"与"荒"之后，我们知道：《山海经》时代的人们——特别是对处于统治地位的中央政权来说，对天下的认识应该是这样的：中心区域，即王城及其周边的甸服，侯服，谓之海内，也叫四海之内。四海之内皆兄弟也，诸侯之国也都是兄弟之国。四海之上呢，皆夷狄戎蛮，即《尔雅》说的"九夷、八狄、七戎、六蛮，谓之四海"。这也是五服之中的绥服和要服的范畴。四海之外呢，那肯定是大荒，也叫四荒。四荒之外呢，就到了四极。四极之内，构成天下说。

这样，我们可以反过头来看《山海经》中中央政权对当时民族的分类：从《海经》来看，古代民族可分为海内、海外；从《荒经》及《海内经》来看，古代民族可分为海内和大荒。这其中的"荒"与人文意义上的"海"，意思是一样的。当然，《山海经》中只涉及了对民族的分类，并没有说怎样分类管理。

# 第二编
## 中国上古历史文化述略

我们都知道司马迁《史记》从黄帝叙起，把黄帝作为历史源头。殊不知在这之前，中华文明尚有几多世纪。人们常说："自从盘古开天地，三皇五帝到如今……"盘古，由于年代太久远已经不可考证，但"三皇"却散见于各类古籍。古称三皇，一曰天皇，二曰人皇，三曰地皇。关于三皇有多种版本：一为司马贞《三皇本纪》说：三皇为疱犧、女娲、神农；一为《尚书大传》说：三皇为燧人、伏羲、神农；一为《白虎通》说：三皇者谓伏羲、神农、燧人，或曰伏羲、神农、祝融也。对此《潜夫论》概括得更好：世传三皇，多以伏羲、神农为三皇，其一者，或曰燧人，或曰祝融，或曰女娲。事实上，在黄帝之前，中国社会明确可查的帝王世系有：伏羲世系和神农世系。这两个世系先后领导中华先民们披荆斩棘，走出蛮荒，走向文明。神农世系之后，黄帝部族从西北游牧区崛起，通过民族融合，融入到我们的民族大家庭中。

## 第四章　伏羲考

伏羲是传说中的上古部落首领，至战国、汉代方载入史籍。司马迁《史记·五帝本记》从黄帝叙起，不为伏羲作传。然历代公认，伏羲确有其人。东汉班固的《汉书》，突破《史记》的局限，将上古帝王从黄帝推至伏羲。《汉书·古今人表》首叙伏羲，次列炎黄，以伏羲为历史源头，正本清源。晋代皇甫谧的《帝王世纪》，言伏羲"继天为王"、"作八卦"、"造书契"、"制嫁娶之礼"等，居功甚伟。伏羲是比炎黄更早的人文始祖，中华五千年文明史肇始于伏羲。

### 一、伏羲其人

伏羲，风姓，各类典籍中又作伏牺、伏戏、疱犧、包羲、庖羲、庖牺、炮牺、宓戏，还有泰帝、太昊、太暤、太皞、春皇、木皇，等等。

伏羲之所以有这么多称谓，一是由于上古没有文字，先民事迹多赖后人口耳相传，出现转音，后来见诸文字，按音署字，便出现不同称谓。二是泰帝、太昊、太暤、太皞这些名号，是说伏羲是成长于泰山一带的帝王。三是春皇、木皇是说伏羲位处东方。《拾遗记》就说：伏羲"以木德称王，故曰春皇。其明睿照于八区，为之太昊。昊者，明也，位居东方，以含养蠢化，叶于木德，其音附角，号曰木皇。"王献唐《炎黄氏族文化考》则认为伏是氏族名号，出自于风姓，伏、包、虑、庖四字均出自风；羲，雄也，皇也，推尊之呼号也。伏羲，尤言伏氏之雄，呼羲呼雄当为一事。为伏羲研究打开了另外一扇大门。

### 二、伏羲的发明创造

上古"帝王"之所以能成为"帝王"，是因为他们或阐明事理，或有所发明，造福人群，神益人类。对于伏羲的功德，山东省嘉祥县的武梁祠汉画石刻《远古帝王图》作出了历史性概括："伏羲仓精，神造王业，画卦结绳，以理海内。"众多的历史书籍，以及当代的《苗学通论》也都作了不同的记述：

始制律历。《广博物志》卷四引《物原》："伏羲初置元日。"能设元日，说明已经知道了一年有多少天，并且明确了每年的第一天。《路史》注引《历书序》："伏羲推策作甲子。"作甲子一说恐不确，因为干支纪年法的出现要比这个时代晚很多，要在岁星纪年法之后。

始作八卦。《史记·太史公自序》："伏羲至纯厚，作易、八卦。"《易·系辞下》：伏羲"始作八卦，以通神明之德，以类万物之情"。《尸子》："伏羲始画八卦，别八节，而化天下。"《历朝纲鉴会纂》：伏羲"仰观象于天，俯观法于地，中观万物于人，始画八卦"。

始治天下。《史记·封禅书》："泰帝兴，神鼎一。"《易坤灵图》："伏羲立九部，而民易理。"《始学篇》："人皇九头（首领），兄弟各三百岁，依山川土地之势，裁度为九州，各居一方。"伏羲之后，女娲氏立。女娲氏：是中国历史记载的第一位女性部落首领，为伏羲胞妹。《帝王世纪》："女娲氏亦风性，承庖牺制度。一号女希，是为女皇。"《史记·补三皇本纪》司马贞《索隐》："女娲氏亦风姓，蛇首人身，代宓牺立，号曰女希。"希、牺同音，署字不同，女希也就是女羲，女雄的意思。雄、皇一事，故为女皇。《历朝纲鉴会纂》谓女娲氏没，大庭氏王有天下，次有柏皇氏、中皇氏、栗陆氏、骊连氏、浑沌氏、赫胥氏、尊卢氏、昊英氏、有巢氏、朱襄氏、葛天氏、阴康氏、无怀氏。按这个说法，就是伏羲之后十五氏相继为天子，而后神农氏起之西方。不过，也有人认为女娲之后的十四氏为伏羲、女娲的佐治之臣，有如后世之诸侯。可见，我们的中华大地，在伏羲时代就是大一统的格局。

始驯家畜。《路史》：伏羲"豢养牺牲，服牛乘马，草鞯皮蒙，引重致远，以利天下。"《尸子·君治》："宓羲之世，天下多兽，故教民以猎。"《汉书》："伏羲作网罟，以田渔，取牺牲。"实际上，根据现代考古发现，人类训养家畜、家禽的时间要远远早于伏羲时代。

始定婚姻。《白虎通》卷一："古之时未有三纲六纪，民但知其母不知其父……"伏羲"因夫妇，正五行，始定人道"。陆贾《新语》："民始知有父子之道，夫妇之亲，长幼之序。"《古史考》："伏羲制嫁娶，以俪皮为礼。"盖之前人民群聚群婚，伏羲定夫妇之道，变群婚为对偶婚。定婚姻一事，也有说是女娲氏。女娲乃伏羲胞妹，也是伏羲一族。

始造书契。《拾遗记》："蛇身之神，即羲皇也……于时未有书契，观天为图，矩地取法，视五星之文，分晷景之度，使鬼神以致群祠，审地势而定川岳。"《历代纲鉴会纂》载：伏羲"造书契，以代结绳之政。书有六：一曰象形，一曰假借，一曰指事，一曰会意，一曰转注，一曰谐声。"即用六种方法创造文字。现代考古发现，大汶口文化时期已有多种刻划符号。

始兴医药。《帝王世纪》："伏羲尝药百味，而制九针，以拯夭枉焉。"尝百草一事，也有人说是神农氏的功德。

始制衣服。《路史》注引《皇图要览》："伏羲化蚕。"注引《白氏六帖》："伏羲作布。"老子《文字精诚篇》曰："虑牺氏之王天下，枕石寝绳，杀秋约冬。"约就是结，杀秋约冬就是秋割葛麻之属，冬则纺线织布。

始制乐器。《拾遗记》：伏羲"丝桑为瑟，均土为埙，礼乐于是兴矣。"《世本》："伏羲作琴瑟。"《史记·封禅书》："泰帝使素女鼓五十弦瑟，悲，帝禁不止，故破其瑟为二十五弦。"

始制音乐。据《辨乐论》说，伏羲曾作过一首叫《网罟》的乐歌，歌唱渔猎；作过一首叫《扶徕》的乐歌，庆祝丰收。

## 三、伏羲时代的上古社会

记载伏羲功德的书籍数不胜数，但这位伟大始祖出生地、发迹地却是一个迷。浩如烟海的古代典籍对此也莫衷一是，众说纷纭，有甘肃说、陕西说、河南说等等。另外，近代一些学者认为伏羲故里应是山东，伏羲文化属于大汶口文化。

伏羲所处的社会为原始社会，人们以氏族作为纽带，共同劳动、狩猎、捕鱼、采集野果，共同分配劳动果实。那么伏羲时代的人类社会究竟是什么样子呢？

根据大汶口文化的考古发现，伏羲时代已进入农耕时代，主要农作物为粟、黍、稻等。当然，由于山东处于我国东部，地势低洼，那时又洪水横流，弥漫各地，社会虽进入农耕时代，但渔猎仍是人类重要的食物获取方式。山东各地的汉画像，如嘉祥县的武梁祠、济南市长清区的孝堂山汉石祠中，伏羲的形象均为人首蛇身。按照王献唐《炎黄氏族文化考》中的观点应当是人首鱼身。是因为那时的人们为了渔猎，经常裸露身体；后为了美观，开始纹身。而伏羲则是以鱼鳞纹饰身体，这样的形象出没风波浪里，有如鱼龙一般。当时的人们将伏羲的这一形象绘成画作，如岩画等。后世不察，误将"鱼龙之体"误认作"蛇体"，再后世的画家又将作"蛇体"的伏羲入画，以讹传讹，形成了我们现在所见到的伏羲形象。这也从另一侧面说明伏羲时代渔猎的重要性。也许由于伏羲发明网罟，改进了当时捕鱼狩猎的方法，他同时还有其他一些发明，溥利全族，而成为山东一带，进而成为黄河中下游一带的部落首领。

伏羲时代初步实现了中华部族的一统，故有司马迁有："泰帝兴，神鼎一"之说。当时的版图涵盖了东到海边、西到甘陇、南到长江、北到河北的广大区域。而作为神州文化策源地的山东地区，更是领当时中华文明的风尚：为人温厚平和，淳淳好礼，仁义厚道，与世无争，与人无竞，嫁娶以礼，处事以拱，讲文修德，文质相宣，彬彬郁郁，朴风茂美。泱泱大风，亘古如斯。古代典籍咏叹上古社会风俗美者，数不胜数。《风俗通》："三皇垂拱无为，设言而民不违。"《子思子》："东户氏之熙攘也……拱默而九寰承流。当是之时，禽兽成群，竹木遂长，道上颜行而不拾遗，耕者余粮，宿者陇首。其歌乐而不淫，其哭哀而不声，皆至德之世也。"

伏羲时代已进入洪水时期，大概与传说中的西方诺亚方舟时代情况相仿，也许由于躲避水灾，也许是由人类自身繁衍的需要，伏羲部族开始向外播迁，向西、向南、向东、向北……如果有一天，你到少数民族地区去旅游，导游告诉你：他们是伏羲的后代，你可不要吃惊，这是真的，他们只是没有参加华夏民族融合的兄妹。我们确实拥有一个共同的祖先——伏羲。

## 第五章　神农与炎帝

在现代一些人的观念上，神农与炎帝或为一人，或为二圣，这是我们当代人少有机会读古籍的错觉。实际上神农与炎帝既不为一人，又不可分。应当这样表述：炎帝并非一人，而是一个世系，或者可以说是一个朝代，而神农就是这个朝代、这个世系的"开国"之君。《帝王世纪》上说：神农在位百二十年，凡八世：神农、帝临、帝承、帝明、帝宜、帝来、帝哀、帝榆罔，凡五百二十年。

神农和其他炎帝的功德，第一位的便是树艺农业。《管子·轻重戌》载："神农作，树五谷淇山之阳，九州之民乃知谷食。"《淮南子·修务训》则说："古者民茹草饮水，采树木之食，食蠃蛖之肉……于是，神农乃始教民播种五谷。"《白虎通》："古之人皆食禽兽肉……于是，神农因天之时，分地之利，制耒耜，教民农作。"由此可见，是神农氏教人播种五谷，教人制作耒耜耕作。但根据现代考古发现，人类训化野生植物，种植农作物的时间，可推至八千年前，远早于神农时代。因此，神农应该只是革新农业的种植方式，进一步优化五谷种子，提高作物产量。仅从这一点来说，神农氏对中华民族的贡献也是非常巨大的。

二是继续制定律历。对神农氏、炎帝创制律历记载，《路史·炎帝》记载的比较详细："谓乱时不殖，乱气作沴。乃纪上元，调息朔，以端启閟……所谓太初历也。"这句话的意思是：乱了季节就不能种植，乱了气候就会产生灾疫。于是（炎帝）就根据日月、五星（金、木、水、火、土）的运行周期来定上元（所谓上元就是历元更运的起算点。即日月合璧、五星联珠，以及甲子、夜半、合朔、冬至同时发生的时刻）和气朔（所谓气朔就是岁时节气和每月朔望。只有定了上元，才能确定气朔），并以此为基础确定立春、立夏和立秋、立冬。其中的"启"，是指立春、立夏；閟，即闭，指立秋、立冬。炎帝时的历法是比较先进的，虽然黄帝进入中原后废弃不用，但到了西汉时又恢复使用。西汉的太初历就是根据炎帝的历法制定的。

除树艺农业、制定历法外，神农氏和其他炎帝还兴医药、兴交易、发明掘井技术、灌溉农田、创制乐器、创制音乐、创制原始文字（记事符号）、创制祭祀礼仪等。

神农氏或其他炎帝对天下的治理比伏羲时代又上了一个层次。明代王世贞《历朝纲鉴会纂》载："炎帝之世，天下太平，无战争之事。诸侯夙沙氏叛，不用帝命，炎帝退而修德，夙沙之民自攻其君，而归炎帝。"《庄子·盗跖》篇云："神农之世，卧则居居（睡卧恬淡自然），起则于于（醒时恬静自适）……与麋、鹿杂处，耕而食，织而衣，无相害之心，此至德之隆也。"《商君书·画策》曰："神农之世，男耕而食，女织而衣，刑政不用而治，甲兵不起而王。"

教化所及甚至超出了我们现在的疆界。据明代王世贞《历朝纲鉴会纂》记载：炎帝之时南到交趾（今越南境内），北至幽都（今内蒙古自治区及以北），东至旸谷（即日出之所，即海滨，也有人说包括今朝鲜、日本），西至三危（敦煌附近三危山），莫不从其化。从这里我们可以看出，炎帝是靠人格魅力领导那些原始居民的。

以上古书的记载，有的记神农氏，有的记炎帝，是因为当时书作者所处的时代对神农氏、炎帝认识不清、研究不够造成的，至于哪些功德是神农氏的，哪些功德是哪位炎帝的，我们确实也说不清楚，只能述其大概。

神农氏为炎帝世系之祖，其发迹之地在陕西岐山姜水流域。《通志·三皇志》云："炎帝神农氏起之烈山，亦曰烈山氏，一曰连山氏，一曰伊耆氏，一曰大庭氏，一曰大魁陨氏，亦曰人皇。少典之子，其母女登，有娇氏女也。女登有神龙之感而生神农，长于姜水，故为姜姓。以火德王天下，故为炎帝。"姜水，多部古书记载在岐山之阳，然不可考。但毫无疑问，神农是从陕西大地上走出来的一位始祖，开创了一个伟大的时代。在这百二十年，也有说在位百有四年，都不可考。

神农氏之子一般认为有柱、庆甲、帝临。柱，一般认为未继帝位，或继位后不久又让于帝临。由于父亲神农氏欣赏他的才干，被派往南方，教长江流域、汉江流域居民发展农业。郭沫若在《中国史稿》上说："传说中的炎帝后裔有四支……其子柱会种谷物和蔬菜，从夏代以上被奉稷神。据说烈山氏在今湖北省的一些地方。……烈山就是烧山种田的意思。"神农氏在神农架搭架采药的传说，就是源之这位叫"柱"的神农后人。庆甲，事迹记载无多。《路史》只云庆甲、来"俱兆茶陵（属湖南省）。"神农之后继帝位的儿子叫临，即古书所说的帝临。《帝王世纪》载：炎帝之妻听訞生临魁。《通志·三皇志》云：嗣神农，曰帝临魁，在位八十年或六十年，都谷城（今河南洛阳附近），君临天下。

第三代炎帝为神农氏之孙帝承，《通志·三皇志》云：帝承嗣位六十年或六年。对交易市场的开创、管理是其功德。

根据《通志·三皇志》记载：

第四代炎帝为帝明，在位四十九年。

第五代炎帝为帝宜，在位四十五年。

第六代炎帝为帝来，在位四十八年。

第七代炎帝为帝衰，在位四十三年。

第八代炎帝，即神农末帝，叫榆罔，在位五十五年。

《春秋命历序》曰：炎帝传八世，五百二十岁，或云三百八十年。《吕氏春秋·慎势》则说：神农有天下十七世。可见古籍对炎帝世系记载繁乱，因此，我们对于炎帝的世系，尤其是在位年数，不必太拘泥于"数字"。但末帝是榆罔，这个差不了。《史记·五帝本纪》有："轩辕之时，神农氏世衰。诸侯相侵伐，暴虐百姓，而神农氏弗能征。于是轩辕乃习用干戈，以征不享，诸侯咸来宾从"一句。唐司马贞《史记·索隐》注曰："世衰，谓神农氏后世子孙道德衰薄……皇甫谧所云'帝榆罔是也'。"由此可见，与黄帝战于阪泉之野并战败的是神农末帝榆罔，而非神农氏自身。也就是说神农氏数世相传到末帝榆罔时，黄帝才登上历史舞台，黄帝与神农氏相差了上百年甚至是几百年的时间。

神农氏除继帝位的子孙外，还有一些不在帝位的子孙，尚有四岳、器、节并、灵恝、钜、伯陵、叟、鼓、延、祝融、共工、术器，等等。这些子孙所到之处开枝散叶，再加上一些部落的加入，在后世的华夏、东夷、西戎、南蛮、北狄之中，多有其子孙。

## 第六章　黄帝时代

　　黄帝是中国历史发展到"三皇"之后，又一位横空出世的伟大始祖，为五帝之首。在国人的观念当中，我们都是炎黄之孙，黄帝虽然排在后面，但大家似乎都认为黄帝是第一位的始祖，因为大家都认为，在与炎帝结为部落联盟的过程中，黄帝似乎是正义的一方，是胜利者，在心理上似乎更容易让人亲近。当然，古代文献都是胜利者写的，我们都是受古代文献的影响，才有这样的错觉。

### 一、黄帝的功德

　　黄帝作为伟大的始祖，在人类进步过程中，禅明事物，有所发明，有所创造，造福人类，禅益人群，功德无量。关于黄帝的丰功伟业，《史记》、《汉书》、《帝王世纪》，还有历朝历代祭祀黄帝陵的祭文中，都大书特书。一九九七年的祭文，可以帮助我们把这位伟大始祖的功德作一个大致的了解。祭文是这样说的："轩辕黄帝，睿智神明，救民水火，振德修兵。河清海晏，山河重统。养蚕桑，造舟车，协音律，制衣裳。推演历法，以利农时。始制文字，风行教化。举贤荐能，激励民众。通达变革，整纪肃纲。上溯千年，草昧洪荒，赖有我祖，文明肇创，礼仪之邦，赫赫扬扬……"

　　重点有以下几个方面的功德：

　　一是继续改进农业。《史记·五帝本纪》就说："黄帝教民时播百谷草木，淳化鸟兽虫蛾。"用现在的话讲就是引导民众大力发展农业、畜牧业。

　　二是发展医药事业。清代陈念祖编的《医学三字经》第一句话就是："医之始，本歧黄。"这里的黄便是黄帝，歧是指黄帝的大臣歧伯，把中华中医药学的源头定在黄帝身上。《帝王世纪》云："歧伯，黄帝臣也。帝使歧伯尝味草木，典主医病。经方《本草》、《素问》之书咸出焉。"在黄帝之前，虽也曾有众多先人研究医药，但成系统，成书卷，始于黄帝。

三是发明文字。《说文解字》云:"黄帝之史仓颉,见鸟兽蹄远之迹,知分理之可相别异也,初造书契。"《世本·作篇》云:"黄帝使仓颉作书。"根据现代考古发现,早在黄帝时代之前,中华先民们就在做发明文字的工作,大汶口文化、仰韶文化的一些器物上就发现有很多的原始符号,可能是黄帝时代的仓颉在总结原有刻划符号的基础上,进一步总结、归纳,创造出统一的象形文字,奠定了中华文明的载体基础。

除此之外,黄帝时代还继续制定律历、发明舟车、创制乐律等,尤其是青铜冶炼技术在这个时代创始。

## 二、黄帝的另一面

关于黄帝的功德,司马迁在《史记·五帝本纪》中给予了高度评价。然司马迁作为史家,有着秉笔直书的传统思想,在称赞黄帝功德的同时,也给我们留下了一些值得思考的东西。司马迁在《五帝本纪》最后的《太史公曰》中这样说:"百家言黄帝,其文不雅驯。荐绅先生难言之","余尝西至空桐,北过涿鹿,东渐于海,南浮江淮矣,至长老皆各往往称黄帝、尧、舜之处,风教固殊焉……","余并论次,择其言尤雅者,故著为本纪书首"。

这些话什么意思,大家恐怕过去并没有注意,现在再一看,恐怕明白了吧!第一句话就是说:多数人对黄帝的评价并不高,说的话非常难听,缙绅先生们也有难言之隐。第二句话是说:我走过大半个中国,长老们说黄帝、尧舜的时候,也说他们的风俗与之不同。言外之意,黄帝与我们并非同族。第三句话是说:我司马迁讲黄帝,只是光讲了一些好听的话,作为本纪的第一篇。

为什么会这样?黄帝及其后世,到底做了什么事,让他们在两千年后的汉代,还让那些缙绅、长老、百家们耿耿于怀,评价两端。我们还是从《五帝本纪》来看,书中记载的阪泉大战的起因,是"诸侯相侵伐,暴虐百姓","炎帝侵陵诸侯"。而现在考古发现和研究表明,阪泉大战前的相当长的一段时间,黄帝部族,并非中原地带居民,而是居于西北游牧区,即陕西省西北部、内蒙古西部、宁夏大部,甚至到新疆东部。而炎帝又是以人格魅力来领导那些原始居民的,故"炎帝侵陵诸侯",并没有证据。后世的研究认为,是黄帝部族觊觎中原的肥草沃土,南下中原与炎帝战,炎帝战败,二者结成部落联盟后,黄帝部族才逐步进入中原的。关于炎帝战败的原因,后人曾有一句话,叫"承桑之君,修德忘武,自丧其国"。还记的凤沙氏的故事吧:"诸侯凤沙氏,不用帝命,炎帝退而修德,凤沙之民自攻其君,而归炎帝。"这说明什么? 说明一代代炎帝是靠德行来领导天下的, 而不是靠威权。黄帝部族则不同, 会制造武器, 中国历史上的第一次亮相便是阪泉之战。阪泉之战是中华第一战, 是黄帝打开了古代战争的潘多拉盒子。《史记》强调"三战然后得其志", 折射出这场冲突和融合的曲折与复杂, 以及过程的漫长。阪泉之战后, 虽然炎帝与之结成部落联盟, 但炎帝部族的其他成员并不甘于被奴役, 而是纷纷起来抗争。《帝王世纪》上就讲:"凡五十二战, 天下大顺。"这些抗争者最著名者便是蚩尤。

《史记·五帝本纪》对黄帝、蚩尤战争也加以著述:"蚩尤作乱, 不用帝命, 于是黄帝乃征师诸侯, 与蚩尤战于涿鹿之野, 遂禽杀蚩尤。"《山海经》告诉我们, 黄帝与炎帝部族的战争还有与夸父的战争、与刑天的战争。按《帝王世纪》的说法, 五十二战之后, 黄帝才逐步征服炎帝部族, 以胜利者的姿态入主中原。

中国历史上的民族, 总是北方强于南方。中国历史上的改朝换代, 相当一部分是通过北方民族的入侵来实现的, 黄帝打败炎帝便是第一次。后世学者把北方民族的入侵美其名曰:民族大融合。民族融合的结果无疑是积极的, 但其过程无疑是残酷的, 被动融合的一方感受是痛苦的。

按照王献唐先生《炎黄氏族文化考》中的观点, 黄帝部族一开始就没看得起炎帝部族, 进入中原之前, 他们便把九州之民鄙为九夷, 也叫九黎。黄帝部族进入中原成为华夏的领导者后, 原九州之民便成了黎民百姓。

黄帝部族为了在中原有立足之地, 就把中原居民南者驱之愈南, 东者驱之愈东, 西者驱之愈西, 还有一部分被驱赶到原黄帝部族的聚居区——蒙古高原。之后再叫九夷不行了, 因为他们也进入到九州之地, 便给九州的原住民——九夷, 起了个新的名字:四夷, 即东夷、南蛮、西戎、北狄。而他们自己, 还有那些接受其领导的原九州居民也有了一个新的名字:华夏。

黄帝入主中原后, 为了实现对原九州居民的领导, 想了很多办法, 采取了很多措施。王献唐先生在《炎黄氏族文化考》一书中, 对黄帝进入中原之后, 对原九州居民的统治方法, 称为黄帝的"驭术", 列举了九种办法。重要的有以下四点: 一是打。即对那些强犟者, 采取打的小法, 如对蚩尤, 对夸父, 对刑天。二是拉。对那些接受其领导的部族, 拉拢至他们的领导集团。《史记·五帝本纪》中就有"举风后、力牧、常先、大鸿, 以治民", 便是这个意思。风后、力牧、常先、大鸿运便是原九州的部落首领, 还有那位中华文字的创造者仓颉, 也是原炎帝部族。三是和亲。即通过与当地部落酋长结为婚姻, 以黄帝部族的男子与当地酋长之女所生儿子治其地、治其族，来实现对这个部族的领导。如后来的商朝领导集团有商氏，秦朝的领导集团嬴氏，原来都是东夷族，可其领导核心却是黄帝后裔。四是建立对黄帝的崇拜。把青要山（见《中次三经》）神化为黄帝向上帝汇报、沟通的密都，把黄帝神化为上帝的化身；把炎帝部族中一些发明创造，说成是黄族的发明创造，把原来的一些发明人以黄族中精通此项事业的人当之；淡化、污化、磨灭炎帝部族中原来一些引以为豪的事物，如炎族的英雄、炎族的圣地、炎族的发明创造等。这些事情，在《山海经》中都能看得到。

## 三、黄帝世系

黄帝是红山文化培养出的英雄。当然，关于这一点，史学家的观点并不一致。但古籍却记载黄帝与炎帝为同一个部落所生。《国语·晋语四》就说："昔少典娶于有蟜氏，生黄帝、炎帝。黄帝以姬水成，炎帝以姜水成，成而异德，故黄帝为姬，炎帝为姜，二帝用师，以相济也。"读这段话，我们有炎黄二帝为兄弟的感觉。过去多少年一直有不少人这样认为。实际上，黄帝与炎帝神农氏相差了上百年，乃至几百年。这句话，我们只能理解为黄帝、炎帝为同一个父族、同一个母族，是族生，而非身生。《帝王世纪》则认为："黄帝，少典之子，姬姓也，母曰附宝，见大电绕北斗枢星，照郊野，感附宝，孕二十四月，生黄帝于寿丘，长于姬水，有圣德。受国于有熊，居轩辕之丘，故因为号。"

也有人认为黄帝就是有熊国君之子，并非少典之子。当然这些都已经无法完全厘清了。

但黄帝的后裔却历历在册。《史记》上说：黄帝二十五子，其得姓者十四人。黄帝正妃为西陵氏女，叫嫘祖，生二子，一叫玄嚣，也叫青阳；一叫昌意。黄帝之后昌意之子高阳立，为帝颛顼。颛顼死后玄嚣之孙高辛立，也就是帝喾。帝喾死后，其子挚代立，政微弱，不久挚之弟唐候放勋立，也就是帝尧。帝尧死后，禅让给帝舜，帝舜亦是黄帝子孙。以上是为五帝。可见尧、舜禅让是在部族内部进行的。

舜之后禅让给禹，禹也是黄帝裔孙。舜、禹的禅让也是在部族内部进行的。禹之后，变禅让制为世袭制，建立夏朝。

周朝也是姬姓，是后稷的后代，而后稷为帝喾子，也是黄帝后裔。

商朝和秦朝统治集团的有商氏和嬴氏一般都认为是炎帝部族，但其领导核心也都为黄帝后裔，这一点《史记》记载得非常详细。

也有人说黄帝也非一人，而是一个世系，有黄帝三百年之说，知道名字的黄帝有轩辕黄帝，有帝鸿氏等。但更多的人不相信这一点，认为轩辕及帝鸿氏是黄帝的两个名号。这些问题恐怕现在已经难以厘清了。

## 第七章　蚩尤、驩兜和苗族

　　关于蚩尤部落的归属，历来有争议，有东夷和炎帝后裔二说。根据蚩尤后裔——苗族人的研究成果，当以东夷族为确。

　　在蚩尤登上历史舞台之前，中华原始居民已经有两个领导集团相继成为天下共主。一是伏羲人皇氏的东方部族；二是神农氏的西方部族。二者领导权的交接，是随着神农氏崛起，自然而然而实现的。到了神农氏的末帝榆罔时，黄帝部族崛起西北游牧区，并通过阪泉之战击败榆罔，二者组成部落联盟。蚩尤就是这个时候登上历史舞台的。

　　当时，虽然黄帝已经进入中冀一带，但并没有马上成为天下共主。他先是靠战争、拉拢、分化、瓦解、和亲等策略，取得了一定的成功，一些部族开展接受黄帝部族的领导。东夷人总体上是比较平和的，对黄帝部族抗拒相对较弱，东夷中的风后、力牧、仓颉等部落还比较早地进入了黄帝的领导集团，故历史上有"夷俗仁也"、"有君子国"的赞叹。

　　有接受领导者，便有奋起抗争者。《帝王世纪》上就说："黄帝凡五十二战，天下大顺。"这五十二战中除了与炎帝榆罔的阪泉之战外，其他便是与原来炎帝部族中的不服者战，与抗争者战，最著名便是与蚩尤的涿鹿之战。按照王献唐先生《炎黄氏族文化考》中的观点，当时的涿鹿，并不在的河北省涿鹿市，而是在河南省修武县，属于古冀州的范围。

　　涿鹿之战发生在炎黄阪泉之战后的第三年。此时的中华领导权正由炎帝部族手中向黄帝手中转移。蚩尤起而抗争，抗争的对象自然是黄帝，并非炎帝。各类史书中说的蚩尤欺凌炎帝，打得炎帝"九隅无遗"，炎帝乃与黄帝合谋，遂杀蚩尤，恐怕是黄帝部族的说辞。因为此时九州的领导权已经开始不在炎帝手中了，再欺凌炎帝有什么用？可见蚩尤抗争的并非神农末帝榆罔。

　　最有可能的情况应该是：原来炎帝部族中一些部落酋长们，不服黄帝的领导，起而抗争。《龙鱼河图》说："黄帝摄政，有蚩尤兄弟八十一人。"这里面当然不是说蚩尤有亲兄弟八十一人，而是指原来炎帝的部族，这时与蚩尤结成联盟的部落酋长们。可见当时蚩尤的势力还是很大的。不但如此，蚩尤还能"造立兵杖、刀、戟、大弩，威震天下"（《龙鱼河图》）。蚩尤还是青铜武器的始造者。《管子·地数篇》就说："葛庐之山发而出水，金从之，蚩尤受而制之，以为剑、铠、矛、戟。"

我们知道黄帝打败炎帝的一个重要原因在于黄帝会制造武器（黄帝以玉作兵）。现在蚩尤也会作兵，原料变为青铜，这就有好戏看了。《太平御览》载："黄帝与蚩尤九战九不胜，黄帝归于大山，三日三夜。""黄帝与蚩尤战于涿鹿之野，蚩尤作大雾，弥三日，众人皆惑。"从上述记载中可以看出，由于双方实力悬殊，战争初期，蚩尤总是打胜仗。后来屡次失败的黄帝得到九天玄女和应龙、女魃的帮助，才擒杀蚩尤。《龙鱼河图》就说："天遣玄女下授黄帝兵符，伏蚩尤。"《山海经·大荒北经》说："应龙蓄水，蚩尤请风伯、雨师，纵大风雨。黄帝乃下天女曰女魃，雨止，遂杀蚩尤。"《山海经·大荒北经》又说："应龙已杀蚩尤，又杀夸父。"

蚩尤到底怎么死的？说法众多。《史记》说是："禽杀之。"《山海经·大荒南经》则说："蚩尤所弃桎梏，化为枫木。"可见蚩尤先是被擒，然后械杀之，并非战死。这样一位英雄难道是在两军阵前被擒？谁有这样大的本事？

关于蚩尤之死，蚩尤的后裔——苗族人有另外不同的说法。苗族人的心史是这样记述这场战争的：

> 沙兆玖帝敖，施展美人计，来收髳帅心。……革缪耶劳意志坚，坚强之心变软心。革缪耶劳魂已丢，舅家通知去议和，革缪耶劳被杀头，沙族接着举大兵，髳族溃败不成军，魂不附体败亡尽……（《革缪耶劳的故事》）

这就是苗族人心口相传的那场战争。这里面的沙兆玖帝敖是指黄帝，革缪耶劳是指蚩尤。从中可知蚩尤被擒，是在议和过程当中，并且事前还被施以美人计。实际上，在关于黄帝与蚩尤战争的历史记载中也有女子的形象出现，那便是九天玄女和女魃。《大荒北经》中关于女魃的作用，说的非常晦涩。经中说："黄帝乃下天女曰女魃，雨止，遂杀蚩尤。"你说这句话怎么理解吧？苗族人的心史有其可信的成份。

关于战争的原因，苗族人的心史是这样告诉我的：是沙族人看上了髳族人的土地，这块土地位于浑水河与清水河之间。这与后世研究的结果相同。

蚩尤战败后，其头颅埋葬于今山东省阳谷县的蚩尤冢，其尸体埋葬于今山东省巨野县，可见山东西部是蚩尤部族故里。之后九夷中的一部分人，退出了这片土地，到达了"左洞庭，右彭蠡"一带，经过上百年的努力，逐渐强盛起来，这个新的部落联盟叫"三苗"。后来"三苗"又与尧、舜、禹为首的华夏集团再次发生冲突，经过尧、舜、禹三代不断征战，苗族才开始退入高远山区。

蚩尤是苗族的祖先，驩兜同样也是苗族的祖先。蚩尤是黄帝进入中原不久战死的，也就是这个时候，其部族退出中原，到达洞庭湖一带，而这个时候驩兜还未出世。驩兜登上历史舞台是在尧帝时，当时驩兜曾举荐共工作为尧帝接班人，得罪了尧帝及后来的舜帝。驩兜是谁？按照《史记》的说法，驩兜是黄帝后裔。《史记·五帝本纪》有："昔帝鸿氏有不才子……天下为之浑沌。"《史记集解》引用贾逵的话说："帝鸿：黄帝也。不才子，其苗驩兜也。"《大荒北经》则说："颛顼生驩头，驩头生苗民。"文中的驩头，也是指驩兜。可见驩兜确实是黄帝后裔。而驩兜部族却为东夷族，其都邑为春秋时的灌邑在今山东省肥城市南夏辉村。恐是黄帝部族用"和亲"的办法，与原驩兜部落酋长之女结为婚姻后生下的儿子，这个儿子长大后便成了驩兜部族的首领。驩兜为黄帝后裔，所以能成为帝尧之臣。但因举荐炎帝部族出身的共工为帝尧的接班人，得罪了帝尧以及后来舜帝，于是，大舜摄政后，便建议尧帝"流共工于幽陵，以变北狄；放驩兜于崇山，以变南蛮；迁三苗于三危，以变西戎；殛鲧于羽山，以变东夷"（《史记·五帝本纪》）。

按照石朝江先生《苗学通论》的观点：现在苗族人有三个方言区：一是东部方言区，也就是湘西方言区。他们的祖先是被尧帝放于崇山的部分。能查到的崇山有两处，都在湖南省，一在张家界市永定区，一在花垣县。这部分苗族人都认驩兜为其祖先。二是西部方言区，也就是川、黔、滇方言区。这部分苗族人祖先来自"窜三苗于三危"的一支。我们知道三危山在敦煌西南，现在那里根本没有苗族人的存在，那是因为被迁的苗民们不习惯西北的风沙大漠，均南行到川、黔、滇地区。三是中部方言区，即黔东南方言区。这部分苗族人的祖先是当年叛入南海的部分。《山海经》郭璞注曰："昔尧帝以天下让舜，三苗之君非之，帝杀之，有苗民叛入南海，为三苗国。"这里的南海是指湖南南部、江西南部一直到岭南地区的南蛮聚居区。其中西部方言区、中部方言区的苗族人又都认蚩尤为其祖先。

从以上我们可以得知，苗族人的祖先原本也是北方的民族，在炎黄民族融合的过程中，由于个性倔强，起而抗争并战败，不得不走上了四千多年的迁徙路，到解放后才定居下来。

　　在炎黄民族融合之前,苗族人的祖先应该说是立于中华文明的前列。他们率先创立宗教,率先创立刑罚,率先使用青铜,还有他们的社会制度都走在了中华各民族的前头,这也是值得当今苗族人骄傲的地方。然而后来由于迁徙和战争,他们走向了文明的异化,再加上历代中央政府多次对苗族人用兵,使他们只能在西南各省的高远之地繁衍生息,文明遭到迟滞,几千年以来一直生活在水深火热之中,这种状况直到新中国成立后才得到了改善。

　　然而,苗族又是一个不屈的民族,她们把过去的辉煌和经历,编成歌谣,口耳传唱;绣到衣服上,世代相传。他们梦想着有一天,能够回到祖先的故乡。说起祖先的故乡,他们仍带留恋和憧憬:"我们的老家乡,居住在东方,就在海边边,天地紧相连,波浪滚滚翻,一眼望不到边……"(《苗族迁徙史歌》)

　　其实,同苗族有一样经历的民族还有不少,他们都是因为不同或相同的原因,从北方迁徙出去的,如藏族、瑶族、黎族、彝族、羌族、土家族、水族等等。

# 结 语

　　从以上可以得知，在中华文明史的源头上，四千五百多年前到五千年的这个时间结点上，发生了一场影响深远的民族大融合。在融合之前，我们是赤县神州——即赤帝之县、神农之州。后来黄帝部族崛起于西北游牧区，先是打败炎帝，然后又打败蚩尤等。经历大小五十二战，领导权从炎帝手中转移到黄帝手中，民族融合艰难地进行着。黄帝部族与接受融合的原住民创造出一个新的民族——华夏族。没有接受融合的民族，便成了夷、蛮、戎、狄，也就是《尔雅》所谓的"九夷、八狄、七戎、六蛮，谓之四海"的民族。

　　这次民族融合持续了二千年左右，到秦始皇统一中国之后才告完成。这其中，多数民族，特别是黄河流域的民族，都加入了华夏族，也就是后来的汉族。有一些民族一直未能参加这次规模宏大的民族大融合，成了四方的少数民族。

　　为什们写这一章？为的是给读者读懂《山海经》作一个历史文化上的铺垫，为我们那份光辉的历史探本求源，为了增强我们作为炎黄子孙的自豪感，为的是增强民族团结的动力。

# 第三编

## 山 经

# 第八章 南山经第一

## （一）南山首经

**【原文】**

南1-1《南山经》之首，曰䧿①山。其首曰招摇之山②，临于西海③之上，多桂，多金、玉。有草焉，其状如韭而青华，其名曰祝余④，食之不饥。有木焉，其状如榖⑤而黑理，其华四照，其名曰迷榖，佩之不迷。有兽焉，其状如禺⑥而白耳，伏行人走，其名曰狌狌⑦，食之善走。丽䴢之水⑧出焉，而西流注于海，其中多育沛⑨，佩之无瘕疾。

狌狌

南1-2又东三百里⑩，曰堂庭之山，多棪木⑪，多白猿，多水玉，多黄金。

南1-3又东三百八十里，曰猿翼之山，其中多怪兽，水多怪鱼，多白玉，多蝮虫⑫，多怪蛇，多怪木，不可以上。

南1-4又东三百七十里，曰杻阳之山，其阳多赤金⑬，其阴多白金。有兽焉，其状如马而白首，其文如虎而赤尾，其音如谣，其名曰鹿蜀，佩之宜子孙。怪水出焉，而东流注于宪翼之水。其中多玄龟，其状如龟而鸟首虺尾，其名曰旋龟，其音如判木，佩之不聋，可以为底。

南1-5又东三百里柢山，多水，无草木。有鱼焉，其状如牛，陵居，蛇尾有翼，其羽在鮭下，其音如留牛⑭，其名曰鯥，冬死而夏生，食之无肿疾。

白　猿

南1-6又东四百里，曰亶爰之山，多水，无草木，不可以上。有兽焉，其状如狸而有髦，其名曰类[15]，自为牝牡，食者不妒。

南1-7又东三百里，曰基山，其阳多玉，其阴多怪木。有兽焉，其状如羊，九尾四耳，其目在背，其名曰猼訑，佩之不畏。有鸟焉，其状如鸡而三首六目，六足三翼，其名曰鹓鵂[16]，食之无卧。

南1-8又东三百里，曰青丘之山，其阳多玉，其阴多青䨼[17]。有兽焉，其状如狐而九尾，其音如婴儿，能食人，食者不蛊。有鸟焉，其状如鸠，其音若呵，名曰灌灌[18]，佩之不惑。英水出焉，南流注于即翼之泽。其中多赤鱬[19]，其状如鱼而人面，其音如鸳鸯，食之不疥。

南1-9又东三百五十里，曰箕尾之山，其尾踆于东海[20]，多沙石。汸水出焉，而南流注于淯，其中多白玉。

凡䧿山之首，自招摇之山以至箕尾之山，凡十山，二千九百五十里，其神[21]状皆鸟身而龙首，其祠之礼：毛用[22]一璋玉[23]瘗；糈[24]用稌米，一璧[25]，稻米，白菅为席。

## 【注释】

①䧿："鹊"的古字。

②招摇之山：古代山名。《吕氏春秋·本味篇》有"招摇之桂"一则，高诱注曰："招摇，山名，在桂阳。"查秦、汉时的桂阳在湖南省桂阳县，恐不确。招摇之山疑是广西大瑶山。

③西海：有两种解释：一是指西戎民族聚居区。二是与古人的宇宙观有关。古人认为在我们的大地是漂浮在大海之上，西部也有一个大海，叫西海。

④祝余：即贝母。多年

蝮　虫

生草本植物,其鳞茎可供药用,具有止咳化痰、清热散结之功效。

⑤穀:即构树,也叫楮树。落叶乔木,叶子卵形,雌雄异株。树皮是造纸原料。

⑥禺:古代传说中的一种猴子,似猕猴而大,赤目、长尾,也曰沐猴。

⑦狌狌:传说中的野兽,也有人说即猩猩。能知过去,但不能知未来。

⑧丽麔之水:麔,读若"麂"。丽麔之水,疑即漓江,在广西壮族自治区。详见解析。

⑨育沛:当为"玉佩"二字的异署。秦以前文献不要拘泥于本字。这里指可以作玉佩用、非玉石的其它宝石类的东西,如琥珀等。

⑩里:是《山海经》最重要的距离单位。至于它为现在多少米,众说纷纭:有110米、330米、416米等不同说法,其中416米是周代"里"的长度。但从文中已知山脉在现实中的距离来看,均不确。很可能,《山海经》中的距离只是大体估量的数字,并非测量所得。

⑪桜木:一种乔木,果实像苹果,可食。有人认为是橄榄。

⑫蝮虫:这里的"虫"并不是"蟲"的简化字,而是"虺"的通假字。蝮虫,一种毒蛇。

⑬赤金:即砂金,赤色。也有人说是铜。

⑭留沛:也叫厘牛、犁牛,即现在的耕牛。其中留、厘为氏族名号。从耕牛上古时期叫留牛、厘牛的情况看,是留氏族、厘氏族把牛这种动物最早用于耕地,所以人们把用作耕地的牛称作留牛、厘牛。从后来耕牛只叫犁牛,不叫留牛的情况看,可能是人们把留氏族、厘氏族的率先牛耕的功德都记到了厘氏族的身上,把留氏族的功德给遗忘了,还把留氏族、厘氏

类

族用牛耕地、深翻土地做法叫作"厘"地,后来,人们为这种耕作方式造专用字:犁。参见《海内经》。

⑮类:传说中的动物。据明代杨慎所言,在云南有此野兽,当地人称这种野兽为香髦,一只香髦具有雌、雄两体。

⑯鶡鶋:读若"敞夫"。即戴胜鸟,头上有冠,颜色鲜艳。

⑰青膜:一种青色的天然颜料或涂料。

⑱灌灌:水鸟名。应是《诗经》所载"关关雎鸠,在河之洲"中的"关关"。此种鸟在今湖北省有发现。

⑲赤鱬:即大鲵,又叫娃娃鱼、人鱼,四只脚,长尾巴,叫声像小儿啼哭,两栖类动物。

⑳东海:《南山首经》山系东部的海面。可能指北部湾,可能指雷州半岛东部海面。

鹿蜀

㉑神：即神守诸侯。详见解析。

㉒毛用：也叫毛物，古代祭祀用畜禽用品。

㉓璋玉：即玉璋，呈扁平长方形状，一端有刃，另一端有穿孔，是天子祭祀山川时的礼器。

㉔糈：本意为精米，这里指祭祀用米。下文中的稌，指粳米。

㉕璧：《尔雅·释器》云："肉（器身）倍好（穿孔）谓之璧。"这样玉璧就是一种器物本身大于穿孔的扁平状圆形玉器，是古代祭祀用传统礼器。不过，文中把"一璧"放在这里，前后有些矛盾。

【译文】

南1-1《南山经》的首列山系叫鹊山山系。鹊山山系的头一座山叫招摇山，矗立在西海之滨。山中桂树飘香，黄金和玉石满地。山中有一种草，形状像韭菜，开青色的花，名字叫祝余，人吃了它就不会感到饥饿；山中有一种树，形状像构树，却呈现黑色的纹理，光华照耀四方，名字叫迷榖，佩戴上迷榖做成的饰物，人们就不会迷失方向；山中有一种野兽，形状像猿猴，长有白色的耳朵，既能匍伏爬行，又能像人一样直立行走，名字叫狌狌，吃了它的肉可以使人走得快，且有耐力。丽麢水从这座山流出，然后往西流入西海，水中有很多的育沛，人们佩带上它就不会生腹中结块的病。

南1-2再往东三百里，是堂庭山，山上生长有很多的棪树，有很多的白猿，还有很多的水晶石和黄金。

南1-3再往东三百八十里，是猿翼山，山上有很多怪兽，水中有很多怪鱼。富藏白玉，有很多蝮虫类毒蛇，很多奇怪的蛇，很多奇怪的树木，人是不可以上去的。

南1-4再往东三百七十里，是杻阳山，山南面富藏赤金，山北面富藏白银。山中有一种野兽，形状像马，长着白色的脑袋，身上的斑纹像老虎，尾巴是红色的，叫的声音像人唱歌，名字叫鹿蜀，人穿上它的毛皮制作的服装就可以多子多孙。怪水从这座山流出，然后向东流入宪翼水。水中有很多黑色的龟，形状像普通乌龟，却长着鸟头、蛇尾，名字叫旋龟，叫声像劈木头时发出的响声。佩带上用它的甲壳制作的饰物，就能使人的耳朵不聋，还可以治愈脚底老茧。

南1-5再往东三百里，是柢山，山间多水流，没有花草、树木。有一种鱼，形状像牛，生活在山坡上，长着蛇尾，并且有翅膀，而翅膀长在腋下，叫的声音像牛，名字叫鯥，冬天蛰伏，夏天复苏，吃了它的肉就能使人不患痈肿病。

旋龟

南1-6再往东三百里，是亶爰山，山间多水流，没有花草、树木，人是不能攀登上去的。山中有一种野兽，形状像野狸，却长着长长的毛，名字叫类，一身具有雄、雌两种性器官。人吃了它的肉，就不会产生嫉妒心。

南1-7再往东三百里，是基山，山南面多产玉石，山北面有很多奇怪的树。山中有一种野兽，形状像羊，但长着九条尾巴和四只耳朵，眼睛也长在背上，名字叫猼訑。穿上用它的毛皮做的衣服，就会使人胆大无畏。山中还有一种鸟，形状像鸡，却长着三个脑袋、六只眼睛、六只脚、三只翅膀，名字叫鷩鸺。吃了它的肉，人们就不会害困。

南1-8再往东三百里，是青丘山，山南面富产玉石，山北面富藏青雘。山中有一种野兽，形状像狐狸，但长着九条尾巴，叫的声音如婴儿啼哭，能吃人，人吃了它的肉就能不中蛊毒。山中还有一种鸟，形状像斑鸠，叫声如同人发出的呵斥声，名字叫灌灌。佩戴上用它的羽毛制作的饰物，人们就不会迷惑。英水从这座山流出，向南流入即翼水。水中有很多的赤鱬，形状像鱼，却有一副人的面孔，声音如同鸳鸯的叫声，吃了它的肉就能使人不生疥疮。

南1-9再往东三百五十里，是箕尾山，山的尾端坐落于东海岸边，山上沙石很多。汸水从这座山流出，然后向南流入淯水，水中有很多的白玉。

鯥

鹊山山系，从招摇山起，到箕尾山止，一共是十座山，路经二千九百五十里。每座山的神守诸侯的形象都是鸟的身子、龙的头。祭祀山川之灵的礼仪是：把毛物和一块玉璋埋入地下，祭神的米用粳米，用白茅草来做祭品的垫席。

猼訑、鵸鵨

## 【解析】

（一）

《南山首经》山系是《南山经》中最南端的一列山系。关于这一点，你只有在读完整个《山经》之后，才能体会出来。因为《山经》作者的叙事风格，一般是先叙最南端一列或两列山系，次叙最北端山系，最后叙述夹在中间的山系，如《西山经》。或者先叙最西部的一列或两列山系，次叙最东部的山系，最后再叙夹在中部的山系，如《北山经》和《东山经》。而《南次二经》是长江沿岸山系，《南次三经》则是狭义上的南岭诸山，因此，《南山首经》只能是位于狭义上的南岭以南，广义上南岭的部分山脉。

《南山首经》确实是最难解的山系。在以往注解《山海经》的书中，《南山首经》山系一般都解作南岭诸山、广东南海沿岸诸山，有的甚至解作喜玛拉雅山脉诸山，恐都不是。造成这种状况的原因，主要是年代久远，该列山系地处偏僻，南方民族迁徙弥定，一些古代信息变更未能在以中原为中心的统治中心、学术中心得到体现造成的。但《山海经》把该山系作为首列山系来记载，应该自有其道理。并且该山系的第一座山——招摇之山，是作者心目中的位处祖国最西南的地理座标一样山脉。在书中出现过两次：一次是在本经中，书中说："招摇之山，临于西海之上……丽麐之水出焉。"另一次是在《大荒东经》中，说："有招摇山，融水出焉。"招摇山出现到《大荒东经》中应是错简造成的，她真正应该出现的地方应该是《大荒南经》。但别管她出现在哪里，但她确实为我们提供非常有用的信息：她是丽麐之水与融水二水发源地或流经地。

　　而丽麐之水让我们想到美丽的漓江。丽麐之水是不是就是漓江呢？

灌灌

　　查漓江发源于南岭最西端的越城岭。上游主流称六峒河；南流至广西壮族自治区兴安县，东纳黄柏江、西纳川江，合流称溶江；由溶江镇纳灵渠水，流经灵川县、桂林市区、阳朔县，至平乐县，称漓江；平乐以下，至梧州市，流入西江，称桂江。可见漓江所在的这条水道有四段，有四个称呼：六峒河、溶江、漓江、桂江。而《山海经》中流过招摇山的水道有两条，或只有一条，但有两个名字：丽麐之水、融水。丽麐之水——漓江。融水——溶江。这难道是巧合？恐怕不能这样理解。最接近真实的情况应该是：经中记载的流过招摇山的水道只有一条，但有两个名字。上古时候，有的人把这条水道称为丽麐之水，而有的人把这条水道称为融水，有的人甚至把这条水道称为六峒河或桂江。只所以有两个称谓或四个称谓，原因是该水道沿岸生活着多个族群，族群不同则称谓不同，有的族群称她为丽麐之水（漓江），有的族群称她为融水（溶江），甚至还有的族群称她为六峒河和桂江。最后定格为四个称谓并存，即一条水道分四段为四个称谓。

　　这样我们就可以把丽麐之水确定为漓江。

　　那么，招摇山会是广西的哪座山呢？有人曾把招摇山当作漓江源头的猫儿山，

赤鱬

如果这样的话，这座山就到了《南次三经》之首山——天虞山的北面，这是不可能的。更何况"某水出焉"，并非指该水的发源地，而是指该水已经形成非常大的径流，从山里流出，进入《山海经》或《山海图》采写者的视野。这样来看，招摇山应该是在靠近漓江（桂江）的下游，靠近西江的地方。查西江的北岸有大瑶山，绵延上百公里，东部近靠桂江。这样我们可以把招摇山确定为广西的大瑶山。

　　此后的几座山岭均无考，应该是广义上的南岭的部分山脉，即苗儿山、海洋山、九嶷山、香花岭、九连山等。可能到达雷州半岛东部。也可能到

43

九尾狐

达广州附近，那时的广州一带还没有形成陆地。在西部居住的人看来，雷州半岛东部或广州湾便是东海。

这样似乎还有一个问题没有解决，那便是西海的问题。有人曾把这里的西海看作是西戎民族聚居区。也有人说西海，与古人的宇宙观有关，古人一直认为大地是一块大陆漂移在大海上，西边的海洋便称西海。

实际上，这反映了上古人类对地理的认识的极限，极西南方便是招摇之山。《吕氏春秋·恃君》有："离水之西多无君。"离水，就是漓江，也就是《山海经》中的丽麂之水。战国时期，人们对广西以西认识仅限于此，比战国时期早几百年、上千年以前的时代呢？恐怕人们对广西以西的地方更无什么认识，可能认为那边真有一个西海。

## （二）

人们常说《山海经》错简漏简严重，这里可信的，这第一列山系就出现了漏简。文中说，"自招摇之山以至箕尾之山，凡十山，二千九百五十里。"实际上文中只有九山，里程相加也不对，只有二千七百里。漏掉的山岭正是作为山系总名称的龌山，在招摇山之下的第二段，应说："东二百五十里，曰龌山。……"《山海经》经常出现这样的错漏，读者慎读之。

## （三）

山川祭祀是《山海经》一书中的一项重要内容，故《山经》中每列山系之后，都要描述山神的形象及祭祀的方法。这就带来了一连串的问题：祭祀的主体是谁？祭祀的对象又是谁？或者说谁祭祀？祭祀谁？文中的山神是谁？为什么要祭祀？等等。我们一一进行研究。

先看山神。《南山首经》中说："其神，状皆鸟身而龙首。"猛一看，是地地道道山神，是享受祭祀的主儿。再看一下句"其祠之礼……"——其中的"其"，自然也是指山神，说山神祭祀山川之礼。那样，这里的"神"应非什么神灵，而是指人——活生生的人，是他们在祭祀，他们是祭祀的主体。那他们是谁呢？《国

语·鲁语下》有这样一句话,可帮我们解开谜团。文中说:

> 仲尼曰:丘闻之,昔禹致群神于会稽之山,防风氏后至,禹杀而戮之……

从大禹能致群神于会稽山,知群神并非什么神灵,而是指人,防风氏也是"神"的一员,而我们知防风氏是防风部落酋长,或诸侯,因而禹能杀戮之,而神灵是杀不死的。

《国语·鲁语下》在上文之后又记载了孔子的另一句话,更能说明问题。文中说:

> 仲尼曰:山川之灵,足以纪纲天下者,其守为神;社稷之守,为公侯。皆属于王者。

从文中可知古代的诸侯有两种:一是部落酋长进于天子者,为神守诸侯。他们本身就是本地土著,如果他们愿意接受中央政权的领导,即被中央政权封为诸侯。他们的任务,一方面处理内部事物,另一方面忙于山川祭祀。这样看起来,《山海经》中的这部分"神",便是后世之"绅"。二是社稷守诸侯。他们是中央政权的近支,或部落联盟成员,也被封为诸侯。他们的任务就是监视那些神守诸侯,维护中央政权的领导。不过《山海经》中的诸侯都被列为了神守诸侯,如《山海经》中的一些社稷守诸侯:"北海之神"、"东海之神"等,也列为了神守诸侯。

神守诸侯守山川之灵,自然祭祀的也是山川之灵。远古时期,由于人类的认识能力低下,有很多事物无法作出合理解释,只能认作是神灵鬼怪在支配这一切,认为山有灵,水有灵,云有灵,雨有灵,一切的一切都是神灵在控制。对山川等事物进行祭祀,以祈求风调雨顺,万事和合,这也许是山川祭祀的最初原因。

后来,随着生产力的提高,人们开始发现不少山川中有很多的金属矿物。人们最早

鸟身龙首神

发现并使有的矿藏是青铜。蚩尤就是获得葛卢之金（青铜）之后，改造兵器，才使得黄帝与蚩尤之战"九战而九不胜"。到了春秋时期，各国诸侯更是把矿藏资源，作为国家的宝藏，给予高度重视，于是山川祭祀更加兴盛起来。这样做的目的一是祭祀山川之灵；二是教化民众，推广政令，树立山川之灵的威严，使人们不敢觊觎这些矿产。《管子·地数篇》就说：

> 山上有赭者其下有铁，上有铅者其下有银。一曰："上有铅者其下有鉒银，上有丹沙者其下有鉒金，上有慈石者其下有铜金。"其山之见荣者也。

故《山经》记述事物有三条线索：一是记述山川经纬、距离，二是记述矿产物产，三是记述祭祀方法。从中也可看出祭祀与矿产的关系。当然，既便是祭祀，也是分等级的。《史记·封禅书》云："天子祭天下名山大川……诸侯祭其疆内名山大川。"如五岳（东岳泰山、西岳华山、南岳衡山、北岳恒山、中岳嵩山）、五镇（东镇沂山、西镇吴山、南镇会稽山、北镇医巫闾山、中镇霍山），并不是一般神守诸侯所能祭祀的，能祭祀五岳、五镇的，只能是君王。一般神守诸侯只能祭祀其它一些小的山岭。而山川祭祀的祭品，也是分等级的，有的用太牢，有的用少牢，有的或只用一犬一鸡，有的用玉，有的不用玉。由于地方风俗的原因，有的还用鼓、舞娱神。

# （二）南次二经

**【原文】**

南2-1《南次二经》之首，曰柜山①，西临流黄②，北望诸毗③，东望长右。英水出焉，西南流注于赤水④，其中多白玉，多丹粟。有兽焉，其状如豚，有距⑤，其音如狗吠，其名曰狸力，见则其县多土功。有鸟焉，其状如鸱而人手，其音如痹⑥，其名曰鴸⑦，其名自号也，见则其县多放士。

狸 力

南2-2东南四百五十里，曰长右之山，无草木，多水。有兽焉，其状如禺而四耳，其名长右，其音如吟，见则郡县大水。

南2-3又东三百四十里，曰尧光之山，其阳多玉，其阴多金。有兽焉，其状如人而彘鬣⑧，穴居而冬蛰，其名曰猾褢⑨，其音如斫木，见则县有大繇。

南2-4又东三百五十里，曰羽山⑩，其下多水，其上多雨，无草木，多蝮虫。

鹘

南2-5又东三百七十里，曰瞿父之山，无草木，多金玉。

南2-6又东四百里，曰句余之山⑪，无草木，多金玉。

南2-7又东五百里，曰浮玉之山⑫，北望具区⑬，东望诸毗。有兽焉，其状如虎而牛尾，其音如吠犬，其名曰彘，是食人。苕水⑭出于其阴，北流注于具区。其中多鮆鱼⑮。

南2-8又东五百里，曰成山，四方而三坛，其上多金玉，其下多青膊。闻⑯水出焉，而南流注于虖勺，其中多黄金。

南2-9又东五百里，曰会稽之山⑰，四方，其上多金玉，其下多砆石⑱。勺水出焉，而南流注于湨。

南2-10又东五百里，曰夷山，无草木，多沙石，湨水出焉，而南流注于列涂。

南2-11又东五百里，曰仆勾之山，其上多金玉，其下多草木，无鸟兽，无水。

猾褢

南2-12又东五百里，曰咸阴之山，无草木，无水。

南2-13又东四百里，曰洵山，其阳多金，其阴多玉。有兽焉，其状如羊而无口，不可杀也，其名曰𤞤⑲。洵水出焉，而南流注于阏之泽，其中多茈蠃⑳。

南2-14又东四百里，曰虖勺

彘

之山，其上多梓、柟[21]，其下多荆、杞[22]。滂水出焉，而东流注于海。

南2-15又东五百里，曰区吴之山，无草木，多沙石。鹿水出焉，而南流注于滂水。

南2-16又东五百里，曰鹿吴之山，上无草木，多金石。泽更之水出焉，而南流注于滂水。水有兽焉，名曰蛊雕，其状如雕而有角，其音如婴儿之音，是食人。

南2-17东五百里，曰漆吴之山，无草木，多博石[23]，无玉。处于东海，望丘山，其光载出载入，是惟日次[24]。

凡《南次二经》之首，自柜山至于漆吴之山，凡十七山，七千二百里。其神状皆龙身而鸟首。其祠：毛用一璧瘗，糈用稌。

【注释】

①柜山：柜，读若“巨”。柜山，应该是湖南省、贵州省交界处的某座山。

②流黄：即流黄酆氏国和流黄辛氏国。应在湖南省西部及以西的巴蜀地区。参见《海内西经》和《海内经》。

③诸毗：远看诸山，或诸水，鳞次栉比的意思。

④赤水：即贵州赤水。发源于云南省镇雄县，经贵州省赤水市至四川省合江县入长江。

⑤距：公鸡长到四、五年后，鸡脚后面会长出向后的另一脚趾，叫做距。这里指鸡的脚趾。

⑥痺：《尔雅·释鸟》曰：“鹑之雌者名痺。”即母鹌鹑。

⑦鴸：鸟名，即朱鹮。传说此鸟是由尧帝之子丹朱所化。

⑧彘鬣：彘，即猪。鬣，动物身上硬的毛，这里说是猪身上刚硬的毛。

⑨猾褢： 褢，“怀”的原字。猾褢，獾的一种，俗称狗叫獾。

⑩羽山：并非史书上所说的“殛鲧于羽山”之羽山，而是另一羽山。殛鲧之羽山在山东省临术县。

⑪句余之山：古代山名。按郭璞的说法，该山在会稽余姚县南、句章县北，二县以此山而得名。现在句章县设置已废。

⑫浮玉之山：古代山名。今名天目山，在浙江省临安市境内。

⑬具区：古代水名，又叫震泽，即今太湖。

⑭苕水：苕水有二：一在陕西省，东南汇入泾水。一条在浙江省，发源于天目山，向北流入太湖。这里应指后者。

⑮鮆鱼：即长江刀鱼。

⑯閡：读若"豕"。

⑰会稽：山名，原名苗山，在浙江省绍兴市。大禹曾在此计算诸候功德和九州赋税，后人改称会稽。会稽者，会计也。

⑱砆石：郭璞注曰："砆，武夫石，似玉。"即一种似玉之美石。

⑲豗：读若"患"。

⑳茈蠃：茈与紫通假，蠃与螺通假。茈蠃，即紫色的螺。

㉑梓、枏：梓，即梓树，落叶乔木。枏，即楠木，常绿高大乔木，木质致密芳香，是一种非常贵重的木材。

㉒荆、杞：荆，即牡荆树。杞，即枸杞树。二者果实均可入药。

㉓博石：郭璞注曰："可以为博棋子。"即可以作围棋子用的的美石。

㉔次：停歇的意思。

## 【译文】

南2-1《南次二经》的首座山是柜山，西边临近流黄酆氏国和流黄辛氏国，向北看诸山，重重叠叠，一座接着一座，向东可以看见长右山。英水从这座山流出，向西南流入赤水，水中有很多的玉石，还有很多粟粒一般大小的丹沙。山中有一种野兽，形状像猪，但脚上长着鸡爪子，叫声像狗叫，名字叫狸力。哪个地方见到它，那里就一定会出现繁多的土木工程。山中有一种鸟，形状像鹞鹰，但长着人手一样的爪子，叫声和母鹌鹑相似，名字叫朱鹛，是根据它自己的叫声得名的。在哪个地方见到它，那里就能见到众多

鮆　鱼

长 右

被流放的士子。

南2-2东 南四百五十里，是长右山，山上没有花草、树木，但有很多水。山中有一种野兽，形状像猿猴，但长着四只耳朵，名字叫长右，叫声如同人在呻吟，见到它的郡县一定会发生大水灾。

南2-3再往东三百四十里，是尧光山，山南面多产玉石，山北面多产黄金。山中有一种野兽，形状像人，却长有猪的鬣毛那样的硬毛，住在洞穴里，冬季蛰伏，名字叫猾褢。叫声如同砍木头时发出的声响。在哪个地方见到它，那里就会出现繁重的徭役。

南2-4再往东三百五十里，是羽山，山下到处是水流，山上经常下雨，没有花草、树木，有很多蝮蛇。

南2-5再往东三百七十里，是瞿父山，山上没有花草、树木，但藏有很多的黄金、玉石。

南2-6再往东四百里，是句余山，山上没有花草、树木，但有很多的黄金、玉石。

南2-7再往东五百里，是浮玉山，向北可以望见具区泽，向东可以看见诸毗。山中有一种野兽，形状像老虎，但长着牛尾巴，叫声如同狗叫，名字叫彘，能吃人。苕水从这座山的北麓发源，向北流入具区泽。水中生长着很多的鲦鱼。

南2-8再往东五百里，是成山，山势像四四方方的三层土坛，山上富藏黄金和玉石，山下多产青雘。閟水从这座山流出，向南流入虖勺水，水中有很多的黄金。

南2-9再往东五百里，是会稽山，山势呈四方形，山上有很多的黄金和玉石，山下盛产砆石。勺水从这座山流出，向南流入湨水。

彘

南2-10再往东五百里，是夷山，山上没有花草、树木，到处是沙子和石头。溴水从这座山流出，向南流入列涂水。

南2-11再往东五百里，是仆勾山，山上富藏黄金和玉石，山下有茂密的草木，但没有鸟、兽，也没有水。

南2-12再往东五百里，是咸阴山，山上没有花草、树木，也没有水。

南2-13再往东四百里，是洵山，山南面富藏黄金，山北面多产玉石。山中有一种野兽，形状像羊，但没有嘴，这种野兽是杀不死的，名字叫䍺。洵水从这座山流出，向南流入阏泽，水中有很多紫色的螺。

南2-14再往东四百里，是虖勺山，山上有很多梓树和楠树，山下则有很多牡荆树和枸杞树。滂水从这座山流出，向东流入大海。

南2-15再往东五百里，是区吴山，山上没有花草、树木，到处是沙子、石头。鹿水从这座山流出，向南流入滂水。

南2-16再往东五百里，是鹿吴山，山上没有花草、树木，但有很多的金子和玉石。泽更水从这座山流出，向南流入滂水。水中有一种野兽，名字叫蛊雕，形状像普通的雕，但头上长着角，叫声如同婴儿啼哭，是能吃人的。

蛊　雕

南2-17再往东五百里，是漆吴山，山中没有花草、树木，但有很多的博石，不产玉石。这座山位于东海之滨，在这里能看到一处山丘，有光影明暗交替，像光线进进出出，那是太阳停歇的地方。

总计《南次二经》山系之首尾，从柜山起到漆吴山止，一共十七座山，路经七千二百里。诸山的神守诸侯的形象都是：龙的身子、鸟的头。祭祀山川之灵的方法是：把毛物和一块玉璧埋入地卜，祭神的米用粳米。

## 【解析】

### （一）

《南次二经》共载十七山十三水。众所周知的山为会稽山，众所周知的水为赤水。能查到山为句余山，能查到的水为苕水和具区。根据会稽山，我们可以猜测，此列山应为江南诸山。那么是不是呢？根据郭璞的注解我们知道，句余山在浙江余姚附近。从地理书中可查到苕水在天目山发源，分东苕溪、西苕溪，均流入太湖。这样就可把具区与太湖联系起来。查具区又叫震泽，即今太湖。

这样《南次二经》就有了二山一水一湖可做坐标，从中可知《南次二经》记载的确实是江南诸山。她的首山——柜山因为有英水流入赤水的记载，可确定为贵州东部、湖南西部的一座山脉。此后的几座山脉不好确定，可能是湖南中部、江西中部、安徽南部诸山。

浮玉之山当是浙江的天目山。因为天目山是苕水的发源地，苕水向北流入太湖。这与文中苕水发源于浮玉之山，北流具区可一一对应，丝丝入扣。

会稽山自然就是浙江绍兴之会稽山，因大禹成为帝王后，曾在此计算诸侯功德和九州赋税，会稽山成为闻名于世的一座文化山。会稽山上还有大禹陵墓可供凭吊。

文中会稽山以东诸山与现实世界中的山脉也不好对应，因为会稽山向东一百多公里就到了海边。文中其他山脉很可能是向东南方向，一直到浙江东南部或福建省的山脉。从区吴、鹿吴、漆吴来看，都在吴地，即浙江境内，或延伸到福建境内。这样来看，文中的夷山应该就是福建省的武夷山。

## （二）

《南次二经》山系所在的江南地区，是我国历史悠久、文化灿烂的地区之一，经济相对发达。特别是太湖流域，是中华文明六大发源地之一，是良渚文化的发祥地。良渚文化距今5300年前至今4000年前左右，与中原龙山文化时期相当。春秋时期，《南次二经》所在区域，有两个重要国家，一个是楚国，一个是吴国，先后成为当时的霸主。

楚国，又称荆楚。其先祖是颛顼帝之后。颛顼，字高阳，是黄帝的孙子，昌意的儿子。当然，《山海经》中把颛顼帝认做了黄帝的曾孙。颛顼帝的第四代孙吴回，又叫康回，是帝喾的火正，因能

龙身鸟首神

光融天下，被任命为祝融。吴回之孙季连，芈姓，为楚先祖。季连后裔鬻熊，是周文王的老师。鬻熊的曾孙熊绎，被周成王封为楚子。当时的爵位有公、侯、伯、子、男五种，"子"是比较低的爵位。然而，到了春秋战国时期，楚国却强大起来，先后灭掉几十个诸侯国，成了当时的大国之一。到了楚庄王的时候，楚国一跃成为当时的霸主，楚庄王也成为"春秋五霸"之一。战国时期，楚国名列"七雄"。战国后期，楚国国势日衰，到了公元前223年，为秦国所灭。

吴国，是周太王长子、次子，周文王的两位兄长泰伯、仲雍，为让其弟季历（后来的周文王）继位，避于荆蛮，在南方建立的国家，是公元前11世纪到公元前473年，存在于长江下游地区的姬姓诸侯国。吴国国境，早期相当于今苏、皖两省的江南部分，以及环太湖的浙江北部，后来扩张到今苏、皖两省全境、浙江中北部、江西东北部地区。春秋以前，吴国原本是名不见经传的小国；到了春秋时期，吴国开始与各诸侯国交往，并加入争霸行列。先后于柏举之战败楚，于夫椒之战败越，于艾陵之战败齐，于黄池之会盟晋，到吴王夫差时一跃成为当时的霸主，夫差也成为"春秋五霸"之一。此后，由于吴王夫差连年征战，国库空虚，虽与齐、晋两国争霸成功，但被越王勾践趁虚灭之。公元前473年，夫差兵败被杀，吴国灭亡，吴地尽属越国。

春秋时的吴国之所以成功，其中一个重要原因就在于其冶炼技术领先于其他诸侯国。屈原在《国殇》中用"操吴戈兮披犀甲"一语，表达对吴国高超冶炼技术的赞扬。现代考古发现的多把吴王剑，剑锷锋利，千年不腐，据说连现在的铸剑技术都难以铸就。

此后的两千多年的时间里，江南，特别是苏杭一带一直是我国经济最发达的地区之一，有"上有天堂，下有苏杭"的美誉。

## （三）南次三经

**【原文】**

南3-1《南次三经》之首，曰天虞之山①，其下多水，不可以上。

南3-2东五百里，曰祷过之山，其上多金、玉，其下多犀、兕②，多象。有鸟焉，其状如鸡③，而白首、三足、人面，其名曰瞿如，其鸣自号也。泿水④出焉，而南流注于海。其中有虎蛟⑤，其状鱼身而蛇尾，其音如鸳鸯，食者不

犀、兕、象

肿，可以已痔。

南3-3又东五百里，曰丹穴之山⑥，其上多金、玉。丹水出焉，而南流注于渤海⑦。有鸟焉，其状如鸡，五采而文，名曰凤皇，首文曰德，翼文曰义，背文曰礼，膺文曰仁，腹文曰信。是鸟也，饮食自然，自歌自舞，见则天下安宁。

南3-4又东五百里，曰发爽之山，无草木，多水，多白猿。汎水出焉，而南流注于渤海。

南3-5又东四百里，至于旄山之尾，其南有谷，曰育遗，多怪鸟，凯风⑧自是出。

南3-6又东四百里，至于非山之首，其上多金玉，无水，其下多蝮虫。

南3-7又东五百里，曰阳夹之山，无草木，多水。

南3-8又东五百里，曰灌湘之山，上多木，无草；多怪鸟，无兽。

南3-9又东五百里，曰鸡山，其上多金，其下多丹雘⑨。黑水出焉，而南流注于海。其中有鱄鱼，其状如鲋⑩而彘毛，其音如豚，见则天下大旱。

瞿如

南3-10又东四百里，曰令丘之山，无草木，多火。其南有谷焉,曰中谷,条风⑪自是出。有鸟焉,其状如枭,人面四目而有耳,其名曰颙,其鸣自号也,见则天下大旱。

南3-11又东三百七十里,曰仑者之山,其上多金、玉,其下多青䨼。有木焉,其状如谷而赤理,其汗如漆,其味如饴,食者不饥,可以释劳,其名曰白䓘⑫,可以血玉⑬。

南3-12又东五百八十里,曰禺稿之山,多怪兽,多大蛇。

南3-13又东五百八十里,曰南禺之山,其上多金、玉,其下多水。有穴焉,水春辄入,夏乃出,冬则闭。佐水出焉,而东南流注于海,有凤皇、鹓雏⑭。

凡《南次三经》之首,自天虞之山以至南禺之山,凡一十四山,六千五百三十里。其神皆龙身而人面。其祠:皆一白狗祈,糈用稌。

右⑮南经之山志,大小凡四十山,万六千三百八十里。

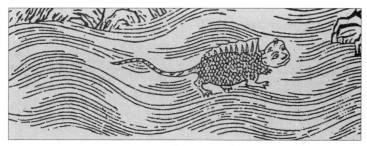

虎 蛟

## 【注释】

①天虞之山:古代山名,今名虞山,在广西壮族自治区桂林市区北部。

②犀、兕:犀即犀牛。兕,是类似犀牛的动物,也有人说是母犀牛。

③鸡:一种水鸟。《尔雅·释鸟》上有:“鹕头,鸡。”郝懿行说是鸼鹕。

④浪水:古代水名,在广西壮族自治区东南部,应是现在西江部分江段及其支流。

⑤虎蛟:郝懿行注曰:“蛟似蛇,四足,龙属。”从中可以看出,虎蛟即今鳄鱼。

⑥丹穴山:即丹霞山,在广东省韶关市北部。

⑦渤海:《史记·高祖本纪》司马贞索引有“海旁出为勃”之句,从中可知在上古时期,凡深入陆地的海湾都称渤海,并非专指现在的渤海。这里的渤海应指南海中的的一处海湾。

⑧凯风:即南风。《尔雅·释天》云:“南风谓之凯风。”

⑨丹䨼:一种红色的天然矿物颜料,应该就是朱砂。

⑩鲋：古代鱼名，今名鲫鱼。

⑪条风：一说为东北风。《史记·律书》有："条风居东北，主出万物。条之言条治万物而出之，故曰条风。"一说为东风。《淮南子·地形训》有："东方曰条风。"郭璞注为东北风。

⑫荅：读若"膏"。

⑬血玉：即用白荅可以把玉沁成红色。

⑭鸩雏：也叫宛雏。在古代传说中，鸩雏与凤凰、鸾凤同为三大神鸟。

⑮右：因为古书都是竖排版，自上而下、自右而左而读，故"右"指前面的文字。

## 【译文】

南3-1《南次三经》的头一座山，是天虞山，山下到处是流水，人是没有办法攀登上去的。

南3-2从天虞山往东五百里，是祷过山，山上富藏黄金和玉石，山下到处是犀牛、兕，还有大象。山中有一种鸟，形状像鸩鹠，但鸟头是白的，长着三只爪子，人一样的脸，名字叫瞿如，是根据它自己的叫声得名的。浪水从这座山流出，然后向南流入大海。水中有虎蛟，形状像鱼，但长着一条蛇尾，它的叫声如同鸳鸯一样，吃了它的肉就能使人不生痈肿病，还可以治愈痔疮。

南3-3再往东五百里，是丹穴山，山上富藏黄金和玉石。丹水从这座山流出，然后向南流入渤海。山中有一种鸟，形状像鸡，身上长着五彩羽毛，名字叫凤凰，头上的花纹是"德"字，翅膀上的花纹是"义"字，背部的花纹是"礼"字，胸部的花纹是"仁"字，腹部的花纹是"信"字。这种鸟，饮食自然从容，常常自歌自舞，它一出现就会天下太平。

南3-4再往东五百里，是发爽山，山上没有花草、树木，到处是流水，有很多白色的猿猴。汎水从这座山流出，然后向南流入渤海。

鳟 鱼

南3-5再往东四百里，便到了旄山的尾端，山的南面有一峡谷，叫做育遗谷，里面有很多怪鸟，南风就是从这里吹出来的。

南3-6再往东四百里，便到了非山的头部，山上富藏黄金和玉石，没有水，山下到处是蝮蛇。

南3-7再往东五百里，是阳夹山，山上没有花草、树木，到处是流水。

南3-8再往东五百里，是灌湘山，山上树木参天，但没有花草；山中有许多怪鸟，没有野兽。

顒

南3-9再往东五百里，是鸡山，山上富藏黄金，山下富藏丹雘。黑水从这座山流出，然后向南流入大海。水中有鱼，叫鱄鱼，形状像鲫鱼，但鱼身上长着猪毛，叫声如同猪叫，它一出现就会天下大旱

南3-10再往东四百里，是令丘山，山上没有花草、树木，到处是野火。山的南边有一条峡谷，叫做中谷，东北风就是从这里吹出来的。山中有一种鸟，形状像猫头鹰，却长着一副人的面孔，长有四只眼睛，而且有耳朵，名字叫顒。它的名字是人们根据它的叫声取的，它一出现就会天下大旱。

南3-11再往东三百七十里，是仑者山，山上富藏黄金和玉石，山下盛产青雘。山中有一种树，形状像构树，但纹理却是红色的，树干流出的液体像漆一样，味道甜甜的，人喝了它就不会感到饥饿，还可以解除疲劳，名字叫白蓉，用它可以把玉石沁得通红。

南3-12再往东五百八十里，是禹稿山，山中有很多怪兽和大蛇。

南3-13再往东五百八十里，是南禹山，山上富藏黄金和玉石，山下到处是流水。山中有一个洞穴，水在春天流入洞穴，在夏天流出，冬天则闭塞不通。佐水从这座山流出，向东南流入大海，佐水的两岸有凤凰和鹓雏栖息。

总计《南次三经》之首尾，从天虞山起到南禹山止，一共十四座山，途经六千五百三十里。诸山的神守诸侯的形象都是龙的身子、人的面孔。祭祀山川之灵要是用一条白狗作供品，并且要祈祷，祭神的米要用粳米。

以上是《南山经》的内容，大大小小总共四十座山，路经一万六千三百八十里。


【解析】

《南次三经》共载十四山、五水，实际上是十三座山。能查到的山为天虞山、

龙身人面神

丹穴山，能查到的水为浪水。其中天虞山、浪水在广西境内，丹穴山在广东境内。天虞山，今名虞山，是一座不大的小山，在桂林市区北部虞山公园内。我们中国有句老话叫"山不在高，有仙则名。水不在深，有龙则灵"。这座不大的虞山，就是因为四千多年前虞舜大帝的南巡至此驻足而名垂后世。秦始皇统一中国后，秦人便在此山下立碑纪念。后来人们又在此建大舜庙予以祭祀，两千多年来香火旺盛。《山海经》的作者把它作为《南次三经》的第一座山来记载。

浪水，一是能在《简明中国历史地图集》查到，在广西境内，并不能确指是那条水，疑似大龙江支流大水江或桂江支流思良江。二是能在《水经》中查到，说："浪水出武陵镡城县北界沅水谷。南至郁林潭中县，与邻水合。又东至苍梧猛陵县为郁溪。又东至高要县为大水。又东至南海番禺县西，分为二：其一，南入于海；其一，又东过县东南入于海。其余水又东至龙川县为涅水，屈北入员水。"从上述文字中可以看出，浪水应该是指在广西东南部、广东西南部的西江及其支流。那么，祷过山就应该是广西东南部一座山脉。

从浪水向东便是广东省。广东省韶关市有一处世界闻名的景区——中国丹霞山世界地质公园。这里是世界"丹霞地貌"的命名地，由六百多座以赤壁丹霞为特色的山岭组成，"色如渥丹，灿若明霞"。在世界上发现的一千多处丹霞地貌中，丹霞山发育最典型，类型最齐全，造型最丰富，景色最优美，是丹霞地貌的集中分布区。此丹霞山便是《南次三经》中丹穴山,丹霞山有锦江流过,应该就是丹穴山中的丹水。这样《南次三经》诸山可以确定为西起桂林虞山,向东为南岭诸山。

南岭分狭义和广义两种解释。狭义的南岭有越城岭、都庞岭、萌渚岭、骑田岭、大庾岭五座山岭组成,故又称五岭。东西长约600公里,南北宽约200公里。大致分布在广西东部至广东东部,与湖南、江西、福建三省的交界处。《南次三经》诸山,应指狭义上的南岭。

广义的南岭还包括苗儿山、海洋山、九嶷山、香花岭、大瑶山、九连山等,东西绵延1400公里。南岭是我国江南最大的横向构造带山脉,是长江与珠江的分水岭。五岭以南便是岭南。岭南古为百越之地,是百越族居住的地方。秦末汉初,它是百越国、闽越国的辖地。《晋书·地理志》将秦代所立的南海、桂林、象郡,称为"岭南三郡",明确了岭南的区域范围包括今福建南部、广东、海南、广西大部和越南大部(五代十国之后越南才分离出去)。

## 第九章 西山经第二

## (一)西山首经

【原文】

西1-1《西山经》华山①之首,曰钱来之山,其上多松,其下多洗石②。有兽焉,其状如羊而马尾,名曰羬羊③,其脂可以已腊④.

西1-2西四十五里,曰松果之山⑤。濩水出焉,北流注于渭⑥,其中多铜⑦。有鸟焉,其名曰螖⑧渠,其状如山鸡,黑身赤足,可以已𪘏⑨。

西1-3又西六十里,曰太华之山⑩,削成而四方,其高五千仞⑪,其广十里,鸟兽莫居。有蛇焉,名曰肥𧑐⑫,六足四翼,见则天下大旱。

西1-4又西八十里,曰小华之山⑬,其木多荆、杞,其兽多㸲牛⑭,其阴多磬石⑮,其阳多㻬琈之玉⑯,鸟多赤鷩⑰,可以御火。其草有萆荔,状如乌韭,而生于石上,亦缘木而生,食之已心痛。

西1-5又西八十里,曰符禺之山,其阳多铜,其阴多铁。其上有木焉,名曰文茎,其实如枣,可以已聋。其草多条,其状如葵,而赤华黄实,如婴儿舌,食之使人不惑。符禺之水出焉,而北流注于渭。其兽多葱聋⑱,其状如羊而赤鬣。其鸟多䲹⑲,其状如翠而赤喙,可以御火。

西1-6又西六十里,曰石脆之山,其木多棕、柟,其草多条,其状如韭,而白华黑实,食之已疥。其阳多㻬琈之玉,其阴多铜。灌水出焉,而北流注于禺水。其中有流赭,以涂

羬羊

牛马无病。

西1-7又西七十里，曰英山，其上多枏橿[20]，其阴多铁，其阳多赤金。禺水出焉，北流注于招水，其中多鲜鱼[21]，其状如鳖，其音如羊。其阳多箭、䉋[22]，其兽多㸲牛、羬羊。有鸟焉，其状如鹑，黄身而赤喙，其名曰肥遗，食之已疠，可以杀虫。

西1-8又西五十二里，曰竹山[23]，其上多乔木，其阴多铁。有草焉，

鸱渠

其名曰黄雚，其状如樗，其叶如麻，白华而赤实，其状如赭，浴之已疥，又可以已胕[24]。竹水出焉，北流注于渭，其阳多竹箭，多苍玉。丹水出焉，东南流注于洛水，其中多水玉，多人鱼。有兽焉，其状如豚而白毛，大如笄而黑端，名曰豪彘。

西1-9又西百二十里，曰浮山[25]，多盼木，枳叶而无伤[26]，木虫居之。有草焉，名曰薰草，麻叶而方茎，赤华而黑实，臭如蘼芜[27]，佩之可以已疠。

西1-10又西七十里，曰羭次之山，漆水出焉，北流注于渭。其上棫、橿，其下多竹箭，其阴多赤铜，其阳多婴垣之玉[28]。有兽焉，其状如禺而长臂，善投，其名曰嚣[29]。有鸟焉，其状如枭，人面而一足，曰橐𪇉[30]，冬见夏蛰，服之不畏雷。

西1-11又西百五十里，曰时山，无草木。逐水出焉，北流注于渭，其中多水玉。

肥　蟥

西1-12又西百七十里，曰南山[31]，上多丹粟。丹水出焉，北流注于渭。兽多猛豹[32]，鸟多尸鸠[33]。

西1-13又西百八十里，曰大时之山[34]，上多榖、柞，下多杻橿，阴多银，阳多白玉。涔水出焉，北流注于渭。清水出焉，南流注于汉水。

西1-14又西三百二十里，曰幡冢之山[35]，汉水出焉，而东南流注于

柞、赤鷩

洧；嚣水出焉，北流注于汤水。其上多桃枝钩端㊱，兽多犀、兕、熊、罴，鸟多白翰㊲、赤鷩。有草焉，其叶如蕙，其本如桔梗，黑华而不实，名曰蓇蓉，食之使人无子。

西1-15又西三百五十里，曰天帝之山，上多棕、枏，下多菅、蕙。有兽焉，其状如狗，名曰溪边，席其皮者不蛊。有鸟焉，其状如鹑，黑文而赤翁㊳，名曰栎，食之已痔。有草焉，其状如葵，其臭如蘼芜，名曰杜衡，可以走马，食之已瘿㊴。

西1-16西南三百八十里，曰皋涂之山，蔷水出焉，西流注于诸资之水；涂水出焉，南流注入集获之水。其阳多丹粟，其阴多银、黄金，其上多桂木。

葱聋

有白石焉，其名曰礜㊵，可以毒鼠。有草焉，其状如槀茇，其叶如葵而赤背，名曰无条，可以毒鼠。有兽焉，其状如鹿而白尾，马足人手而四角，名曰玃如。有鸟焉，其状如鸱而人足，名曰数斯，食之已瘿。

西1-17又西百八十里，曰黄山，无草木，多竹箭。盼水出焉，西流注于赤水㊶，其中多玉。有兽焉，其状如牛，而苍黑大目，其

鸥

名曰鑒㊷。有鸟焉,其状如鸮,青羽赤喙,人舌能言,名曰鹦䳇。

西1-18 又西二百里,曰翠山,其上多棕、柟,其下多竹箭,其阳多黄金、玉,其阴多旄牛、麢、麝㊸;其鸟多鸓,其状如鹊,赤黑而两首四足,可以御火。

西1-19 又西二百五十里,曰騩山㊹,是錞于西海,无草木,多玉。凄水出焉,西流注于海。其中多采石、黄金,多丹粟。

凡《西经》之首,自钱来之山至于隗山,凡十九山,二千九百五十七里。华山冢㊺也,其祠之礼:太牢㊻。羭山神也,祠之:用烛,斋百日以百牺,瘗用百瑜,汤其酒百樽,婴以百珪㊼百璧。其余十七山之属,皆毛牷用一羊祠之。烛者百草之未灰,白席采等纯之。

【注释】

①华山:此处的华山是作为山系总名称出现的,应指秦岭。

②洗石:可用于人洗澡的天然石块,其上多孔隙,能搓掉人身上的污垢。

③羬羊:《尔雅》云:羊六尺为羬。意即个头比较大的野山羊。

④已腊:已,指治愈。"腊"并非"臘"的简化字,而是读若"昔"。《说文解字》上说:"昔,干肉也,隶书作腊。"这里指皮肤皲裂。已腊,即可以治愈皮肤皲裂。

⑤松果之山:在陕西省华阴市东南。

⑥渭:即渭河,黄河最大支流。发源于甘肃省鸟鼠山,流经陕西省中部,至陕西省渭南市潼关县入黄河。

人鱼

鲜鱼、肥遗

⑦铜：即铜矿石。早期发掘冶炼的铜矿石一般纯度较高，铜含量达70-80%，可直接冶炼或锻造。铜是人类最早开采利用的金属。

⑧螐：读若"同"。

⑨瀑：读若"暴"。指皮肤皲裂的比较严重。

⑩太华之山：即华山主峰，在陕西省华阴市。海拔2154.9米。

⑪仞：在周代形成，并在周、秦、汉三代使用的度量单位。一仞等于八尺。这里的尺也是在周代形成，在周、秦、汉三代使用的度量单位。一尺相当于23.1厘米，这样一仞就等于184.8厘米。

⑫蝡：读若"卫"。

⑬小华之山：即现在的少华山。位于陕西省华县莲花寺镇刘家河村南，海拔1664.6米，与西岳华山山势相连，遥遥相对，并称"二华"，因低于华山，所以叫少华山，又名小华山。

⑭牸牛：牸，读若"昨"。牸牛，即现在的羚牛，俗称"六不像"，生活在秦岭一带。

⑮磬石：能制作石磬的石头，一种石质较硬的石灰石。

⑯瑓珸之玉：瑓，读若"雨"。瑓珸之玉，传说中的一种玉，品质不明。

⑰赤鷩：即今红腹锦鸡。

⑱葱聋：古代传说中的野山羊的一种。

⑲鴖：一种像翠鸟的红嘴鸟。

⑳杻、橿：即杻树和橿树。两种树木木质坚硬，在古代一般都用来做车。

㉑鮮：即蚌。

㉒箭：读若"媚"。竹子的一种，可做箭

豪彘

杆。郭璞注曰："今汉中郡出篃竹，厚里而长节，根深，笋冬生地中，人掘取食之。"

㉓竹山：山名，在陕西省蓝田县。

㉔胕：读若"伏"。指浮肿。

㉕浮山：山名，在陕西省西安市东南部。

㉖无伤：指盼木无刺，不伤人的意思。

㉗臭如蘼芜：臭，即"嗅"的原字，闻的意思。蘼芜，一种香草，有与兰花相似的香味。

㉘婴垣之玉：一种玉石，因为细小只能用来制作人脖子上的装饰品。

㉙嚣：一种野兽，应为长臂猿。

㉚橐䶄：䶄，读若"肥"。橐䶄，指秦岭山脉一种特殊的猫头鹰。

㉛南山：即终南山。在陕西省西安市南部。

㉜猛豹：古代传说中的野兽，比豹要大。

㉝尸鸠：即布谷鸟，也叫杜鹃、杜宇、子规。

㉞大时之山：古代山名。毕沅疑为太白山，在陕西省宝鸡市，秦岭北麓。

㉟幡冢之山：在陕西省宁强县北部，汉水源头。下文的"沔"，指汉水的一段，也有人说即汉水。

嚣

㊱桃枝、钩端：是竹子的两个品种。

㊲白翰：白雉鸡的一种，也叫白鹇。

㊳翁：按《说文解字》："颈毛也。"

㊴瘿：一种肿瘤，俗称瘿布袋子病。多长于人的颈部。

㊵礜：即礜石，即硫化砷矿石，俗名毒砂，有毒。

㊶赤水：《山海经》中，出现在我国西北方的赤水有两种解释：一种是指黄河的一段，应该就是兰州附近的那段；二是指黄河的一条支流，疑是大通河，在祁连山南麓。

㊷挈：读若"敏"。

㊸麝：俗称香獐。雄性腹下有腺体分泌物，叫麝香，有特殊香气，可制香料，也可入

橐蜚

玉器，上边为尖状，下边长方形。

猛豹

药。下文的"鸓"，读若"磊"。

㊹魆山：有人说是青海湖边上的日月山，但不知是何凭据。下文中的西海应指青海湖及其周边的湿地。

㊺冢：过去为《山海经》作注者对这里的"冢"有多种解释，其中尤以俞樾《读山海经》的解释最为接近。俞樾说："冢尤君也，神尤臣也。言华山为君而羭山为臣。"而我们已经知道，过去君王及诸侯都守山、祭山，而华山又为西岳，守山川祭祀者只有君王，故这里的"冢"，应该解作君王。

㊻太牢：古代帝王祭祀社稷、山岳时的祭祀之礼。牛、羊、猪三牲俱全为"太牢"之礼。

㊼珪：同圭。古代帝王或诸侯祭祀时所持的

## 【译文】

酉1-1《西山经》首列山系是华山山系，华山山系的第一座山叫钱来山，山上苍松茂密，山下洗石遍地。山中有一种野兽，形状像羊，但长着马尾巴，名字叫羬羊，它的油脂可以护理皮肤，治疗皮肤皲裂。

酉1-2从钱来山往西四十五里，是松果山，濩水从这座山流出，向北流入渭水。山上富藏铜矿石。山中有一种鸟，名字叫螐渠，形状像山鸡，身子是黑色的，爪子是红色的，其油脂可以治疗皮肤干裂。

酉1-3再往西六十里，是太华山，山崖陡峭，像刀削的一样，山势呈现四方形，高五千仞，方圆十里，没有鸟兽栖身。山中有一种蛇，名字叫肥𧑄，长着六只脚、四只翅膀,它一出现就会天下大旱。

西1-4再往西八十里,是小华山,山上的树木大多是牡荆树和枸杞树,野兽大多是羚牛。山北面盛产磐石,山南面富藏琦珌玉。山中有很多的赤鷩鸟,饲养它可以预防火灾。山里的草中有一种叫做薢荔的草,形状像乌韭,生长在石头上面,也可以攀缘树木生长,人吃了它就能治愈心痛病。

西1-5再往西八十里,是符禺山,山南面富藏铜矿石,山北面富藏铁矿石。山上有一种树,叫文茎,结的果实像枣子,可以用来治疗耳聋。山中的草大多是条草,形状像葵菜一样,开红花,结黄色的果,果实的样子像婴儿的舌头。人吃了它,就不会迷惑。符

尸鸠

禺水从这座山流出,向北流入渭水。山中的野兽大多是葱聋,形状像羊,但脖子长着红色的硬毛。山中的鸟大多是鴖鸟,形状像翠鸟,嘴巴是红的,饲养它可以预防火灾。

西1-6再往西六十里,是石脆山,山上的树大多是棕树和楠树,而草大多是条草,形状与韭菜相似,花是白色的,果实是黑色的,人吃后可以治愈疥疮。山南面盛产琦珌玉,山北面富藏铜矿石。灌水从这座山流出,向北流入禹水。水里有硫黄和赭石。将水中的泥涂在牛马的身上,就能使牛马健壮不生病。

西1-7再往西七十里,是英山,山上到处是杻树和檀树,山北面富藏铁矿石,而山南面富藏黄金。禹水从这座山流出,向北流入招水。水中有很多鲜鱼,样子像鳖,叫声像羊。山南面有很多的箭竹和𥱒竹,野兽大多是羚牛、㸲羊。山中有一种鸟,样子像鹌鹑鸟,身子是黄色的,嘴巴却是红色的,名字叫肥遗,人吃了它的肉能治愈瘟疫,还能杀

白翰

栎

死人体内的寄生虫。

**西1-8**再往西五十二里，是竹山，山上树木参天，山北面富藏铁矿石。山中有一种草，叫黄蕹，形状像臭椿树，但叶子像麻叶，开白色的花，结红色的果，果子的颜色有点像赭石，用它的液体擦拭身体可治愈疥疮，还可以治愈浮肿病。竹水从这座山发源，向北流入渭水。山南面有很多的竹子和箭竹，还有很多青玉。丹水从这里流出，向东南流入洛水，水中有很多的水晶石，还有很多的娃娃鱼。山中有一种野兽，形状像小猪，但长着白毛，毛如簪子一样粗，尖端呈黑色，名字叫豪猪。

**西1-9**再往西一百二十里，是浮山，山上盼木遮天蔽日。盼木长着枳树一样的叶子，但没有刺，树上的虫子寄生在叶子上。山中有一种草，叫熏草，叶子像麻叶，茎干方方的，开红色的花朵，结黑色的果实，气味闻着像蘼芜，把它插在身上就可以防止和治疗瘟疫。

**西1-10**再往西七十里，是羭次山，漆水从这里流出，向北流入渭水。山上有很多的棫树和橿树，山下有茂密的箭竹，山北面有赤铜矿，而山南面有大量的婴垣玉。山中有一种野兽，形状像猿猴，双臂很长，擅长投掷，名字叫嚣。山中还有一种鸟，形状像猫头鹰，但长着人的面孔，一只爪子，名字叫橐蜚，常常是冬天出外活动而夏天蛰伏。把它的羽毛插在人身上，就可以不害怕打雷。

**西1-11**再往西一百五十里，是时山，山上没有花草、树木。逐水从这座山流出，向北流入渭水，水中有很多的水晶石。

**西1-12**再往西一百七十里，是南山，到处是粟粒一般大小的丹沙。丹水从这座山流出，向北流入渭水。山中的野兽大多是猛豹，而鸟大多是布谷鸟。

貜 如

西1-13再往西一百八十里，是大时山，山上有很多的构树和柞树，山下有很多杻树和僵树，山北面富产白银，山南面富产白玉。涔水从这座山流出，向北流入渭水。清水也从这座山流出，向南流入汉水。

数 斯

西1-14再往西三百二十里，是蟠冢山，汉水在这里发源，向东南流入沔水；嚣水也在这里发源，向北流入汤水。山上桃枝和钩端两种竹子遮天蔽日，野兽以犀牛、兕、熊、罴为多，鸟类以白雉鸡和锦鸡为多。山中有一种草，叶像蕙兰的叶，茎像桔梗的茎，开黑花，不结果实，名字叫菁蓉，吃了它的叶就会使人不生育。

西1-15再往西三百五十里，是天帝山，山上是繁茂的棕树和楠树，山下的草主要是茅草和蕙兰。山中有一种野兽，形状像狗，叫溪边，用它的皮作铺盖就能使人不中蛊气。山中有一种鸟，形状像鹌鹑，身上有黑色的花纹，头上有红色的羽毛，名字叫栎，人吃了它的肉可以治愈痔疮。山中有一种草，形状像葵菜，闻着有和蘼芜一样的香味，名字叫杜衡，用这种草喂马能使马跑得飞快，而人吃了它的果实就可以治愈脖子上的赘瘤病。

西1-16往西南三百八十里，是皋涂山，蔷水从这里流出，向西流入诸资水；涂水也从这里流出，向南流入集获水。山南面粟粒大小的丹沙到处都是，山北面盛产白银和黄金，山上桂树飘香。山中有一种白色的石头，叫礜石，有毒，可以毒死老鼠。有一种草，样子像槁茇，叶子像葵菜叶，但背面是红色的，名字叫无条，也可以毒死老鼠。有一种野兽，形状像鹿，却长着白色的尾巴，马蹄一样的后脚、人手一样的前爪，头上还长着四只角，名字叫獳如。还有一种鸟，形状像鹰，却长着人脚一样的爪，名字叫数斯，人吃了它的肉也能治愈脖子上的赘瘤病。

㺄

鹦鹉

西1-17再往西一百八十里，是黄山，山上没有花草、树木，竹箭却长得满山遍野。盼水从这座山流出，向西流入赤水，水中有很多的玉石。山中有一种野兽，形状像牛，长着黑色的毛，大大的眼睛，名字叫㸲。山中还有一种鸟，形状像猫头鹰，长着青色的羽毛和红色的嘴，舌头像人，能学人说话，名字叫鹦鹉。

西1-18再往西二百里，是翠山，山上的棕树和楠树遮天蔽日，山下的竹箭密不透地，山南面富藏黄金、美玉，山北面有很多的牦牛、羚羊和香獐。山中的鸟大多是鸓鸟，样子像喜鹊，长着红黑色的羽毛，长有两个脑袋、四只脚，人饲养它可以避免火灾。

西1-19再往西二百五十里，是騩山，它坐落在西海岸边。这里没有花草、树木，但有很多玉石。凄水从这座山流出，向西流入海。水中有很多彩色的石头、黄金，还有很多粟粒大小的丹沙。

总计《西山首经》之首尾，自钱来山起到騩山止，一共十九座山，路经

旄牛　　　　　　　　　　　麢

二千九百五十七里。祭祀华山的宗主是君王，祭祀华山之灵的礼仪是用猪、牛、羊三牲齐全的太牢作祭品。祭祀羭山的是神守诸侯。祭祀羭山之灵要用烛火，斋戒一百天，用一百只纯色的牲畜，埋一百块美玉，再烫上一百樽美酒，悬挂一百块玉珪和一百块玉璧。祭祀其他十七座山的礼仪相同，都是用一只完整、纯色的羊作祭品。所谓的烛，就是用百草燃烧未尽形成的木炭。而祭神的席是用白茅席，席边要用各种颜色的草按照祭祀的等级镶嵌起来。

鵸鸟

## 【解析】

　　《西山首经》是《山经》中最好确认的山系。因为有太华山、少华山和幡冢山的存在，我们可以毫无疑义把这列山系，即文中所说的华山山系，确定为秦岭。秦岭是汉代之后才有的名字，因为此列山系是春秋、战国时秦国境内最高的山脉，因此后世将此山系命名为秦岭。

　　秦岭有广义与陕义两个概念。广义上的秦岭，是指横亘于我国中部的、呈东西走向的巨大山脉，西起甘肃省临潭县的白石山，以迭山与昆仑山脉分界。向东经麦积山进入陕西省，横跨陕西中部，在陕西省与河南省的交界处分为三列支脉：北列从崤山起，沿黄河南岸向东延伸，通称邙山；中列是熊耳山脉；南列是伏牛山脉。伏牛山的南部有一部分进入湖北郧县。秦岭全长1600多公里，南北宽约数十公里至二、三百公里不等。

　　狭义上的秦岭指秦岭山脉中段，也就是秦岭位于陕西省的部分。因为此列山位于关中平原以南，故又名"南山"，海拔2000-3000米。山势连绵，气势磅礴。

　　文中的华山山系既不是狭义上的秦岭，也不是广义上的秦岭。应该是起之崤山向西到广义上秦岭的西端，然后一直到青海湖畔——即所谓的"镈于西海"。

　　秦岭是我国南北方的分界线，是黄河支流渭河与长江支流嘉陵江、汉江的分界线。北面的关中平原是中国北方文明的重要发祥地之一；南面则是汉中地区及著名的天府之国——四川盆地。

　　秦岭有着丰富的动植物资源，其生物多样性得天独厚。现在秦岭的动物有羚

羊、羚牛、大熊猫、野猪、豪猪、黑熊、林麝、小鹿、刺猬、竹鼠、鼯鼠、松鼠等哺乳动物，以及堪称世界上最大的雉鸡类群体。食肉动物有豹、云豹、豺、貂、豹猫等，甚至前些年还有当地人称"烂草黄"的动物——华南虎。

几千年前，秦岭上人类的活动要比现在还少，动植物的多样性肯定比现在丰富得多。《西山首经》就为我们提供了一个色彩斑斓、瑰丽多姿的童话世界。

羭山神

## （二）西次二经

**【原文】**

西2-1《西次二经》之首，曰钤山①，其上多铜，其下多玉，其木多杻、橿。

西2-2西二百里，曰泰冒之山，其阳多金，其阴多铁。洛水出焉②，东流注于河③，其中多藻玉④，多白蛇。

西2-3又西一百七十里，曰数历之山，其上多黄金，其下多银，其木多杻、橿，其鸟多鹦鹉。楚水⑤出焉，而南流注于渭，其中多白珠。

西2-4又西百五十里高山，其上多银，其下多青碧⑥、雄黄⑦，其木多棕，其草多竹。泾水⑧出焉，而东流注于渭，其中多磐石、青碧。

西2-5西南三百里，曰女床之山，其阳多赤铜，其阴多石涅⑨，其兽多虎、豹、犀、兕。有鸟焉，其状如翟⑩而五采文，名曰鸾鸟，见则天下安宁。

西2-6又西二百里，曰龙首之山，其阳多黄金，其阴多铁。苕水⑪出焉，东南流注于泾水，其中多美玉。

西2-7又西二百里，曰鹿台之山，其上多白玉，其下多银，其兽多柞牛、羬羊、白豪。有鸟焉，其状如雄鸡而人面，名曰凫徯⑫，其鸣自叫也，见则有兵。

西2-8西南二百里，曰鸟危之山，其阳多磐石，其阴多檀、楮⑬，其中多女床⑭。鸟危之水出焉，西流注于赤水，其中多丹粟。

西2-9又西四百里，曰小次之山，其上多白玉，其下多赤铜。有兽焉，其状如猿，而白首赤足，名曰朱厌⑮，见则大兵。

西2-10又西三百里，曰大次之山，其阳多垩⑯，其阴多碧，其兽多柞牛、麢羊。

西2-11又西四百里，曰薰吴之山，无草木，多金玉。

西2-12又西四百里，曰厎阳之山，其木多樱[17]、柟、豫章[18]，其兽多犀、兕、虎、豹[19]、柞牛。

西2-13又西二百五十里，曰众兽之山，其上多瑶珟之玉，其下多檀楮，多黄金。其兽多犀、兕。

鸾鸟

西2-14又西五百里，曰皇人之山，其上多金玉，其下多青雄黄[20]。皇水出焉，西流注于赤水，其中多丹粟。

西2-15又西三百里，曰中皇之山，其上多黄金，其下多蕙棠。

西2-16又西三百五十里，曰西皇之山，其阳多金，其阴多铁，其兽多麋[21]、鹿、柞牛。

西2-17又西三百五十里，曰莱山，其木多檀、楮，其鸟多罗罗[22]，是食人。

凡《西次二经》之首，自钤山至于莱山，凡十七山，四千一百四十里。其十神者，皆人面而马身。其七神皆人面牛身，四足而一臂，操杖以行：是为飞兽之神；其祠之，毛用少牢[23]，白菅为席。其十辈神者，其祠之，毛一雄鸡，钤而不糈。毛采。

## 【注释】

①钤山：古代山名，今名涂山。在陕西省延安市东南。

②洛水，这里并不是指河南省的洛河，而是指陕西省东部的洛河，也叫北洛河，渭河支流。文中说入河（黄河），实际上入渭河。

③河：古代黄河的专称。古代的河流都称是水，黄河叫河水。上古文献中凡称河而不冠名者，一般指黄河。

④藻玉：各色纹理斑驳的玉。郝懿行疑"藻"与"璪"同。《说文解字》云："璪，王饰如水藻之文也。"

⑤楚水：按《水经注》的说法，楚水已与泾水合流。

⑥青碧：《说文解字》云：碧，石之青美者。按此说法应该就是现在的碧玉。

⑦雄黄：矿物名，也叫鸡冠石。古人常用来杀虫。

凫溪

⑧泾水：渭河支流，有两源：一源发源于宁夏回族自治区固原县；一源发源于甘肃省华亭县。于陕西省高陵县南入渭河。

⑨石涅：即石墨。古人常用来画眉等。

⑩翟：《说文解字》云：翟（音狄），山雉尾长者。按此说法，即长尾野鸡。

⑪苕水：参见《南次二经》。

⑫凫溪：传说中的一种水鸟。

⑬楮：郭璞注为榖树，即构树。落叶乔木，树皮是制造桑皮纸和宣纸的原料。

⑭女床：有人说是女肠草，也有人说是是蛇床之误，应以后者为确。蛇床，一种伞形科植物。

⑮朱厌：古代兽名，即白眉长臂猿。

⑯垩：即高岭土，后世的烧瓷用土。

⑰樱：读若"稷"，即水松。

⑱豫章：有两种说法：一说就是指樟树，常绿高大乔木，气味芳香，也叫香樟树。一说是指豫和樟两种树，豫指枕木，樟指樟树，二者幼年时难以区分，七年后才能认清，故统称豫樟。

⑲豿：郝懿行注曰："《玉篇》云：'豿，兽，豹文'。音与'郭'同。"这样看来：豿，是豹子的一种。

⑳青雄黄：青黑色的雄黄，比普通雄黄坚硬，也叫薰黄。

㉑麇：即麋鹿。角似鹿、头似马、身似驴、蹄似牛，但又都不十分像，俗称"四不像"。

㉒罗罗：古代鸟名。应是秃鹫之类。

㉓少牢：祭祀用猪、羊二牲，称少牢。

【译文】

西2-1《西次二经》的首座山，叫做钤山，山上富藏铜，山下富产玉。山中的树，主要是杻树和橿树。

西2-2向西二百里，是泰冒山，山南面富藏黄金，山北面富产铁。洛水从这座山流出，向东流入黄河（渭河）。水中有很多藻玉，还有很多的白蛇。

西2-3再往西一百七十里，是数历山，山上富藏黄金，山下富产白银。山中的树大多是杻树和檀树，而鸟大多是鹦鹉。楚水从这座山流出，向南流入渭水，水中有很多白色珍珠般的宝石。

西2-4再往西一百五十里，是高山，山上富藏白银，山下到处是青碧、雄黄。山中的树大多是棕树，而草大多是矮矮的小竹丛。泾水从这座山流出，向东流入渭水，水中有很多的磬石和青碧玉。

西2-5往西南三百里，是女床山，山南面富产赤铜，山北面富产石墨。山中的野兽以老虎、豹子、犀牛和兕为多。山里有一种鸟，形状像野鸡，长着五彩斑斓的羽毛，名字叫鸾鸟，它一出现就会天下太平。

西2-6再往西二百里，是龙首山，山南面富藏黄金，山北面富产铁。苕水从这座山流出，向东南流入泾水，水中有很多的美玉。

西2-7再往西二百里，是鹿台山，山上富产白玉，山下富产银，山中的野兽以羚牛、羬羊、白豪猪为多。山中有一种鸟，形状像雄鸡，却长着人脸，名字叫凫徯，它的名字源自它的叫声，它的出现是战争的预兆。

西2-8再往西南二百里，是鸟危山，山南面富产磬石，山北面长满檀树和楮树，山中还有很多的女床草。鸟危水从这座山发源，向西流入赤水，水中有很多粟粒大小的丹沙。

西2-9再往西四百里，是小次山，山上富藏白玉，山下富产赤铜。山中有一种野兽，形状像猿猴，但头是白色的，脚是红色的，名字叫朱厌，它的出现昭示着一场大的战争即将来临。

西2-10再往西三百里，是大次山，山南面富产各种颜色的垩土，山北面富产碧玉。山中的野兽以羚牛、羚羊居多。

西2-11再往西四百里，是熏吴山，山上没有花草、树木，但有很多的黄金和玉石。

西2-12再往西四百里，是厎阳山，山中的树木大多是水松、楠树、樟树，而野兽大多是犀牛、兕、老虎、豹子和羚牛。

朱厌

人面马身神

西2-13再往西二百五十里，是众兽山，山上瑾瑜玉遍布，山下到处是檀树、构树，富藏黄金。野兽以犀牛、兕居多。

西2-14再往西五百里，是皇人山，山上富藏黄金和玉石，山下富藏青雄黄。皇水从这座山发源，向西流入赤水，水中有很多粟粒大小的丹沙。

西2-15再往西三百里，是中皇山，山上富产黄金，山下长满了蕙兰和棠梨树。

西2-16再往西三百五十里，是西皇山，山南面富藏黄金，山北面富藏铁。山中的野兽以麋鹿、鹿、羚牛居多。

西2-17再往西三百五十里，是莱山，山中的树木大多是檀树和构树，而鸟大多是罗罗鸟，能吃人。

《西次二经》山系之首尾，自钤山起到莱山止，一共十七座山，路经四千一百四十里。其中十座山的神守诸侯的形象是马的身子、人的脸。还有七座山的神守诸侯的形象是牛的身子、人的脸，都是四只脚和一条胳膊，扶着拐杖行走，这就是所说的飞兽神。祭祀这七座山的礼仪是在毛物中用猪、羊二牲组成的少牢作祭品，将其放在白茅草编制的席子上。祭祀前十座山的礼仪是在毛物中用一只公鸡，祭祀时只祈祷，但不要用米作祭品，公鸡的颜色要色彩鲜艳。

【解析】

此列山系诸山均不著名。好在有几条水给我们作参考。一是有洛水，东流入黄河（实际上入渭）；二是有楚水入渭河；三是有泾水入渭河；四是有茗水入泾河。从中可知此列山在黄河以西，渭河以北，应该就是黄土高原的南部，紧邻关中平原的山脉。至于这列山系的终点在哪里，却不好确定，可能在陕西境内，也可能到甘肃，更有可能到了青海省。因为文中皇人之山有皇水流出，而青海

人面牛身神

省则有湟水，被喻为青海的母亲河。

有人曾纠结皇人山、中皇山、西皇山。认为中皇山是上古中皇氏后裔的聚居区。实际上中皇山与中皇氏毫无关系。中皇山的"中"是方位词，因为此处有三个皇人山，中皇山在皇人山与西皇人山的中间，故曰：中皇山。这些皇人山如果非要上古氏族联系的话，伏羲人皇氏倒是可以联系的。

伏羲的直系后裔有五支。其中山东有四支：即任、宿、颛臾、须句。在甘肃有一支，叫密须。西周分封诸侯的时候，伏羲的这五支直系后裔都列封。因为伏羲出生于山东，事业最初发展于山东，山东有四支后裔可以理解。甘肃为什么也是一支伏羲后裔呢？那是因为伏羲曾带领自己的一支族裔由东到西，由山东的泗水、宁阳、曲阜一带，到河南的陈（即今陈留）、陕西陈仓、甘肃游历或视察。这支族裔便在甘肃成纪（现秦安县一带）一带开枝散叶。前辈的故事，后辈世代口耳相传，于是便有了伏羲生于成纪说。

从这个角度看，《西次二经》中的皇人山、中皇山、西皇山有可能在甘肃省秦安县附近。

## （三）西次三经

**【原文】**

西3-1《西次三经》之首，曰崇吾之山，在河之南，北望冢遂，南望繇之泽①，西望帝②之搏兽之丘，东望㸤③渊。有木焉，员叶而白柎，赤华而黑理，其实如枳，食之宜子孙。有兽焉，其状如禺而文臂，豹虎（尾）而善投，名曰举父。有鸟焉，其状如凫，而一翼一目，相得乃飞，名曰蛮蛮④，见则天下大水。

西3-2西北三百里，曰长沙之山⑤。泚水出焉，北流注于泑水⑥，无草木，多青雄黄。

西3-3又西北三百七十里，曰不周之山⑦。北望诸毗之山，临彼岳崇之山，东望泑泽，河水所潜也，其原浑浑泡泡⑧。爰有嘉果，其实如桃，其叶如枣，黄华而赤柎，食之不劳。

举父

蛮蛮鸟

西3-4又西北四百二十里，曰崟⑨山，其上多丹木，员叶而赤茎，黄华而赤实，其味如饴，食之不饥。丹水出焉，西流注于稷泽⑩，其中多白玉，是有玉膏⑪，其源沸沸汤汤，黄帝是食是飨。是生玄玉。玉膏所出，以灌丹木。丹木五岁，五色乃清，五味乃馨。黄帝乃取崟山之玉荣，而投之锺山之阳。瑾瑜之玉为良，坚栗精密，浊泽而有光。五色发作，以和柔刚。天地鬼神，是食是飨；君子服之，以御不祥。自崟山至于钟山，四百六十里，其间尽泽也。是多奇鸟、怪兽、奇鱼，皆异物焉。

西3-5又西北四百二十里，曰钟山，其子曰鼓，其状如人面而龙身，是与钦䲹⑫杀葆江于昆仑之阳，帝乃戮之锺山之东曰瑶崖，钦䲹化为大鹗，其状如雕而黑文白首，赤喙而虎爪，其音如晨鹄⑬，见则有大兵；鼓亦化为鵕鸟，其状如鸱，赤足而直喙，黄文而白首，其音如鹄，见则其邑大旱。

西3-6又西百八十里，曰泰器之山。观水出焉，西流注于流沙⑭。是多文鳐鱼，状如鲤鱼，鱼身而鸟翼，苍文而白首，赤喙，常行西海，游于东海，以夜飞。其音如鸾鸡，其味酸甘，食之已狂，见则天下大穰。

西3-7又西三百二十里，曰槐江之山。丘时之水出焉，而北流注于泑水。其中多蠃母，其上多青雄黄，多藏琅玕⑮、黄金、玉，其阳多丹粟，其阴多采黄金、银。实惟帝之平圃，神英招司之，其状马身而人面，虎文而鸟翼，徇于四海，其音如榴。南望昆仑，其光熊熊，其气魂魂。西望大泽，后稷所潜也；其中多玉。其阴多榣木之有若⑯。北望诸毗，槐鬼离仑居之，鹰鸇之所宅也。东望恒山四成⑰，有穷鬼⑱居之，各在一搏。爰有淫水，其清洛洛。有天神焉，其状如牛，而八足二首马尾，其音如勃

鼓

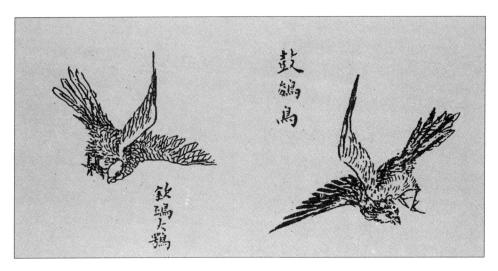

钦䲹、䴅鸟

皇，见则其邑有兵。

西3-8西南四百里，曰昆仑之丘[19]，是实惟帝之下都，神陆吾司之。其神状虎身而九尾，人面而虎爪；是神也，司天之九部及帝之囿时。有兽焉，其状如羊而四角，名曰土蝼，是食人。有鸟焉，其状如蜂，大如鸳鸯，名曰钦原，蠚鸟兽则死，蠚木则枯。有鸟焉，其名曰鹑鸟，是司帝之百服。有木焉，其状如棠，黄华赤实，其味如李而无核，名曰沙棠，可以御水，食之使人不溺。有草焉，名曰薲草，其状如葵，其味如葱，食之已劳。河水出焉，而南流东注于无达。赤水出焉，而东南流注于汜天之水。洋水出焉，而西南流注于丑涂之水。黑水出焉，而西流于大杅。是多怪鸟兽。

西3-9又西三百七十里，曰乐游之山。桃水出焉，西流注于稷泽，是多白玉。其中多鳋[20]鱼，其状如蛇而四足，是食鱼。

西3-10西水行四百里，曰流沙，二百里至于羸母之山，神长乘司之，是天之九德[21]也。其神状如人而豹尾。其上多玉，其下多青石而无水。

西3-11又西三百五十里，曰玉山，是西王母所居也。西王母其状如人，豹尾虎齿而善啸，蓬发戴胜，是司天之厉及五残[22]。有兽焉，其状如犬而豹文，其角如牛，其名曰狡，其音如吠犬，见则其国大穰。有鸟焉，其状如翟而赤，名曰胜遇，是食鱼，其音如录，见则其国大水。

西3-12又西四百八十里，曰轩辕之丘[23]，无草木。洵水出焉，南流注于黑

79

水，其中多丹粟，多青雄黄。

西3-13又西三百里，曰积石之山[24]，其下有石门，河水冒以西流。是山也，万物无不有焉。

西3-14又西二百里，曰长留之山，其神白帝少昊[25]居之。其兽皆文尾，其鸟皆文首。是多文玉石。实惟员神磈氏之宫。是神也，主司反景[26]。

西3-15又西二百八十里，曰章莪之山，无草木，多瑶碧。所为甚怪。有兽焉，其状如赤豹，五尾一角，其音如击石，其名曰狰。有鸟焉，其状如鹤，一足，赤文青质而白喙，名曰毕方，其鸣自叫也，见则其邑有讹火。

文鳐鱼

西3-16又西三百里，曰阴山。浊浴之水出焉，而南流注于蕃泽，其中多文贝。有兽焉，其状如狸而白首，名曰天狗，其音如榴榴，可以御凶。

西3-17又西二百里，曰符惕之山，其上多棕、枏，下多金、玉，神江疑居之。是山也，多怪雨，风云之所出也。

西3-18又西二百二十里，曰三危之山[27]，三青鸟[28]居之。是山也，广员百里。其上有兽焉，其状如牛，白身四角，其豪如披蓑，其名曰傲狠[29]，是食人。有鸟焉，一首而三身，其状如鹗[30]，其名曰鸱。

西3-19又西一百九十里，曰騩山，其上多玉而无石。神耆童[31]居之，其音常如钟磬。其下多积蛇。

蠃母

西3-20又西三百五十里，曰天山[32]，多金玉，有青雄黄。英水出焉，而西南流注于汤谷。有神焉，其状如黄囊，赤如丹火，六足四翼，浑敦[33]无面目，是识歌舞，实维帝江也。

西3-21又西二百九十里，曰泑山，神蓐收[34]居之。其上多婴短（垣）之玉，其阳多瑾瑜之玉，其阴多青雄黄。是山也，西望日之所入，其气员，神红光之所司也。

西3-22西水行百里，至于翼望之山，无草木，多金玉。有兽焉，其状如狸，一目而三尾，名曰讙，其音如棄百<sup>㉟</sup>声，是可以御凶，服之已瘅。有鸟焉，其状如乌，三首六尾而善笑，名曰鹖鵌，服之使人不厌，又可以御凶。

凡《西次三经》之首，崇吾之山至于翼望之山，凡二十三山，六千七百四十四里。其神状皆羊身人面。其祠之礼，用一吉玉<sup>㊱</sup>瘗，糈用稷米。

## 【注释】

①峗之泽：疑为泑泽。峗，读若"泑"。

②帝：无明确所指。《山海经》的帝有多位远古帝王的影子：有炎帝的影子、有黄帝的影子、有帝喾的影子、有帝舜的影子等。《西次三经》中的帝，应该指黄帝。

③蝺：读若"焉"。

④蛮蛮：古代鸟名。郭璞注曰："比翼鸟也，色青、赤，不比不能飞。"

⑤长沙之山：非湖南长沙之山，应在我国西北部。《穆天子传》中有："送天子至于长沙之山。"就是指的这座山。应在黄河北河（位于内蒙古自治区几乎正东、正西的一段）的南岸，或泑泽的南岸。

⑥泑水：即泑泽。《说文解字》云："泽，在昆仑下。"也有人说是罗布泊，都不是。应该是位于黄河河套地区的一个大湖，黄河从它的西南流入这个大湖，从东南流出。大禹治理黄

英 招

河应该就是从治理泑泽开始的。这与积石山在龙门上游的记载是相符的。

⑦不周之山：上古文化名山，《山海经》、《淮海子》均载此山。《淮南子·天文训》说：共工"怒而触不周之山，天柱折，地维绝，天倾南北……"然而，我们却难以准确地确定其地望。一般认为，不周山应在玉门关以东。

⑧浑浑泡泡：浑浑，即滚滚，形容河水奔腾不息的样子。泡，同"咆"。泡泡，形容河水发出的咆哮声。

⑨峚：读若"密"。

⑩稷泽：稷，指后稷，周朝天子的始祖。稷泽，应该是以后稷之名命名的水泽，但已不能确定其所在。

天　神

⑪玉膏：传说中的玉的液状物，被人们视作仙药。

⑫䴉：读若"皮"。

⑬晨鹄：如果单独讲"鹄"，应该指鸿鹄，即天鹅，长脖子、白羽毛，声音洪亮。但"晨鹄"不知如何正确作解。郭璞注云："鹗属，尤云晨凫耳。"

⑭流沙：一般认为流沙在今甘肃省张掖市，但实际上流沙的范围要比今张掖市这个范围要大。

⑮琅玕：似玉之美石，在夏代是雍州的贡品。

⑯榣木之有若：榣木：一种高大的树木；若：若木，一种神木。也有人说即桑树。整句话的意思：参天的榣树林中还可以见到若木。

⑰成：城的原字。即城池。

⑱有穷鬼：有穷，即有穷氏部落，本为东夷部落，后迁往陕西河洛或以西地区，后羿是其部落首领。鬼：是先时黄族对炎族，后来的华夏族对周边民族的蔑称。

⑲昆仑之丘：即现在的祁连山主峰。相传为天帝在下界的居所。

⑳鳎鱼：鳎，读若"滑"。鳎鱼，应是一种鳄鱼。

㉑天之九德：《尚书·皋陶谟》云：天之九德乃"宽而栗，柔而立，愿而恭，乱而敬，扰而毅，直而温，简而廉，刚而塞，强而义"。

㉒厉及五残：厉、五残，均是古代代表凶相的星相名。

㉓轩辕之丘：轩辕：黄帝的号。轩辕之丘，传说是黄帝一族居住的地方。

㉔积石之山：资料上能查到的积石

陆　吾

土蝼、钦原

山就是玛积雪山，在青海省东南部，延伸至甘肃南部，为昆仑山脉中支。藏名阿尼马卿山，意为黄河之祖。中国古代史籍上有大、小积石山之说，这里应该指的是大积石山，即玛积雪山。

㉕白帝少昊：传说中帝挚的名号。少昊，正史无载，有说伏羲后裔，有说神农后裔，有说黄帝后裔。现在人们倾向于神农后裔说。下文的神魂氏也是指少昊。

㉖反景：景，是影的原字。反景，即太阳落山时的反光。

㉗三危之山：山名，在敦煌西南。

㉘三青鸟：神话传说中为西王母取食的瑞鸟。实际上，三青鸟是西北一个部落的名号，也是这个部落的图腾，这个部落与西王母部落有隶属关系。

㉙ 徽徊：读若"傲耶"。

㉚鹓：读若"乐"。传说中的神鸟。郭璞注曰："似鹏，黑文、赤颈。"下文中的"鸥"，指鸥鹰。

鳛鱼

㉛耆童：即老童，传说为帝颛顼之子。

㉜天山：过去注解者都把天山注解为祁连山西段的某座山岭。但从现代的一些考古发现来看，仰韶文化已经影响到新疆大山，再加上黄帝一族的发祥地在西北游牧区，故这里的"天山"，应是指新疆东天山的某个山峰。

㉝浑敦：即浑沌，也就是下文的帝江。《史记·五帝本纪》载"昔帝鸿氏有不才子，掩义隐

83

长乘

贼, 好行凶匿, 天下谓之浑沌"。帝鸿氏, 一般认为是指黄帝, 恐不是, 应是黄帝的后裔。

㉞蓐收: 传说中的金甲神, 管理着日落时的余晖, 也即下文中的红光。实际上, 蓐收也是部落和诸侯名号。

㉟橐𦶟: 𦶟, 不知作何读音。郭璞注曰: "言其能作百种物声也。或曰, 橐𦶟, 物名, 未详。"有抄本将𦶟抄作"夺", 即"夺", 还是有道理的。

㊱吉玉: 郭璞注曰: 玉加符采者。

## 【译文】

西3-1《西次三经》的首座山, 叫做崇吾山, 它耸立于黄河南岸, 向北可以望见冢遂山, 向南可以望见瑶泽, 向西可以望见天帝的搏兽山, 向东可以望见螞渊。山中有一种树, 叶子圆圆的, 花萼白白的, 红红的花瓣上有黑色的纹理, 结的果子与枳实相似, 人吃了它就能多子多孙。山中有一种野兽, 形状像猿猴, 但臂上有斑纹, 长着豹子一样的尾巴, 擅长投掷, 名字叫举父。山中有一种鸟, 形状像野鸭, 但只长了一只翅膀和一只眼睛, 两只鸟合起来才能飞翔, 名字叫蛮蛮。它一出现, 天下就会发生大水灾。

西3-2往西北三百里, 是长沙山。泚水从这里流出, 向北流入泑泽, 山上没有花草、树木, 但有很多的青雄黄。

西3-3再往西北三百七十里, 是不周山。向北可以看见诸山一座接着一座, 不周山就紧靠着岳崇山。向东可以看见泑泽, 那是黄河水潜行的湖泊, 黄河水进入泑泽时形成了滚滚波涛, 咆哮着向前流动。这里有一种非常珍贵的

西王母

果树,结出的果实与桃子相似,
叶子跟枣树叶相似,花瓣是黄
色的,花萼却是红色的,吃了它
的果实能使人解除疲劳。

西3-4再往西北四百二十
里,是崒山。山上到处是丹木,
红红的枝干上长着圆圆的叶
子,开黄花,结红果,果子的味
道和糖一样,人吃了它就不会

狡

感到饥饿。丹水从这座山流出,向西流入稷泽。水中有很多的白玉,还有玉膏,玉
膏喷涌时呈现出一片沸腾景象。黄帝常常食用玉膏。这里还出产一种黑玉。用这
溢出的玉膏去浇灌丹木,丹木经过五年的生长,就会开出五彩斑斓的花朵,结出五
味香甜的果实。于是黄帝就采撷崒山中玉石的精华,把它种在钟山的南面,便生出
瑾、瑜这类美玉,坚硬而致密,圆润而有光泽,五光十色的光芒一起呈现出来,显
得刚柔相济,非常和美。天神还有地鬼,都来服食享用。君子佩带上它,也能抵御
妖邪之气的侵袭。从崒山到钟山,距离四百六十里,中间全部是水泽,这其中生长
着许许多多的怪鸟、怪兽、神奇的鱼类,都是罕见的奇异物种。

西3-5再往西北四百二十里,是钟山,钟山的诸侯叫鼓,鼓的形象是龙的身子、
人的脸。他曾在昆仑山的南面,和钦䲹联合杀死葆江,天帝因此将他和钦䲹诛杀
在钟山东面一个叫瑶岸的地方。钦䲹化成大鹗,形状像雕,身上的花纹是黑色的,
脑袋是白色的,还长着红色的嘴巴和老虎一样的爪子,叫声如同晨鹄鸣叫,它一出
现就会带来大的战争;鼓被杀后化为了鵕鸟,形状像鹞鹰,但长着红色的脚和直
直的嘴巴,身上的斑纹是黄色的,而头却是白色的,叫声跟鸿鹄似的,它在哪个地
方出现,就昭示着那里将有旱灾。

胜遇

西3-6再往西一百八十里,是泰
器山。观水从这里流出,向西流入
流沙。观水之中有很多文鳐鱼,形
状像鲤鱼,但长着翅膀,身上长着青
黑色的斑纹,脑袋上长着白色的斑
纹,嘴巴是红的。它常常在西海飞
行,在东海畅游,飞行是在夜间进行

神魂氏

的。它的叫声和鸾鸟相似，它的肉是酸中带甜，人吃了它的肉就可治好癫狂病。它一出现，天下就会迎来大丰收。

西3-7再往西三百二十里，是槐江山，丘时水从这座山流出，然后向北流入泑水。水中有很多的螺，山上藏有很多的青雄黄，还有很多的琅玕、黄金、玉石。山南面到处是粟粒大小的丹沙，而山北面富产带符彩的黄金和银。这槐江山是天帝悬在半空中的花园，由诸侯英招管理。英招的形象是马的身子、人的头，身上长有老虎的斑纹和鸟的翅膀，能巡行四海，传达天帝的命令，声音如辘轳抽水似的。向南看昆仑山，火光熊熊，岚气烈烈。向西可以望见大泽，那里是后稷的葬地。大泽中有很多美玉。泽南面的榣树林中，还可以看到若木。向北看诸山一座接着一座，那是槐鬼离仑部落居住的地方，也是鹰鹯的栖息地。向东可以看见恒山附近的四座城池，有穷鬼部落居住在那里，各自按氏族聚集于一起。这里有大水下泻，清清冷冷，自然流淌。有位诸侯住在这里，他的形象像牛，但长着八条腿、两个脑袋，还长着一条马的尾巴，叫声如同人在吹奏乐器时勃皇发出的声音。他在哪个地方出现，那个地方就会出现战争。

西3-8往西南四百里，是昆仑山，这里是天帝在下界的都邑，由天神陆吾管理。这位天神的形象是老虎的身子、人的面孔，有九条尾巴，还长着老虎的爪子。这个神，主管着天上的九部和天帝苑圃的季节变化。山中有一种野兽，形状像羊，但长了四只角，名字叫土蝼，是能吃人的。山中有一种鸟，形状像蜂，大小与鸳鸯差不多，名字叫钦原。鸟兽被它螫了便会死去，树木被它螫了就会枯萎。山中还有另一种鸟，名字叫鹑鸟，管理着天帝日常生活中各种服饰、器物。山中

天　狗

狰、毕方

还有一种树，形状像棠梨树，开黄花，结红色的果实，味道像李子，但没有核，名字叫沙棠，可以用来辟水，人们经常食用它就能漂浮不沉。山中有一种草，名字叫薲草，形状像葵菜，味道像葱，人吃了它就能解除疲劳。黄河水从这座山流过，然后向南流进无达水。赤水也这座山流过，然后向东南流入氾天水。洋水也从这座山流出，然后向西南流入丑涂水。黑水也这座山流出，然后向西流到大杅山。这座山中有许许多多奇怪的鸟兽。

　　西3-9再往西三百七十里，是乐游山。桃水从这座山流出，向西流入稷泽，这里到处是白玉，水中还有很多鰇鱼，形状像蛇，却长着四只脚，它是靠吃鱼为生的。

　　西3-10往西行四百里水路，就是流沙，再行二百里便到嬴母山。天神长乘管理这里，他是上天九德的化身。这个天神的形象像人，但长着豹的尾巴。山上到处是玉石，山下到处是青石，没有水。

　　西3-11再往西三百五十里，是玉山，这里是西王母居住的地方。西王母的形象像人，但长着豹子的尾巴，老虎的牙齿，善于长啸，蓬松的头发上戴着玉胜。她主管着天上的厉和五残两个灾显。山中有一种野兽，形状像狗，但长着豹子的花纹，头上长的角与牛角相似，名字叫狡，叫声如同狗叫，它出现在哪里，那里就会迎来大丰收。山中还有一种鸟，形状像野鸡，但浑身通红，名字叫胜遇，以鱼为主要食物来源，叫声如呦呦鹿鸣。它在哪个国家出现，那个国家就会发生水灾。

　　西3-12往西四百八十里，是轩辕丘，这里没有花草、树木。泪水从这里流出，向南流入黑水，水中有很多粟粒大小的丹沙，还有很多青雄黄。

江凝

西3-13再往西三百里，是积石山，山下有一个石门，黄河水漫过石门向西流去。这座山上，世间万物无所不有。

西3-14再往西二百里，是长留山，天神白帝少昊居住在这里。这里野兽的尾巴上都有花纹，鸟头上也都有花纹。山上富藏色彩斑斓的玉石。这里又是神魂氏的宫殿。这个神，主要掌管太阳落下西山时射向东方的余晖。

西3-15再往西二百八十里，是章莪山，山上没有花草、树木，到处是瑶碧玉。山里常常出现奇怪的事情。山中有一种野兽，形状像赤豹，长着五条尾巴和一只角，叫声如同人敲击石头发出的响声，名字叫狰。山中还有一种鸟，形状像鹤，但只有一只脚，青色的身子上长着红色的花纹，嘴巴是白色的，名字叫毕方，它的名字源自它的叫声。在哪个地方见到它，那里就会发生怪火。

西3-16再往西三百里，是阴山。浊浴水从这座山流出，然后向南流入蕃泽，水中有很多五彩斑斓的贝壳。山中有一种野兽，形状像野猫，头是白色的，名字叫天狗，它的叫声与辘轳提水声相似，人饲养它可以避免凶邪之气。

西3-17再往西二百里，是符惕山，山上到处是棕树和楠树，山下有很多的黄金和玉石，诸侯江凝居住在这里。这座山，常常落下奇怪的雨，风云在这里兴起。

西3-18再往西二百二十里，是三危山，三青鸟栖息在这里。这座山，方圆百里，山上有一种野兽，形状像牛，白色的身子，头上长有四只角，身上的硬毛又长又密，好像披着蓑衣，名字叫傲狠，是能吃人的。山中还有一种鸟，长着一个脑袋，却有三个身子，形状与鵁鸟很相似，名字叫鸱。

傲狠

西3-19再往西一百九十里，是騩山，山上美玉遍布，没有石头。诸侯耆童居住在这里，他的声音像钟磬一样洪亮。山下到处是一堆一堆的蛇。

西3-20再往西三百五十里，是天山，山上富藏黄金和玉石，还有很多的青雄

鹛

黄。英水从这座山流出，然后向西南流入汤谷。山上住着一个诸侯，形象像黄色口袋，身上红的像火一样，长着六只脚和四只翅膀，浑浑沌沌没有面目，这是只知道唱歌跳舞的帝江啊。

西3-21再往西二百九十里，是泑山，诸侯蓐收居住在这里。山上产一种可用作颈饰的小玉石，山南面到处是瑾、瑜一类美玉，而山北面到处是青雄黄。站在这座山上，向西可以看到太阳落山的情形，那种气象万千的景象，是由诸侯红光所掌管的。

西3-22往西行一百里水路，便到了翼望山，山上没有花草、树木，但有很多黄金和玉石。有一种野兽，形状像野狸，长着一只眼睛、三条尾巴，名字叫讙，叫声像夺百声，饲养它可以抵御凶邪之气，人吃了它的肉就能治好黄疸病。山中还有一种鸟，形状像乌鸦，却长着三个脑袋、六条尾巴，常常发出笑声，名字叫鸺鹠，吃了它的肉就能使人不得梦魇，还可以辟邪。

总计《西次三经》之首尾，从崇吾山起到翼望山止，一共二十三座山，路经六千七百四十四里。诸山的神守诸侯的形象都是羊的身子、人的面孔。祭祀山川之灵的礼仪，是把一块带符彩的吉玉埋入地下，祭神的米用黄米。

## 【解析】

### （一）

《西次三经》诸山，可谓名山之集。崇吾山、长沙山、不周山、峚山、昆仑丘、流沙、玉山、轩辕丘、积石山、三危山、天山等山，在中华地理及历史文化当中，都是响当当的名字。当然，这些山中，除昆仑、三危山、天山还能找到她现在的所在，其他诸山，只能停留在博大精深的中华历史文化之中了。

耆童

尽管如此，我们还是能够确定《西次三经》记载的是黄土高原北部和我国西北部的山脉。先说崇吾山，虽然书中告诉我们：她"北望冢遂，南望㟟之泽，西望帝之搏兽之丘，东望蠕渊……见则天下大水。"但这些丝毫不能为这座山的定位提供帮助。倒是一句："在河之南。"对我们帮助甚大。这里的河之南，肯定不会处于黄河的南河（处于陕西、山西、河南正东正西的一段）之南。而是应该在黄土高原北部，内蒙古河套地区的黄河南岸，也就是陕西榆林以北，内蒙古鄂尔多斯一带。

不周山以共工怒触而闻名天下后世。我们虽然不能确定她是现在的哪座山，但我们可以确定的是：它应该在玉门关以东。

《西次三经》能查到的第一座名山为昆仑丘。很多人都认为这是西起帕米尔高原，横亘于新疆、西藏之间的昆仑山脉，实际上不是，我国上古文献中的昆仑丘、昆仑墟、昆仑山都是指的现在的祁连山主峰。

积石山，一般都认为此山是大禹治理黄河的起点。《尚书·禹贡》记载：大禹"导河自积石，至龙门，入于沧海"。《史记·夏本纪》记载："道河积石，至于龙门……入于海。"大禹治水的起点，历来存有争议。一般认为，这个起点在龙门的上游，在古九州的雍州之内，不会到玛积雪山。

一般认为，天山进入中华版土是在西汉武帝时，张骞出使西域之后，但从《山海经》的记载来看，天山进入中华文化视野要比西汉时早了上千年，甚至是几千年的时间，是在国家概念形成之前。原因是黄帝一族崛起于西北游牧区，天山就在其发祥地之内，在很早的时候，黄族人就对天山有所认识。

## （二）

读《西次三经》，有一种"渐入佳境"的感觉。因为以上诸山经，只讲山水，不讲人文。而《西次三经》既讲山水，又叙人文。率先登场的是一位伟大始祖——黄帝。从文中我们可以感觉到在《山海经》作者的眼中，黄帝既是天帝的化身，也是人间真正的千古一帝。

帝 江

黄帝之所处的峚山，在我国西北部。从峚字的造字结构上，我们可以看到"峚山"乃大土之山，古人造字都有其道理，恐怕此山由厚厚的黄土堆成，应该还在黄土高原之上，这与其他古籍的记载和当代的研究成果相吻合。

关键的是，《山海经》并不是单纯的告诉我们始祖黄帝的出处，而是用神话般的叙事风格，向我们展示了黄帝的伟大。文中说：

黄帝之所居：丹木为林，丹水为邻，其中多玉。

黄帝之所食：丹木为饴，玉膏为食。

黄帝之所为：种玉于钟山之阳。玉膏灌于丹木。

黄帝之成就：丹木"五色乃清，五味乃馨"。种玉于钟山之阳，以至于"瑾瑜之玉为良，坚栗精密，浊泽而有光，五色发作，以和柔刚"。

黄帝为什么要这样做？他完全可以有丹木、玉膏"是食是飨"。但他种玉于钟山之阳，灌于丹木之后却是"天地鬼神，是食是飨"了。原来他是为了他的子民啊！这种伟大的精神，只有黄帝才能有啊！

我们都知道黄帝作为伟大的始祖，功德无量：发展农业，发展中医药，发明文字……但是怎样记述他的业绩，赞美他的功德，讴歌他的品格？如果用写实的方法，一一列举，难免挂一漏万。然而，用神话般的风格赞美伟大的黄帝，就很好地解决了这一问题。更何况除"天地鬼神，是食是飨"之外，"种玉钟山之南"，"瑾瑜之玉为良"，还有培养人才，发展文化的意思。"五色发作，以和柔刚"还有民族融合的成分在里面。我们常说《论语》微言大义，《山海经》何尝不是微言大义啊！

蓐 收

讙

除始祖黄帝之外，众人皆知的王母娘娘也出场了。书中的名字叫西王母，住在一个叫玉山的美丽地方。可惜西王母并没有像黄帝那样闪亮登场，其形象凶恶得多，其从事职业也邪恶得多。文中是这样描述的："西王母其状如人，豹尾、虎齿而善啸，蓬发戴胜，是司天之厉及五残。"

四句话中前三句话都好翻译，都好理解。豹尾，恐怕就是古人经常衣兽皮，西王母也是如此。她穿的是豹皮，当然穿豹皮的时候并没有把豹尾去掉，而是当成了装饰物。如果有人再继续考证的话，我想这张豹皮应该是雪豹的皮。

虎齿有两方面的理解：一是她本人长着一对"虎牙"；二是她可能将其正的老虎牙也当成了装饰物。兽啸与蓬发也不是赞美词。当然，这也可能是书作者白描直书，也许无可厚非。但"司天之厉及五残"就是贬义甚重了。从注解中我们知道，厉、五残都是上古时期天上的灾星的名字。西王母既然掌管这两个灾星，那么也就掌管着对人间的降灾。这里的"厉"是比较大的灾害，即对人间的灾害或某个地域的灾害。"五残"应该是对人的五性来的。人的五性，现代一般认为是：感性、理性、悟性、灵性、个性，也有的说是德性、悟性、韧性、血性、记性。古代人说，人有金、木、水、火、土五性。无论哪种解释，必须是五性俱全方为高人；如果哪个方面有缺陷，那就是"五性"不全了。五残就是灾害对着某个人的五性来的。厉是降灾群体，五残是降灾个体。西王母就是管理着对天下苍生或某个人降灾与否的邪恶神仙。

这与我们认识的西王母形象相去甚远。我们心目中的王母娘娘是仪态端庄、慈眉善目、温文尔雅的女神形象。《穆天子传》中西王母便是这种形象。道教形成以后，西王母便成了道家的神仙，都是和善、慈祥的化身。

实际上，西王母是居住在西方祁连山一带

鹝鸰

的女性部落首领，这个部落与中原的领导集团交往了几千年。有记载的说法有：伏羲人皇氏曾拜见过西王母，黄帝在王屋山曾接待过西王母，周穆王曾拜见过西王母，据说秦穆公也拜会过西王母。这个西王母的部落虽然处于大荒之中，但与中原领导集团和平共处，从未有过兵戎相见的记载。

本经还记述了其他一些神仙。这些神仙实际上是古代诸侯及其部落、氏族的神话反映。《西次三经》的信息告诉我们：黄土高原北部，到河西走廊，以及内蒙古西部，甚至到新疆这片神秘的土地，都是黄帝部族的发祥地。这与后世人们研究的结果相同。除黄帝部族外，这里还生活着许许多多的部族，有钟山的烛龙、鼓、钦䲹，槐江山的应招，昆仑之丘的陆吾，昆仑之阳的葆江，嬴母的长乘，都拜服于轩辕黄帝部族的周围，接受其领导。

并且在玉山、三危山，还有西王母部族、三青鸟部族，他们都与黄帝部族保持着交往。三青鸟部族还能接受西王母部族的役使。一般认为，少昊是东夷之主，但《西次山经》告诉我们，少昊还是佐治西方的神，也就是佐治西方的诸侯。这样看起来，少昊及其部族还真的迁往了西部，在西部生活过。这也佐证了少昊也不是一人，而是一个世系的说法。

《山经》中记述神仙，即记述诸侯、或部落氏族，只有《西次三经》、《中次二经》等经。研究好这些山经，或许能探求到作者的秘密。

羊身人面神

## （三）

《西次三经》中，还隐藏着一个很大的秘密，那便是"泑泽"的秘密。"泑泽"，《说文解字》说是在昆仑下，现在也有人说是罗布泊。恐怕都不对。《山经》中记述"泑泽"的，只有《西次三经》和《北山首经》。《西次三经》记述的是黄河从西南方进入"泑泽"，《北山首经》则说该山系的水流，靠南一点的进入黄河，靠北一点的进入"泑泽"。而《西次三经》诸山，起点在黄土高原北部，跨黄河，迤逦至我国西北。《北山首经》则是记述的黄河西河（内蒙古土默川盆地至陕西风陵渡段）东岸诸山，并且北部靠近草原。这样看来"泑泽"应该在黄河北河（黄河内蒙古段）。也就是说，那时候根本就没有什么北河，而是在现在的北河附近有一个大湖，这个大湖便是"渤泽"，范围包括北河和河套的南套、北套。大禹治水从积石山开始，有资料说积石山在龙门上游。很可能大禹治水就是从疏通渤泽开始的。

这个"渤泽"也就是夸父追日中的大泽，并不是有些注解中说的"大泽，指贝加尔湖"。

# （四）西次四经

## 【原文】

西4-1《西次四经》之首，曰阴山①，上多谷，无石，其草多茆、蕃。阴水出焉，西流注于洛②。

西4-2北五十里，曰劳山③，多茈草。弱水④出焉，而西流注于洛。

西4-3西五十里，曰罢父之山。洱水出焉，而西流注于洛，其中多茈、碧。

西4-4北百七十里，曰申山，其上多谷、柞，其下多杻、橿，其阳多金、玉。区水出焉，而东流注于河。

西4-5北二百里，曰鸟山，其上多桑，其下多楮，其阴多铁，其阳多玉。辱水⑤出焉，而东流注于河。

西4-6又北百二十里，曰上申之山，上无草木，而多硌石，下多榛楛⑥，兽多白鹿。其鸟多当扈，其状如雉，以其髯飞，食之不眴目。汤水出焉，东流注于河。

西4-7又北百八十里，曰诸次之山⑦，诸次之水出焉，而东流注于河。是山也，多木无草，鸟兽莫居，是多众蛇。

西4-8又北百八十里，曰号山，其木多漆、棕，其草多药⑧、虈⑨、芎䓖⑩。多泠石⑪。端水出焉，而东流注于河。

西4-9又北二百二十里，曰盂山，其阴多铁，其阳多铜，其兽多白狼白虎，其鸟多白雉白翟。生水出焉，而东流注于河。

西4-10西二百五十里，曰白於之山⑫，上多

当扈

松柏，下多栎、檀，其兽多牸牛、羬羊，其鸟多鹠。洛水出于其阳，而东流注于渭；夹水出于其阴，东流注于生水。

西4-11西北三百里，曰申首之山，无草木，冬夏有雪。申水出于其上，潜于其下，是多白玉。

西4-12又西五十五里，曰泾谷之山，泾水出焉，东南流注于渭，是多白金、白玉。

白 虎

西4-13又西百二十里，曰刚山，多柒木，多琈珸之玉。刚水出焉，北流注于渭。是多神𩳁<sup></sup>⑬，其状人面兽身，一足一手，其音如钦。

西4-14又西二百里，至刚山之尾，洛水出焉，而北流注于河。其中多蛮蛮⑭，其状鼠身而鳖首，其音如吠犬。

西4-15又西三百五十里，曰英鞮之山，上多漆木，下多金玉，鸟兽尽白。涴水出焉，而北注于陵羊之泽。是多冉遗之鱼，鱼身蛇首六足，其目如马耳，食之使人不眯，可以御凶。

西4-16又西三百里，曰中曲之山，其阳多玉，其阴多雄黄、白玉及金。有兽焉，其状如马而白身黑尾，一角，虎牙爪，音如鼓音，其名曰䮝⑮，是食虎豹，可以御兵。有木焉，其状如棠，而员叶赤实，实大如木瓜，名曰櫰木⑯，食之多力。

西4-17又西二百六十里，曰邽山⑰。其上有兽焉，其状如牛，猬毛，名曰穷奇，音如獆狗，是食人。濛水出焉，南流注于洋水，其中多黄贝、蠃鱼，鱼身而鸟翼，音如鸳鸯，见则其邑大水。

西4-18又西二百二十里，曰鸟鼠同穴之山⑱，其上多白虎、白玉。渭水出焉，而东流注于河。其中多鳋鱼，其状如鳝鱼⑲，动则其邑有大兵。滥水出于其西，西流注于汉水。多𩽡鮆之鱼⑳，其状如覆铫㉑，鸟首而鱼翼鱼尾，音如磬石之声，是生珠玉。

西4-19西南三百六十里，曰崦嵫之山㉒，其上多丹木，其叶如谷，其实大如瓜，赤符而黑理，食之已瘅，可以御火。其阳多龟，其阴多玉。苕水出焉，而西流注与海，其中多砥砺㉓。有兽焉，其状马身而鸟翼，人面蛇尾，是好举人，名曰孰湖。有鸟焉，其状如鸮而人面，蜼㉔身犬尾，其名自号也，见者其

神 槐

邑大旱。

凡《西次四经》自阴山以下，至于崦嵫之山，凡十九山，三千六百八十里。其神祠礼：皆用一白鸡祈。糈以稻米，白菅为席。

右《西经》之山，凡七十七山，一万七千五百一十七里。

【注释】

①阴山：即雕阴山。位于陕西省龙泉市。

②洛：即北洛河。在陕西省。

③劳山：位于陕西省甘泉县。

④弱水：弱水的本意是指水位浅、浮力弱的水道。此处弱水是一非著名的水道。

⑤辱水：古代水名。又称吐延川、秀延水，今名清涧河。

⑥榛、楛：榛，落叶灌木，果实即榛子。楛，荆一类的树株，其木可做箭杆。

⑦诸次之山：按《水经注》："上郡诸次县有诸次山，诸次水出焉。其水东经榆林寨为榆谷水，即榆溪也，下流入于黄河。"也有人说诸次水是位于榆林市的佳芦河或秃尾河。诸次的意思也可能是不止一条河。这样来看诸次山、诸次水均在陕西省榆林市北与内蒙古自治区交界之地。

⑧芍：并非"藥"的简化字，而是白芷的别称。

⑨蘭：读若"嚣"。一种香草。

⑩芎䓖：即川芎。多年生草本植物，羽状复叶，花白色，果实椭圆形。产于四川、云南等地。根茎入药。

⑪泠石：一种质地较软的石头。

⑫白於之山：即白于山、白玉山。白于山脉位于陕西省与内蒙古自治区、宁夏回族自治区、甘肃省四省区交界处，近东西走向。延河、北洛河、无定河源头。山势主要由原积的黄土层构成。主峰在陕西省定边县正南，海拔1970米。

⑬神槐：传说中的一种山泽鬼

蛮 蛮

怪。媿，同“鬼鬼”，读若“鬼鬼”。

⑭蛮蛮：这里的蛮蛮是一种水生动物，同上文的“蛮蛮”不同。疑为水獭。

⑮駮：兽名，按《尔雅·释畜》的解释：“如马，据（锯）牙、食虎豹。”

⑯櫰木：槐树的一种，树叶比普通槐树叶为大。

⑰邽山：即今甘肃省清河县邽山。

⑱鸟鼠同穴之山：是甘肃省中部的一条主要山脉，属于秦岭西延部分，渭水发源地。

⑲鳝鱼：传说中一种体形较大的鱼。

⑳絮鮁之鱼：疑为珍珠贝。絮，读若“如”。鮁，读若“皮”。

㉑铫：即水壶，也叫吊子，烧水用具。

㉒崦嵫之山：古代山名，今名齐寿山，在甘肃省天水市。传说中太阳落山的地方。

㉓砥砺：磨刀石。其中砥为细软质地的磨刀石；砺为粗硬质地的磨刀石。

㉔蜼：传说中的一种猴子，像猕猴。

冉遗

## 【译文】

西4-1 《西次四经》的首座山，叫做阴山，山上生长着很多的构树，没有石头，草以莼菜、蕃草居多。阴水从这座山流出，向西流入洛水。

西4-2 往北五十里，是劳山，这里有茂盛的紫草。弱水从这座山流出，然后向西流入洛水。

西4-3 往西五十里，是罢父山。洱水从这里流出，向西流入洛水，水中有很多紫色美石和碧玉。

西4-4 往北一百七十里，是申山，山上构树、柞树参天，山下是枏树、檀树遍地，山南面有很多的黄金、玉石。区水从这座山流出，然后向东流入黄河。

西4-5 往北二百里，是鸟山，山上到处是桑树，山下到处是构树，山北面富藏铁矿石，山南面富藏玉石。辱水从这座山流出，然后向东流入黄河。

西4-6 再往北一百二十里，是上申山，山上不长花草，到处都是大石头，山下榛子树、楛树遍地。野兽以白鹿为多。鸟多是当扈鸟，形状像野鸡，不用翅膀却用髯毛飞翔，吃了它的肉就能使人不眨眼睛。汤水从这座山流出，向东流入黄河。

西4-7 再往北一百八十里，是诸次山，诸次水从这座山发源，向东流入黄河。这座山树木茂盛，不长花草，没有飞鸟、野兽栖息，但有许多蛇聚集在那里。

97

西4-8再往北一百八十里,是号山,山里的树木大多是漆树和棕树,而草以白芷、蘼草、芎䓖居多。山中还富藏汵石。端水从这座山流出,然后向东流入黄河。

西4-9再往北二百二十里,是盂山,山北面富藏铁矿石,山南面富藏铜矿石。山中的野兽大多是白狼、白虎,飞鸟大多是白雉鸡和白翠鸟。生水从这座山流出,然后向东流入黄河。

駮

西4-10往西二百五十里,是白於山,山上松柏长青,山下栎树、檀树遍地。山中的野兽大多是羚牛、㸲羊,鸟类以猫头鹰居多。洛水发源于这座山的南面,然后向东流入渭水;夹水发源于这座山的北面,向东流入生水。

西4-11往西北三百里,是申首山,山上没有花草、树木,冬、夏都有积雪。申水从这座山上发源,潜流到山下,山中有很多的白玉。

西4-12再往西五十五里,是泾谷山,泾水从这座山发源,向东南流入渭水,山中富产白金、白玉。

西4-13再往西一百二十里,是刚山,到处是茂密的漆树,琈珢玉遍地。刚水从这座山发源,向北流入渭水。这里有很多神魖,形状是人的面孔、野兽的身子,只长着一只脚、一只手,叫声像人打呵欠。

西4-14再往西二百里,便到了刚山的尾端,洛水在此发源,然后向北流入黄河。水中有很多叫蛮蛮的水生动物,形状像老鼠,长着甲鱼的脑袋,叫声如同狗叫。

西4-15再往西三百五十里,是英鞮山,山上生长着茂密的漆树,山下蕴藏着丰富的黄金和玉石,飞鸟和野兽都是白色的。涴水从这座山流出,向北流入陵羊泽。水里有很多叫冉遗的鱼,长着鱼的身子、蛇的头和六只脚,眼睛长的像马耳朵,人吃了它的肉就能睡觉不得梦魇,还可以辟邪。

穷奇

西4-16再往西三百里,是中曲山,山南面富藏玉石,山北面富产雄黄、白玉和黄金。山中有一种野兽,形状像马,长着白身子和黑尾

嬴　鱼

巴，一只角，长有老虎的牙齿和爪子，叫声如同击鼓的声音，名字叫駮，是能吃老虎和豹子的，饲养它可以避免兵器伤身。山中还有一种果树，果子的形状像棠梨，但叶子是圆的，果实是红色的，像木瓜大小，名字叫櫰木，人吃了它的花果能增添气力。

西4-17再往西二百六十里，是邽山。山上有一种野兽，形状像牛，但浑身上下长满刺猬一样的刺，名字叫穷奇，叫声如同狗叫，是能吃人的。濛水从这座山流出，向南流入洋水，水中有很多的黄贝、嬴鱼。这种鱼的身子上长有翅膀，叫声像鸳鸯，它在哪个地方出现，那里就会有水灾。

西4-18再往西二百二十里，是鸟鼠同穴山。山上有很多白虎、白玉。渭水从这座山发源，然后向东流入黄河。水中有很多鳋鱼，形状像鳣鱼，它在哪个地方出现，那里就会有战争发生。滥水从山的西面发源，向西流入汉水，水中有很多鰼鯜鱼，形状像反转过来的水壶，长着鸟头、鱼鳍，长有尾巴，叫声就像敲击磬石发出的响声，是能吐出珍珠的。

西4-19西南三百六十里，是崦嵫山，山上多丹树，丹树叶像构树叶，结的果实像瓜大小，红红的花萼上有着黑色的纹理，人吃了它能治愈黄疸病，还可以辟火。山南面有很多乌龟，山北面到处是玉石。苕水从这座山流出，向西流入大海，水中有很多砥石和砺石。山中有一种野兽，形状是马身子上长着翅膀，还长有人的面孔、蛇的尾巴，它很喜欢把人抱着举起来，名字叫孰湖。山中还有一种鸟，形状像猫头鹰，但长着人的面孔，猴子一样的身子上拖着一条狗尾巴，它的名字源自它的叫声。在哪个地方见到它，那里就会发生大旱灾。

总计《西次四经》山系，从阴山到崦嵫山，一共十九座山，路经三千六百八十里。神守诸侯祭祀山川之灵的礼仪是：用一只白色鸡献祭，

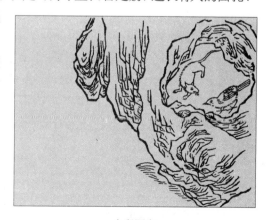

鸟鼠同穴

鰩鱼、鴑鮼鱼

祭神的米用稻米,用白茅草来做祭品的垫席。

以上是《西山经》的记录,总共七十七座山,一万七千五百一十七里。

## 【解析】

《西次四经》山系,是黄土高原上的山脉。这些山脉位于《西次二经》诸山的北部,《西次三经》东部诸山的东南部,涉及陕西、内蒙古、宁夏、甘肃四省区。

从阴山到诸次山七座山脉中,有阴山、劳山、诸次山可以查到,均在陕西境内。从水流的情况看,这几座山中发源或流经的水流,如阴水、弱水、洱水、区水、辱水、汤水、诸次水,不是西入北洛河,便是东流入黄河,可见这几座山均在陕西省延安市和榆林市之内。其劳山在延安市中部的甘泉县劳山乡。1935年10月,直罗镇战役的前奏——劳山战役就发生在这里。当时,工农红军以少胜多,取得了劳山战役的胜利。这场胜利,是红十五军团献给即将胜利结束长征的中共中央和中央红军的见面礼,也是粉碎国民党军对陕、甘苏区第三次"围剿"的重要战役之一,为党中央把全国革命大本营奠基西北创造了条件。

这几座山中,还应该有延安附近诸山,但由于《山海经》年代久远,其中的山水名称与现在的山水名称已无法对应。有研究学者认为,其中的区水当是现在的延河。

诸次之山当是榆林市北部的山脉,诸水之水当是榆林溪、佳芦河、秃尾河中的一条,也可能三条河都包括,因为"诸次"一词本身就有多条的意思。

号山与盂山应该在内蒙古鄂尔多斯市境内。因为诸次山已到了陕西省的北界,

熟　湖

人面鸮

再往北不是内蒙，又是哪里？

白於山就是现在位于陕西、内蒙古、宁夏、甘肃四省区交界处的白于山，是延河、北洛河、无定河的源头。

申首山、泾谷山应当在宁夏境内，其中申首山在宁夏盐池县西北。泾谷山当是宁夏境内的六盘山，泾水发源地。

刚山、英鞮山、中曲山，或在宁夏，或在甘肃，已经无法确定。

邽山是甘肃省清水县邽山无疑。"邽"是地名专用字，其地望就在邽山。

鸟鼠同穴山位于甘肃省中部的渭源县，属秦岭山脉西延部分，主峰露骨山海拔在3941米。该山属千古名山，《尚书》、《史记》等史籍均有记载。《尚书·禹贡》载：大禹："导渭自鸟鼠同穴，东会于沣，又东会于泾，又东过漆、沮，入于河。"同时《禹贡》还记载了该山的一条趣闻，也就是该山的得名原因："鼠之山有鸟焉，与鼠飞行而处……鸟名为鵌，似鹅而黄黑色，鼠如家鼠而短尾，穿地共处之。"

盖因为鸟鼠山位于陇西黄土高原，缺乏大树筑巢，鸟只得用鼠穴营巢下蛋，而鼠以鸟为之报警，谨防老鹰侵犯。这样鸟在穴的上部，鼠在穴的下部，各自繁衍生息，互不相害。

## 第十章　北山经第三

## （一）北山首经

【原文】

北1-1《北山经》之首，曰单狐之山，多机木①，其上多华草。滂水出焉，而西流注于泑水，其中多芘石文石②。

北1-2又北二百五十里，曰求如之山，其上多铜，其下多玉，无草木。滑水出焉，而西流注于诸毗之水。其中多滑鱼，其状如鱓（鳝），赤背，其音如梧，食之已疣。其中多水马，其状如马，文臂牛尾，其音如呼。

北1-3又北三百里，曰带山，其上多玉，其下多青碧。有兽焉，其状如马，一角有错，其名曰臑③疏，可以辟火。有鸟焉，其状如乌，五采而赤文，名曰鹃鵌，是自为牝牡，食之不疽。彭水出焉，而西流注于芘湖之水，其中多鯈鱼④，其状如鸡而赤毛，三尾、六足、四首，其音如鹊，食之可以已忧。

北1-4又北四百里，曰谯明之山，谯水出焉，西流注于河。其中多何罗之鱼，一首而十身，其音如吠犬，食

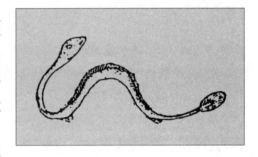

滑鱼

臑疏

鹖鸰、鯈鱼

之已痛。有兽焉，其状如狟而赤豪，其音如榴榴，名曰孟槐，可以御凶。是山也，无草木，多青雄黄。

北1-5 又北三百五十里，曰涿光之山，嚣水出焉，而西流注于河。其中多鰼鰼之鱼，其状如鹊而十翼，鳞皆在羽端，其音如鹊，可以御火，食之不瘅。其上多松柏，其下多棕橿。其兽多麢羊，其鸟多蕃。

北1-6 又北三百八十里，曰虢山，其上多漆，其下多桐椐⑤。其阳多玉，其阴多铁。伊水出焉，西流注于河。其兽多橐驼。其鸟多寓⑥，状如鼠而鸟翼，其音如羊，可以御兵。

北1-7 又北四百里，至于虢山之尾，其上多玉而无石。鱼水出焉，西流注于河，其中多文贝。

北1-8 又北二百里，曰丹熏之山，其上多樗柏，其草多韭䪥⑦，多丹雘。熏水出焉，而西流注于棠水。有兽焉，其状如鼠，而菟首麋身，其音如獋犬，以其尾飞，名曰耳鼠，食之不膹⑧，又可以御百毒。

北1-9 又北二百八十里，曰石者之山，其上无草木，多瑶碧。泚水⑨出焉，西流注于河。有兽焉，其状如豹，而文题白身，名曰孟极，是善伏，其鸣自呼。

北1-10 又北百一十里，曰边春之山，多葱、葵、韭、桃、李。杠水出焉，而西流注于泑泽。有兽焉，其状如禺而文身，善笑，见人则卧，名曰幽鴳，其鸣自呼。

北1-11 又北二百里，曰蔓联之山，其上无草木。有兽焉，其状如禺而有鬣，牛尾、文臂、马蹄，见人则呼，名曰足訾，其鸣自呼。有鸟焉，群居而朋飞，其毛如雌雉，名曰鵁，其鸣自呼，食之已风。

北1-12 又北百八十里，曰单张之山，其上无草木。有兽焉，其状如豹而长尾，人首而牛耳，一目，名曰诸犍，善吒，行则衔其尾，居则蟠其尾。有鸟焉，其状如雉，而文首、白翼、黄足，名曰白鵺[10]，食之已嗌痛，可以已痸。栎水出焉，而南流注于杠水。

何罗鱼

北1-13 又北三百二十里，曰灌题之山，其上多樗柘[11]，其下多流沙，多砥。有兽焉，其状如牛而白尾，其音如訆，名曰那父。有鸟焉，其状如雌雉而人面，见人则跃，名曰竦斯，其鸣自呼也。匠韩之水出焉，而西流注于泑泽，其中多磁石[12]。

北1-14 又北二百里，曰潘侯之山，其上多松、柏，其下多榛、楛，其阳多玉，其阴多铁。有兽焉，其状如牛，而四节生毛，名曰旄牛。边水出焉，而南流注于栎泽。

北1-15 又北二百三十里，曰小咸之山，无草木，冬夏有雪。

北1-16 北二百八十里，曰大咸之山[13]，无草木，其下多玉。是山也，四方，不可以上。有蛇名曰长蛇[14]，其毛如彘豪，其音如鼓柝。

北1-17 又北三百二十里，曰敦薨之山，其上多棕、枏，其下多茈草。敦薨之水出焉，而西流注于泑泽。出于昆仑之东北隅，实惟河源[15]。其中多赤鲑，其兽多兕、旄牛，其鸟多鸤鸠。

北1-18 又北二百里，曰少咸之山，无草木，多青碧。有兽焉，其状如牛，而赤身、人面、马足，名曰窫窳[16]，其音如婴儿，是食人。敦水出焉，东流注于雁门之水[17]，其中多𩶾𩶾之鱼[18]，食之杀人。

北1-19 又北二百里，曰狱法之山。瀤泽之水出焉，而东北流注于泰泽[19]。其中多

孟槐

104

鰈[20]鱼，其状如鲤而鸡足，食之已疣。有兽焉，其状如犬而人面，善投，见人则笑，其名山狌[21]，其行如风，见则天下大风。

北1-20 又北二百里，曰北岳之山，多枳、棘、刚木[22]。有兽焉，其状如牛而四角、人目、彘耳，其名曰诸怀，其音如鸣雁，是食人。诸怀之水出焉，而西流注于嚣水，其中多鮨鱼，鱼身而犬首，其音如婴儿，食之已狂。

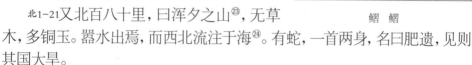

北1-21 又北百八十里，曰浑夕之山[23]，无草木，多铜玉。嚣水出焉，而西北流注于海[24]。有蛇，一首两身，名曰肥遗，见则其国大旱。

� 鯑

北1-22 又北五十里，曰北单之山，无草木，多葱韭。

北1-23 又北百里，曰罴差之山，无草木，多马。

北1-24 又北百八十里，曰北鲜之山，是多马。鲜水出焉，而西北流注于涂吾之水。

北1-25 又北百七十里，曰堤山，多马。有兽焉，其状如豹而文首，名曰狕。堤水出焉，而东流注于泰泽，其中多龙龟。

凡《北山经》之首，自单狐之山至于堤山，凡二十五山，五千四百九十里，其神皆人面蛇身。其祠之，毛用一雄鸡彘瘗，吉玉用一珪，瘗而不糈。其山北人，皆生食不火之物。

**【注释】**

①机木：即桤树，落叶乔木，木质松软，树叶有点像榆树。

②文石：一说泛指有纹理的石头，一说是玛瑙。《本草纲目》就说："玛瑙，一名文石。"应为后者。

③朣：读若"獾"。

④儵鱼：也叫白鲦，一种小白鱼。儵，即鲦。

⑤椐：灵寿木，树身上长有很多的肿节，可做拐杖。

⑥寓：疑是蝙蝠。

⑦藿：又作"薤"。多年生草本植物，叶子细长，开紫

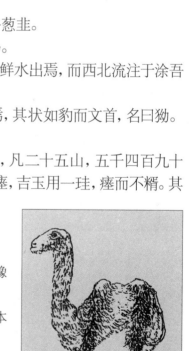

橐驼

寓

色花, 地下有鳞茎, 可食。

⑧脲: 读若"采"。郭璞注为大腹病。

⑨沴水: 即清水河, 在内蒙古自治区清水河县, 汇入浑水河后, 又入黄河。《西山经》也有沴水, 这反映了古代民族迁徙的信息, 有相同的山名、水名、地名, 是由族迁名随造成的。

⑩鵁: 读若"夜"。

⑪樗、柘: 樗, 臭椿树。柘, 一种树木, 果可食, 叶可养蚕, 树皮可造纸。

⑫磁石: 一种天然矿物。具有吸铁功能, 俗称吸铁石。现为磁铁原料。

⑬大咸之山: 有版本作大同之山。

⑭长蛇: 传说中的动物, 有几十丈长, 可食鹿、象等动物。

⑮实惟河源: 因黄河从泑泽流出, 故古人把泑泽看成了黄河之源。

⑯窫窳: 传说中的天神, 被杀后变成一种能吃人的怪兽。参见《海内南经》、《海内西经》。

⑰雁门之水: 指发源于雁门山的水流。雁门山, 在山西省北部。

⑱鮒鮒之鱼:《本草纲目》有: "河豚,《北山经》名鮒鱼。"鮒, 读若"北"。

⑲泰泽: 即岱海, 位于内蒙古自治区乌兰察布市境内。

⑳鱃: 读若"早"。

㉑狟: 读若"挥"。

耳 鼠

㉒刚木: 木质比较坚硬的树, 如檀树等。

㉓浑夕之山: 疑即内蒙古乌兰察布市的苏木山。

㉔海: 这里指位于内蒙古乌兰察布市的黄旗海。

## 【译文】

北1-1《北山经》的首座山叫做单狐山。山上桤树参天, 山上华草茂盛。逢水从这座山流出, 然后向西流入泑水。水中有很

孟 极

多紫色的石头和玛瑙。

北1-2往北二百五十里，是求如山。山上富藏铜矿石，山下富藏玉石，没有花草、树木。滑水从这座山流出，然后向西流入诸毗水。水中的鱼，滑鱼最多，形状像鳝鱼，脊背是红色的，叫声像人支支吾吾，吃了它的肉就能治好的赘疣病。水中还生长着很多水马，形状和马相似，但前腿上长有花纹，并且拖着一条牛尾巴，叫声像人呼喊。

北1-3再往北三百里，是带山。山上富藏玉石，山下富藏青碧玉。山中有一种野兽，形状像马，长着一只角，像钢锉一般，名字叫䑏疏，人饲养它可以防火。山中有一种鸟，形状像乌鸦，毛色五彩但带有红色的纹路，名字叫鹠䳜，这种鸟自身有雌、雄二种器官，可以自我交配，吃了它的肉就能使人不患痈疽病。彭水从这座山流出，然后向西流入芘湖水。水中有很多儵鱼，形状像鸡，长有红色的羽毛，还有三条尾巴、六只脚、四个脑袋，叫声和喜鹊相似，吃了它的肉可以使人无忧无愁。

北1-4再往北四百里，是谯明山。谯明水从这里发源，向西流入黄河。水中有很多的何罗鱼，这种鱼长有一个脑袋、十个身子，叫声如同狗叫，人吃了它的肉就可以治愈痈肿病。山中有一种野兽，形状像豪猪，长着红色的毛刺，叫声如同辘轳抽水的声音，名字叫孟槐，人饲养它可以避免凶邪之气。这座山，没有花草、树木，到处是青雄黄。

北1-5再往北三百五十里，是涿光山。嚣水从这座山流出，然后向西流入黄河。水中生长着很多的鳛鳛鱼，形状像喜鹊，却长了十个翅膀，鱼鳞全长在了翅膀的末端，叫声如喜鹊，可以防火，吃了它的肉能预防黄疸病。山上松柏长青，山下棕树、橿树遍地，山中的野兽以羚羊居多，飞鸟多蕃。

北1-6再往北三百八十里，是虢山，

幽 鴳

山上漆树繁茂，山下梧桐、椐树遍地，山南面富藏玉石，山北面富藏铁矿石。伊水从这座山流出，向西流入黄河。山中的野兽以骆驼居多。而飞鸟大多是寓鸟，形状像老鼠，却长着翅膀，叫声如同羊叫，人饲养它可以避免兵器伤身。

北1-7再往北四百里，便到了虢山的尾端，山上美玉遍地，没有石头。鱼水从这里流出，向西流入黄河，水中有很多五彩斑斓的贝壳。

北1-8再往北二百里，是丹熏山。山上有很多的臭椿树和柏树，草以野韭菜和野薤菜为多，还富藏丹膜。熏水从这里发源，然后向西流入棠水。山中有一种野兽，形状像老鼠，但长着兔子的脑袋和麋鹿的身体，叫声如同狗叫，用尾巴飞行，名字叫耳鼠。人吃了它的肉就可以预防肚子鼓胀病，还可以避免百毒侵害。

足訾

北1-9再往北二百八十里，是石者山。山上没有花草、树木，到处都是瑶碧玉。泚水从这座山流出，向西流入黄河。山中有一种野兽，形状像豹子，长着花额头和白身子，名字叫孟极，善于潜伏隐藏，它的名字来源于它自己的叫声。

北1-10再往北一百一十里，是边春山。山上到处是野葱、野葵菜、野韭菜、桃树

诸犍、白鵺

竦斯

和李子树。杠水从这座山流出，然后向西流入邲泽。山中有一种野兽，形状像母猴，身上长满花纹，喜欢嘻嘻笑笑，一看见人就假装睡着，名字幽鴳，它的名字是据自己的叫声得来的。

北1-11　再往北二百里，是蔓联山，山上没有花草、树木。有一种野兽，形状像母猴，但长有鬣毛，还有牛一样的尾巴、长满花纹的双臂、马一样的蹄子，一看见人就叫，名字叫足訾，它的名字是据自己的叫声得来的。山中还有一种鸟，喜欢成群栖息、结队飞行，羽毛与雌野鸡相似，名字叫鵁，它的名字也是据自己的叫声得来的，人吃了它的肉就能治好中风病。

北1-12　再往北一百八十里，是单张山，山上没有花草、树木。有一种野兽，形状像豹子，但拖着一条长尾巴，人一样的脑袋上长着牛的耳朵，一只眼睛，名字叫诸犍，喜欢吼叫，行走时用嘴衔着尾巴，睡卧时就把尾巴盘起来。山中还有一种鸟，形状像野鸡，脑袋上长满花纹，翅膀是白色的，脚是黄色的，名字叫白鵺，人吃了它的肉就能治好咽喉疼痛，还可以治愈疯癫病。栎水从这座山流出，然后向南流入杠水。

北1-13　再往北三百二十里，是灌题山。山上长有茂密的臭椿树和柘树，山下到处是流沙，多砥石。山中有一种野兽，形状像牛，拖着一条白尾巴，叫声如同人在高声呼喊，名字叫那父。山中有一种鸟，形状像母野鸡，但长着人的面孔，一看见人就跳跃起舞，名字叫竦斯，它的名字是据自己的叫声得来的。匠韩水从这座山流出，向西流入邲泽，水中有很多的磁石。

北1-14　再往北二百里，是潘侯山，山上松柏长青，山下是茂密的榛树和楛树，山南面富藏玉石，山北面富藏铁矿石。山中有一种野兽，形

那父

状像牛，但四肢关节上长有长长的毛，名字叫牦牛。边水从这座山流出，然后向南流入栎泽。

北1-15再往北二百三十里，是小咸山。山上没有花草树木，冬夏都有积雪。

北1-16再往北二百八十里，是大咸山。山上没有花、树木，山下富藏玉石。这座山，山势呈四方形，人上不去。山中有一种蛇，叫做长蛇，身上的毛与猪脖子上的鬣毛相似，叫声像人敲击木梆子发出的声音。

长　蛇

北1-17再往北三百二十里，是敦薨山。山上棕树、楠树参天，山下紫草遍地。敦薨水从这座山发源，然后向西流入泑泽。泑泽位于昆仑山的东北角，是黄河的源头。水中有很多红鲑鱼，山中的野兽以兕、牦牛最多，而鸟大多是布谷鸟。

北1-18再往北二百里，是少咸山。山上没有花草、树木，到处是青碧玉。山中有一种野兽，形状像牛，但长着红色的身子、人的面孔、马的蹄子，名字叫窫窳，叫声如同婴儿啼哭，能吃人。敦薨水从这座山流出，向东流入雁门水，水中生长着很多鮨鮨鱼，人吃了它的肉就会中毒而死。

北1-19再往北二百里，是狱法山。瀤泽水从这座山流出，然后向东北流入泰泽。水中生长着很多鳛鱼，形状像鲤鱼，但长着鸡爪子，人吃了它的肉就能治好入赘疣病。山中有一种野兽，形状像狗，但长着人的面孔，擅长投掷，一看见人就笑，名字叫山猿。它走起来就像刮风，它一出现天下就会起大风。

北1-20再往北二百里，是北岳山。山上枳树、酸枣树，以及檀树、柘树之类的硬木到处都是。山中有一种野兽，形状像牛，但长了四只角、人的眼睛、野猪的耳朵，名字叫诸怀，叫声像大雁，能吃人。诸怀水从这座山流出，然后向西流入嚣水，水中有很多鮨鱼，长着鱼的身子、狗的脑袋，叫声像婴儿啼哭，人吃了它的肉就能治愈癫狂病。

北1-21再往北一百八十里，是浑夕山。山上

赤　鲑

窥窳

没有花草、树木,富藏铜矿石和玉石。嚣水从这座山流出,然后向西北流入黄旗海。这里有长着一个头、两个身子的蛇,名字叫肥遗。它在哪个国家出现,那个国家就会发生大旱灾。

北1-22再往北五十里,是北单山。山上没有花草、树木,却生长着很多野葱和野韭菜。

北1-23再往北一百里,是罴差山。山上没有花草、树木,有很多野马。

北1-24再往北一百八十里,是北鲜山,这里有很多的野马。鲜水从这里发源,然后向西北流入涂吾水。

北1-25再往北一百七十里,是堤山,这里有很多的野马。山中有一种野兽,形状像豹子,但脑袋上长有花纹,名字叫狕。堤水从这座山流出,然后向东流入泰泽,水中有很多龙龟。

总计《北山经》的第一列山,自单狐山起到堤山止,一共二十五座山,路经五千四百九十里。诸山的神守诸侯的形象都是人的面孔、蛇的身子。祭祀山川之灵的礼仪是把毛物中用作祭品的一只公鸡和一头猪埋入地下,祭神的吉玉用一块玉珪,

鳞鱼、山狕

111

诸怀、鲐鱼

只要埋入地下就行,而不需要用米来祭祀。住在这些山北面的人,都吃生冷食物。

## 【解析】

　　首先可以肯定的是《北山经》的第一列山系,基本上是黄河西河(内蒙古土默川盆地至陕西风陵渡段,也就是几乎正南正北的一段)东岸诸山,也就是吕梁山脉西侧诸山。它涉及山西省、内蒙古自治区,也许开头三座山还在陕西境内。

　　本经中的山名,已经无法和现实世界中的山名相对应。这是怎样造成的呢?应该是族迁名随造成的。过去部落氏族迁徙无定,新迁入的民族总要把本族原来居住区的一些山名、水名、地名带入,就像英国占领香港后将香港湾改为维多利亚湾,俄罗斯将库叶岛改称萨哈林岛一个道理。

　　远古时候的一段时间,山西省曾经是我国原始居民的政治中心。早期是炎帝在此建都,后来黄帝部族将炎帝打败、撵走,这里便成了黄帝部族统治九州的中心。有籍可查就有尧帝都平阳、舜帝都蒲阪的记载。平阳就是今山西省临汾市,蒲阪就是今山西省永济县。后来的几个少数民族政权,如鲜卑、蒙古等,入侵中原,都是取道山西。由此可见,在古代山西境内

狍

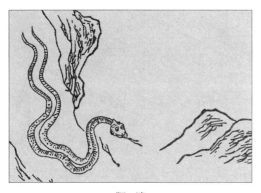

肥　遗

民族迁徙频繁。民族迁徙之后，原来的山名不再有人叫了，新居民带来了新的山名。即便是有些山名、地名留下来，也难免张冠李戴。

山名虽然改变了，但地理状况没有改变。本经中的二十五座山，除前面的三座山不知所云，可能还在黄河西岸的陕西境内之外，从第四座山——谯明山起，到第九座山——石者山止，山中发源的水流都是向西流入黄河；从第十座山——边春山起，到第十七座山——敦薨山止，山中发源的水流都是向西流入泑泽。从《西次三经》我们知道，过去的泑泽基本涵盖黄河北河（黄河内蒙段）及河套地区的南套、北套的部分区域。实际上，流入泑泽也是流入黄河。第十八座山——少咸山发源的敦水流入了雁门之水，此后的几座山发源的水流不是流入泰泽（岱海），便是流入海（黄旗海），并且最后的几座山"无草木，多马"，明显带有草原色彩。

## （二）北次二经

**【原文】**

北2-1《北次二经》之首，在河之东，其首枕汾①，其名曰管涔之山②。其上无木而多草，其下多玉。汾水出焉，而西流注于河。

北2-2又西二百五十里，曰少阳之山，其上多玉，其下多赤银。酸水出焉，而东流注于汾水，其中多美赭。

北2-3又北五十里，曰县雍之山③，其上多玉，其下多铜，其兽多闾④麋，其鸟多白翟、白鵺⑤。晋水⑥出焉，而东南流注于汾水。其中多紫鱼，其状如儵而赤鳞，其音如叱，食之不骄。

北2-4又北二百里，曰狐岐之山⑦，无草木，多青碧。胜水出焉，而东北流注于汾水，其中多苍玉。

北2-5又北三百五十里，曰白沙山，广员三百里，尽沙也，无草木鸟兽。鲔水出于其上，潜于其下，是多白玉。

北2-6又北四百里,曰尔是之山,无草木,无水。

北2-7又北三百八十里,曰狂山,无草木。是山也,冬夏有雪。狂水出焉,而西流注于浮水,其中多美玉。

北2-8又北三百八十里,曰诸余之山,其上多铜玉,其下多松、柏。诸余之水出焉,而东流注于旄水。

间

北2-9又北三百五十里,曰敦头之山,其上多金玉,无草木。旄水出焉,而东流注于印泽,其中多騂马⑧,牛尾而白身,一角,其音如呼。

北2-10又北三百五十里,曰钩吾之山,其上多玉,其下多铜。有兽焉,其状如羊身人面,其目在腋下,虎齿人爪,其音如婴儿,名曰狍鸮⑨,是食人。

北2-11又北三百里,曰北嚣之山,无石,其阳多碧,其阴多玉。有兽焉,其状如虎,而白身犬首,马尾彘鬣,名曰独狢⑩。有鸟焉,其状如乌,人面,名曰鸒䳇⑪,宵飞而昼伏,食之已暍。涔水出焉,而东流注于邛泽。

北2-12又北三百五十里,曰梁渠之山,无草木,多金玉。修水出焉,而东流注于雁门,其兽多居暨⑫,其状如彙⑬而赤毛,其音如豚。有鸟焉,其状如夸父,四翼、一目、犬尾,名曰嚣,其音如鹊,食之已腹痛,可以止衕。

北2-13又北四百里,曰姑灌之山,无草木,是山也,冬夏有雪。

北2-14又北三百八十里,曰湖灌之山,其阳多玉,其阴多碧,多马。湖灌之水出焉,而东流注于海,其中多鱓。有木焉,其叶如柳而赤理。

蛇身人面神

北2-15又北水行五百里,流沙三百里,至于洹山,其上多金、玉。三桑生之,其树皆无枝,其高百仞。百果树生之。其下多怪蛇。

北2-16又北三百里,曰敦题之山,无草木,多金玉。是錞于北海⑭。

凡《北次二经》之首,自管涔之山至于敦题之山,凡十七山,五千六百九十里。其神皆蛇身人面。其祠:毛用一雄鸡彘瘗,用一璧一珪,投而不糈。

【注释】

①汾:即汾河。发源于山西省宁武县,贯穿山西省南北,

骄 马

在河津市附近汇入黄河。

　　②管涔之山：在山西省忻州市宁武县，属吕梁山脉，是汾河、桑干河的发源地。主峰芦芽峰海拔2736米。不过，《北次二经》的管涔山并非现实世界中的管涔山，而是吕梁山脉最南端的一座山：断山。

　　③县雍之山：即悬翁山，在太原市晋祠西，晋水源头。县，乃"悬"字通假。

　　④闾：也叫山驴、驴羊。《本草纲目》云："山驴，驴之身而羚之角，但稍大，而节疏漫耳。"分布在我国山西、陕西、内蒙、甘肃等地。

　　⑤白𫛭：即白翰，也就是白鹇。𫛭，读若"有"。

　　⑥晋水：发源于悬瓮山。即位于山西省太原市内的晋祠泉水及南北二渠。

　　⑦狐岐之山：在山西省孝义县。

　　⑧骄马：《尔雅·释兽》云："如马，一角。"从中可以看出，骄马是犀牛一类的动物。骄，读若"勃"。

　　⑨狍鸮：传说中的怪兽。郭璞注曰："为物贪惏（婪），食人未尽，还害其身，像在夏鼎，《左传》谓之饕餮是也。"

　　⑩狢：读若"浴"。

　　⑪鵪鵳：猫头鹰的一种。读若"盘冒"。

　　⑫居暨：刺猬的一种，刺较普通刺猬的刺为短。分布在我国北部。

　　⑬彙：通"猬"，即刺猬。

　　⑭北海：疑指贝加尔湖。

## 【译文】

　　北2-1《北次二经》的首座山，座落在黄河的东岸，山的首端枕着汾水，这座山名叫管涔山。山上没有树木，到处是茂密的花草，山下富藏玉石。汾水从这座山流过，然后向西流入黄河。

狍 鸮

北2-2再往北二百五十里，是少阳山。山上富藏玉石，山下富藏赤银。酸水从这座山流出，然后向东注入汾水，水中有很多漂亮的赭石。

北2-3再往北五十里，是县雍山。山上富藏玉石，山下富藏着铜矿石。野兽大多是山驴和麋鹿，而飞鸟以白雉鸡和白翰鸟居多。晋水从这座山发源，然后向东南流入汾水。水中生长着很多的鮆鱼，形状像小鲦鱼，但鱼鳞是红色的，叫声如同人发出的呵斥声，吃了它的肉能使人消除狐臭。

北2-4再往北二百里，是狐岐山。山上没有花草、树木，到处是青碧玉。胜水从这座山流出，然后向东北流入汾水，水中有很多的墨玉。

北2-5再往北三百五十里，是白沙山。山体方

鹠鹛

圆三百里，到处都是沙子，没有花草、树木，也没有飞鸟、野兽。鲔水从这座山上发源，然后潜流到山下，水中有很多的白玉。

北2-6再往北四百里，是尔是山。山上没有花草、树木，也没有水。

北2-7再往北三百八十里，是狂山。山上没有花草树木，冬夏有雪。狂水从这座山发源，然后向西流入浮水，水中有很多的美玉。

北2-8再往北三百八十里，是诸余山。山上富藏着铜矿石和玉石，山下松、柏遍地。诸余水从这座山发源，然后向东流入旄水。

北2-9再往北三百五十里，是敦头山。山上富藏黄金和玉石，没有花草、树木。旄水从这座山流出，然后向东流入邛泽。山中有很多䮝马，长着牛一样的尾巴，身子是白色的，一只角，叫声如同人的呼喊声。

北2-10再往北三百五十里，是钩吾山。山上富藏玉石，山下富藏铜矿石。山中有一种野兽，形状是羊的身子、人的面孔，眼睛长在腋窝下，有着老虎一样的牙齿和人手一样的爪子，叫声如同婴儿的哭声，名字叫狍鸮，是能吃人的。

北2-11再往北三百里，是北嚣山。山上没有石头，山南面富藏碧玉，山北面富藏玉石。山中有一种野兽，形状像老虎，白色的身子上长着狗脑袋、马尾巴，身上长着猪的硬毛，名字叫独狢。山中有一种鸟，形状像乌鸦，但长着人的面孔，名字叫鹠鹛，夜间飞行，白天隐藏休息，吃了它的肉可以治愈中暑。涔水从这座山流出，然

独狓

后向东流入邛泽。

北2-12再往北三百五十里,是梁渠山。山上没有花草、树木,富藏黄金和玉石。修水从这座山流出,然后向东流入雁门。山中的野兽大多是居暨兽,形状像刺猬,但浑身上下长着红毛,叫声如同猪叫。山中还有一种鸟,形状像夸父,长着四只翅膀、一只眼睛、狗的尾巴,名字叫嚣,它的叫声与喜鹊相似,人吃了它的肉就可以治好肚子痛,还可以治好腹泻病。

北2-13再往北四百里,是姑灌山。山上没有花草树木,冬夏有雪。

北2-14再往北三百八十里,是湖灌山。山南面富藏玉石,山北面富藏碧玉,有很多的野马。湖灌水从这座山发源,然后向东流入大海,水中有很多的鳝鱼。山中还生长着一种树,叶子像柳树叶,但纹理是红色的。

北2-15再往北走五百里水路,过三百里流沙,便到了洹山。山上富黄金和玉石。山中生长着三桑树,这种树不长枝条,树干高达一百仞。山中还生长着很多种果树。山下有很多怪蛇。

北2-16再往北三百里,是敦题山。山上没有花草树木,但富藏黄金和玉石。这座山座落在北海的岸边。

总计《北次二经》山系的首尾,自管涔山起到敦题山止,一共十七座山,路经五千六百九十里。诸山的神守诸侯的形象都是蛇的身子、人的面孔,祭祀山川之灵的礼仪是把毛物中用作祭品的一只公鸡、一头猪一起埋入地下。祭神的玉器用一块玉璧和一块玉珪,一起投向山中,不要用米祭神。

【解析】

此列山系的前半部分是吕梁山脉的东面,与《北山经》的第一列山一体两面。后半部分可能到了河北省北部及内蒙古自治区,甚至到了蒙古国或俄罗斯。

这列山系的前半部分可以查到的山是管涔山、县雍山和狐岐山。

嚣

县雍山便是位于太原市里晋祠西侧的悬翁山,是晋水的源头。现实中的狐岐山则在山西省孝义县与中阳县的交界处,在悬瓮山的西南。而本经中的狐岐山则在悬瓮山的北部,二者方位正好相反。《西次二经》中管涔山与现实世界中的管涔山的位置也不对。在现实世界中的管涔山位于太原北部忻州市宁武县,是汾河和桑干河的发源地。汾河在管涔山发源后一路向南,经太原、晋中、临汾,在新绛县向西,在河津市附近流入黄河。可见现实中的管涔山在悬翁山以北。而《北次二经》中管涔山,却在该列山系的首端,在县雍山以南。虽然有"汾水出焉,而西流注于河"的描述,但此时的汾水已是西流,而非先南流几百公里后再西流。可见《北次二经》中的管涔山并非汾水源头,而是汾水经过的一座山,这座山在汾水西流处,"在河之东,其首枕汾"。

那怎么解释"汾水出焉"呢?其实《山海经》中"某水出焉"很多,但真正是源头的很少。因此译文中一般用流出或流过作解,不解为发源。除非此山真是该水的发源地,如幡冢山是汉水发源地,译文中就译作:汉水在这里发源。但是,一些不在此山发源的水系一般解为流出或流过,这里也是这个道理。"汾水出焉",

居暨

只是该水在此山流过而已。因此《北次二经》中的管涔山并非现实中管涔山,而是在此列山系,也就是吕梁山系的最南端的一座山:断山。

有人说,少阳之山是交城县、静乐县边界上的关帝山。如果真是这样,那么《北次二经》中的头四座山,南北方向完全颠倒。为什么?《北山首经》的解析中说过,过去民族迁徙频繁,在远古的时候,山西这个地方曾经发生过多次民族大迁徙,过去的山名、地名都因为新民族的迁入而改变,保留下来的名称,难免张冠李戴。但水名例外,因为河流流经的路线长,流域面积大,一旦定名就难以改变。

这列山系的后半部分,实实在在地说,是一座山也查不到。除了有雁门作参考的梁渠山可能还在山西省外,恐怕其它几座山已经到了草原,到了河北省、内蒙古自治区,甚至到了蒙古国或俄罗斯,已经无法考究了。

# （三）北次三经

**【原文】**

北3-1《北次三经》之首，曰太行之山①。其首曰归山，其上有金玉，其下有碧。有兽焉，其状如麢羊而四角，马尾而有距，其名曰䮝②，善还，其名自訓。有鸟焉，其状如鹊，白身、赤尾、六足，其名曰䳤③，是善惊，其鸣自詨。

䮝马

北3-2又东北二百里，曰龙侯之山，无草木，多金、玉。决决之水出焉，而东流注于河。其中多人鱼，其状如䱒鱼④，四足，其音如婴儿，食之无痴疾。

北3-3又东北二百里，曰马成之山，其上多文石，其阴多金玉。有兽焉，其状如白犬而黑头，见人则飞，其名曰天马⑤，其鸣自訓。有鸟焉，其状如乌，首白而身青、足黄，是名曰鶌鶋⑥，其鸣自詨，食之不饥，可以已寓。

北3-4又东北七十里，曰咸山，其上有玉，其下多铜，是多松、柏，草多茈草。条菅之水出焉，而西南流注于长泽。其中多器酸⑦，三岁一成，食之已疠。

北3-5又东北二百里，曰天池之山⑧，其上无草木，多文石。有兽焉，其状如兔而鼠首，以其背飞，其名曰飞鼠。渑水出焉，潜于其下，其中多黄垩。

䳤

北3-6又东北三百里，曰阳山，其上多玉，其下多金铜。有兽焉，其状如牛而赤尾，其颈膠⑨，其状如句瞿，其名曰领胡，其鸣自詨，食之已狂。有鸟焉，其状如雌雉，而五采以文，是自为牝牡，名曰象蛇，其鸣自詨。留水出焉，而南流注于河。其中有鮯⑩父之鱼，其状如鲋鱼，鱼首而彘身，食之已呕。

北3-7又东北三百五十里，曰贲闻之山，其上多苍玉，其下多黄垩，多涅石⑪。

北3-8又北百里，曰王屋之山⑫，是多石。䏩⑬

水出焉，而西北流于泰泽。

北3-9 又东北三百里，曰教山⑭，其上多玉而无石。教水出焉，西流注于河，是水冬干而夏流，实惟干河。其中有两山。是山也，广员三百步，其名曰发丸之山，其上有金、玉。

北3-10 又南三百里，曰景山，南望盐贩之泽⑮，北望少泽，其上多草、藷藇，其草多秦椒⑯，其阴多赭，其阳多玉。有鸟焉，其状如蛇，而四翼、六目、三足，名曰酸与，其鸣自詨，见则其邑有恐。

北3-11 又东南三百二十里，曰孟门之山⑰，其上多苍玉，多金，其下多黄垩，多涅石。

北3-12 又东南三百二十里，曰平山，平水出其上，潜于其下，是多美玉。

北3-13 又东二百里，曰京山，有美玉，多漆木，多竹，其阳有赤铜，其阴有玄礵⑱。高水出焉，南流注于河。

北3-14 又东二百里，曰虫尾之山，其上多金、玉，其下多竹，多青碧。丹水出焉，南流注于河。薄水出焉，而东南流注于黄泽。

北3-15 又东三百里，曰彭毗之山，其上无草木，多金、玉，其下多水。蚤林之水出焉，东南流注于河。肥水出焉，而南流注于床水，其中多肥遗之蛇。

北3-16 又东百八十里，曰小侯之山。明漳之水⑲出焉，南流注于黄泽。有鸟焉，其状如乌而白文，名曰鸪鹠，食之不灂。

北3-17 又东三百七十里，曰泰头之山。共水出焉，南注于滹池⑳。其上多金玉，其下多竹箭。

北3-18 又东北二百里，曰轩辕之山㉑，其上多铜，其下多竹。有鸟焉，其状如枭而白首，其名曰黄鸟，其鸣自詨，食之不妒。

北3-19 又北二百里，曰谒戾之山㉒，其上多松、柏，有金、玉。沁水㉓出焉，南流注于河。其东有林焉，名曰丹林。丹林之水出焉，南流注于河。婴侯之水出焉，北流注于汜水。

北3-20 东三百里，曰沮洳之山㉔，无草木，有金、玉。濝（淇）水出焉，南流注于河。

北3-21 又北三百里，曰神囷之山，其上有文

鸥鹠

天　马

石，其下有白蛇，有飞虫。黄水出焉，而东流注于洹㉕。滏水出焉，而东流注于欧水。

北3-22又北二百里，曰发鸠之山㉖，其上多柘木。有鸟焉，其状如乌，文首、白喙、赤足，名曰精卫，其名自詨。是炎帝之少女，名曰女娃。女娃游于东海，溺而不返，故为精卫，常衔西山之木石，以堙于东海。漳水出焉，东流注于河㉗。

北3-23又东北百二十里，曰少山，其上有金、玉，其下有铜。清漳之水出焉，东流于浊漳之水。

北3-24又东北二百里，曰锡山，其上多玉，其下有砥。牛首之水㉘出焉，而东流注于滏水。

北3-25又北二百里，曰景山，有美玉。景水出焉，东南流注于海泽。

北3-26又北百里，曰题首之山，有玉焉，多石，无水。

北3-27又北百里，曰绣山，其上有玉、青碧，其木多枸，其草多芍药、芎䓖。洧水出焉，而东流注于河。其中有鳠、黾㉙。

北3-28又北百二十里，曰松山，阳水出焉，东北流注于河。

北3-29又北百二十里，曰敦与之山㉚，其上无草木，有金、玉。溹水出于其阳，而东流注于泰陆之水㉛；泜水㉜出于其阴，而东流注于彭水。槐水出焉，而东流注于泜泽。

北3-30又北百七十里，曰柘山，其阳有金玉，其阴有铁。历聚之水出焉，而北流注于洧水。

北3-31又北三百里，曰维龙之山㉝，其上有碧玉，其阳有金，其阴有铁。肥水出焉，而东流注于皋泽，其中多礨石。敞铁之水出焉，而北流注于大泽。

北3-32又北百八十里，曰白马之山㉞，其阳多石、玉，其阴多铁，多赤铜。木马之水㉟出焉，而东北流注于滹沱。

北3-33又北二百里，曰空桑之山，无草木，冬夏有雪。空桑之水出焉，东流注于滹沱。

北3-34又北三百里，曰泰戏之山㊱，无草

飞　鼠

木，多金玉。有兽焉，其状如羊，一角一目，目在耳后，其名曰辣辣[37]，其鸣自詨。滹沱之水出焉，而东流注于娄水。液女之水出于其阳，南流注于沁水。

北3-35又北三百里，曰石山，多藏金、玉。濩濩之水出焉，而东流注于滹沱；鲜于之水出焉，而南流注于滹沱。

北3-36又北二百里，曰童戎之山。皋涂之水出焉，而东流注于娄液水。

北3-37又北三百里，曰高是之山[38]。滋水出焉，而南流注于滹沱。其木多棕，其草多条。滱水出焉，东流注于河。

北3-38又北三百里，曰陆山，多美玉。郖[39]水出焉，而东流注于河。

北3-39又北二百里，曰沂山。般水出焉，而东流注于河。

象　蛇

北3-40北百二十里，曰燕山[40]，多婴石。燕水出焉，东流注于河。

北3-41又北山行五百里，水行五百里，至于饶山[41]。是无草木，多瑶碧，其兽多橐驼(驼)，其鸟多鹠。历虢之水出焉，而东流注于河。其中有师鱼，食之杀人。

北3-42又北四百里，曰乾山，无草木，其阳有金、玉，其阴有铁而无水。有兽焉，其状如牛而三足，其名曰獂，其名自詨。

北3-43又北五百里，曰伦山。伦水出焉，而东流注于河。有兽焉，其状如麋，其川在尾上，其名曰罴。

北3-44又北五百里，曰碣石之山[42]。绳水出焉，而东流注于河，其中多蒲夷之鱼[43]。其上有玉，其下多青碧。

北3-45又北水行五百里，至于雁门之山，无草木。

北3-46又北水行四百里，至于泰泽。其中有山焉，曰帝都之山，广员百里。无草木，有金、玉。

北3-47又北五百里，曰錞于毋逢之山，北望鸡号之山，其风如飚[44]。西望幽都之山[45]，浴水出焉，是有大蛇，赤首白身，其音如牛，见则其邑大旱。

凡《北次三经》之首，自太行之山以至于无逢之山，凡四十六山，万二千三百五十里。其神状皆马身而人面者廿神。其祠之，皆用一藻茝⑥瘗之。其十四神状皆彘身而载玉。其祠之，皆玉，不瘗。其十神状皆彘身而八足、蛇尾。其祠之，皆用一璧瘗之。大凡四十四神，皆用稌糈米祠之，此皆不火食。

右《北经》之山志，凡八十七山，二万三千二百三十里。

鲐父之鱼

## 【注释】

①太行之山：有两层意思：一是作为山系总名称出现，包含今太行山脉和恒山山脉、燕山山脉的部分山岭；二是指太行山脉。太行山，又叫王母山、五行山、女娲山。位于河北平原与山西高原之间，走向为从西南到东北方向，南部可达河南省的沁河平原，北隔拒马河与燕山山脉的军都山相对。西部连接山西高原，坡势较缓；东部由高山、低山、丘陵过渡到平原。跨越河南、山西、河北、北京等四省、市。这里应是第一种意思。

②骦：读若"浑"。

③鳻：读若"汾"。

④鯑鱼：一说是鲶鱼；一说是大鲵，即娃娃鱼。鯑，读若"啼"。

⑤天马：传说中的瑞兽，有"天马行空，独来独往"之说。

⑥鹛鸪：即斑鸠。

⑦器酸：王崇庆《山海经释义》曰："器酸，或物之可食而酸者，如解州盐池所出盐之类。盐泽水止而不流，积久为酸，故三年一成。"也可能是植物种子遇水后，长期发酵所形成的天然醋类物质。人类酿醋应该是由此得到启发。

⑧天池之山：太行山脉天池山有二：一是山西省平顺县的天池岭；二是北天池山，在今山西省左权县。应该前者为是。

⑨臂：读若"肾"，指肉瘤。

⑩鲐：读若"馅"。

⑪涅石：也叫石涅。一说是石墨，一说是煤石，一说是明矾。众说不一。

⑫王屋之山：属太行山脉，在河南省济源县西北四十公里处。

领 胡

⑬灂：读若"联"。

⑭教山：在山西省垣曲县。按《水经注》："河水又东，与教水合。水出垣县北教山……"文中垣县即今山西省垣曲县。

⑮盐贩之泽：即山西省运城市解池盐湖。

⑯秦椒：即秦艽，别名大叶龙胆、大叶秦艽、西秦艽。多年生草本植物，是中国重要的传统中草药。

⑰孟门之山：孟门山有二：一是在黄河壶口瀑布上游五公里处。《淮南子》上说："龙门未辟，吕梁未凿，河出孟门之上，大溢逆流，无有丘陵，名曰洪水。大禹疏通，谓之孟门。"二是在山西省柳林县孟门镇。均不是。这里太行山脉出现的孟门山不知是哪座山。有两种可能：一是过去《山海经》竹简错乱，把应在《北山首经》的孟门山错混入《北次三经》；二是太行山脉确实有座孟门山，后来改名。

⑱礵：读若"肃"。郭璞注曰："黑砥石也。"

⑲明漳之水：即清漳河。有二源：东源发源于山西省昔阳县，西源发源于山西省和顺县，二者在左权县交漳村合流。下文的浊漳水在山西省平顺县太行山大裂谷发源，在河北省与清漳水合流叫漳河。

⑳滹池：即滹沱河。发源于山西省繁峙县孤山一带，向西南流经恒山与五台山之间，东流到河北省献县与子牙河、滏阳河相汇入海。

酸 与

㉑轩辕之山：古代山名。应为山西省泽州县下临镇之车山。这一带有很多以车命名的村庄。

㉒谒戾之山：古代山名，今名羊头山，在山西省高平市北部。

㉓沁水：即沁水河，发源于山西省沁源县的霍山，经沁源、阳城等县进入河南，接纳丹河水后，于武陟县入黄河。

㉔沮洳之山：古代山名，又名淇山、大号山。在

河南省辉县市,淇水发源地。

㉕洹:即洹水,也叫安阳河。从太行山东麓的河南省林县隆虑山发源,东流经河南安阳市,到河北省大名县入卫河。下文的滏水为河北邯郸的滏阳河。

㉖发鸠之山:位于山西省长子县城西约二十五公里处,属太行山脉。

㉗河:这里指黄河的下游河段。在上古时代,黄河下游穿行于华北平原,在今天津市入海,故一些在太行山发源的河流东入黄河。

㉘牛首之水:古代水名,今名西河,又名渚沁河。发源于河北省邯郸市西部,下游注入滏阳河。

㉙鳛、龟:鳛,《本草纲目》云:"鮀鱼,北人呼鳛,南人呼鮀,并与鮰音近,迩来通称鮰鱼,而鳛、鮀之名不彰矣。"龟,《尔雅·释兽》云:"蟾诸,在水者龟。"即一种大腹青蛙。

鸤 鹬

㉚敦与之山:古代山名,今名幽怀山,在河北省临城县。南接太行山,北连常山。

㉛泰陆之水:即大陆泽,又叫巨鹿泽。古代大陆泽是由黄河、漳河、滹沱河冲积而形成的一片洼地,它北起河北省宁晋县,经隆尧县到任县,全长一百多公里。到明代中期,泽内中段脱水,分为"南泊"和"北泊"。"南泊"仍叫大陆泽,"北泊"现叫宁晋泊。

㉜泒水:即今泜河。发源于河北省临城县西,在宁晋县入滏阳河。

㉝维龙之山:古代山名,今名飞龙山,又名封龙山。在河北省获鹿县与元氏县界上。

㉞白马之山:在山西省忻州市西南。

㉟木马之水:古代水名,今名牧马河。发源于山西省忻州市西南,东北流入滹沱河。

㊱泰戏之山:在山西省繁峙县,属太行山脉。

㊲辣:读若"东"。

㊳高是之山:即山西省灵丘县高氏山。下文的滱水为今唐河,发源于恒山南麓,向东入河北省流入易水。

㊴鄡:读若"姜"。

㊵燕山:一为燕山山脉,位于河北平原北侧,西起潮白河,东到山海关,长约三百公里。一为小燕山,为北京西南的大房山和凤凰山脉。这里为后者。

㊶饶山:古代山名,今名尧山,又名伊祁山。在河北省完县西。

㊷碣石之山:历史上的碣石山有二,一在山东省无棣县;一在河北省昌黎县。均不是,

本经中的碣石山，当另有其山。

㊸蒲夷之鱼：即冉遗鱼。传说中的鱼类，形体似蛇，有六只脚，眼睛像马的眼睛，人吃了它的肉就不会做恶梦。

㊹飚：读若“力”。郭璞注曰：“急风貌也。”

㊺幽都之山：对雁门山以北诸山的泛指。幽都，代指北方。

㊻藻、茝：藻，即水藻，生长在水底的一种水草。茝，古书说的一种香草。

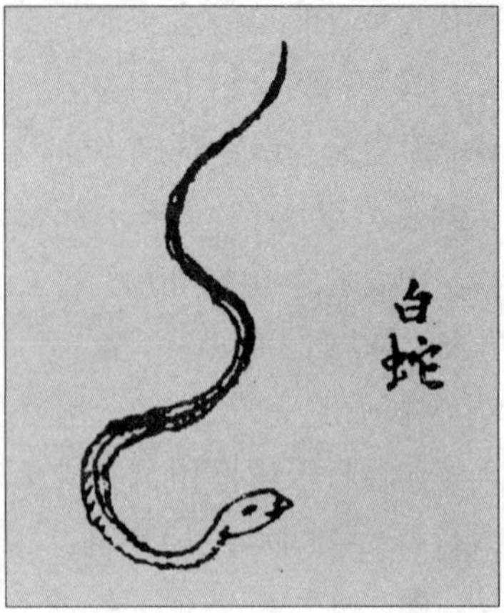


白 蛇

【译文】

北3-1《北次三经》记载的是太行山脉。太行山脉的首座山叫归山，山上富藏黄金和玉石，山下富产碧玉。山中有一种野兽，形状像羚羊，但长有四只角和马一样的尾巴，脚上有鸡距一样的突起，名字叫䮝，善于盘旋起舞，它的名字是根据它的叫声得来的。山中有一种鸟，形状像喜鹊，长着白身子、红尾巴、六只脚，名字叫鷾，这种鸟容易受惊，它的名字是根据它的叫声得来的。

北3-2再往东北二百里，是龙侯山。山上不长花草树木，但富藏黄金和玉石。决决水从这座山流出，然后向东流入黄河。河中有很多的娃娃鱼，形状像鳑鱼，长有四只脚，叫声像婴儿啼哭，人吃了它的肉就不会痴呆。

精 卫

北3-3再往东北二百里，是马成山。山上有很多的玛瑙石，山北面富藏黄金和玉石。山中有一种野兽，形状像白狗，但长着黑脑袋，一见人便飞奔而起，名字叫天马，它的名字是根据它的叫声得来的。山里有一种鸟，形状像乌鸦，长着白色的脑袋、青色的身子、黄色的足爪，名字叫鶌鶋，它的名字是根据它的叫声得来的，吃了它的肉能使人不感觉饥饿，还可以治好疣子。

北3-4再往东北七十里，是咸山。山上富藏玉石，山下富藏铜矿石。山上、山下松柏长青，草类以紫草为多。条菅水从这座山流出，向西南流入长泽。水中有很多叫器酸的东西，三年才能收获一

鳎、黾

次，吃了它可以治愈瘟疫。

北3-5再往东北二百里，是天池山。山上没有花草、树木，富藏玛瑙。山中有一种野兽，形状像兔子，但长着老鼠的脑袋，能用背上的毛飞行，名字叫飞鼠。渑水从这座山发源，然后潜流到山下，水中有很多的黄色垩土。

北3-6再往东三百里，是阳山。山上富藏玉石，山下富藏黄金和铜矿石。山中有一种野兽，形状像牛，但长着红尾巴，脖子上长的肉瘤，跟量粮食的斗似的，名字叫领胡，它的名字是根据它的叫声得来的，人吃了它的肉就能治愈癫狂症。山中有一种鸟，形状像母野鸡，但身上的花纹却五彩斑斓，这种鸟一身兼有雄、雌二种器官，名字叫象蛇，它的名字是根据它的叫声得来的。留水从这座山流出，然后向南流入黄河。水中生长着䱱父鱼，形状像鲫鱼，但鱼头之下长着猪的身子，人吃了它的肉可以治愈呕吐。

北3-7再往东三百五十里，是贲闻山。山上富藏墨玉，山下富产黄色垩土，还有很多的石墨。

北3-8再往北一百里，是王屋山。山上到处都是石头。㶅水从这座山流出，然后向西北流入泰泽。

北3-9再往东北三百里，是教山。山上富藏玉石，没有石头。教水从这座山发源，向西流入黄河。这条河冬季干枯，只在夏季有流水，可以说是干河。河道中有两座小山，方圆各三百步，名字叫发丸山，山上有黄金和玉石。

北3-10再往南三百里，是景山。在山上向南可以看见解池盐湖，向北可以看见少泽湖。山上草类、山药茂盛，草以秦椒为多。山北面富藏赭石，山南面富藏玉石。山中有一种鸟，形状像蛇，长有四只翅膀、六只眼睛、三只脚，名字叫酸与，它的名字是根据它的叫声得来的，见到它的地方会出现让人惊恐的事情。

北3-11再往东南三百二十里，是孟门山。山中富藏墨玉，还富藏黄金，山下有很多的黄色垩土，还有很多的石墨。

北3-12再往东南三百二十里，是平山。平水从这座山上发源，潜流到山下，山上和水中有很多的美玉。

北3-13再往东二百里，是京山。山上能见到美玉，漆树满山，竹丛遍地。山南面有赤铜矿，山北面出产黑色的砥石。高水从这座山流出，向南流入黄河。

北3-14再往东二百里，是虫尾山。山上富藏黄金和玉石，山下竹丛遍地，有很多的青碧玉。丹水从这座山流出，向南流入黄河。薄水也从这座山流出，然后向东南流入黄泽。

北3-15再往东三百里，是彭毗山。山上没有花草树木，富藏黄金和玉石，山下到处是流水。蚤林水从这座山流出，向东南流入黄河。肥水也从这座山流出，然后向南流入床水，水中有很多叫肥遗的蛇。

北3-16再往东一百八十里，是小侯山。明漳水从这座山流出，向南流入黄泽。山中有一种鸟，形状像乌鸦，但身上的花纹是白色的，名字叫鸹鹛，吃了它的肉能治愈眼睛昏蒙。

北3-17再往东三百七十里，是泰头山。共水从这座山流出，向南流入滹沱河。山上富藏黄金和玉石，山下到处是竹箭丛。

北3-18再往东北二百里，是轩辕山。山上富藏铜矿石，山下到处是竹子。山中有一种鸟，形状像猫头鹰，但长着白脑袋，名字叫黄鸟，它的名字是根据它的叫声得来的，吃了它的肉能使人不生嫉妒心。

辣辣

北3-19再往北二百里，是谒戾山。山上松柏长青，蕴藏有黄金和玉石。沁水从这座山流出，向南流入黄河。山东面有一片树林，叫做丹林。丹林水便从这里发源，向南流入黄河。婴侯水也从这里发源，向北流入泜水。

北3-20往东三百里，是沮洳山，山上没有花草树木，有黄金和玉石。淇水从这座山发源,向南流入黄河。

北3-21再往北三百里,是神囷山。山上有玛瑙石,山下有白蛇,还有飞虫嗡嗡。黄水从这座山流出,然后向东流入安阳河。滏水也从这座山流出,然后向东流入欧水。

北3-22再往北二百里,是发鸠山。山上柘树茂盛。山中有一种鸟,形状像乌鸦,长着花脑袋、白嘴巴、红爪子,名字叫精卫,它的名字是根据它的叫声得来的。炎帝的小女儿,名字叫女娃。女娃到东海游玩,淹死在东海里,没能回来,灵魂就变成了精卫。她常常衔着西山的小树枝、小石子,扔到东海里,想把东海填满。漳水从这座山流出,向东流入黄河。

鹞

北3-23再往东北一百二十里,是少山。山上富藏黄金和玉石,山下富藏铜矿石。清漳水从这座山流出,向东流入浊漳水。

北3-24再往东北二百里,是锡山。山上富藏玉石,山下出产砥石。牛首水从这座山流出,然后向东流入滏水。

北3-25再往北二百里,是景山。山上出产美玉。景水从这座山发源,向东南流入海泽。

北3-26再往北一百里,是题首山。这里有玉石,石头很多,没有水。

北3-27再往北一百里,是绣山。山上有玉石和青碧。山中的树大多是栒树,而草以芍药、川芎为多。洧水从这座山流出,然后向东流入黄河,水中有很多的鳠鱼和青蛙。

北3-28再往北一百二十里,是松山。阳水从这里流出,向东北流入黄河。

北3-29再往北一百二十里,是敦与山,山上没有花草、树木,蕴藏有黄金和玉石。溹水从山南面流出,然后向东流入泰陆水;泜水从山北面流出,然后向东流入彭水;槐水也从这座山流出,然后向东流入泜泽。

北3-30再往北一百七十里,是柘山,山南面蕴藏有黄金和玉石,山北面出产铁。历聚水从这里流出,向北流入洧水。

北3-31再往北三百里,是维龙山,山上富藏碧玉,山南面富藏黄金,山北面富藏铁。肥水从这座山流出,向东流入皋泽,水中有很多高耸的大石头。敞铁水也从这座山流出，向北流入大泽。

北3-32再往北一百八十里，是白马山。山南面有很多的石头和玉石，山北面富藏铁矿石，还有赤铜矿石。木马水从这里流出，向东北流入滹沱河。

北3-33再往北二百里，是空桑山。山上没有花草树木，冬夏有雪。空桑水从这座山发源，向东流入滹沱河。

北3-34再往北三百里，是泰戏山。山上没有花草、树木，富藏黄金和玉石。山中有一种野兽，形状像羊，但只长有一只角和一只眼睛，眼睛长在耳朵的背后，名字叫辣辣，它的名字是根据它的叫声得来的。滹沱水从这座山流出，向东流入娄水。液女水从山的南面流出，向南流入沁水。

北3-35再往北三百里，是石山。山中富藏黄金和玉石。濩濩水从这座山流出，向东流入滹沱水；鲜于水也从这座山流出，向南流入滹沱水。

北3-36再往北二百里，是童戎山。皋涂水从这座山流出，然后向东流入娄液水。

北3-37再往北三百里，是高是山。滋水从这座山流出，然后向南流入滹沱水。山中的树大多是棕树，草大多是条草。滱水也从这座山流出，向东流入黄河。

北3-38再往北三百里，是陆山，山上有很多美玉。䣙水从这座山流出，然后向东流入黄河。

北3-39再往北二百里，是沂山。般水从这座山流出，然后向东流入黄河。

北3-40再往北一百二十里，是燕山，山上有很多的婴垣玉。燕水从这座山发源，然后向东流入黄河。

北3-41往北走五百里山路，再走五百里水路，便到了饶山。山上没有花草、树木，到处是瑶碧玉，山中的野兽大多是骆驼，而鸟类大多是鹌鹑鸟。历虢水从这座山流出，然后向东流入黄河。水中有师鱼，人吃了它的肉就会中毒而死。

北3-42再往北四百里，是乾山，山上没有花草、树木，山南面蕴藏有黄金和玉石，山北面蕴藏铁，但没有流水。山中有一种野兽，形状像牛，长了三条腿，名字叫獂，它的名字是根据它的叫声得来的。

獂

北3-43再往北五百里，是伦山。伦水从这座山发源，然后向东流入黄河。山中有一种野兽，形状像麋鹿，但肛门长在了尾巴上面，名字叫罴。

北3-44再往北五百里，是碣石山。绳水从这座山流出，然后向东流入黄河，水中有很多蒲夷鱼。这座山上富藏玉石，山下富藏青碧玉。

北3-45再往北行五百里水路，便到了雁门山，这里没有任何草木。

北3-46再往北行四百里水路，便到了泰泽。泰泽中有一座山，叫做帝都山，方圆一百里，没有任何草木，但有黄金和玉石。

北3-47再往北五百里，是錞于毋逢山，向北可以看见鸡号山，从那里吹出非常强劲的北风。向西可以看见幽都山，浴水从那里流出。幽都山上还有大蛇，长着红色的脑袋、白色的身子，叫声如同牛叫。在哪里见到它，那里就会有大旱灾。

总计《北次三经》山系的首尾，自太行山起到毋逢山止，一共四十六座山，路经一万二千三百五十里。其中有二十座山的神守诸侯的形象是马的身子、人的面孔。这些神守诸侯祭祀山川之灵的礼仪是：把藻和莗之类的香草埋入地下。另外十四座山的神守诸侯的形象是猪一样的身子上佩戴着玉饰品。这些神守诸侯祭祀山川之灵的礼仪：用玉祭拜，但不埋。还有十座山的神守诸侯的形象是猪一样的身子上长着八只脚和蛇一样的尾巴。这些神守诸侯祭祀山川之灵的礼仪是：用一块玉璧祭祀后埋入地下。祭祀这四十四座山的山川之灵，还都要用粳稻、黄米来祭祀。这里的人都吃生冷食物。

以上是《北山经》的记录，总共八十七座山，二万三千二百三十里。

马身人面廿神

**【解析】**

**（一）**

《北次三经》以太行山作为山系总名称，实际上该经并非只叙太行山，而是记述了太行山山脉和恒山山脉、燕山山脉的部分山岭，涉及河南省、山西省、河北省、北京市，甚至还有内蒙古自治区。该经结语中说，"自太行山以至于毋逢之山，凡四十六山，一万二千三百五十里"。实际上，该经共记述四十七山，路经一万四千四百四十里，是记述山岭最多的

龁身八足神

一经。这四十七座山中，绝大多数的山都在太行山脉，恒山山脉及燕山山脉只占很少部分。或者也可以这样说，太行山脉和恒山山脉的部分山岭是实写，而燕山山脉写的比较少、比较虚。当然，既便是实写的太行山山脉，也有一些南北颠倒的山。人们常说《山经》山岭错乱，是由于竹简错乱造成的，这是可信的。

## （二）

比起《北山首经》、《北次二经》来，《北次三经》能查到的山水名称很多，能查到山岭数达二十多处，占总山岭数的一半还要多，这也是诸山经中能查到山岭名称最多的。但也出现了一个新现象，那便是很多山岭都是一山二名。如书中的谒戾之山，我们现在又叫羊头山，这座山是炎帝一族的文化圣山。但是这样一座圣山，为什么在古代一些人的眼里成了拜谒戾气之山呢？这还是与当时的民族迁徙和民族融合有关。

我们知道，太行山位于黄河流域中部，是各种文化交汇的地方。早在五千多年前，处于古代中华领导地位的是东方部族，也就是伏羲氏部族。他们创造了光辉灿烂的大汶口文化。他们进入太行山脉，是随着华北地区的水灾治理而进行的。《淮南子·览冥训》上说："往古之时，四极废、九州裂……水浩洋而不息……于是女娲氏炼五色石以补苍天，断鳌足以立四极，杀黑龙以济冀州，积芦灰以止淫水。苍天补，四极正。淫水涸，冀州平。"河北人民为纪念这位上古女神的功德，在邯郸为女娲氏作祠纪念。

这个祠叫娲皇宫，位于太行山东面邯郸市涉县索堡镇凤凰山上，清漳河畔。现存的娲皇宫建于北齐文宣帝时。更早的时候，此处也可能有祠纪念。因为此处便是传说中的女娲氏"炼石补天"处。

第二个进入太行山脉的上古领导集团是神农氏炎帝部落。他们创造了光辉灿烂的仰韶文化。

我们知道神农氏生于岐山，长于姜水，也就是现在的陕西省宝鸡市一带，因为树艺农业，成为天下之主。为了发展农业，神农氏部族走出大山，走到条件更好的地方，先是迁于伊水流域（今河南伊川县），之后又跨过黄河，来到黄河北的耆地，故神农氏有伊耆氏的称号。《路史·炎帝》说的清楚：神农氏"初国伊，继国耆"。耆就是今天的山西省长治市。《史记·正义》释"耆国"曰："即'黎国'也。"孔安国云：黎在上党（长治市）东北。神农氏在耆地停留期间教民耕作，尝百草为民治病，留下不少传说和遗迹。这一带的炎帝遗迹，除神农氏本人的外，还有第六代炎帝——帝明留下来的。帝明继帝位后，将当时的"都城"由河南省卫辉市迁入山西省高平市，也在附近留下不少遗迹和传说。后

十四神

人把这一带的遗迹和传说都归结为炎帝留下来，天长日久都分不清是哪位炎帝了。但是，千百年来，这些遗迹和传说，人们并没有遗忘，最早记载这些遗迹和传说的是《汉书·律历志》。北魏《风土记》记载得更清楚，书中说："神农城在羊头山，其下有神农泉，山有古城遗址，北有谷关，为神农得嘉谷处。"

实地考察羊头山，遗迹众多，有"炎帝行宫"、"炎帝陵"等，庙殿规模较大，庙中现有五通石碑，记述几次重修炎帝行宫之事。

神农氏离开"耆"地之后，继续向东迁徙，来到太行山南麓的淇山，《山海经》叫沮洳山。《山海经》时代虽然把此山的名字改了，但还是给人们留下了蛛丝马迹，就是沮洳山有淇水发源，说明《山海经》中的沮洳山就是过去的淇山。《管子·轻重戊》有："神农作，树五谷淇山之阳，九州之民乃知谷食，而天下化之。"可见淇山，也就是《山海经》中的沮洳山，也是炎帝一族的文化山、圣山。

太行山脉还有一则与炎帝有关的神话，那便是发鸠山附近"精卫填海"的传说。"精卫填海"的故事，感动了一代又一代中华儿女。晋代诗人陶渊明在读《山海经》的诗中说："精卫衔微木，将以填沧海。"一种伤感、一种钦佩、一种赞美跃然纸上。

写到这里，一则以太行山为背景，叫《愚公移山》的寓言，突然呈现在我们的面

前："愚公门前有两座山：一座叫做太行山，一座叫做王屋山……"是啊，千百年来，我们伟大的中华先民们不正是以一种"生命不息，挖山不止"的愚公精神，改造自然，改造山河，改天换地，从而使我们的中华民族屹立在世界的东方的吗？

第三个进入太行山脉的古代中华领导集团，是黄帝部族。据说光辉灿烂的红山文化便是黄帝一族创造的，但这个说法并没有定论。

我们知道黄帝部族崛起于西北游牧区，也就是黄河西河以西的黄土高原及其西北的草原地区，他们进入炎族聚居区的第一站，就是现在的山西省。虽然黄帝"迁徙往来无常处，以师兵为营卫"（《史记·五帝本纪》），但其后世的帝尧、帝舜却是分别以平阳、蒲阪作为"都城"的。平阳便是今山西省运城市，蒲阪就是今山西省永济县。《北次三经》有轩辕之山，后世专家考证为泽州之车山。这里应该是黄帝部族进入山西之后的大本营。

上古中华原住民的领导权从伏羲部族转到炎帝部族，是由于神农氏的崛起，自然而然地进行的，是和平的交接。而领导权从炎帝部族手中，转到黄帝部族手中，是黄帝依靠战争的形式来实现的。这场战争持续了很长的时间，除了武力的争斗之外，黄帝部族还对炎帝部族在民族自豪感、文化、信仰等方面，进行打击、压制、淡化，甚至污化，以致炎族人对原有信仰、文化逐步淡化，甚至磨灭，以便逐步树立起新的、对黄帝部族的崇拜。而羊头山作为炎帝的一个首都或行宫，一直是炎族人崇拜的圣地。这种崇拜起先并未因为黄帝部族的到来而淡化。黄帝部族不愿看到这一点，于是，禁止对羊头山的崇拜、朝圣，更名也在所难免了。这恐怕就是羊头山更名为谒戾山的原因。这个新的山名仿佛说：去拜谒吧，拜谒的是戾气，是肃杀之气。淇山更名为沮洳山，恐怕也是这个原因。

## 第十一章　东山经第四

# （一）东山首经

**【原文】**

东1-1《东山经》之首，曰樕𧎚之山①，北临乾昧②。食水③出焉，而东北流注于海。其中多鳙鳙之鱼④，其状如犁牛，其音如彘鸣。

东1-2又南三百里，曰藟山，其上有玉，其下有金。湖水出焉，东流注于食水，其中多活师。

东1-3又南三百里，曰枸状之山⑤，其上多金、玉，其下多青碧、石。有兽焉，其状如犬，六足，其名曰从从，其鸣自詨。有鸟焉，其状如鸡而鼠毛，其名曰蚩⑥鼠，见则其邑大旱。汜水⑦出焉，而北流注于湖水。其中多箴鱼，其状如儵。其喙如箴，食之无疫疾。

东1-4又南三百里，曰勃垒之山⑧，无草木，无水。

东1-5又南三百里，曰番条之山⑨，无草木，多沙。减水⑩出焉，北流注于海，其中多鱤鱼⑪。

东1-6又南四百里，曰姑儿之山⑫，其上多漆，其下多桑、柘。姑儿之水出焉，北流注于海，其中多鱤鱼。

东1-7又南四百里，曰高氏之山，其上多玉，其下多箴石⑬。诸绳之水出焉，东流注于泽，其中多金、玉。

东1-8又南三百里，曰岳山⑭，其上多桑，其下多樗。泺水⑮出焉，东流注于泽，其中多金、玉。

鳙鳙鱼

东1-9　又南三百里，曰犲山，其上无草木，其下多水，其中多堪予⑯之鱼。其兽焉，其状如夸父⑰而彘毛，其音如呼，见则天下大水。

东1-10　又南三百里，曰独山，其上多金玉，其下多美石。末涂之水出焉，而东南流注于沔，其中多儵鳙⑱，其状如黄蛇，鱼翼，出入有光，见则其邑大旱。

从从

东1-11　又南三百里，曰泰山⑲，其上多玉，其下多金。有兽焉，其状如豚而有珠，名曰狪狪，其鸣自訆。环水出焉，东流注于江⑳，其中多水玉。

东1-12　又南三百里，曰竹山㉑，錞于江，无草木，多瑶碧。激水出焉，而东南流注于娶檀之水，其中多茈蠃。

凡《东山经》之首，自樕螽之山以至于竹山，凡十二山，三千六百里。其神状皆人身龙首。祠：毛用一犬祈，聊㉒用鱼。

**【注释】**

①樕螽之山：古代山名，根据其北临干时的情况看，应该是今山东省淄博市临淄区的石门山，又名黄山。螽，读若"朱"。

②乾昧：应作"乾时"，即"干时"。一说为水名，时水支流，经山东桓台县西北注入古济水。旱时干涸，故名干时。一说为古地名，在古齐国都城临淄城西。无论哪种解释，其地望都在今山东省淄博市临淄区。

茈鼠

③食水：古代水名，也就是时水，今名乌河，在山东省淄博市。

④鯥鲋之鱼：从文中描述的情况看，应该是水獭类水生动物。

⑤枸状之山：古代山名，今名岳阳山。在山东省淄博市博山区。

⑥茈：读若"资"。

⑦汦水：即淄水。发源于泰沂山区，经淄博市北流，于东营市广饶县入小清河。汦，读若"淄"。

⑧勃壵之山：壵，古"齐"字。勃壵，古代山名，今名

簸箕山,在淄博市周村区。

⑨番条之山:古代山名,今名凤凰山,在山东省淄博市博山区。

⑩减水:古代水名,待考。一说为今山东省淄博市北部的孝妇河。

⑪鳡鱼:也叫黄鲇、竿鱼等。体长可达一米,青黄色,性凶猛,以小鱼为生。

⑫姑儿之山:古代山名,今名长白山。位于山东省章丘市、邹平市界上。下文的姑儿之水,即今濑河。

鳡 鱼

⑬箴石:即砭石,石针。古代中医用于刮砂、针灸的医疗器械。

⑭岳山:古代山名,今名药山、药乡,是国家级森林公园所在地。在济南市、泰安市界上。

⑮泺水:水名,在山东省济南市。现在的泺水源自济南市区内的趵突泉。从文中看,上古时期的泺水源自济南市南部山区,流入市区东北的古泽。

⑯矛:读若"序"。

⑰夸父:过去人们有动物崇拜,夸父部落很可能崇拜这种叫夸父的动物,因而把夸父这种动物作为图腾或部落名。从文中描述的情况看,其原型应是灵长类动物。

⑱鯈鳙:读若"条庸"。即鳙鱼,俗称鲢鱼,有白鲢、花鲢两种。

⑲泰山:即东岳泰山,主峰在泰安市内,是世界自然、文化双遗产景区。

⑳江:应作汶。发源于山东省莱芜市,流经泰安、宁阳、肥城,入大清河后再入东平湖。也可能最初的"江"是现在汶河的名称,后来族迁名随,又把现在的长江叫做"江"。由于长江规模宏大,久而久之,"江"便成了长江的专用名称,而汶河之"江"名则不显。

㉑竹山:古代山名,今名徂徕山。在山东省泰安市,汶河岸边。

㉒聊:读若"耳"。郭璞注曰:"以血涂祭为聊也。"

## 【译文】

东1-1《东山经》的首座山,叫做樕蟲山,北面临近干时。食水从这座山流出,然后向东北流入大海。水中有很多鳙鳙鱼,形状像耕牛,叫声如猪叫。

东1-2往南三百里,是蔃山。山上蕴藏玉,山下蕴藏金。湖水从这座山发源,向东流入食水,水中有很多

如夸父兽

蝌蚪类水生动物。

东1-3再往南三百里，是枸状山。山上富藏黄金和玉石，山下富藏青碧玉。山中有一种野兽，形状像狗，但长了六只脚，名字叫从从，它的名字是根据它的叫声得来的。山中有一种鸟，形状像鸡，却长着老鼠一样的毛，名字叫蟖鼠。在哪个地方见到它，那里就会发生大旱灾。汜水从这座山流出，然后向北流入湖水。水中有很多的箴鱼，形状像鲦鱼，嘴巴像长针，人吃了它就不会染上瘟疫。

东1-4再往南三百里，是勃齐山。这里没有花草树木，也没有水。

东1-5再往南三百里，是番条山。山上没有花草树木，到处是沙子。减水从这座山流出，向北流入大海，水中有很多鱤鱼。

东1-6再往南四百里，是姑儿山。山上漆树参天，山下桑树、柘树茂密。姑儿水从这座山发源，向北流入大海，水中有很多的鱤鱼。

东1-7再往南四百里，是高氏山。山上富藏玉石，山下有很多箴石。诸绳水从这座山流出，向东流注于湖泽，水中有很多的黄金和玉石。

鯈蠕

东1-8再往南三百里，是岳山。山上桑树遮天蔽日，山下臭椿树根深叶茂。泺水从这座山发源，向东流入湖泽，水中有很多的黄金和玉石。

东1-9再往南三百里，是犲山。山上没有花草、树木，山下到处是流水，水中有很多叫堪孖的鱼。山中有一种野兽，形状像猿猴，却长着一身猪毛，叫声如同人在呼喊，它一出现就预示着天下会发生大水灾。

东1-10再往南三百里，是独山。山上富藏黄金和玉石，山下有很多花纹漂亮的石头。末涂水从这座山发源，然后向东南流入沔水，水中有很多鯈蠕鱼，形状像黄蛇，长着鱼鳍，出入水中时闪闪发光。它在哪个地方出现，就预示着那里会有大旱灾。

东1-11再往南三百里，是泰山。山上富藏玉石，山下富藏黄金。山中有一种野兽，形状像猪，体内长有珠子，名字叫狪狪，它的名字是根据它的叫声得来的。环水从这座山发源，向东流入汶水，水中有很多的水晶石。

东1-12再往南三百里，是竹山。这座山座落于汶河岸边，山上没有花草、树木，到处是瑶碧一类的美玉。激水从这里流出，然后向东南流入娶檀水，水中有很多紫色的螺。

狪 狪

《东山经》的首列山系，自樕蟲山起到竹山止，一共十二座山，路经三千六百里。诸山的神守诸侯的形像都是人的身子、龙的头，祭祀山川之灵的礼仪是在毛物中用一只狗作为祭品来祭祀，要用血涂祭。

【解析】

此列山系是山东丘陵与华北平原交界处诸山。它的首端在山东淄博市临淄区，也就是古代齐国都城所在地。经济南市到泰安市，尾端的竹山座落在泰山之南的汶河岸边。按说这列山系，应该东北、西南走向，并非书中的说的正北、正南走向，这可能是古人方向感不强造成的。

该山系所涉及的三市：济南市是山东省省会，政治、经济、文化的中心；淄博市是山东省的重工业城市之一；泰安市既是我国重要的旅游城市，又是山东省的重要粮仓。

《东山经》首列山系所在泰山区域，是中华古人类的发源地之一，也是中华古文明的发祥地之一。

中华文明的发祥地众多，文化类型各有千秋，但泰山南北的文明总给人一种根深叶茂、瓜瓞连绵的感觉。这里最早的文明是北辛文化，以山东省滕州市北辛村遗址命名，距今7300年至距今6300年。紧接其下的是著名大汶口文化，距今6300年至距今4600年，以汶河南岸的宁阳县堡头村遗址和汶河北岸的泰安市岱岳区大汶口村遗址为代表，以大汶口文化命名。上接大汶口文化的是龙山文化，以泰山北部的山东省章丘市龙山镇遗址命名，距今约4350年至距今3950年，此后转入岳石文化。

这里还是中国"城"的发源地之一和命名地。从近年来的考古发现得知，中华古代先民在六、七千年前，甚至更早时候，就进行着城垣的建设。建设城垣的目的肯定是用于防御。防御什么？防御野兽的袭击和附近敌对部落的侵扰都是可能的。良渚文化有城址发现，半坡氏族是挖沟为御，可见城垣的起源是多源的。泰山之南、汶河南岸的山东省宁阳县有一处大汶口文化遗址，叫"郕城遗址"。这个城垣的名字，在春秋还叫"成"。《左传》昭七年："晋人来治杞田，季孙氏将以成与之。"《春秋》襄十六年："齐侯伐我北鄙，围成是也。"这里的"成"就是郕城，不过那时候仍叫"成"。

"成"是什么？"成"是"城"的原字，故《西次三经》有"东望恒山四成，有穷鬼居之"之句，也能说明过去的"城"叫做"成"。汶河南岸的这座城，在曲阜北，很可能是伏羲氏最初的都城。这座城应该在伏羲氏出生之前便有，到春秋时仍叫"成"，而无名号。而附近的其他城，如刚父城、梁父城（禅梁父处也建有城）都有名号，而此"成"虽为城却无名号。那只有一种解释：那便是大汶口文化的先人们为防御故，在此创建了一座人类构建物，供人们居住，命名为"成"。"成"者盛也，用来盛人。至于什么时候这座变成了"郕城"，却真不好探究。大概是在春秋后期或战国初期，当地人见其他城均有"名号"，而此"成"，虽为城却无名号，便把"成"作名，加"邑"记作郕，"成"也就变成了郕城。郕是人们为郕城造的专用字。这一带在汉代为盛乡。由此可见，此处之"成"由来已久，是中华"城"的发源地之一，是中华"城"的命名地。

成，还是伏羲氏部族的名号。他们在这里建"城"，迁徙到别处便以"成"名地，其后凡以"成"名地的，都是与伏羲氏部族迁徙有关。

泰山还是古人类的迁徙中心，这一点从民间传说可以得知。传说泰山是地府所在地，人死了就要魂归地府，要过奈何桥，实际上是要过奈河上的桥，这条奈河就在泰安市里，不过现在成了排水沟。人们为什么会把泰山传为地府所在地？原因是泰山是上古人类的迁徙中心，就像山西省洪洞县大槐树是明代移民的迁徙中心一样，是移民记忆深处的一个符号，是故乡的象征。人们从这里迁移出去，总想着早晚有一天要叶落归根。可有些人偏偏有生之年就回不来，他的亲人们只能希望他能"魂归"，于是在对其安葬的时候，"指路人"就告诉他：我们的家乡，有一座大山叫泰山，怎么走，怎

人身龙首神

么走，你的灵魂就能回到故乡。久而久之，泰山就成了人死后灵魂最后的去处，泰山也就成了地府所在地。后来，人们越走越远，感到人的灵魂恐怕也找不回来了，便在人类迁徙过程中的一个节点上，再建一个地府，这个节点便是丰都，这个地府便是丰都鬼城。丰都的"丰"也是伏羲"风"姓之"风"的异署。

从以上可以看出：泰山在远古人类心中的地位是多么重要，泰山五岳独尊的形象很早就在人们的心中树立起来了。

# （二）东次二经

## 【原文】

东2-1《东次二经》之首，曰空桑之山①，北临食水②，东望沮吴，南望沙陵，西望缗泽③。有兽焉，其状如牛而虎文，其音如钦，其名曰軨軨，其鸣自叫，见则天下大水。

东2-2又南六百里，曰曹夕之山，其下多穀而无水，多鸟兽。

东2-3又西南四百里，曰峄皋之山④，其上多金玉，其下多白垩，峄皋之水出焉，东流注于激女之水，其中多蜃珧⑤。

东2-4又南水行五百里，流沙三百里，至于葛山之尾⑥，无草木，多砥砺。

东2-5又南三百八十里，曰葛山之首⑦，无草木。澧水出焉，东流注于余泽，其中多珠蟞鱼⑧，其状如肺而有目，六足，有珠，其味酸甘，食之无疠。

东2-6又南三百八十里，曰余峨之山⑨，其上多梓、枏，其下多荆、芑。杂余之水出焉，东流注于黄水。有兽焉，其状如菟而鸟喙，鸱目蛇尾，见人则眠，名曰犰狳⑩，其鸣自訆，见则螽蝗⑪为败。

东2-7又南三百里，曰杜父之山，无草木，多水。

东2-8又南三百里，曰耿山，无草木，多水碧，多大蛇。有兽焉，其状如狐而鱼翼，其名曰朱獳⑫，其鸣自訆，见则其国有恐。

东2-9又南三百里，曰卢其之山，无草木，多沙石。

軨軨

沙水出焉，南流注于涔水，其中多鵁鹕[13]，其状如鸳鸯而人足，其鸣自詨，见则其国多土功。

东2-10 又南三百八十里，曰姑射之山[14]，无草木，多水。

东2-11 又南水行三百里，流沙百里，曰北姑射之山，无草木，多石。

东2-12 又南三百里，曰南姑射之山，无草木，多水。

东2-13 又南三百里，曰碧山，无草木，多大蛇，多碧、水玉。

东2-14 又南五百里，曰缑氏之山，无草木，多金、玉。原水出焉，东流注于沙泽。

东2-15 又南三百里，曰姑逢之山，无草木，多金、玉。有兽焉，其状如狐而有翼，其音如鸿雁，其名曰獙獙，见则天下大旱。

东2-16 又南五百里，曰凫丽之山，其上多金、玉，其下多箴石。有兽焉，其状如狐，而九尾、九首、虎爪，名曰蠪侄，其音如婴儿，是食人。

东2-17 又南五百里，曰硬山[15]，南临硬水，东望湖泽[16]。有兽焉，其状如马，而羊目、四角、牛尾，其音如獋狗，其名曰峳峳，见则其国多狡客。有鸟焉，其状如凫而鼠尾，善登木，其名曰絜钩[17]，见则其国多疫。

凡《东次二经》之首，自空桑之山至于硬山，凡十七山，六千六百四十里。其神状皆兽身人面载觡[18]。其祠：毛用一鸡祈，婴用一璧瘗。

珠蟞鱼

峳峳

【注释】

①空桑之山：古代山名，又叫穷桑山、承桑山，是我国桑蚕养殖的发祥地。后世学者一般考证为在山东省曲阜市北部，实际考察应该在附近的宁阳县或泗水县境内。

②食水：即泗水，发源于山东省泗水县，西流入南四湖，又从湖的西南方出南四湖进入江苏省、安徽省境内，后入淮河。

③缑泽：有缑氏部落居住区的湖泽，即南四湖最北端的南阳湖。有缑氏部落在远古时的一段时间曾住在南四湖

犰狳

朱獳

的湖西部、湖北部。

④峄皋之山：古代山名，即峄山，在山东省邹城市。

⑤蠯、珧：蠯，大哈，一种有壳软体动物；珧：小蚌，一种较小的软体动物。

⑥葛山之尾：应指葛峄山，在山东省枣庄市峄城区。有的注释者都将江苏省邳州市的峿山解作葛峄山，不是。峿山在汉代曾改称葛峄山，但《山海经》的时代要早于汉代，葛峄山当另有其山。在山东省枣庄市峄城区，古代也有葛峄山。峄城区，古称峄县，因葛峄山而得名。《诗经·鲁颂·閟宫》有"保有凫峄"。《尔雅》释"绎"曰：众山联络为绎。绎、峄通假。古书所载与实际考证基本相符。现枣庄市城西北有凫山，城西南有葛峄山。乾隆二十六年重修《峄县志》序言中说："峄（县）因山得名，其见于经传也屡矣。"可见上古时代的葛峄山在今枣庄市峄城区内。现峄城区内、冠世榴园所在地的玻璃山，应是当年的葛峄山。"玻璃"与"葛峄"音近而讹。

⑦葛山之首：应指葛墟岭，在山东省枣庄市。

⑧珠蟞鱼：即鳖鱼，又称甲鱼、团鱼、圆鱼。

⑨余峩之山：古代山名，疑即今峨山，在山东省枣庄市。

⑩犰狳：传说中的一种动物。

⑪螽、蝗：按《说文解字》："螽，蝗也"，"蝗，螽也"。可见螽、蝗是同一种昆虫，即蝗虫，是繁殖能力极强的害虫。

⑫朱獳：传说中的一种野兽，应为赤狐。

⑬鴽鵌：即今鹈鹕，一种水鸟。

⑭姑射之山：《庄子·逍遥游》篇有"藐姑射之山，汾水之阳"一说，但这里的姑射山应不在汾水之阳，应在山东、江苏的交界处。

⑮碙山：古代山名，具体待考。疑为江苏省邳州市的峿山。碙，读若"湮"。

⑯湖泽：具体待考，疑为骆马湖，在江苏省邳州市。

⑰絜钩：即啄木鸟。

⑱麋：郭璞注曰："麋、鹿属角为麋。"

143

**【译文】**

东2-1《东次二经》的首座山，叫做空桑山，它北面临近食水，向东可以看见沮吴，向南可以看见沙陵，向西可以看见湣泽。山中有一种野兽，形状像牛，但长有老虎的斑纹，叫声如同人在打呵欠，名字叫軨軨，它的名字是根据它的叫声得来的。它一出现，就预示着天下会发生大水灾。

东2-2再往南六百里，是曹夕山。山下到处是构树，没有水流，鸟兽众多。

东2-3再往西南四百里，是峄皋山。山上富藏黄金和玉石，山下有大量的白垩土。峄皋水从这座山发源，向东流入激女水，水中有很多大蛤和小蚌。

东2-4再往南走五百里水路和三百里流沙，便到了葛山的尾端。这里没有花草树木，到处是磨刀石。

鹡鸪

东2-5再往南三百八十里，就到了葛山的首端，这里没有花草树木。澧水从这里流出，向东流入余泽。水中有很多珠蟞鱼，形状像动物的肺，长有眼睛、六只脚，体内长有珍珠，它的肉酸中带甜，人吃了它的肉可以预防瘟疫。

东2-6再往南三百八十里，是余峨山。山上梓树、楠树参天，山下牡荆树、枸杞树遍地。杂余水从这座山流出，向东流入黄水。山中有一种野兽，形状像兔子，但长着鸟喙一样的嘴、鹞鹰的眼睛和蛇的尾巴，一看见人就躺下装死，名字叫犰狳。它的名字是根据它的叫声得来的。它一出现就预示着有蚕斯、蝗虫为害庄稼。

东2-7再往南三百里，是杜父山。这里没有花草树木，到处是流水。

东2-8再往南三百里，是耿山。这里没有花草树木，到处是水晶石，还有很多的大蛇。山中有一种野兽，形状像狐狸，但长有鱼鳍，名字叫朱獳，它的名字是根据它的叫声得来的。它在哪个国家出现，就预示着那个国家将发生恐慌。

东2-9再往南三百里，是卢其山。山上没有花草、树木，到处是沙子、石头。沙水从这座山流出，向南流入涔水。水中有很多的鹡鸪鸟，形状像鸳鸯，但长有人脚一样的爪子，它的名字是根据它的叫声得来的。它在哪个国家出现，就预示着那个国家里会有很多的土木工程。

东2-10再往南三百八十里，是姑射山。山上没有花草树木，到处是流水。

东2-11再往南走三百里水路和一百里流沙，便到了北姑射山，山上没有花草树木，到处是石头。

东2-12再往南三百里，是南姑射山。山上没有花草树木，到处是流水。

东2-13再往南三百里，是碧山，山上没有花草树木，有很多大蛇。富藏碧玉和水晶石。

獜獜

东2-14再往南五百里，是缑氏山，山上没有花草树木，但有很多的黄金和玉石。原水从这座山流出，向东流入沙泽。

东2-15再往南三百里，是姑逢山，山上没有花草树木，但有很多的黄金和玉石。山中有一种野兽，形状像狐狸，但长有翅膀，叫声如同大雁叫，名字叫獜獜。它的出现，预示着天下会发生大旱灾。

东2-16再往南五百里，是凫丽山，山上富藏黄金和玉石，山下有很多的箴石。山中有一种野兽，形状像狐狸，但长有九条尾巴、九个脑袋、老虎一样的爪子，名字叫蠪侄，叫声如同婴儿啼哭，是能吃人的。

东2-17再往南五百里，是磹山，南面临近磹水，向东可以看见湖泽。山中有一种野兽，形状像马，但长着羊一样的眼睛，长有四只角和牛一样的尾巴，叫声如狗叫，名字叫峳峳。它在哪个国家出现，就预示着那个国家里会有很多奸猾的人出现。山中有一种鸟，形状像野鸭子，尾巴像老鼠，擅长攀登树木，名字叫絜钩。它的出现，预示着那个国家疫病流行。

总计《东次二经》山系的首尾，自空桑山起到磹山止，一共十七座山，路经六千六百四十里。诸山的神守诸侯形象都是野兽的身子、人的面孔，头上戴着鹿角。祭祀山川之灵的礼仪是：在毛物中用一只鸡祭祀，玉器中用一块玉璧，祭祀后埋入地下。

蠪侄

【解析】

此列山系是位于山东省南部、江苏省北部诸山，它起之山东曲阜北部、宁阳县或泗水县境内的"空桑山"，经峄山向南进入枣庄市境内。此经最后的一些山岭不好考证，应该进入到江苏北部，硬山疑是江苏省邳州市的岠山。

空桑山，以产桑而得名。从上古以至于今天，鲁南一带，桑田众多。桑蚕最早为伏羲部族发明利用，其后世随其族裔展转，东至海滨，西到河南、陕西，甚至到了四川，北到河北境内，故《北山经》也有空桑山。但产桑、用蚕之发明族裔，是伏羲一族——大汶口文化的人们，这一点已经得到众多学者的肯定。空桑，又名穷桑，承桑。从其也叫承桑的情况来看，应是成（承）地附近之桑山，应在山东省宁阳县东部的"郕城遗址"附近。"郕城遗址"背靠大汶河支流——柴汶河，东部、西部都是平地，只有南部有一座大山，当地人俗称南山。比较大的山岭有：石门山、镜山、凤仙山、伏岭山、龙门山、望母山、会山等，东西长约二十公里，是宁阳县与曲阜市、泗水县的界山。这座山，或者说这座山中靠近"郕城"的部分山岭，应该就是空桑山。这与后世学者们研究的结果，即承桑山在曲阜市北的结论，基本上是一致的。

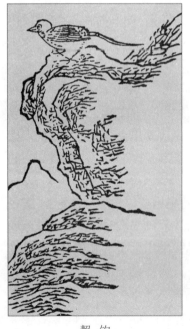

絜 钩

但更具体一点情况是，空桑山应该在宁阳县或泗水县境内，而不在曲阜市境内。

这列山系除了空桑山是历史文化名山之外，姑射山也同样是历史文化名山。按照庄子的说法，姑射山应该在"汾水之阳"。但过去族迁名随，天下重名的山多矣。这里的姑射山出现在《东次二经》中，应该在山东、江苏的交界处。而姑射，在中国古代文献和神话世界中，都把她称作神仙。《庄子·逍遥游》说："藐姑射之山，有神人居焉，肌肤若冰雪，淖约若处子。不食五谷，吸风饮露。乘云气，御六龙，而游乎四海之外。其神凝，使物不疵疠而年谷熟。"而明代冯梦龙《警世通言》也有"广寒仙子月中出，姑射神人雪里来"之句，把姑射神人称作掌雪女神。

实际上"姑射"是一古代氏族，先是繁衍生息于山东、江苏、安徽交界处，其后世迁徙于天下各地，开枝散叶。因此，后来各地都有了姑射神人的传说和遗迹。

也有人说"姑射神人"，就是指燧人氏，不知出自哪部文献。

# （三）东次三经

**【原文】**

东3-1又《东次三经》之首，曰尸胡之山①，北望𦍙山②，其上多金、玉，其下多棘。有兽焉，其状如麋而鱼目，名曰妴胡，其鸣自詨。

东3-2又南水行八百里，曰岐山，其木多桃李，其兽多虎。

东3-3又南水行五百里，曰诸钩之山，无草木，多沙石。是山也，广员百里，多寐鱼③。

东3-4又南水行七百里，曰中父之山，无草木，多沙。

东3-5又东水行千里，曰胡射之山④，无草木，多沙石。

东3-6又南水行七百里，曰孟子之山，其木多梓、桐，多桃、李，其草多菌、蒲，其兽多麋、鹿。是山也，广员百里。其上有水出焉，名曰碧阳，其中多鳣、鲔⑤。

蠪侄

东3-7又南水行五百里，曰流沙，行五百里，有山焉，曰跂踵之山⑥，广员二百里，无草木，有大蛇，其上多玉。有水焉，广员四十里皆涌，其名曰深泽，其中多蠵龟⑦。有鱼焉，其状如鲤，而六足鸟尾，名曰鮯鮯之鱼，其名自叫。

东3-8又南水行九百里，曰踇隅之山⑧，其上多草木，多金玉，多赭。有兽焉，其状如牛而马尾，名曰精精，其鸣自叫。

东3-9又南水行五百里，流沙三百里，至于无皋之山⑨，南望幼海，东望榑木⑩，无草木，多风。是山也，广员百里。

凡《东次三经》之首，自尸胡之山至于无皋之山，凡九山，六千九百里。其神状皆人身而羊角。其祠：用一牡羊，米用黍⑪。是神也，见则风雨水为败。

鳣

**【注释】**

①尸胡之山:古代山名。"尸胡"应当是"芝罘"二字的异署。芝罘山,在烟台市区北部。

②殈山:古代山名。殈,读若"祥"。今长山岛之"长山"当是殈山的音转。

③鮻鱼:即鮻鱼,又叫卷口鱼。体形长,前部圆筒状,后部扁平。

④胡射之山:古代山名,具体待考。日本也有此山名。

⑤鮪:《尔雅·释鱼》云:"鮪,鱣属也。"可见鱣、鮪两种鱼是同一种鱼,也就是鲟鱼。

⑥跂踵之山:古代山名,具体待考。日本也有此山名。

⑦蟳龟:也叫赤蟳龟,海龟的一种。体长可达一米,背部黑色,腹部淡黄色,头部有对称的鳞甲,四肢呈浆状,尾巴短。以鱼、虾、蟹为生。

⑧踇隅之山:古代山名,具体待考。日本也有此山名。

⑨无皋之山:古代山名,具体待考。一说是青岛崂山,一说是荣成市成山头,一说在日本境内。这里应为前者。

⑩榑木:即扶桑木,一种神木,传说十日栖此上,每天有一太阳从这里升起。

⑪黍:也叫粟,即谷子,一年生草本植物,籽粒为小米。

**【译文】**

东3-1《东次三经》的首座山,叫做尸胡山,从山上向北可以看见殈山。尸胡山上富藏黄金和玉石,山下有很多的酸枣树。山中有一种野兽,形状像麋鹿,长着鱼的眼睛,名字叫妛胡。它的名字就是根据它的叫声得来的。

东3-2再往南走八百里水路,是岐山。山上桃、李飘香,而野兽大多是老虎。

东3-3再往南行五百里水路,是诸钩山。山上没有花草树木,到处是沙子、石头。这座山方圆一百里,山下的水中有很多的鮻鱼。

东3-4再往南行七百里水路,是中父山,山上没有花草树木,到处是沙子。

蟳龟、鮐鮐鱼

精 精

<sup></sup>东3-5再往东行一千里水路，是胡射山。山上没有花草树木，到处是沙子、石头。

东3-6再往南行七百里水路，是孟子山，山中的树木大多是梓树和梧桐树，还有大量桃树和李树，山中的草大多是菌类和香蒲，野兽大多是麋鹿和鹿。这座山方圆一百里。有水从山上发源，水名叫碧阳，河中生长着很多鳣鱼和鲔鱼。

东3-7再往南行五百里水路，就到了流沙，再走五百里，有一座山，叫做跂踵山。这座山方圆二百里，山上没有花草、树木，有大蛇，富藏玉石。这里有一处水潭，方圆四十里都有泉水喷涌，名字叫深泽，水中有很多的蠵龟。水中还有一种鱼，形状像鲤鱼，但长了六只脚，并且长有鸟的尾巴，名字叫鮯鮯鱼，它的名字是根据它的叫声得来的。

东3-8再往南行九百里水路，是踇隅山。山上草木茂盛，富藏黄金和玉石，还有很多的赭石。山中有一种野兽，形状像牛，但长了马的尾巴，名字叫精精，它的名字是根据它的叫声得来的。

东3-9再往南行五百里水路，经过三百里流沙，便到了无皋山，从山上向南可以看见幼海，向东可以看见榑木。这里没有花草、树木，到处刮着大风。这座山方圆一百里。

总计《东次三经》山系的首尾，自尸胡山起到无皋山止，一共是九座山，路经六千九百里。诸山的神守诸侯的形象都是人的身子上长着羊角。祭祀山川之灵的礼仪是：在毛物中用一只公羊作祭品，祭神的米用小米。这些神守诸侯一旦出现（在世人面前），就会风雨为患。

【解析】

此列山系诸山，很难引经据典地与现实世界中的山脉相对应，但可以用音韵学的方法确定：尸胡山便是芝罘山，𦍄山便是长山。这样可以肯定该山系乃山东半岛诸山。它的首端就是山东省烟台市的芝罘山，经威海市到达青岛市。一般认为：无皋之山便是青岛崂山。它可以南望幼海，幼海便是青岛南的胶州湾。它还可以东望榑木，榑木便是扶桑树，它位于大海之中，是太阳升起的地方。

　　另外，此山经有四座山：如胡射山、跂踵山、踇隅山、无皋山，似乎在日本也能够找到它们的踪迹，也有人认为它们是日本的山脉。不然。因为《山海经》的记述的山脉基本上都在中华故土之内。日本有此山名，只是与山东半岛的山岭重名而亦。日本的地名、山名、水名，与中国地名、山名、水名重名的多矣。众所周知的重名便是九州和北九州。说明日本先民与中华九州的渊源。还有县一级行政单位的重名，便是泗水这个地名。中国山东省有泗水县，日本有泗水郡。这反映了古代民族迁徙的蛛丝马迹，即日本民族应是远古时候从山东迁移而去。关于这一点，中国民间和日本民间都有相同的说法。我曾见过一位当过伪军，后来返正的老者，他曾说过这样一件事：一位日本兵解释日本为什么侵略中国时，说："我们也是从中国迁走的。相当于当初老大把老二扫地出门，后来老二长大了，要回来分家产了。"当然，这种解释根本不能成为侵略中国的理由。日本甲级战犯、南京大屠杀的罪魁祸首松井石根，在远东军事法庭上受审时也是这样为侵华战争辩解的：说是哥哥打了弟弟，是促使弟弟反省。那时的中日关系哪是兄弟关系，分明是受害者与强盗的关系。但它说明一个问题：日本人也自认为自己的先祖在远古的时候从中国迁出，是中华先民后裔。关于这一点，在日本的一些风俗中也能得到佐证。如日本有祭祀神农的传统，特别是在大阪和东京，神农信仰根深蒂固，大阪的"神农祭"还被列为该市的无形文化遗产。

　　上古人类迁徙弥定，其方式有二：一是自由之迁徙，二是被迫之迁徙。自由之迁徙的原因，主要是逐水草而居，随畜禽而动。可能还有部分人为探求地理的奥秘而迁徙。被迫之迁徙的原因，主要是部族之间的战争。战胜者要求战败者让出所居住的条件较好的土地，迁之于穷乡僻壤。判断某个民族是自由迁徙，还是被迫迁徙？那就要看该民族的心史。自由迁徙的民族，没有心史，或者心迹很淡。被迫迁徙的民族，心史厚重，祖祖辈辈，世世代代，口口相传，念念不忘，到了几千年后的今天，还一直想着，想回到祖先的故乡，如苗族。

　　从这一点来看，远古迁徙日本的那些人，肯定是自由迁徙，没人逼他们到那里去。

　　当然，如果日本人真认识到这一点，

人身羊角神

那我们应该世代友好。但是，过去日本军国主义，悍然发动侵华战争，给中华民族带来巨大的灾难。现在日本右翼势力又在摇唇鼓舌，试图突破和平宪法的限制，解禁集体自卫权，大肆发展武力，大开历史倒车，给世界和平，特别是东北亚和平带来危害。对此，我们必须预以高度警惕。

# （四）东次四经

**【原文】**

东4-1　又《东次四经》之首，曰北号之山，临于北海①。有木焉，其状如杨，赤华，其实如枣而无核，其味酸甘，食之不疟。食水出焉，而东北流注于海。有兽焉，其状如狼，赤首鼠目，其音如豚，名曰猲狙，是食人。有鸟焉，其状如鸡而白首，鼠足而虎爪，其名曰鬿雀②，亦食人。

东4-2　又南三百里，曰旄山③，无草木。苍体之水④出焉，而西流注于展水。其中多鳝鱼⑤，其状如鲤而大首，食者不疣。

东4-3　又南三百二十里，曰东始之山，上多苍玉。有木焉，其状如杨而赤理，其汁如血，不实，其名曰芑，可以服马。泚水出焉，而东北流注于海，其中多美贝，多茈鱼，其状如鲋，一首而十身，其臭如蘪芜，食之不糟⑥。

东4-4　又东南三百里，曰女烝之山⑥，其上无草木。石膏水出焉，而西注于鬲水，其中多薄鱼，其状如鳝鱼而一目，其音如欧，见则天下大旱。

东4-5　又东南二百里，曰钦山⑦，多金、玉而无石。师水出焉，而北流注于皋泽，其中多鳝鱼，多文贝。有兽焉，其状如豚而有牙，其名曰当康，其鸣自叫，见则天下大穰。

东4-6　又东南二百里，曰子桐之山，子桐之水出焉，而西流注于余如之泽。其中多鲭鱼，其状如鱼而鸟翼，出入有光，其音如鸳鸯，见则天下大旱。

东4-7　又东北二百里，曰剡山，多金、玉。有兽焉，其状如彘而人

猲　狙

魍雀

面,黄身而赤尾,其名曰合㲄,其音如婴儿。是兽也,食人,亦食虫蛇,见则天下大水。

东4-8 又东二百里,曰太山⑧,上多金、玉、桢木⑨。有兽焉,其状如牛而白首,一目而蛇尾,其名曰蜚,行水则竭,行草则死,见则天下大疫。钩水⑩出焉,而北流注于劳水,其中多鳙鱼。

凡《东次四经》之首,自北号之山至于太山,凡八山,一千七百二十里。

右《东经》之山志,凡四十六山,万八千八百六十里。

## 【注释】

①北海:指莱州湾。从汉代到唐代,朝廷都在莱州湾以南的潍坊、青州一带设立北海郡。

②魍雀:传说中的一种猛禽。一说为胡兀鹫。

③旄山:方位待考。一说在河北省,一说在山东省。这里应为后者。

④苍体之水:方位待考。一说在河北省,一说是潍坊西河。这里应为后者。

⑤鳙鱼:即鳙鱼,俗称鲢鱼。《本草纲目》曰:"此鱼中之下品,盖鱼之庸常,以供鳙食者,故曰鳙,曰鳙。"

⑥糠:古"屁"字。

⑥女烝之山:即女蚕山,一说是在河北省,一说为山东省临朐县石膏山。这里应为后者。

⑦钦山:方位待考。一说在江苏省,一说在山东省。应为后者。

⑧太山:即东泰山。现在叫沂山,位于山东省临沂市沂水县和潍坊市临朐县。主峰玉皇顶海拔1032米。

⑨桢木:即女桢。冬青类,冬天也不落叶的耐冬植物。

⑩钩水:疑是朐水之误。即今弥河,发源与沂山山脉,经临朐、青州、寿光三县(市),入渤海。

鳙鱼

茈鱼

东4-1《东次四经》的首座山，叫做北号山，屹立在北海岸边。山中有一种树，形状像杨树，开红花，结的果实与枣子相似，但没有核，味道酸中带甜，吃了它就能预防疟疾。食水从这座山流出，然后向东北流入大海。山中有一种野兽，形状像狼，长着红脑袋，鼠目，叫声如同猪叫，名字叫猲狙，是能吃人的。山中还有一种鸟，形状像鸡，长着白脑袋，老鼠一样的脚掌上长有虎爪，名字叫鬿雀，也吃人。

东4-2再往南三百里，是旄山，山上没有花草树木。苍体水从这座山流出，然后向西流入展水，水中的鱼多是鳝鱼，形状像鲤鱼，就是头长得很大，吃了它的肉能使人不生瘊子。

东4-3再往南三百二十里，是东始山，山上富藏苍玉。山中有一种树，形状像杨树，但纹理是红色的，树的液汁与血相似，不结果实，名字叫芑树，把树的液汁涂在马身上，可以帮助人们把马驯服。泚水从这座山流出，然后向东北流入大海，水中有很多漂亮的贝壳。还有很多茈鱼，形状像鲫鱼，一个头十个身子，味道与蘼芜的香味相似，人吃了它的肉就能少放屁。

东4-4再往东南三百里，是女烝山，山上没有花草树木。石膏水从这座山发源，然后向西流入鬲水，水中有很多的薄鱼，形状像鲟鱼，但只有一只眼睛，叫声如同人在干呕。它一出现，就意味着天下会发生大旱灾。

东4-5再往东南二百里，是钦山，山中富藏黄金和玉石，没有石头。师水从这座山流出，然后向北流入皋泽，水中有很多鳝鱼，还生长着很多色彩斑斓的贝。山中有一种野兽，形状像猪，长着大獠牙，名字叫当康，它的名字源自它的叫声。它一出现，天下就会大丰收。

薄鱼

当　康

东4-6再往东南二百里，是子桐山，子桐水从这座山发源，然后向西流入余如泽。水中生长着很多鲭鱼，形状与一般的鱼相似，但长着翅膀，出入水中时闪闪发光，叫声如同鸳鸯鸣叫。它一出现，天下就会发生大旱灾。

东4-7再往东北二百里，是剡山，山中富藏黄金和玉石。山中有一种野兽，形状像猪，但长有人的面孔，黄色的身子上长着一条红尾巴，名字叫合窳，叫声如同婴儿啼哭。这种野兽吃人，也吃虫和蛇。它一出现，天下就会发生水灾。

东4-8再往东二百里，是太山，山上富藏黄金和玉石，长有茂密的女桢树。山中有一种野兽，形状像牛，头是白色的，长着一只眼睛，长有蛇尾，名字叫蜚，凡它走过的地方，水道干涸，草木皆枯。它一出现，天下就会发生大瘟疫。钩水从这座山流出，然后向北流入劳水，水中有很多鳝鱼。

总计《东次四经》山系的首尾，自北号山起到太山止，一共八座山，路经一千七百二十里。

以上是《东山经》的内容，总共四十六座山，一万八千八百六十里。

【解析】

此山系位于《东次三经》之西，是山东省潍坊市及沂蒙山区北部诸山。

按说古代叫做北海的莱州湾边，并没有山脉，过去的注释者一般都把北号之山注为莱州湾畔一土丘，因觉得无意义，所以这里不作解。但有北海、女烝之山和太山作参考，可以基本确定山系的基本位置。

鲭鱼

北海是古代对莱州湾的称谓，从汉代一直唐代，朝廷都在"北海"的南部，现在的潍坊市境内设北海郡。《三国演义》中有北海郡，太守为"四岁能让梨"的孔融。唐代著名书法家李邕也曾当过北海太守，人称李北海。有北海作参考可以初步确定该山系在莱州湾南部。

女烝山，又名女蚕山。过去的注释中有河北说，有山东说，这里可以完全肯定《东次四经》的女烝山位于山东省，又因为该山有石膏水发源，故应定为山东省临朐县的石膏山。

太山，虽不是泰山，但也赫赫有名。太山，又称东泰山、海岳，也就是现在的沂山。居中国古代五大镇山（东镇沂山、西镇吴山、中镇天柱山、南镇会稽山、北镇医巫闾山）之首，素有"泰山五岳之尊，沂山为五镇之首"的美誉。根据《史记》等古籍的记载：黄帝曾登封沂山；大舜肇州封山，定沂山为重镇之山；汉武帝曾亲临其下，令礼官祀之；隋、唐、元、明、清屡有赠封。

这样推断的话，在其西、在其南的子桐之山、剡山，则有一为山东另一座名山——蒙山。

《东次四经》所在的潍坊市，是山东省的交通枢纽；是中国北方大型蔬菜生产地之一；是国际风筝联合会组织总部所在地，也是国际风筝会固定举办地点，有"世界风筝之都"称号。

《东次四经》涉及的另一城市临沂市，也叫沂蒙山区，是中华文明的重要发祥地之一，历史悠久，文化灿烂，人杰地灵，古称琅琊、沂州，又称水城、书法城、兵法城、凤凰城。三国时蜀国丞相诸葛亮，晋代著名书法家王羲之都出生在这里。革命战争时期，沂蒙山区是全国

蜚

合窳

六大革命根据地之一，创造了
伟大的沂蒙精神。改革开放之
后，临沂又在改革开放的道路
上加速前进，成了山东省有名的
小商品集散地和重要旅游区。

# 第十二章 中山经第五

## (一)中山首经

【原文】

中1-1《中山经》薄山①之首,曰甘枣之山②。共水出焉,而西流注于河。其上多枑木,其下有草焉,葵本而杏叶,黄华而荚实,名曰箨,可以已瞢。有兽焉,其状如駍③鼠而文题,其名曰㺎④,食之已瘿。

中1-2又东二十里,曰历儿之山⑤,其上多橿,多枥木,是木也,方茎而员叶,黄华而毛,其实如楝⑥,服之不忘。

中1-3又东十五里,曰渠猪之山⑦,其上多竹。渠猪之水出焉,而南流注于河。其中是多豪鱼,状如鲔,赤喙(赤)尾赤羽,可以已白癣。

中1-4又东三十五里,曰葱聋之山,其中多大谷,是多白垩,黑、青、黄垩。

中1-5又东十五里,曰湾山,其上多赤铜,其阴多铁。

中1-6又东七十里,曰脱扈之山⑧。有草焉,其状如葵叶而赤华,荚实,实如棕荚,名曰植楮,可以已癙⑨,食之不眯。

中1-7又东二十里,曰金星之山,多天婴,其状如龙骨,可以已痤。

中1-8又东七十里,曰泰威之山,其中有谷,曰枭谷,其中多铁。

中1-9又东十五里,曰橿谷之山,其中多赤铜。

中1-10又东百二十里,曰吴林之山⑩,其中多蕙草。

中1-11又北三十里,曰牛首之山⑪。有草焉,名曰鬼草,其叶如葵而赤茎,其秀如禾,服之不忧。

㺎

劳水出焉，而西流注于潏水。是多飞鱼，其状如鲋鱼，食之已痔衕。

＊1-12又北四十里，曰霍山<sup>⑫</sup>，其木多穀。有兽焉，其状如狸，而白尾，有鬣，名曰胐胐，养之可以已忧。

＊1-13又北五十二里，曰合谷之山，是多薔棘<sup>⑬</sup>。

＊1-14又北三十五里，曰阴山，多砺石、文石。少水<sup>⑭</sup>出焉，其中多雕棠，其叶如榆叶而方，其实如赤菽，食之已聋。

豪　鱼

＊1-15又东北四百里，曰鼓镫之山，多赤铜。有草焉，名曰荣草，其叶如柳，其本如鸡卵，食之已风。

凡薄山之首，自甘枣之山至于鼓镫之山，凡十五山，六千六百七十里。历儿，冢也，其祠礼：毛，太牢之具；县以吉玉。其余十三山者，毛用一羊，县婴用桑封<sup>⑮</sup>，瘗而不糈。桑封者<sup>⑯</sup>，桑主也，方其下而锐其上，而中穿之加金。

## 【注释】

①薄山：古代山名，今名襄山，也叫蒲山。在山西省永济市，属于中条山脉。

②甘枣之山：古代山名，今名甘桑山。位于山西省永济市，属于中条山脉。

③猷："独"的古字。

④戁：读若"傩"。

⑤历儿之山：即历山，在山西省永济市，属于中条山脉。

⑥楝：楝树，落叶乔木，春、夏之交开花，花为淡紫色，果为长荚状。树干高直，木质刚硬，可做家具。

⑦渠猪之山：在山西省芮城县北，属中条山脉。下文渠猪之水应指芮城县城西的永乐河。

⑧脱扈之山：在山西省芮城县北，属中条山脉。

⑨癙：读若"鼠"。一种因忧闷而形成的疾病，即精神抑郁症。

⑩吴林之山：即吴山，又名虞山、吴坂。在山西省平陆县，属于中条山脉。

⑪牛首之山：古代山名，今名乌岭山，在山西省浮山县。

⑫霍山：吕梁山脉有霍山，也叫霍太山、太岳山，在山西省霍县东南。中条山脉之霍山，不知为中条山脉哪一段。

⑬蔷蘼：即天门冬，一种中草药。

⑭少水：古代水名，今名沁水。发源于北绵山，南入黄河。

⑮桑封：当是桑圭之误。圭，指古代帝王或诸侯在举行典礼时所持的玉器，下方上圆或上尖。桑圭，即用藻玉、花斑玉做成的玉圭。

⑯桑封者：及以下十九字应是古代解释者释语，后来穿入正文。其中"桑主"，疑为"桑圭"之误。

## 【译文】

中1-1《中山经》第一列山系，是薄山山系。薄山山系的首座山，叫做甘枣山。共水从这座山发源，然后向西流入黄河。山上枏树茂密。山下有一种草，葵菜一样的茎干上，长着杏树一样的叶子，开黄花，而结带荚的果实，名字叫籜，人吃了它可以治疗老眼昏花。山中还有一种野兽，形状像鼣鼠，但额头上有花纹，名字叫难，吃了它的肉就能治愈人脖子上的赘瘤病。

中1-2再往东二十里，是历儿山。山上的树主要是櫄树。茂密的櫄树中还有枥树，这种树，茎干是方形的，叶子是圆形的，开黄色的花并且花瓣上有绒毛，果实像楝树结的果实。人们长期服用它，可以增强记忆力而不忘事。

中1-3再往东十五里，是渠猪山。山上翠竹青青。渠猪水从这座山发源，然后向南流入黄河。水中有很多的豪鱼，形状像鲔鱼，但长着红嘴巴、红羽毛和红尾巴，人吃了它的肉就能治愈白癣病。

中1-4再往东三十五里，是葱聋山。山中有很多大峡谷，到处是白垩土，还有黑垩土、青垩土、黄垩土。

中1-5再往东十五里，是湊山。山上富藏赤铜，山北面富藏铁矿石。

飞　鱼

中1-6再往东七十里，是脱扈山。山中有一种草，形状就像葵菜叶子，开红花，结的是带荚的果实，果实的荚像棕树的荚，名字叫植楮，可以用它治愈精神抑郁症，并且能使人不做恶梦。

中1-7再往东二十里，是金星山。山中有很多叫天婴的东

朏朏

西，形状与龙骨相似，可以治愈痤疮。

中1-8再往东七十里，是泰威山，山中有一道峡谷叫做枭谷，富藏铁矿石。

中1-9再往东十五里，是橿谷山，山中富藏赤铜矿石。

中1-10再往东一百二十里，是吴林山。山中兰草飘香。

中1-11再往北三十里，是牛首山。山中生长着一种草，名字叫鬼草，它的叶子像葵菜叶，茎干是红色的，花开的模样像庄稼吐穗时的花絮，吃了它能使人无忧无虑。劳水从这座山流出，然后向西流入潏水。水中有很多飞鱼，形状像鲫鱼，人吃了它的肉能治愈痔漏。

中1-12再往北四十里，是霍山。山上构树参天。山中有一种野兽，形状像野猫，但长着白尾巴，脖子上有鬣毛，名字叫朏朏，人饲养它作宠物可以消除忧愁。

中1-13再往北五十二里，是合谷山，这里到处是蓍棘。

中1-14再往北三十五里，是阴山，这里有很多的砺石、色彩斑斓的观赏石。少水从这座山流出。山中有茂密的彫棠树，树叶的质地像榆树叶，形状却是四方形的，结的果实像红小豆，服用它就能治愈耳聋病。

中1-15再往东北四百里，是鼓镫山。山上富藏赤铜矿石。山中有一种草，名字叫荣草，它的叶子与柳树叶相似，根茎与鸡蛋相似，人吃了它就能治愈中风。

总计薄山山系之首尾，自甘枣山起到鼓镫山止，一共十五座山，路经六千六百七十里。历儿山的神守宗主是君王，君王祭祀山川之灵的礼仪是：在毛物中，用猪、牛、羊三牲俱全的太牢作祭品，再悬挂上吉玉献祭。其他十三座山的神守诸侯祭祀山川之灵的礼仪是：毛物用一只羊作祭品，再悬挂上桑封献祭，祭礼完毕后把它埋入地下，而不用米祭神。所谓桑封，就是桑圭，下面是长方形，上面尖状，中间有穿孔，还要用黄金作装饰。

【解析】

此列山系总共有十六个山岭名称，能查到的八个：薄山、甘枣山、历儿山、渠猪山、脱扈山、吴林山、牛首山、霍山，除霍山外，均在中条山脉，不在芮城县之北，便在永城县之南。因此，可以十分肯定地说：薄山山系便是位于山西省境内的中条山脉。

虽然薄山山系有很多的山名能查得到，但与现实世界中的山峰并不能准确对应。如历儿山，经中在薄山山系的西段，是薄山山系从西往东的第二座山，但现实世界中的历山却是指中条山的东段。实际上，中条山过去有很多名，还曾经叫过雷首山，唐代杜佑所撰《通典》有："雷首，在河东县，此山凡有八名：历山、首阳山、薄山、襄山、甘枣山、中条山、渠猪山、独头山也"，"又名吴山、蒲山"。这些山名，在薄山山系中多数都出现过。

现实世界中的中条山脉，是山西省南部的主要山脉，呈东北西南走向，东连太行山，南临黄河，西北为汾河谷地，西南隔黄河与秦岭山区相望，因位于秦岭与太行山之间，山势狭长而得名，全长约160公里。主峰雪花峰，位于山西省永济市东南，海拔1994米。最高山峰为东北端与王屋山相接的垣曲县历山的舜王坪，海拔2322米。

中条山脉资源丰富，有铜、铁、煤等。这表明在《山海经》的时代，中华先民们已初步探知，其中黑垩，应该就指的是煤炭。我们不得不为中华先民的勤劳品格和聪明才智所叹服。


# （二）中次二经

**【原文】**

中2-1《中次二经》济山之首，曰辉诸之山，其上多桑，其兽多闾、麋，其鸟多鹖①。

中2-2又西南二百里，曰发视之山，其上多金玉，其下多砥砺。即鱼之水出焉，而西流注于伊水②。

中2-3又西三百里，曰豪山，其上多金、玉而无草木。

中2-4又西三百里，口鲜山，多金、玉，无草木。鲜水③出焉，而北流注于伊水。其中多鸣蛇④，其状如蛇而四翼，其音如磬，见则其邑大旱。

中2-5又西三百里，曰阳山⑤，多石，无草木。阳水出焉，而北流注于伊水。其中多化

鹖

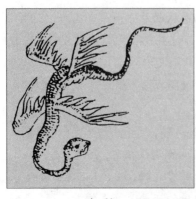

鸣 蛇

蛇，其状如人面而豺⑥身，鸟翼而蛇行，其音如叱呼，见则其邑大水。

中2-6又西二百里，曰昆吾之山⑦，其上多赤铜。有兽焉，其状如彘而有角，其音如号，名曰蠪蚳，食之不眯。

中2-7又西百二十里，曰葌山⑧，葌水出焉，而北流注于伊水，其上多金、玉，其下多青雄黄。有木焉，其状如棠而赤叶，名曰芒草⑨，可以毒鱼。

中2-8又西一百五十里，曰独苏之山，无草木而多水。

中2-9又西二百里，曰蔓渠之山，其上多金、玉，其下多竹箭。伊水出焉，而东流注于洛⑩。有兽焉，其名曰马腹⑪，其状如人面虎身，其音如婴儿，是食人。

凡济山之首，自辉诸之山至于蔓渠之山，凡九山，一千六百七十里。其神皆人面而鸟身。祠用毛，用一吉玉，投而不糈。

【注释】

①鶚鸟：鸟的一种，长得像野鸡，但比野鸡体形大，好斗，绝不退让，直到斗伤斗死为止。

②伊水：即伊河，黄河南岸洛河支流之一。发源于伏牛山北麓的栾川县陶湾镇，流经嵩县、伊川等县，蜿蜒于伏牛山北麓、熊耳山南麓的狭谷之中，穿伊阙而入洛阳，此后东北流至偃师县与洛河相汇，称伊洛河。

化 蛇

③鲜水：应在嵩县境内。《水经注·伊水》云："伊水又东北，鲜水入焉，水出鲜山，北流注于伊。"

④鸣蛇：即扬子鳄。

⑤阳山：应在嵩县西南。《水经注·伊水》云："阳水出阳山阳溪，世人谓之太阳谷，水亦取名焉，东流入伊水。"

⑥豺：一种野兽，体形较狼为小，体色棕红色，喉部及腹部为白色。

⑦昆吾之山：郭璞注曰："此山出名铜，色赤如火，以之作刃，切玉如割泥也。周穆王时西戎献之。《尸子》所谓

蛊 蛈

昆吾之剑也。"实际上，昆吾也是诸候之名、部落之名。昆吾之山应该昆吾族的一个居住地，但不能确定为现在哪个具体山岭。

⑧蓌山：应在栾川县。《水经注·伊水》云："伊水自熊耳东北，迳栾川亭北。蓌水出蓌山，北流，际其城东，而北入伊水。世人谓伊水为栾水，蓌水为交水，故名斯川为栾川也。"

⑨芒草：又作莽草，有毒。因其长的高大，这里称其为木，实为一种有毒的草。

⑩洛：即洛河，黄河支流，位于河南省西部。发源于陕西省洛南县，东入河南境，流经卢氏县、洛宁县、宜阳县、洛阳市区、偃师县，之后在巩义市入黄河。

⑪马腹：传说中的怪兽，虎身、人面，食人。

## 【译文】

中2-1《中次二经》是济山山系，济山山系的首座山，叫做煇诸山，山上桑树茂密，野兽大多是山驴和麋鹿，而鸟大多是鹍鸟。

中2-2再往西南二百里，是发视山，山上富藏黄金和玉石，山下有很多石头可作磨石。即鱼水从这座山流出，然后向西流入伊水。

中2-3再往西三百里，是豪山。山上富藏黄金和玉石，没有花草树木。

中2-4再往西三百里，是鲜山。山上富藏黄金和玉石，没有花草树木。鲜水从这座山发源，然后向北流入伊水。水中有很多鸣蛇，形状像一般的蛇，却长着四只翅膀，叫声如同敲击石磬发出的声音。在哪个地方见到它，那里就会发生大旱灾。

中2-5再往西三百里，是阳山。山上到处是石头，没有花草、树木。阳水从这座山发源，然后向北流入伊水。水中有很多化蛇，面孔像人，身子像豺，虽有翅膀却像蛇一样地爬行，叫声如同人的呵斥声。它在哪个地方出现，那个地方就会发生大水灾。

中2-6再往西二百里，是昆吾山。山上富藏赤铜。山中有一种野兽，形状像猪，却长着角，

人面鸟身神

马腹

叫声如同人在嚎啕大哭，名字叫蠪蚳，吃了它的肉就能使人不做恶梦。

中2-7再往西一百二十里，是釐山，釐水从这座山发源，然后向北流入伊水。山上富藏黄金和玉石，山下富藏青雄黄。山中有一种树，形状像棠梨树，但叶子是红色的，名字叫芒草，可以用来毒鱼。

中2-8再往西一百五十里，是独苏山，这里没有花草树木，到处是流水。

中2-9再往西二百里，是蔓渠山，山上富藏黄金和玉石，山下到处是竹箭。伊水从这座山流出，然后向东流入洛水。山中有一种野兽，名字叫马腹，形状是人的面孔、老虎的身子，叫声如同婴儿啼哭，是能吃人的。

总计济山山系的首尾，自辉诸山起到蔓渠山止，一共九座山，路经一千六百七十里。诸山的神守诸侯的形象是：人的面孔、鸟的身子。祭祀山川之灵要用毛物作祭品，再用一块吉玉，投向山谷，但不用米祭祀。

【解析】

《中次二经》诸山，似乎在古籍中都能查得到，但查不出与现实世界中的哪座山相对应，但好在有两条水——伊水、洛水大名鼎鼎，可做参考。《中次二经》中的即鱼之水、鲜水、釐水，虽然也查不出为现在的哪条河流，但从文中我们知道她们都西流或北流入伊水，从中可知《中次二经》之山都是伊河右岸（按水流方向看）诸山，也就是伏牛山脉的部分山岭。

《中次二经》诸山，应是起自洛阳市区南部龙门石窟东侧的山头，沿伊河逆行，到栾川县大清沟乡的东山，这座山可能就是蔓渠之山，因为这里有伊水流出，并且流出之后向东流。当然，这并没有真正到伊河的源头。

伏牛山位于河南省西部，是秦岭在河南省最大的余脉，西北与熊耳山相连，东南到南阳盆地西北边缘，构成黄河、淮河和长江水系的分水岭，有"百里伏牛"之称，最高峰鸡角尖海拔2212米。属亚热带向暖温带的过渡地带，也是河南省境内平均海拔最高，人类活动相对稀少，生态环境保护较为完好的山区。

# (三)中次三经

**【原文】**

中3-1《中次三经》萯山之首，曰敖岸之山，其阳多㻬琈之玉，其阴多赭、黄金。神熏池居之。是常出美玉。北望河林，其状如蒨①如举②。有兽焉，其状如白鹿而四角，名曰夫诸，见则其邑大水。

中3-2又东十里，曰青要之山③，实维帝之密都。北望河曲，是多驾鸟④。南望墠渚⑤，禹父之所化⑥，是多仆累、蒲卢。魁⑦武罗司之，其状人面而豹文，小要而白齿，而穿耳以鐻，其鸣如鸣玉。是山也，宜女子。畛水出焉，而北流注于河。其中有鸟焉，名曰鴢，其状如凫，青身而朱目赤尾，食之宜子。有草焉，其状如菅，而方茎、黄华、赤实，其本如槁本⑧，名曰荀草，服之美人色。

中3-3又东十里，曰騩山⑨，其上有美枣，其阴有㻬琈之玉。正回之水出焉，而北流注于河。其中多飞鱼，其状如豚而赤文，服之不畏雷，可以御兵。

中3-4又东四十里，曰宜苏之山⑩，其上多金玉，其下多蔓居之木⑪。滽滽之水⑫出焉，而北流注于河，是多黄贝。

中3-5又东二十里，曰和山，其上无草木而多瑶碧，实维河之九都。是山也，五曲，九水出焉，合而北流注于河，其中多苍玉。吉神泰逢司之，其状如人而虎尾，是好居于萯山之阳，出入有光。泰逢神动天地气也。

凡萯山之首，自敖岸之山至于和山，凡五山，四百四十里。其祠泰逢、熏池、武罗，皆一牡羊副，婴用吉玉。其二神用一雄鸡瘗之，糈用稌。

夫诸

**【注释】**

①蒨：即茜草，多年生攀援草本植物，根为红色，可作颜料。

②举: 即榉树, 又叫鸡翅木, 高大乔木, 可做高档家俱。

③青要之山: 现为青要山自然保护区, 位于河南省洛阳市新安县城西北部。

④驾鸟: 郭璞注云: "或曰驾宜为鴐。鴐, 鹅也。"

⑤墠渚: 在嵩县东北。《水经注·伊水》云: 伊水"又东南, 左会北水, 乱流, 左合禅渚水。水承陆浑县东禅渚, 渚在原上, 陂方十里, 佳饶鱼苇。即《山海经》所谓南望禅渚, 禹父之所化"。

⑥禹父之所化: 禹父, 指鲧, 因治水不利被杀。曾被封为崇伯, "崇"为"嵩"的古字, 封地就在墠渚。全句话的意思是: 墠渚是鲧的封地, 是鲧治理过的地方。

⑦䰷: 古"神"字。

⑧藁木: 也叫抚芎, 根茎可作药用。

⑨騩山: 这里并非指河南省新郑市的騩山, 而是指青要山东山峰。

⑩宜苏之山: 在河南省孟津县横水镇西南。

⑪蔓居之木: 即蔓荆。一种灌木, 常在水边生长。

⑫潇潇之水: 古河名。潇潇之水有二, 一在河南省嵩县, 一在河南省孟津县。这里是后者。

騩武罗

## 【译文】

鴢

中3-1《中次三经》是萯山山系, 萯山山系的首座山, 叫做敖岸山, 山南面富藏琦玗玉, 山北面富产赭石、黄金。神熏池住在这里。这座山常常有美玉被发掘出来。从山上向北可以看见黄河岸边的树林, 树的形状好像是茜草和榉木。山中有一种野兽, 形状像白鹿, 但长了四只角, 名字叫夫诸。它在哪个地方出现, 那里就会发生大水灾。

中3-2再往东十里, 是青要山。青要山确实是天帝在下界的密都。从青要山上向北可以看见黄河的弯曲处, 那里有很多的野鹅。

飞 鱼

向南可以看见嶂渚，那是大禹的父亲——鲧的封国，当年鲧曾经治理过的地方，那里有很多的蜗牛、蒲草和芦苇。神武罗掌管着这里。这位神守诸侯的形象是人的面孔，但浑身长着豹子一样的斑纹，细小的腰身，洁白的牙齿，而且耳朵穿透后挂着耳环，声音像玉石叮当作响，翠生极了。这座青要山，适宜女子居住。畛水从这座山发源，然后向北流入黄河。山中有一种鸟，名字叫鴢，形状像野鸭子，青色的身子、浅红色的眼睛、深红色的尾巴，吃了它的肉就能使人多生孩子。山中有一种草，形状像兰草，茎干却是四方形的，开黄花，结红色的果实，它的根部像藁本的根，名字叫荀草，经常服用它就能使人的颜色漂亮。

中3-3再往东十里，是騩山，山上长有味道香甜的枣子，山北面富藏琈珬玉。正回水从这里发源，然后向北流入黄河。水中生长着许多飞鱼，形状像猪，但浑身都是红色斑纹，人吃了它的肉就不害怕打雷，还可以避免兵器伤身。

中3-4再往东四十里，是宜苏山，山上富藏黄金和玉石，山下有茂密的蔓荆。滽滽水从这座山发源，然后向北流入黄河，水中有很多黄色的贝。

中3-5再往东二十里，是和山，山上没有多少草木，但瑶碧一类的美玉却很多。这里是黄河中的九条支流汇聚的地方。这座山弯曲回转了五次，有九条水从这里发源，汇合起来然后向北流入黄河，水中有很多的墨玉。吉神泰逢管理这座山，他的形象像人，但长着老虎的尾巴，喜欢住在萯山向阳的南面，出入时都有光芒显现。泰逢这位吉神是能带动天地气象的。

总计萯山山系的首尾，自敖岸山起到和山止，一共是五座山，路经四百四十里。泰逢、熏池、武罗三位神守诸侯祭祀山川之灵的礼仪是把一只公羊劈开，用其中的一副来祭祀，祭祀的玉器要用吉玉。其它两座山川的祭祀办法，是把一只公鸡埋入地下。祭祀的米，要用粳米。

【解析】

(一)

大家打眼一看就知道萯山山系位于黄河之南，确实是这样。这里面能查到的青

要山、宜苏山都在洛阳市北的黄河之
南。騊山虽然能查到，但查到的騊山却
在河南新郑市，不是这里书中所载的騊
山。这里的騊山，应是指青要山东峰。
有这三座山岭作参考，我们可以确定
蒉山山系是位于小浪底水库东南、洛阳
市西北部的山脉，位于河南省义马市与
新安县之间，属崤山支脉。

泰逢

### （二）

此山系所能查到的青要山大有来
头。《中次三经》说："青要之山，实惟
帝之密都。"猛一看，看不出帝之为谁，但从《西山经》中"昆仑之丘，实惟帝之下
都"，"槐江之山，实惟帝之平圃"来看，这里的帝，乃指黄帝。《山海经》中的帝多
指黄帝，他既是天帝的化身，又是人间的大帝。他把青要山作密都，自然是在这里
向天帝"奏事"。这确实是黄帝为了神化自己而采取的办法。


## （四）中次四经

【原文】

中4-1《中次四经》厘山之首，曰鹿蹄之山①，其上多玉，其下多金。甘水②
出焉，而北流注于洛，其中多泠石③。

中4-2西五十里，曰扶猪之山④，其上多礝石⑤。有兽焉，其状如貉⑥而人
目，其名曰麔⑦。虢水出焉，而北流注于洛，其中多瓀石。

中4-3又西一百二十里，曰厘山⑧，其阳多玉，其阴多蒐。有兽焉，其状如
牛，苍身，其音如婴儿，是食人，其名曰犀渠。滽滽之水⑨出焉，而南流注于
伊水。有兽焉，名曰獙⑩，其状如獳犬而有鳞，其毛如彘鬣。

中4-4又西二百里，曰箕尾之山，多榖，多涂石，其上多㻬琈之玉。

中4-5又西二百五十里，曰柄山，其上多玉，其下多铜。滔雕之水出焉，而
北流注于洛。其中多羬羊。有木焉，其状如樗，其叶如桐而荚实，其名曰

䶄

苀⑪，可以毒鱼。

　ψ4-6又西二百里，曰白边之山，其上多金、玉，其下多青雄黄。

　ψ4-7又西二百里，曰熊耳之山⑫，其上多漆，其下多棕。浮濠之水出焉，而西流注于洛，其中多水玉，多人鱼。有草焉，其状如苏⑬而赤华，名曰葶苎，可以毒鱼。

　ψ4-8又西三百里，曰牡山，其上多文石，其下多竹箭、竹䉬。其兽多㸲牛、羬羊，鸟多赤鷩。

　ψ4-9又西三百五十里，曰讙举之山⑭。洛水出焉，而东北流注于玄扈之水⑮，其中多马肠⑯之物。此二山者，洛间也。

　凡厘山之首，自鹿蹄之山至于玄扈之山，凡九山，千六百七十里。其神状皆人面兽身。其祠之，毛用一白鸡，祈而不糈，以采衣之。

**【注释】**

　①鹿蹄之山：古代山名，又称厘山、纵山、非山、半壁山，现在叫半坡山，位于河南省宜阳县境内。

　②甘水：发源于鹿蹄山的第二峰常羊山，是隋、唐时洛阳城的御用水源。

　③泠石：也就是下文的涂石。一种质地较软的石头。

　④扶猪之山：古代山名，今名飞山，位于河南省宜阳县境内。其主峰甘山位于宜阳县丰李镇河口村东南，其上有甘国故城。

　⑤礝石：与下文的"瑌石"都是次玉一等的美石。

　⑥貉：獾的一种，也叫狗叫獾。

　⑦厘山：在河南省洛阳市东南。

　⑧䶄：读若"银"。

⑨滽滽之水：古河名，一在河南嵩县，一在河南省孟津县。这里应是前者。

⑩獭：读若"颉"。

⑪芨：草根。有学者认为"芨"字很可能是"芫"字的误写。芫，即芫华，一种药材，有毒。

⑫熊耳之山：河南省西部山脉，西南端接伏牛山，为秦岭东段支脉，为洛河、伊河分水岭。《禹贡》所谓"导洛自熊耳者"。

⑬苏：即紫苏。一年生草本植物，茎、叶、果实均可入药。

⑭讙举之山：在陕西省洛南县，洛水源头。

⑮玄扈之水：一说即洛河下游，一说洛河支流。按《水经注》的说法：玄扈水发源于玄扈山，玄扈山也在陕西省洛南县西北，今名双连山。

⑯马肠：传说中的一种怪兽，虎身、人首，食人。疑即《中次二经》中的马腹。

【译文】

中4-1《中次四经》山系是厘山山系，厘山山系的首座山，叫做鹿蹄山，山上富藏玉石，山下富藏黄金。甘水从这座山发源，然后向北流入洛水，水中有很多的泠石。

中4-2往西五十里，是扶猪山，山上到处是礝石。山中有一种野兽，形状像貉，但长了一双人的眼睛，名字叫麐。虢水从这座山流出，然后向北流入洛水，水中有很多的瓀石。

中4-3再往西一百二十里，是厘山，山南面玉石满山，山北面茜草遍地。山中有

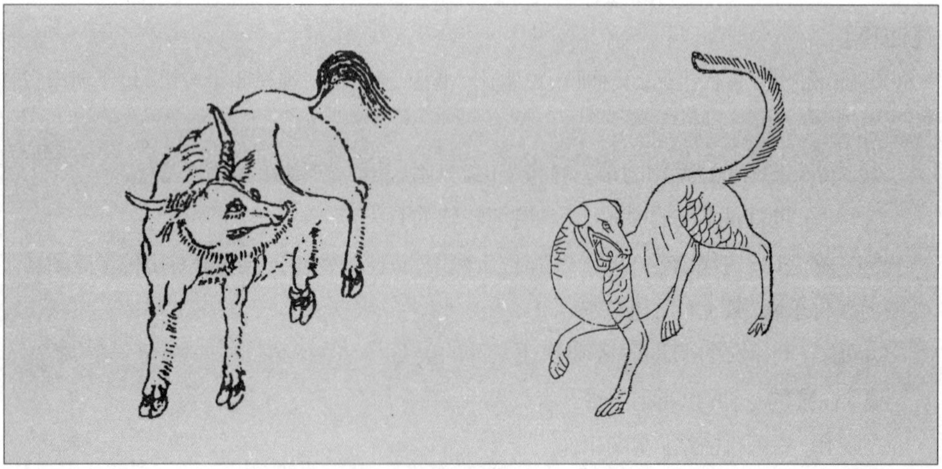

犀渠、獭

一种野兽，形状像牛，全身青黑色，叫声如同婴儿啼哭，是能吃人的，名字叫犀渠。潇潇水从这座山发源，然后向南流入伊水。这里还有一种野兽，名字叫獭，形状像发怒的狗，身上长有鳞，毛像猪的鬣毛一样硬。

人面兽身

中4-4再往西二百里，是箕尾山，山上山下构树参天，泠石遍布，山上还有很多瑶珤玉。

中4-5再往西二百五十里，是柄山，山上富藏玉石，山下富藏铜矿石。滔雕水从这座山流出，然后向北流入洛水。山中有很多的羰羊。有一种树，形状像臭椿树，叶子像梧桐叶，果实是带荚的，名字叫芰，可用来毒鱼。

中4-6再往西二百里，是白边山，山上富藏黄金和玉石，山下富藏青雄黄。

中4-7再往西二百里，是熊耳山，山上漆树参天，山下棕树遍地。浮濠水从这座山流出，然后向西流入洛水，水中有很多的水晶石，还有很多的娃娃鱼。山中有一种草，形状像紫苏草，开红花，名字叫葶苎，可用来毒鱼。

中4-8再往西三百里，是牡山，山上有很多的玛瑙石，山下到处是竹箭、竹簬之类的小竹丛，山中的野兽以羚牛、羰羊最多，而鸟以赤鷩鸟为多。

中4-9再往西三百五十里，是讙举山。洛水从这座山中发源，然后向东北流入玄扈水，水中生长着很多叫马肠的怪物。在讙举山与玄扈山之间，夹着一条洛水。

总计厘山山系的首尾，自鹿蹄山起到玄扈山止，一共是九座山，路经一千六百七十里。诸山的神守诸侯的形象都是人的面孔、野兽的身子。祭祀山川之灵的礼仪是：在毛物中用一只白鸡，用彩色的布包裹起来献祭，不用米。

## 【解析】

此列山系能查到的山岭众多，如鹿蹄山、扶猪山、厘山、熊耳山、讙举山、玄扈山，查到的水也多，如甘水、潇潇水、玄扈水，更重要的是有洛水作参考。从以上信息可知，上述山脉起之洛阳市的西南，位于洛河与伊河之间，沿洛河右岸（以洛河水流方向为准）上行至洛河发源之处的讙举山。这列山系为秦岭的熊耳山支脉。

熊耳山是河南省西部的主要山脉之一，位处长江流域与黄河流域分水岭。西起卢氏县，向东绵延至伊川县，南接伏牛山脉，北邻崤山山脉。处于暖温带南部，动植物种类繁多，生态环境良好。主峰全宝山，在洛宁县境内，海拔高度2103.2米。

## （五）中次五经

**【原文】**

中5-1《中次五经》薄山之首，曰苟床之山，无草木，多怪石。

中5-2东三百里，曰首山，其阴多榖、柞，其草多术①、芫，其阳多㻬琈之玉，木多槐。其阴有谷，曰机谷，多䰠鸟②，其状如枭而三目，有耳，其音如录，食之已垫③。

中5-3又东三百里，曰县斸④之山，无草木，多文石。

中5-4又东三百里，曰葱聋之山，无草木，多𥔉石⑤。

中5-5东北五百里，曰条谷之山，其木多槐、桐，其草多芍药、𧄸冬⑥。

中5-6又北十里，曰超山，其阴多苍玉，其阳有井，冬有水而夏竭。

中5-7又东五百里，曰成侯之山，其上多櫄木，其草多芃⑦。

中5-8又东五百里，曰朝歌之山，谷多美垩。

中5-9又东五百里，曰槐山，谷多金锡。

中5-10又东十里，曰历山，其木多槐，其阳多玉。

中5-11又东十里，曰尸山⑧，多苍玉，其兽多麖⑨。尸水出焉，南流注于洛水，其中多美玉。

中5-12又东十里，曰良余之山⑩，其上多榖、柞，无石。余水出于其阴，而北流注于河；乳水⑪出于其阳，而东南流注于洛。

中5-13又东南十里，曰蛊尾之山，多砺石、赤铜。龙余之水⑫出焉，而东南流注于洛。

中5-14又东北二十里，曰升山⑬，其木多榖、柞、棘，其草多藷藇、蕙，多寇脱⑭。黄酸之水出焉，而北流注于河，其中多璇玉⑮。

中5-15又东十二里，曰阳虚之山⑯，多金，临于玄扈之水。

凡薄山之首，自苟林之山至于阳虚之山，凡十六山，二千九百八十二里。升山，冢也，其祠礼：太牢，婴用吉玉。首山魁也，其祠用稌、黑牺、太牢之具、蘖酿⑰、干儛⑱，置鼓；婴用一璧。尸水，合天也，肥牲祠之，用一黑犬于上，用一雌鸡于下，刉一牝羊，献血。婴用吉玉，采之，飨之。

**【注释】**

①茶：读若"竹"，即术草，有苍术、白术、莪术三种。皆为中药。

②䲹鸟：猫头鹰的一种。䲹，读若"代"。

③垫：一种因潮湿而引起的脚病，叫脚垫病。

④𧈧：读若"竹"。

⑤㻞石：毕沅校为玞石。《说文解字》云："玞，石之次玉者。"也有人说就是《中次十经》、《中次十一经》中的封石。㻞与玞，读若"蚨"。

⑥虋冬：即门冬。有天门冬、麦门冬两种，皆为中药。

⑦茪：郝懿行疑"茪"当"芁"之讹，今作"芁"。芁，即秦芁，多年生草本植物，根可入药。

⑧尸山：在今陕西省洛南县西北。《水经注·洛水》云："洛水又东，尸水注之。水北发尸山，南流入洛。"

⑨麔：也写作麚。《说文解字》云："大鹿也，牛尾，一角。"也就是一种大獐子。

⑩良余之山：在今陕西省洛南县西北，与华阴市的边界上。《水经注·渭水》云："渭水又东，良余水注之，水南出良余山之阴，北流入于渭，俗谓之宜水。"

⑪乳水：在陕西省洛南县西北。《水经注·洛水》云："洛水又东，得乳水，水北出良余山，南流注于洛。"

⑫龙余之水：在今陕西省洛南县西北。《水经注·洛水》云："洛水又东，会于龙余之水，水出蛊尾之山，东流入洛。"

⑬升山：在今陕西省洛南县、华阴市界上。《水经注·渭水》云："渭水又东，合黄酸之水，世名之为千渠水。水南出升山，北流于渭。"

⑭寇脱：即白通草，也叫通脱木。一种生长在南方的草本植物，高丈余，叶如荷叶，茎中有瓤，纯白色，可入药。

⑮璇玉：一种次玉一等的美石。

⑯阳虚之山：在今陕西省洛南县西北。《水经注·洛水》云："洛水又东，至阳虚山，合玄扈之水。"

⑰蘖酿：蘖，酒曲。蘖酿，指用酒曲酿造的酒。这里泛

䲹 鸟

指美酒。

⑱干儛：指祭祀者一群人头戴面具、手持木盾牌所作的傩舞，用于娱神。

## 【译文】

中5-1《中次五经》系薄山山系，它的首座山，叫做苟床山，山上没有花草、树木，到处是奇形怪状的石头。

中5-2往东三百里，是首山，山北面以构树、柞树为多，草以术草、芫华居多。山南面富藏琈珚玉，树木以槐树居多。山的北面有一条峡谷，叫做机谷，峡谷中有很多䴅鸟，形状像猫头鹰，长着三只眼睛，有耳朵，叫声如同呦呦鹿鸣，人吃了它的肉就会治好脚气。

中5-3再往东三百里，是县斸山，山上没有花草树木，到处是色彩斑斓的石头。

中5-4再往东三百里，是葱聋山，山上没有花草树木，到处是珸石。

中5-5再往东北五百里，是条谷山，这里的槐树、梧桐树遮天蔽日，而草大多是芍药和门冬草。

中5-6再往北十里，是超山，山北面到处是苍玉，山南面有一眼井，冬天有水，而到夏天就干枯了。

中5-7再往东五百里，是成侯山，山上是茂密的香椿树，草以秦艽居多。

中5-8再往东五百里，是朝歌山，山谷里多出产色泽漂亮的垩土。

中5-9再往东五百里，是槐山，山谷里富藏黄金和锡。

中5-10再往东十里是历山，山上的树大多是槐树，山南面富藏玉石。

中5-11再往东十里，是尸山，山上富藏苍玉，野兽以麖鹿居多。尸水从这座山发源，向南流入洛水，水中有很多的漂亮玉石。

中5-12再往东十里，是良余山，山上构树、柞树遮天蔽日，没有石头。余水从山的北麓发源，然后向北流入黄河；乳水从山的南麓发源，然后向东南流入洛水。

中5-13再往东南十里，是蛊尾山，山上盛产粗磨石和赤铜矿石。龙余水从这座山发源，然后向东南流入洛水。

中5-14再往东北二十里，是升山，山上的树以构树、柞树、酸枣树居多，而草以山药、蕙兰为最，还有茂密的寇脱草。黄酸水从这座山发源，然后向北流入黄河，水中有很多的璇玉。

中5-15再往东十二里，是阳虚山，山上富藏黄金。临近玄扈水。

总计薄山山系之首尾，自苟林山起到阳虚山止，一共十六座山，路经二千九百八十二里。升山的守山宗主是帝王。祭祀升山的礼仪是：在毛物中用猪、牛、羊三牲齐全的太牢作祭品，祭神的玉器要用吉玉。首山的守山宗主是诸侯，祭祀首山要用精米和黑色皮毛的猪、牛、羊做成的太牢、美酒。参与祭祀的人员还要手持各种法器翩翩起舞，并击鼓应和。祭神的玉器用一块玉璧。尸水，是通天之水，要用肥壮的牲畜作祭品献祭，用一只黑狗作祭品供在上面，用一只母鸡作祭品供在下面，杀一只母羊，献上羊血。祭神的玉器要用吉玉。包裹祭品的布帛颜色要鲜艳，恭恭敬敬地请神灵享用。

## 【解析】

《中次五经》是薄山山系。山系的总名薄山，以及从苟床山，到历山的十座山均无法指实。但尸山、良余山、蛊尾山、升山都能在《水经注》中查到。且尸水、乳水、龙余水、玄扈之水流注于洛，余水、黄酸水流注于渭，在《水经注》中也能查实。从中可以得知这些山水均在陕西省洛南县西北部。阳虚山是历史文化名山，也在洛南县西北部。这样我们可以推测这列山系是洛水上游，以及以西（或西南）诸山，也就是秦岭的部分山岭。

阳虚山，一名阳峪山。在陕西省洛南县城西北，与玄扈山隔洛河相对，传说为仓颉造字处。《大明一统志》有："黄帝时，仓颉随帝南巡，登阳虚之山，即此。"《雍胜略》记载："仓颉，造书于此。"《水经注》引《河图•玉版》曰："仓颉为帝南巡，登阳虚之山，临于玄扈、洛汭之水。灵龟负书，丹甲青文以授之。"

实际上，关于我国文字的起源问题，一直众说纷纭。东汉许慎在《说文解字》中较系统地论述了文字的发展："古者庖犧氏之王天下，仰则观象于天，俯则观法于地，视鸟兽之文与地之宜，近取诸身，远取诸物，于是始作《易》、八卦，以垂现象。及神农氏结绳为治而统其事，庶业其繁，饰伪萌生。黄帝之史仓颉，见鸟兽蹄远之迹，知分理之可相别异也，初造书契。"

从中我们可知，仓颉是在总结前辈所造书契的基础上，从鸟兽、山川之迹，造为六书（象形、指事、形声、会意、转注、假借），使中华文明又大大地向前迈进了重要一步。

仓颉造字之处就在洛水之滨，阳虚山、元扈山均有仓颉造字遗迹。仓颉在阳虚山下有石刻手书二十八字碑，现此碑藏于洛南县博物馆。

# （六）中次六经

## 【原文】

中6-1《中次六经》缟羝山<sup>①</sup>之首，曰平逢之山<sup>②</sup>，南望伊、洛，东望谷城之山<sup>③</sup>，无草木，无水，多沙石。有神焉，其状如人而二首，名曰骄虫<sup>④</sup>，是为螫虫<sup>⑤</sup>，实维蜂、蜜之庐。其祠之：用一雄鸡，禳<sup>⑥</sup>而勿杀。

中6-2西十里，曰缟羝之山<sup>⑦</sup>，无草木，多金玉。

中6-3又西十里，曰廆山<sup>⑧</sup>，其阴多㻬琈之玉。其西有谷焉，名曰雚谷，其木多柳、楮。其中有鸟焉，状如山鸡而长尾，赤如丹火而青喙，名曰鸰鹨<sup>⑨</sup>，其鸣自呼，服之不眯。交觞之水出于其阳，而南流注于洛；俞随之水出于其阴，而北流注于谷水<sup>⑩</sup>。

中6-4又西三十里，曰瞻诸之山<sup>⑪</sup>，其阳多金，其阴多文石。谢<sup>⑫</sup>水出焉，而东南流注于洛；少水<sup>⑬</sup>出其阴，而东流注于谷水。

中6-5又西三十里，曰娄涿之山<sup>⑭</sup>，无草木，多金玉。瞻水出于其阳，而东流注于洛；陂水出于其阴，而北流注于谷水，其中多茈石、文石。

中6-6又西四十里，曰白石之山<sup>⑮</sup>，惠水出于其阳，而南流注于洛，其中多水玉。涧水<sup>⑯</sup>出于其阴，西北流注于谷水，其中多麋石、栌丹。

中6-7又西五十里，曰穀山<sup>⑰</sup>，其上多穀，其下多桑。爽水出焉，而西北流注于谷水，其中多碧绿。

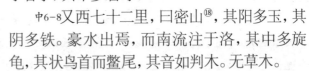

中6-8又西七十二里，曰密山<sup>⑱</sup>，其阳多玉，其阴多铁。豪水出焉，而南流注于洛，其中多旋龟，其状鸟首而鳖尾，其音如判木。无草木。

中6-9又西百里，曰长石之山<sup>⑲</sup>，无草木，多金、玉。其西有谷焉，名曰共谷，多竹。共水<sup>⑳</sup>出焉，西南流注于洛，其中多鸣石。

中6-10又西一百四十里，曰傅山<sup>㉑</sup>，无草木，多瑶碧。厌染之水出于其阳，而南流注于洛，其中多人鱼。其西有林焉，名曰墦冢。谷水出焉，而东流注于洛，其中多珚玉<sup>㉒</sup>。

中6-11又西五十里，曰橐山<sup>㉓</sup>，其木多樗，多楠木<sup>㉔</sup>，其阳多金、玉，其阴多铁，多萧。橐水出

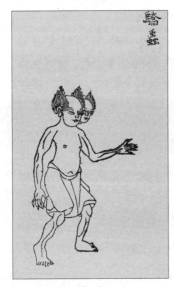

骄虫

焉，而北流注于河。其中多修辟之鱼，状如臷而白喙，其音如鸥，食之已白癣。

中6-12又西九十里，曰常烝之山㉕，无草木，多垩。潐水出焉，而东北流注于河，其中多苍玉。菑水出焉，而北流注于河。

中6-13又西九十里，曰夸父之山㉖，其木多棕枏，多竹箭，其兽多㸲牛、羬羊，其鸟多鷩，其阳多玉，其阴多铁。其北有林焉，名曰桃林㉗，是广员三百里，其中多马。湖水㉘出焉，而北流注于河，其中多珚玉。

中6-14又西九十里，曰阳华之山㉙，其阳多金、玉，其阴多青雄黄，其草多藷藇，多苦辛，其状如楇，其实如瓜，其味酸甘，食之已疟。杨水出焉，而西南流注于洛。

鸮鹦

其中多人鱼。门水㉚出焉，而东北流注于河，其中多玄碡。结㉛姑之水出于其阴，而东流注于门水，其上多铜。门水出于河，七百九十里入雒水。

凡缟羝山之首，自平逢之山至于阳华之山，凡十四山，七百九十里。岳在其中，以六月祭之，如诸岳之祠法，则天下安宁。

## 【注释】

①缟羝山：指崤山山脉，秦岭东北支脉。位于陕西省潼关县以东，至河南省洛阳市之间。《中次六经》对这条山脉是反方向记述的，即从河南洛阳向着陕西潼关方向记述的。

②平逢山：一说即河南省洛阳市北郊的北邙山，一说为西郊的周山。这里应为后者。

③谷城：古地名，在今河南省洛阳市西北部。

④骄虫：骄虫本身指蜜蜂。但这里的骄虫，即蟜虫，指居住在平逢山的有蟜氏部落的图腾，代指有蟜氏部落。有蟜氏部落是炎、黄二帝的母族。

⑤螫虫：指身上有尾刺，用尾刺伤人的昆虫。

⑥禳：除邪消灾的祭礼。

⑦缟羝之山：古代山名，今名郏山，又名红山。在河南省洛阳市西部。

⑧厤山：古代山名，今名谷口山。在洛阳市西部。

⑨鹦：读若"要"。

⑩谷水：发源于河南省渑池县崤山以东的马头山谷，全长九十公里，经渑池、新安至洛阳，东南流注洛河，现与涧河汇为一流。

⑪瞻诸之山：在今河南省新安县东南。

⑫滽：读若"谢"。

⑬少水：即涧河上游。《水经注·涧水》云："今孝水东十里有水，世谓之慈涧，又谓之涧水。按《山海经》则少水也，而非涧水，盖习俗之误耳。"

⑭娄涿之山：在今河南省新安县南。《水经注·洛水》云："惠水出白石山之阳，东南流，与瞻水合。水东出娄涿之山。"

⑮白石之山：古代山名，今名广阳山，又名渑池山，在河南省新安县北。

⑯涧水：即涧河，洛河支流。发源于河南省陕县观音堂，于洛阳市区入洛河。

⑰谷山：在今河南省渑池县境内。

⑱密山：在今河南省新安县南。《水经注·洛水》云："洛水又东，与豪水合，水出新安县密山。"

⑲长石之山：在今河南省新安县境内。

⑳共水：在今河南省新安县境内。《水经注·洛水》云："洛水又东，共水入焉。水北出长石之山。"

㉑傅山：在今新安县境内。《水经注·洛水》云："洛水又东，与厌染水合。水出县北傅山大陂。"

㉒珚玉：玉石的一种，品质不明。

㉓橐山：古代山名，今名东积草山。在今河南省三门峡市。

㉔楠木：郭璞注曰："今蜀中有楠木，七八月中吐穗，穗成，如有盐粉著状，可以酢羹。"楠，读若"备"。

㉕常烝之山：古代山名，今名千山，又名干山。在河南省三门峡市。

㉖夸父之山：古代山名，今名秦山。在河南省灵宝市东南。

㉗桃林：即邓林，在陕西省潼关县。《海外北经》中有："夸父与日逐走，入日。渴欲得饮，饮于河渭，河渭不足，北饮大泽。未至，道渴而死。弃其杖，化为邓林。"即说的是这里。古代秦山之北有一处广三百里的树林，遍生佳桃，叫做桃林。汉代曾在此设桃林县。

㉘湖水：古代水名，今名虢略河。在今河南省灵宝市境内。

㉙阳华之山：在今陕西省洛南县东北与河南省灵宝市的交界处。

㉚门水：古代水名，今名弘农涧河，在河南省灵宝县，流入黄河。

㉛绪：读若"昨"。

**【译文】**

中6-1《中此六经》山系是缟羝山山系，它的首座山，叫做平逢山，向南可以看见伊水和洛水，向东可以看见谷城山，那里没有花草树木，没有水，到处是沙子、石头。山中有一位神守诸侯，形象像人，但长着两个脑袋，叫做骄虫，是所有螫虫的首领，这里也确实是各种蜂和蜜蜂聚集做巢的地方。祭祀山川之灵的礼仪是用一只公鸡作祭品，禳祭后放掉而不杀。

中6-2往西十里，是缟羝山。山上没有花草树木，富藏黄金和玉石。

中6-3再往西十里，是廆山。山上富藏琦玕玉。山西面有一道峡谷，叫做藿谷，谷里的树木大多是柳树、构树。林中有一种鸟，形状像野鸡，拖着一条长长的尾巴，身上通红如火，但嘴巴是青色的，名字叫鸰鹝，它的名字源自它的叫声，吃了它的肉能使人不做恶梦。交觞水从这座山的南麓发源，然后向南流入洛水。俞随水从这座山的北麓发源，然后向北流入谷水。

中6-4再往西三十里，是瞻诸山。山南面富藏黄金，山北面有很多带有花纹的石头。谢水从这里发源，然后向东南流入洛水。少水从这座山的北麓发源，然后向东流入谷水。

中6-5再往西三十里，是娄涿山。山上没有花草、树木，富藏黄金和玉石。瞻水从山的南麓发源，然后向东流入洛水。陂水从山的北麓发源，然后向北流入谷水，水中有很多紫色的石头和带有花纹的石头。

中6-6再往西四十里，是白石山。惠水从山的南麓发源，向南流入洛水，水中有很多的水晶石。涧水从山的北麓发源，向西北流入谷水，水中有很多可用作画眉的石头和黑丹沙。

中6-7再往西五十里，是榖山。山上构树参天，山下桑树遍地。爽水从这座山发源，然后向西北流入谷水，水中有很多的孔雀石。

中6-8再往西七十二里，是密山。山南面富藏玉石，山北面富藏铁矿石。豪水从这座山发源，向南流入洛水。水中有很多的旋龟，长有鸟头、鳖尾，叫声好像劈木头的声音。山上没有草木。

中6-9再往西一百里，是长石山。山上没有

旋　龟

花草、树木，富藏黄金和玉石。山西面有一峡谷，叫做共谷，谷内翠竹青青。共水从共谷发源，向西南流入洛水，水中多产可作乐器的鸣石。

中6-10再往西一百四十里，是傅山。山上没有花草、树木，到处是瑶碧玉。厌染水从山的南麓发源，然后向南流入洛水，水中有很多的娃娃鱼。山西面有一片树林，叫做墦冢。谷水从这里发源，然后向东南流入洛水，水中有很多珚玉。

中6-11再往西五十里，是橐山，山上的树大多是臭椿树，还有很多的楢树，山南面富藏黄金和玉石，山北面富藏铁矿石，长有茂密的蒿草。橐水从这座山发源，向北流入黄河。水中有很多叫修辟的鱼，形状像龟，却长着一张白嘴巴，叫声如同鹞鹰鸣叫，人吃了它的肉就能治愈白癣病。

中6-12往西九十里，是常烝山。山上没有花草树木，有大量的垩土。潐水从这座山发源，然后向东北流入黄河，水中有很多的苍玉。菑水也从这座山发源，然后向北流入黄河。

中6-13再往西九十里，是夸父山。山中的树木以棕树和楠树为多，还有茂密的矮竹丛，山中的野兽以羚牛、羬羊为多，而鸟以赤鷩鸟为多。山南面富藏玉，山北面富藏铁。这座山的北面有一片树林，叫做桃林，方圆三百里，林中有很多马。湖水从这座山发源，然后向北流入黄河，水中有很多的珚玉。

中6-14再往西九十里，是阳华山，山南面富藏黄金和玉石，山北面富藏青雄黄。山中的草以山药为多，还有很多的细辛，形状像楸树，结的果实像瓜，味道酸中带甜，人吃了它就能治愈疟疾。杨水从这座山发源，向西南流入洛水，水中有很多的娃娃鱼。门水也从这座山发源，向东北流入黄河，水中有很多的黑色磨石。錯姑水从山的北麓发源，然后向东流入门水。山上富藏铜。门水流入黄河，流经七百九十里后纳入洛水。

总计缟羝山山系之首尾，自平逢山起到阳华山止，一共十四座山，路经七百九十里。有大山岳在这一山系中，每年六月祭祀它，一如祭祀其它山岳的方法，那么天下就会安宁。

【解析】

（一）

此山系乃秦岭东北的崤山支脉。

崤山，又称三崤山、二崤山。位于陕西省潼关县以东，经河南省西部的灵宝市、陕县、新安县，逶迤至洛阳市区。

崤山山脉，山势连绵，水流纵横，丘陵起伏，原川并存，桓亘于洛河、涧河、黄河之间，把中原与关中平原分开。我国古代著名关隘之一函谷关，就在河南省灵宝市的崤山山谷之内，有"崤函之险甲天下"之誉。古代函谷关发生过很多的历史故事。例如秦、晋崤之战，晋国把经过函谷关的秦国部队全部歼灭，浇灭了秦穆公称霸中原的野心。相传老子入关时，守关官吏见一道紫气从东而来，遂请教益，老子连夜写下了洋洋五千言的《道德经》。成语"鸡鸣狗盗"中，"鸡鸣"的故事也发生在这里。相传战国时期，齐国孟尝君一行逃离秦国，到达函谷关时正值午夜时分，因秦国规定函谷关"日入则闭，鸡鸣始开"，故孟尝君一行一时难以出关。这时，有随行食客善

修辟鱼

口技者模仿鸡鸣，引的关内群鸡和鸣，关吏遂开关，孟尝君一行得以出关。当秦国兵士追至关下时，孟尝君一行早已出了秦国国境。

## （二）

《中次六经》在叙述崤山山脉的同时，还向我们介绍两位"神"，实际上是两个诸侯及其部族，以及他们的聚居地。这两个部族：一是骄虫部族，一是夸父部族。

骄虫，也就是蟜虫，是以蟜虫作图腾的部族，即有蟜氏部族，他们就居住在古代伊水、洛水之北的平逢山。平逢山九就是现在的周山，在洛阳市区西郊。

有蟜氏部族，历史悠久，是远古时文化发展相对发达的部族，他们与上古的三代领导集团——伏羲部族、炎帝部族、黄帝部族都有着非常深的渊源。要讲他们的渊源，还要带进另一个部族——少典族。

最早记载少典、有蟜氏与炎黄二帝关系的权威文献是《国语》。《国语·晋语四》中晋国大夫白季说："昔少典取于有蟜氏，生黄帝、炎帝。黄帝以姬水成，炎帝以姜水成，成而异德，故黄帝为姬，炎帝为姜。"当然这里的"生"并非身生，而是裔生，炎帝神农氏还要比黄帝早几百年，甚至上千年的时间。这句话的意思是，炎、黄二帝是同一个父族、同一个母族，这个母族便是有蟜氏部族。

而少典又为伏羲之后裔。《伏羲庙残碑》有:"东迁少典君于颛臾,以奉伏羲之祀。"少典奉祀伏羲,知为伏羲后裔,有蟜氏也就是伏羲部族的通婚部族。

夸父,是众人皆知的英雄人物,是誓死坚持信念的象征。实际上夸父也是氏族名号和部落酋长名号。这个民族就住在崤山山脉的西部,一个离太华山不远的地方,她的北面是黄河西河到南河的拐弯处,西北是渭河,这中间还有一处广三百里的桃林。于是所有构成"夸父逐日"这一神话故事的元素,除大泽外,夸父、太阳、河、渭、邓林,在这里一应俱全了。由此可见,此处便是夸父氏族的一个聚居区,神话故事"夸父逐日"肇始地。

# (七)中次七经

## 【原文】

ф7-1《中次七经》苦山之首,曰休与之山。其上有石焉,名曰帝台之棋①,五色而文,其状如鹑卵。帝台之石,所以祷百神者也,服之不蛊。有草焉,其状如蓍②,赤叶而本丛生,名曰夙条,可以为簭③。

ф7-2东三百里,曰鼓钟之山④,帝台之所以觞百神也。有草焉,方茎而黄华,员叶而三成,其名曰焉酸,可以为毒。其上多砺,其下多砥。

ф7-3又东二百里,曰姑媱之山。帝女死焉,其名曰女尸,化为䔄⑤草,其叶胥成,其华黄,其实如菟丘,服之媚于人。

ф7-4又东二十里,曰苦山。有兽焉,名曰山膏⑥,其状如逐⑦,赤若丹火,善詈。其上有木焉,名曰黄棘,黄华而员叶,其实如兰,服之不字。有草焉,员叶而无茎,赤华而不实,名曰无条,服之不瘿。

ф7-5又东二十七里,曰堵山,神天愚居之,是多怪风雨。其上有木焉,名曰天楄,方茎而葵状,服者不哽⑧。

ф7-6又东五十二里,曰放皋之山⑨。明水⑩出

山膏

焉，南流注于伊水，其中多苍玉。有木焉，其叶如槐，黄华而不实，其名曰蒙木，服之不惑。有兽焉，其状如蜂，枝尾而反舌，善呼，其名曰文文。

中7-7又东五十七里，曰大䓤之山⑪，多琧琈之玉，多麋玉。有草焉，其状叶如榆，方茎而苍伤，其名曰牛伤，其根苍文，服者不厥，可以御兵。其阳狂水出焉，西南流注于伊水，其中多三足龟，食者无大疾，可以已肿。

中7-8又东七十里，曰半石之山⑫，其上有草焉，生而秀，其高丈余，赤叶赤华，华而不实，其名曰嘉荣，服之者不霆。来需之水出于其阳，而西流注于伊水，其中多鯩⑬鱼，黑文，其状如鲋，食者不睡。合水出于其阴，

天愚

而北流注于洛，多䲣鱼⑭，状如鳜，居逵，苍文赤尾，食者不痈，可以为瘘。

中7-9又东五十里，曰少室之山⑮，百草木成囷。其上有木焉，其名曰帝休，叶状如杨，其枝五衢，黄华黑实，服者不怒。其上多玉，其下多铁。休水出焉，而北流注于洛，其中多䱱鱼，状如盩蜼而长距，足白而对，食者无蛊疾⑯。可以御兵。

中7-10又东三十里，曰泰室之山⑰。其上有木焉，叶状如梨而赤理，其名曰栯木⑱，服者不妒。有草焉，其状如荣，白华黑实，泽如蘡薁，其名曰䓓草，服之不昧。上多美石。

中7-11又北三十里，曰讲山⑲，其上多玉，多柘，多柏。有木焉，名曰帝屋，叶状如椒，反伤赤实，可以御凶。

中7-12又北三十里，曰婴梁之山⑳，上多苍玉，錞于玄石。

中7-13又东三十里，曰浮戏之山㉑。有木焉，叶状如樗而赤实，名曰亢木，食之不蛊。汜水出焉，而北流注于河。其东有谷，因名曰蛇谷，上多少辛。

中7-14又东四十里，曰少陉之山。有草焉，名曰莿草，叶状如葵，而赤茎白华，实如蘡薁，食之不愚。器难之水出焉，而北流注于役水。

中7-15又东南十里，曰太山。有草焉，名曰梨，其叶状如荻而赤华，可以已

疽。太水出于其阳,而东南流注于役水;承水出于其阴,而东北流注于役。

中7-16又东二十里,曰末山<sup>㉒</sup>,上多赤金。末水出焉,北流注于役。

中7-17又东二十五里,曰役山,上多白金,多铁。役水出焉,北注于河。

中7-18又东三十五里,曰敏山<sup>㉓</sup>。上有木焉,其状如荆,白华而赤实,名曰葧柏,服者不寒。其阳多㻬琈之玉。

中7-19又东三十里,曰大騩之山<sup>㉔</sup>,其阴多铁、美玉、青垩。有草焉,其状如蓍而毛,青华而白实,其名曰蒗<sup>㉕</sup>,服之不夭,可以为腹病。

凡苦山之首,自休与之山至于大騩之山,凡十有九山,千一百八十四里。其十六神者,皆豕身而人面。其祠:毛牷用一羊羞,婴用一藻玉瘗。苦山、少室、太室皆冢也,其祠之:太牢之具,婴以吉玉。其神状皆人面而三首,其余属皆豕身人面也。

## 【注释】

①帝台之棋:帝台,史上无传,可能为有邰氏部落酋长的名号,这里可以理解为诸侯的名号。棋,指棋子。帝台之棋,是说山上美玉般的石子可作棋子用。

②蓍:即锯齿草,古人常用蓍草之茎占卜。

③簳:读若"杆"。指箭杆。

④鼓钟之山:古代山名,今名钟山,在河南省嵩县境内。

⑤蘨:读若"瑶"。

⑥山膏:应是猩猩或狒狒一类的灵长类动物。下文的"善訾",是说好呵斥人的意思。

⑦逐:即"豚"字。指猪。

⑧喔:读若"噎",也叫噎食。即现在的食道癌。

⑨放皋之山:古代山名,今名狼皋山,在河南省伊川县境内。

三足龟

⑩明水:古代水名,今名石涧河,在河南省伊川县境内。《水经注·伊水》云:"又有明水出梁县西狼皋山,世谓之石涧水也。"

⑪大苦之山:古代山名,今名大熊山,在河南省登封市境内。苦,同"非"。

⑫半石之山:古代山名,今名当阳山,在河南省登封市境内。

⑬鯩:读若"伦"。

⑭鳡鱼：鱼的一种。身体黄褐色，头大而阔，眼小，下颌突出，栖息在水底，以小鱼为生。下文的"遰"字本身是指道路，"居遰"的意思是指这种鱼居住在四通八达的水底洞穴中。鳡，读若"腾"。

⑮少室之山：又名季室山，据说是大禹第二位妻子涂山氏之妹栖于此，后人在山下少姨庙予以祭祀。在河南省登封市境内，少林寺所在地。

⑯蛊疾：蛊，惑也。这里指痴呆症。

⑰泰室之山：即太室山，据说是大禹的第一位妻子涂山氏生夏后启于此，后人在山下建启母庙予以祭祀，故称为太室。在河南省登封市境内。

⑱栯木：即栯李、山李，又叫白棣，落叶灌木。

⑲讲山：在河南省登封市境内。

⑳婴梁之山：古代山名，今名杨家寨山。在河南省巩义市境内。

㉑浮戏之山：古代山名，今名方山。《水经注·洧水》云："洧水又东，绥水会焉，水出方山绥溪。即《山海经》所谓伏戏之山也。"在河南省巩义市境内。

㉒末山：古代山名，今名沫山。在河南省新密市境内。

㉓敏山：又叫七敏山，在河南省新密市境内。

㉔大騩之山：古代山名，今名具茨山，在河南省禹州市、新密市、新郑市界上。

㉕莨：读若"狼"。即狼毒，一种中草药。


## 【译文】

中7-1《中次七经》是苦山山系，苦山山系的首座山，是休与山。山上产一种石子，叫帝台棋它有五色的纹理，形状像鹌鹑蛋。帝台棋是用来娱乐百神的，人们佩带上它，就不会遭受邪恶之气的侵袭。山上有一种草，形状像蓍草，红色的叶子，根茎连结在一起，一丛一丛的，名字叫凤条，可以用来做箭杆。

中7-2往东三百里，是鼓钟山，是帝台欢宴诸位天神的地方。山中有一种草，茎干是方形的，上面开着黄花，圆形的叶子，分成三层，名字叫焉酸，可以用来解毒。山上多产砺石，山下多产砥石。

中7-3再往东二百里，是姑媱山。炎帝的女儿

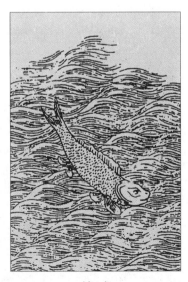

鯩鱼

腾 龟

就死在这座山上，她的名字叫女尸，死后化成了菖草，叶子层层相叠，开的花儿是黄色的，果实与菟丝子的果实相似，人们经常服用，就能妖媚动人，讨人喜爱。

中7-4再往东二十里，是苦山。山中有一种野兽，名字叫山膏，形状像猪，身上红如丹火，喜欢呵斥人。山上有一种树，名字叫黄棘，开黄花，叶子是圆的，果实与兰草的果实相似，女人吃了它就不能生育。山中还有一种草，圆圆的叶子，没有茎干，开红花但不结果实，名字叫无条，经常服用它就能使人不得颈瘤病。

中7-5再往东二十七里，是堵山。诸侯天愚住在这里，山上时常刮起怪风，下起怪雨。山上有一种树，名字叫天楄，茎干方方的，像葵菜形状，经常服用它就能使人不得噎食病。

中7-6再往东五十二里，是放皋山。明水从这座山发源，向南流入伊水，水中有很多的苍玉。山中有一种树，叶子与槐树叶相似，开黄花，但不结果实，名字叫蒙木，经常食用它的叶子就能使人不糊涂。山中有一种野兽，形状像蜂，长着分叉的尾巴和反转的舌头，喜欢大呼小叫，名字叫文文。

中7-7再往东五十七里，是大蕡山。山上富藏琈玗玉和画眉石。山中有一种草，叶子与榆树叶相似，方方的茎干上长满苍黑色的刺，名字叫牛伤，它的根部有青色斑纹，经常服用它就能使人不得昏厥症，还可以作兵器用。狂水在山南面发源，向西南流入伊水，水中有很多的三足龟，吃这种龟不会生大病，还能消除痈肿。

中7-8再往东七十里，是半石山。山上长着一种草，一出土就开花、抽穗，能长到一丈多高，红色的叶子、红色的花，光开花不结果，名字叫嘉荣，经常服用它的人不害怕雷霆之威。来需水从山的南麓发源，向西流入伊水，水中生长着很多的鯩鱼，身上长有黑色斑纹，形状像鲫鱼，人吃了它的肉就不会感觉到害困。合水从山的北麓发源，然后向北流入洛水，水中生长着很多腾鱼，形状像鳜鱼，栖息在四通八达的水底洞穴中，浑身青色斑纹，红尾巴，人吃了它的肉就可以预防痈肿病，还可以治好瘘疮。

中7-9再往东五十里，是少室山，各种花草、树木集合在一起，像圆型的谷仓。山上有一种树，名字叫帝休，叶子与杨树叶相似，树枝相互交叉着伸向四方，开黄花，结黑色果实，经常服用它，就能使人心平气和。少室山上富藏玉石，山下富藏铁矿石。休水从这座山发源，向北流入洛水，水中有很多的䲈鱼，形状像猕猴，却长有像公鸡一样的爪子，白色的脚趾左右成对，人吃了它的肉就能预防痴呆病。人们饲养它能够避免敌人侵袭。

鯑鱼

中7-10再往东三十里，是泰室山。山上有一种树，叶子像梨树叶，长有红色的纹理，名字叫栯木，食用这种树叶，人就不会生嫉妒心。山中还有一种草，形状像术草，开白花，结黑色果实，果实的光泽就像野葡萄，名字叫䔄草，服用它，就能使人耳聪目明、不犯糊涂。这个山上还有很多漂亮的石头。

中7-11再往北三十里，是讲山。山上富藏玉石，柘树、柏树茂密。山中有一种树，名字叫帝屋，叶子与花椒树叶相似，长着倒勾刺，结红色果实，用它的树枝作武器，可以抵御凶险。

中7-12再往北三十里，是婴梁山，山上富藏苍玉，而苍玉都附着在黑石头上面。

中7-13再往东三十里，是浮戏山。山上有一种树，叶子像臭椿树叶，结红色果实，名字叫亢木，人吃了它可以避免蛊毒侵袭。汜水从这座山发源，然后向北流入黄河。在山的东面有一道峡谷，因峡谷里有很多蛇而取名叫蛇谷，峡谷上面富产细辛。

中7-14再往东四十里，是少陉山。山中有一种草，名字叫莴草，叶子跟葵菜叶相似，红色的茎干上盛开着朵朵白花，果实很像野葡萄，人们经常服食它能开发智力，不会愚钝。器难水从这座山发源，然后向北流入役水。

中7-15再往东南十里，是太山。山里有一种草，名字叫梨，叶子像蒿草叶，开红花，可以用来治疗毒疮。太水从这座山的南麓发源，向东南流入役水。承水从这座山的北麓发源，向东北流入役水。

中7-16再往东二十里，是末山。山上富藏黄金。末水从这座山发源，向北流入役水。

中7-17再往东二十五里，是役山。山上富藏白银，还富藏铁。役水从这座山发源，向北流入黄河。

中7-18再往东三十五里，是敏山。山上有一种树，形状像牡荆树，开白花，结红色果实，名字叫葪柏，经常服用它的果实就能使人不畏寒怕冷。敏山南面还富藏琇珒玉。

中7-19再往东三十里，是大騩山。山北面富藏铁、美玉、青垩土。山中有一种草，形状像蓍草，长着绒毛，开青色花，结白色果实，名字叫狼毒，人们经常服用它，就能延年益寿，还可以医治各种肠胃疾病。

总计苦山山系之首尾，自休与山起到大騩山止，一共十九座山，路经一千一百八十四里。其中有十六座山的神守诸侯的形象是猪的身子、人的面孔。祭祀山川之灵的礼仪是在毛物中用一只纯色的羊献祭，祭祀的玉器用一块藻玉，在祭祀后埋入地下。苦山、少室山、太室山的守山、祭山的宗主，其地位是比较高的。祭祀这三座山的礼仪格外隆重，要在毛物中用猪、牛、羊三牲齐全的太牢作祭品，祭祀的玉器要用吉玉。这三个山的神守宗主的形象，都是人的形象，但长着三个脑袋。另外那十六座山的神守诸侯的形象，都是猪的身子、人的面孔。

## 【解析】

### （一）

此山系乃伏牛山在伊河以东的余脉，位于洛阳市东南，向东一直延伸到郑州市西南，南到汝州市，北到巩义市。《中次七经》中的山名，基本上都能在现实世界中找到它的对应之山。当然，可能由于竹简的错乱，山脉的位置可能颠倒。这其中包括中岳嵩山，以及太室山、少室山等著名山脉，层峦叠嶂，山势险峻，风景秀美，文化灿烂。

中岳嵩山，是中华五大岳山之一，居五岳之中。山脉地处登封市西北，东西绵延三十多公里。2004年被联合国教科文组织命名为世界地质公园。该山脉由东西两部分组成，东为太室山，西为少室山，世界著名禅院少林寺就位于少室山的怀抱中，并因建于嵩山少室密林之中而得名，是少林武术的发源地、中国佛教禅宗祖庭，有"禅宗祖庭，天下第一刹"之誉，已成为世界著名的旅游胜地。

豕身而人面神

太室山、少室山因大禹的两位妻子——涂山氏及其妹妹栖息于此而得名。大禹在治水过程中曾得到涂山部族的大力支持，涂山部族也因为支持大禹治水，并与大禹结为婚姻而名传后世。这一带还是黄帝部族的重要活动区域。据《庄子》一书记载："黄帝见大騩于具茨之山。"《中次七经》中大騩山，便是具茨山。《庄子》一书还说，黄帝登崆峒山，问道于广成子。崆峒山就是指今汝州市的崆峒山,市西北部还曾有广成泽。《水经注》云:广成泽出狼皋山(即放皋山)北泽中。

此外,《中次七经》还透露伏羲部族、炎帝部族在此地活动的蛛丝马迹,伏戏山的"伏戏"二字,便是伏羲二字的别署。

"又东二百里,曰姑媱之山。帝女死焉,其名曰女尸,化为蓍草……"中的帝女,就是炎帝之女瑶姬。炎帝因爱怜这位夭亡的女儿,便封她到巫山做了"云雨之神"。

大騩,也是炎帝后裔,姜姓。这个名字本身是人名,也是氏族名。大騩之山就是以氏族名号名地、名山。

人面三首神

## (二)

《中次二经》、《中次三经》、《中次四经》、《中次六经》、《中次七经》,还有之后的《中次十经》等六大山经,都是以河南省洛阳市为中心展开的山系。其中《中次二经》写的是洛阳市西南伊河右岸(以流水方向论)伏牛山支脉诸山,《中次三经》写的是洛阳市西北、黄河南岸诸山,《中次四经》写的是洛阳市西南伊河、洛河之间的熊耳山脉,《中次六经》写的是洛阳市西面的崤山山脉,《中次七经》写的是洛阳市东南的伏牛山余脉,《中次十经》写的是洛阳北面的邙山山脉。这些山系、山脉写得细致,水流交代得清晰,神(或称诸侯)写的比较多,可见《山海经》的作者对洛阳一带非常熟悉。

实际上,这与洛阳的地理位置和文化渊源是分不开的。洛阳一带,人类进化较早,文明起步较早。根据近年来的考古发现和研究,洛阳有着数千年的文明史、建城史和建都史。中国古代的三大领导集团——伏羲部族、炎帝部族、黄帝部族,都曾在这一带活动。伏羲氏曾在洛阳之北的孟津县的黄河上得"河图",并依此演成八卦。炎帝神农氏走出陕西的第一站,便是伊河流域,故有伊耆氏之称。黄帝更是把青要山作为他与上天沟通的密都,作为美化自身的重要办法,每次巡视回来,都要在此向"上天"汇报。大禹治水也是经常出入洛阳一带。在治水过程中大禹与涂山部族结成联盟,并娶了涂山部族的女儿涂山氏作为妻子。大禹还在洛宁县的洛河上得到"洛书",大禹依此治水成功。夏王朝主要管辖区域也在河南大部、湖北北部、山东西南部、河北南部、山西南部,国都一直在洛阳附近迁徙,故有"伊、洛竭而夏亡"的说法。

此后的几千年间,洛阳一直在我国的发展史上占有重要地位,有"十三朝古都"之美誉。

# (八)中次八经

## 【原文】

中8-1《中次八经》荆山之首,曰景山①,其上多金、玉,其木多杼、檀。雎水②出焉,东南流注于江③,其中多丹粟,多文鱼。

中8-2东北百里,曰荆山④,其阴多铁,其阳多赤金。其中多犛牛,多豹、虎。其木多松、柏,其草多竹,多橘、櫾。漳水⑤出焉,而东南流注于雎。其中多黄金,多鲛鱼,其兽多闾麋。

中8-3又东北百五十里,曰骄山,其上多玉,其下多青雘,其木多松、柏,多桃枝、钩端。神𡠹⑥围处之,其状如人面、羊角虎爪,恒游于雎漳之渊,出入有光。

中8-4又东北百二十里,曰女几之山,其上多玉,其下多黄金。其兽多豹、虎,多闾、麋、麖、麂,其鸟多白鷮⑦,多翟,多鸩⑧。

中8-5又东北二百里,曰宜诸之山,其上多金、玉,其下多青雘。㳋水出焉,而南流注于漳,其中多白玉。

中8-6又东北三百五十里,曰纶山,其木多梓、柟,多桃枝,多柤⑨、栗、橘、櫾,其兽多闾、麈⑩、麢、臭⑪。

文 鱼

中8-7又东二百里,曰陆陒之山,其上多㻬珷之玉,其下多垩,其木多杻、橿。

中8-8又东百三十里,曰光山,其上多碧,其下多木。神计蒙处之,其状人身而龙首,恒游于漳渊,出入必有飘风暴雨。

中8-9又东百五十里,曰岐山,其阳多赤金,其阴多白珉⑫,其上多金、玉,其下多青膜,其木多樗。神涉𪊨处之,其状人身而方面三足。

ᵱ8-10又东百三十里,曰铜山,其上多金、银、铁,其木多榖、柞、柤、栗、橘、櫾,其兽多豹。

ᵱ8-11又东北一百里,曰美山,其兽多兕、牛,多闾、麈,多豕、鹿,其上多金,其下多青膜。

ᵱ8-12又东北百里,曰大尧之山,其木多松、柏,多梓、桑,多机⑬,其草多竹,其兽多豹、虎、麢、㚟。

犛 牛

ᵱ8-13又东北三百里,曰灵山,其上多金玉,其下多青膜,其木多桃、李、梅、杏。

ᵱ8-14又东北七十里,曰龙山,上多寓木⑭,其上多碧,其下多赤锡⑮,其草多桃枝、钩端。

ᵱ8-15又东南五十里,曰衡山⑯,上多寓木、榖、柞,多黄垩、白垩。

ᵱ8-16又东南七十里,曰石山,其上多金,其下多青膜,多寓木。

ᵱ8-17又南百二十里,曰若山,其上多㻬琈之玉,多赭,多邽石⑰,多寓木,多柘。

ᵱ8-18又东南一百二十里,曰彘山,多美石,多柘。

ᵱ8-19又东南一百五十里,曰玉山,其上多金、玉,其下多碧、铁,其木多柏。

ᵱ8-20又东南七十里,曰讙山,其木多檀,多邽石,多白锡。郁水出于其上,潜于其下,其中多砥砺。

ᵱ8-21又东北百五十里,曰仁举之山,其木多榖、柞,其阳多赤金,其阴多赭。

ᵱ8-22又东五十里,曰师每之山,其阳多砥砺,其阴多青膜,其木多柏,多檀,多柘,其草多竹。

ᵱ8-23又东南二百里,曰琴鼓之山,其木多榖、柞、椒、柘,其上多白珉,其下多洗石,其兽多豕、鹿,多白犀,其鸟多鸩。

凡荆山之首,自景山至琴鼓之山,凡二十三山,二千八百九十里。其神状皆鸟身而人面。其祠：用一雄鸡祈瘗，用一藻圭，糈用稌。骄山，冢也，其祠：用羞酒少牢祈瘗，婴毛一璧。

**【注释】**

①景山：在湖北省房县。

②雎水：《水经注》作"沮水"，说："沮水出汉中房陵县景山。"即今湖北省房县景山。

③江：即长江，江是古代人们对长江的专称。古代文献中凡称江、江水而不冠名者，一般是指长江。

④荆山：湖北省名山，位于武当山东南、汉江右岸，盘亘于湖北省西北部，呈西北东南走向。

⑤漳水：发源于湖北省南漳县南部的荆山，至当阳市入雎水。

⑥鼍：读若"鸵"。

⑦白鷮：一种野鸡，尾长，常边飞边鸣。

⑧鸩：鸩鸟，传说中一种身体有毒的鸟。

⑨柤：柤树，即山楂树。

⑩麈：一种体形较大的鹿。也有人说是"四不像"。

⑪夐：读若"龊"。传说中的野兽，形状与兔子相似，但长着一双鹿脚。

⑫白珉：似玉之美石。也有人说是现在的大理石。

⑬机：指机木，即桤树。落叶乔木，叶子倒卵形，果穗椭圆形。机，并非機的简化字。

⑭寓木：即寄生树，如藤萝之类。

⑮赤锡：纯度较高的锡矿石，也有人说是锌。

⑯衡山：一说指南岳衡山，在湖南省衡阳市；一说指霍山，秦朝以前称衡山，在安徽省霍山县。这里应为后者。

⑰邽石：当是封石之误。封石，是

鼍围

一种暗绿色的石头。因常作凭信之物的签封之用,故曰封石。

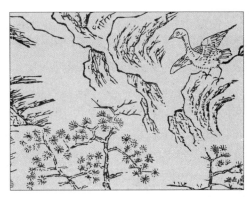

鸠

## 【译文】

中8-1《中次八经》山系是荆山山系,它的首座山,叫做景山,山上富藏黄金和玉石,树木以橡树和檀树为多。雎水从这座山发源,向东南流入长江,水中有很多粟粒大小的丹沙,还生长着很多色彩斑斓的鱼。

中8-2往东北一百里,是荆山。山北面富藏铁,山南面富藏黄金。山中生长着很多的黑牦牛,还有很多的豹子和老虎。山上、山下松柏长青,花草以小竹子为多,还有很多的橘子树和柚子树。漳水从这座山流出,然后向东南流入雎水。水中常常能见到黄金,还生长着很多鲛鱼。山中的野兽以山驴和麋鹿为多。

中8-3再往东北一百五十里,是骄山。山上富藏玉石,山下富藏青雘。这里的树木以松树和柏树居多,竹子以桃枝和钩端两类居多。诸侯鼍围居住在这里,鼍围的形象像人,但头上长着羊角,脚上长有虎爪,时常在雎水和漳水的深渊里畅游,出入水时身上都闪闪发光。

中8-4再往东北一百二十里,是女几山。山上富藏玉石,山下富藏黄金。山中的野兽以豹子和老虎为多,但更多是山驴、麋鹿、麖鹿、麂鹿等食草动物。这里的鸟以白鷮为多,还有很多的雉鸡、很多的鸩鸟。

中8-5再往东北二百里,是宜诸山。山上富藏黄金和玉石,山下富藏青雘。洈水从这座山流出,然后向南流入漳水,水中有很多的白玉。

中8-6再往东北二百里,是纶山。山上茂密的丛林中多是梓树、楠树,还有很多的桃枝竹,很多的山楂树、栗子树、橘子树、柚子树,野兽以山驴、麈鹿、羚羊、臭居多。

中8-7再往东二百里,是陆陒山。山下富藏琈珸玉,山下富藏垩土,树以杻树、檀树居多。

中8-8再往东一百三十里,是光山。山上富藏碧玉,山下树木参天。诸侯计蒙居住在这座山中,他的形象是人身、龙头,时常在漳水的深渊里畅游,出入时一定有急风骤雨伴随。

中8-9再往东一百五十里，是岐山。山南面富藏黄金，山北富藏白珉石，山上富藏黄金和玉石，山下富藏青雘，树以臭椿树居多。诸侯涉蟲就住在这里，涉蟲的形象是人的身子、方形的脸、三只脚。

中8-10再往东一百三十里，是铜山。山上富藏金、银、铁等金属，树木以构树、柞树、山楂树、栗子树、橘子树、柚子树为多，而野兽多是犳。

中8-11再往东北一百里，是美山。山中的野兽以兕、野牛为多，还有很多的山驴、麋鹿，很多的野猪、鹿。山上富藏黄金，山下富藏青雘。

中8-12再往东北一百里，是大尧山。山上松柏长青，松柏林中还夹杂着很多的梓树和桑树，还有许多楛树。草大多是矮矮的小竹子。野兽以豹子、老虎、羚羊、臭为多。

中8-13再往东北三百里，是灵山。山上富藏黄金和玉石，山下富藏青雘。树木大多是桃树、李树、梅树和杏树。

中8-14再往东北七十里，是龙山。山上到处是藤萝之类的寄生树，富藏碧玉，山下有丰富的赤锡矿石，而草大多是桃枝、钩端之类的小矮竹丛。

中8-15再往东南五十里，是衡山。山上是寄生树、构树、柞树构成茂密的林荫世界，富藏黄垩土和白垩土。

中8-16再往东南七十里，是石山。山上富藏黄金，山下富藏青雘，还有很多的寄生树。

中8-17再往南一百二十里，是若山。山上富藏琈珸玉，富藏赭石，有很多的封石，到处长着寄生树，很多的柘树。

计蒙

中8-18再往东南一百二十里，是彘山。山上有很多漂亮石头，柘树成林。

中8-19再往东南一百五十里，是玉山。山上富藏黄金和玉石，山下富藏碧玉和铁，树以柏树居多。

中8-20再往东南七十里，是灌山。山上的树大多是檀树，多藏封石，富藏白锡矿石。郁水从山顶上发源，潜流到山下，水中有很多的磨刀石。

中8-21再往东北一百五十里，是仁举山。山上的树以构树和柞树为多，山南面富藏黄金，山北面富藏赭石。

中8-22再往东五十里，是师每山。山南面多出产磨石，山北面富藏青雘，山中的树以柏树居多，还有很多檀树，很多柘树，而草大多是矮矮的小竹丛。

中8-23再往东南二百里，是琴鼓山。山上的树大多是构树、柞树、花椒树和柘树，山上富藏白珉石，山下富藏洗石。这里的野兽以野猪、鹿为多，还有很多的白犀牛，而鸟大多是鸩鸟。

总计荆山山系的首尾，自景山起到琴鼓山止，一共二十三座山，路经二千八百九十里。诸山的神守诸侯的形象都是：鸟的身子、人的面孔。祭祀山川之灵的礼仪是：要在毛物中用一只公鸡献祭，祭祀后埋入地下，并用一块藻圭献祭，祭神的米用粳米。骄山的神守诸侯，是诸山神守诸侯的领袖。祭祀骄山的礼仪要隆重，要进献美酒，用猪、羊二牲组成的少牢来祭祀，之后埋入地下，祭神的玉器中要用一块玉璧。

## 【解析】

《中次八经》与《中次十一经》都属《中山经》，其山系相距较近，又都叫荆山山系，故很难区分。难区分，但不是不能区分。好在我们有《水经》、《水注经》等古籍，我们能查到雎水、漳水，她们分别发源于湖北省房县和南漳县。这样这个山系，我们基本上可以确定为湖北的荆山山脉。

荆山山脉，位于湖北省西北部，武当山东南，汉江西岸，呈西北——东南走向。她北起房县青峰镇大断层，南到荆门——当阳一线，长约150公里；西至远安县沮水地堑，东到荆门——南漳一线，宽约20——30公里。面积约为3100平方公里。因古代山上生满荆条，故名。

荆山山脉，属山原期喀斯特形态。其高度由西北向东南逐步下降，海拔高度一般在1200—1800米，主峰聚龙山1825米，最高点望佛山1946米。长

涉鼍

江支流的沮河、漳河源于山南,汉江支流的蛮河源于山北。森林覆盖率较高,达百分之五十以上,品种以松、杉、栎树为主。主要特产有黑木耳、白木耳、茶叶、桑蚕,是中草药的天然宝库。野生动物以獐、鹿、野猪为多。名胜古迹有抱璞岩、响水洞、白马洞。其中,抱璞岩为卞和得玉处。

鸟身人面神

实际上,湖北的荆山山脉并不能涵盖《中次八经》的荆山山系,《中次八经》的荆山山系要比现实世界中的荆山山脉大得多,她已经跨过汉江,到达汉江东岸。因为经中的衡山为现实世界中的安徽霍山,故《中次八经》山系的终点已经到达安徽境内。

## (九)中次九经

【原文】

中9-1《中次九经》岷山①之首,曰女几之山②,其上多石涅,其木多杻、橿,其草多菊、𦬊。洛水③出焉,东注于江。其中多雄黄,其兽多虎、豹。

中9-2又东北三百里,曰岷山,江水出焉,东北流注于海,其中多良龟,多鼍④。其上多金、玉,其下多白珉,其木多梅、棠,其兽多犀、象,多夔牛⑤,其鸟多翰、鷩。

中9-3又东北一百四十里,曰崃山⑥,江水⑦出焉,东流注(于)大江。其阳多黄金,其阴多麋、麈,其木多檀、柘,其草多薤、韭,多药、空夺。

中9-4又东一百五十里,曰崌山⑧,江水出焉,东流注于大江,其中多怪蛇,多𩸄⑨鱼。其木多楢⑩、杻,多梅、梓,其兽多夔牛、羬、臭、犀、兕。有鸟焉,状如鸮而赤身白首,其名曰窃脂,可以御火。

鼍

中9-5又东三百里，曰高梁之山⑪，其上多垩，其下多砥砺，其木多桃枝、钩端。有草焉，状如葵而赤华，荚实白柎，可以走马。

中9-6又东四百里，曰蛇山⑫，其上多黄金，其下多垩，其木多枸，多豫章，其草多嘉荣、少辛。有兽焉，其状如狐，而白尾长耳，名狪⑬狼，见则国内有兵。

中9-7又东五百里，曰鬲山，其阳多金，其阴多白珉。蒲鸏⑭之水出焉，而东流注于江，其中多白玉。其兽多犀、象、熊、罴，多猿、蜼。

夔　牛

中9-8又东北三百里，曰隅阳之山，其上多金玉，其下多青雘，其木多梓、桑，其草多茈。徐之水出焉，东流注于江，其中多丹栗。

中9-9又东二百五十里，曰岐山，其上多白金，其下多铁，其木多梅、梓，多杻、楢。减水出焉，东南流注于江。

中9-10又东三百里，曰勾㰚之山，其上多玉，其下多黄金，其木多栎、柘，其草多芍药。

中9-11又东一百五十里，曰风雨之山，其上多白金，其下多石涅，其木多椒、樿⑮，多杨。宣余之水出焉，东流注于江，其中多蛇。其兽多闾、麋，多麈、豹、虎，其鸟多白鷮。

中9-12又东北二百里，曰玉山，其阳多铜，其阴多赤金，其木多豫章、楢、杻，其兽多豕、鹿、麢、臭，其鸟多鸩。

中9-13又东一百五十里，曰熊山。有穴焉，熊之穴，恒出神人。夏启而冬闭；是穴也，冬启乃必有兵。其上多白玉，其下多白金，其木多樗、柳，其草多冠脱。

中9-14又东一百四十里，曰騩山，其阳多美玉、赤金，其阴多铁，其木多桃枝、荆、芑（苣）。

中9-15又东二百里，曰葛山，其上多赤金。其下多瑊石⑯，其木多柤、栗、橘、櫾、楢、杻，其兽多麢、臭，其草多嘉荣。

中9-16又东一百七十里，曰贾超之山，其阳多黄垩，其阴多美赭，其木多

怪蛇、窃脂

柤、栗、橘、櫾，其中多龙修⑰。

凡岷山之首，自女几山至于贾超之山，凡十六山，三千五百里。其神状皆马身而龙首。其祠：毛用一雄鸡瘗，糈用稌。文山⑱、勾檷、风雨、騩之山，是皆冢也。其祠之：羞酒、少牢具，婴毛一吉玉。熊山，席（帝）也，其祠：羞酒、太牢具，婴毛一璧。干舞，用兵以禳；祈璆，冕舞。

## 【注释】

①岷山：此处的岷山是作为山系名称出现的，应是指四川、重庆诸山，还可能包括大巴山。下文中的岷山是指岷山山脉，是自甘肃省南部延伸至四川省西部的褶皱山脉，是长江、黄河的分水岭。

②女几之山：各种《山海经》的注解均解作四川省双流县的女伎山，恐不是。《中次九经》中的女几山还要靠西。也有人说是什邡县西北的章山。应为后者。

③洛水：古代水名，今名湔江，沱江支流，发源于四川盆地西北缘的九顶山。

④鼍：读若"陀"。即扬子鳄。

⑤夔牛：古代传说中，一种重达数千斤的大牛。

⑥崃山：即邛崃山，在今四川省西部，岷江与大渡河之间，是四川盆地与青藏高原地理界线和农业界线。为四川盆地灌县至天全县以西山地的总称。

⑦江水：即邛水，今名荣经河。青衣河上游支流，在四川省。

⑧崌山：在四川省邛崃山以东。清代华沅疑为四川省名山县的蒙山，恐不对，因蒙山不邛崃山东。也有学者认为是峨眉山。

⑨蟄：读若"执"。

⑩楢：按《说文解字》：柔木也，工匠一般都用它做柔软坚韧的车轮。

⑪高梁之山：即高梁山。在重庆市东北部的梁平县境内。

⑫蛇山：一般认为是指大巴山西端的某个山岭。

⑬狚：读若"士"。

⑭鯩：读若"洪"。

狚 狼

⑮椐、楟：椐，未详。楟，也叫白理木，木质坚硬，木色皎白，用来做木勺子和梳子等。

⑯瑊石：一种品质较差的玉石。

⑰龙修：一种植物，即龙须草。郭璞注曰："龙须也，似莞而细，生山石穴中，茎倒垂，可以为席。"

⑱文山：上文中并无文山。此处的文山即汶山，也就是岷山。在上古时期，岷、汶通用。

## 【译文】

中9-1《中次九经》山系是岷山山系，它的首座山，叫做女几山，山上富藏石墨，树木以杻树、橿树居多，而花草则以野菊花、术草居多。洛水从这座山流出，向东流入长江。山上到处都是雄黄，而野兽以老虎、豹子为多。

中9-2再往东北三百里，是岷山。长江从这里流过，向东北流入大海，水中生活着很多品种优良的龟，还有很多的扬子鳄。山上富藏黄金和玉石，山下富藏白珉石。山中的树以梅树和海棠树为多，而野兽多为犀牛和大象，还有很多的夔牛，飞鸟大多是白翰鸟和赤鷩鸟。

中9-3再往东北一百四十里，是崃山。邛水从这座山中流出，向东流入长江。山南面富藏黄金，山北面到处有麋鹿和麈鹿。树木大多是檀树、柘树，而草大多是野薤菜、野韭菜，还有很多的白芷和寇脱。

中9-4再往东一百五十里，是崌山。江水从这里流过，向东流入长江，水中生长着很多的怪蛇，还有很多的鳖鱼。这里的树木以楢树和杻树居多，还有很多的梅树、梓树,而野兽以夔牛、羚羊、臭、犀牛、兕为多。山中有一种鸟,形状像猫头鹰,但身子是红色的,脑袋是白色的,名字叫窃脂,人饲养它可以避免火灾的发生。

中9-5再往东三百里,是高粱山。山上富藏垩土,山下盛产磨石,植物大多是桃枝竹和钩端竹。山中有一种草,形状像葵菜,但是开红花,结带荚的果实,结荚的蒂是白色的,用它喂马就能使马跑得快。

中9-6再往东四百里,是蛇山。山上富藏黄金,山下富产垩土。树木以枸树最多,还有很多的豫章树,而花草主要是嘉荣、细辛。山中有一种野兽,形状像狐狸,但长着白尾巴和长耳朵,名字叫㺌狼。它在哪个国家出现,那个国家就会有战争发生。

中9-7再往东五百里,是鬲山。山南面富藏黄金,山北面富藏白珉石。蒲鸏水从这座山流出,然后向东流入长江,水中有很多的白玉。山中的野兽以犀牛、大象、熊、罴为多,还有很多的猿猴和长尾猴。

中9-8再往东北三百里,是隅阳山。山上富藏黄金和玉石,山下富藏青雘。这里的树大多是梓树和桑树,而草大多是紫草。徐水从这座山流出,向东流入长江,水中有很多的丹沙粒。

㺌 狼

中9-9再往东二百五十里,是岐山。山上富藏白银,山下富藏铁。树木以梅树和梓树居多,还有很多的杻树和楢树。减水从这里流出,向东南流入长江。

中9-10再往东三百里,是勾檷山。山上富藏玉石,山下富藏黄金,树木主要是栎树和柘树,而花草大多是芍药。

中9-11再往东一百五十里,是风雨山。山上富藏白银,山下富产石墨。树木以椒树、樗树居多,还有很多的杨树。宣余水从这里流出,向东流入长江,水中有很多的水蛇。山里的野兽以山驴和麋鹿为多,还有很多的麈鹿、豹子和老虎,而鸟大多是白鹇。

中9-12再往东二百里,是玉山。山南面富藏铜,山北面富藏黄金。树以豫章树、楢树、杻树最多。野兽以野猪、鹿、羚羊、臭最多,飞鸟大多是鸩鸟。

中9-13再往东一百五十里，是熊山。山中有一洞穴，是熊的巢穴，也时常有神人出入。这个洞穴一般是夏季开启，冬季关闭。就是这个洞穴，如果冬季开启，就一定有战争发生。山上富藏白玉，山下富产白银。树木以臭椿树和柳树居多，而草主要是寇脱草。

中9-14再往东一百四十里，是騩山。山南面富藏美玉和黄金，山北面富藏铁。植物以桃枝竹、牡荆树、枸杞树为多。

中9-15再往东二百里，是葛山。山上富藏黄金，山下富产珹石，树木主要是山楂树、栗子树、橘子树、柚子树、楮树、杻树，而野兽则以羚羊和臭居多，草主要是嘉荣草。

中9-16再往东一百七十里，是贾超山。山南富藏黄色垩土，山北面富藏精美赭石。这里的树木大多是山楂树、栗子树、橘子树、柚子树，树下有很多的龙须草。

总计岷山山系的首尾，自女几山起到贾超山止，一共十六座山，路经三千五百里。诸山神守诸侯的形象都是马的身子上长着龙的脑袋。祭祀山川之灵的礼仪是在毛物中用一只公鸡作祭品埋入地下，祭神的米用糯米。文山、勾襧山、风雨山、騩山的神守诸侯是诸神守诸侯的领袖。祭祀这几座山要用美酒，用猪、羊组成的少牢作祭品，祭神的玉器用一块吉玉。熊山的神守宗主是君王，祭祀这座山要进献美酒，用猪、牛、羊三牲齐全的太牢作祭品，祭神的玉器用一块玉璧，参加祭祀的人员要手拿盾牌翩翩起舞。为了禳除邪祟，祈求吉祥，舞蹈者还要穿戴礼服，手持美玉而舞蹈。

## 【解析】

此山系能查到的山有岷山、崃山、崌山、高粱之山。岷山就是四川盆地西部的岷山，一直从成都中部，迤逦至甘肃西部；崃山，便是横亘在岷江与大渡河之间的邛崃山；高粱之山，则是重庆市东北部的梁平县境内的高粱山。崌山虽然能够查到在四川境内，但释者都是以《山海经》作参考。以下诸山查不到任何消息。或查得到，也只是重名的山脉，在其他山系都出现过，没有参考价值。但有岷山、崃山、高粱之山，还有洛水、蒲鶸、徐之水、减水、宣水等水流注于江作参考。可以确定此山系应该是从岷山之西南的雪山开始，一直向东或向东

熊山神

马身龙首神

北，经四川省、重庆市，一直到大巴山区。

四川省，简称川或蜀，是中国西南的一个大省，也是人类文明起步较早的地区之一。著名的三星堆遗址，昭示了古蜀文明的光辉灿烂。三星堆遗址是一处距今5000年至3000年左右的古蜀文化遗址，有力地证明了三、四千前古蜀国的存在和中华文明起源的多样性。

四川旅游资源极为丰富，历来有"天下山水在于蜀"之说，并有"峨眉天下秀，九寨天下奇，剑门天下险，青城天下幽"的美誉。四川还有贡嘎山（蜀山之王）、雅拉雪山、凌云山、格聂神山、琳琅山、螺髻山等诸多名山。四川省还是我国重要的工业基地，电器、钢铁、盐化工，以及宜宾、泸州、绵竹的酿酒工业，在我国举足轻重。四川因其丰富的物资资源而被称为"天府之国"。

重庆市位于中国内陆西南部的长江上游，四川盆地东南部，是中国面积最大的城市。

重庆简称渝或巴，别称山城、雾都、渝都、桥都，是典型的组团式城市。重庆历史悠久，史前文化发端于200万年前的旧石器时代早期，其代表性古人类是"巫山人"。距今二万年到三万年的旧石器时代晚期，出现了"铜梁文化"。约4000多年前，巴人的先民们就世世代代在重庆地区这片神奇的土地上繁衍生息，创造了灿烂的巴文化。至夏禹之时，巴国加入夏王朝，成为夏王朝的诸候之一。此后，在重庆这块土地上的人民，战天斗地，自强不息，良好地延续了独特的巴文化。

现在的重庆市是我国的直辖市、国家中心城市、长江上游地区的经济中心和金融中心及航运、文化、教育、科技中心。

大巴山区，位于我国西南部，简称巴山。广义上的大巴山区是指绵延于四川、甘肃、陕西和湖北边境山地的总称，长约1000千米，为四川盆地、汉中盆地的界山，属褶皱山脉。东端与神农架相连，西与摩天岭相接，北以汉江谷地为界，南依长江。西北东南走向，山峰大部分海拔在2000米以上，喀斯特地貌发育。河谷深切，山谷高差800-1200米。

　　狭义的大巴山，在汉江支流经河谷地以东，川、陕、鄂三省边境，为汉江、嘉陵江的分水岭，海拔一般在1300—2000米。主峰神农顶，海拔3105.4米，位于湖北省神农架林区。

　　《中次九经》的大巴山脉，应该广义的大巴山脉的部分山脉。有学者认为，经中的熊山就是神农架。那么，"恒出神人"是不是所说的野人呢？如果是，那《山海经》就是第一部记载神农架野人的著作。

# （十）中次十经

## 【原文】

　　中10-1《中次十经》之首，曰首阳之山①，其上多金、玉，无草木。

　　中10-2又西五十里，曰虎尾之山，其木多椒、椐，多封石，其阳多赤金，其阴多铁。

　　中10-3又西南五十里，曰繁缋之山，其木多楢、杻，其草多枝、勾。

　　中10-4又西南二十里，曰勇石之山，无草木，多白金，多水。

　　中10-5又西二十里，曰复州之山，其木多檀，其阳多黄金。有鸟焉，其状如鸮，而一足彘尾，其名曰跂踵，见则其国大疫。

　　中10-6又西三十里，曰楮山，多寓木，多椒、椐，多柘，多垩。

　　中10-7又西二十里，曰又原之山，其阳多青䨼，其阴多铁，其鸟多鸜鹆②。

　　中10-8又西五十里，曰涿山，其木多穀、柞、杻，其阳多㻬琈之玉。

　　中10-9又西七十里，曰丙山，其木多梓、檀，多弞杻③。

　　凡首阳山之首，自首山至于丙山，凡九山，二百六十七里。其神状皆龙身而人面。其祠之：毛用一雄鸡瘗，糈用五种之糈④。堵山，冢也，其祠之：少牢具，羞酒祠，婴毛

跂踵

鹦鸲

一璧瘗。騩山⑤,帝也,其祠:羞酒,太牢具;合巫祝二人儛,婴一璧。

**【注释】**

①首阳之山:现实世界中的首阳山在河南省偃师市,属邙山山脉。

②鹦鸲:又名鸲鹆,俗称八哥。

③弋枏:一种特殊的枏树,树杆比较直,而一般的枏树树干都是弯曲的。

④五种之糈:指黍、稷、稻、粱、麦五种粮食。其中,黍,也叫粟,即谷子,其籽粒为小米;稷,籽粒为黄米,常用作年糕;粱,即高粱。

⑤騩山:文中并无此山。原文如此,应是竹简错乱所致。

**【译文】**

中10-1《中次十经》山系的首座山,叫做首阳山,山上富藏黄金和玉石,没有花草、树木。

中10-2再往西五十里,是虎尾山,山上的树以花椒树、椐树为多,到处都是封石,山南面富藏纯度很高的金砂,山北面富藏铁。

中10-3再往西南五十里,是繁缋山,山上的树大多是楢树和枏树,而草大多是桃枝、钩端。

中10-4再往西南二十里,是勇石山,山上没有花草、树木,富藏白金,到处是流水。

中10-5再往西二十里,是复州山,山上的树木以檀树居多,山南面富藏黄金。山中有一种鸟,形状像猫头鹰,但只长了一只脚,还长着和猪一样的尾巴,名字叫跂踵。它在哪个国家出现,那个国家就会发生大瘟疫。

中10-6再往西三十里,是楮山,山上到处都是寄生树、花椒树、椐树,还有很多的柘树,富藏垩土。

中10-7再往西二十里,是又原山,山南面富藏青腜,山北面富藏铁,飞鸟以八哥最多。

中10-8再往西五十里,是涿山,山上的树大多是构树、柞树、枏树,山南面富藏珥珛玉。

　　中10-9再往西七十里，是丙山，山上的树大多是梓树、檀树，还有很多欵杻树。

　　总计首阳山山系之首尾，自首阳山起到丙山止，一共是九座山，路经二百六十七里。诸山的神守诸侯的形象是龙的身子、人的面孔。祭祀山川之灵的礼仪：是在毛物中用一只公鸡祭祀，之后埋入地下，祭神的米要用黍、稷、稻、粱、麦五种粮食。堵山的神守诸侯是诸山神守诸侯的领袖，祭祀这座山要用猪、羊二牲组成的少牢作祭品，并进献美酒，在玉器中用一块玉璧，祭祀后埋入地下。騩山的祭祀者是君王，祭祀騩山要进献美酒，用猪、牛、羊三牲齐全的太牢作祭品；让女巫师和男祝师二人一起跳舞，并用一块玉璧来祭祀。

龙身而人面神

## 【解析】

### （一）

　　此山系能查到的山，仅为首阳山。查到的首阳山在河南省偃师市的邙山山脉。分析《中次十经》的山系，基本上是正东正西方向；山脉比较短，仅二百六十七里（实际累加是三百一十里），无纵深，无水流。这与邙山山脉的特点基本一致，因此，可以将《中次十经》的山系定为邙山山脉。

　　邙山，又名北邙，位于河南省洛阳市北郊，黄河南岸，为崤山余脉，东西绵延近50公里，海拔250米左右。伊、洛之水在山的东面汇入黄河。邙山，对作为十三朝古都的洛阳古人来讲，是一个难得的风水宝地。俗谚说"生在苏杭，死葬北邙"。立墓于地，能圆古人所崇尚的"枕山蹬河"之意愿。因此，邙山历来都是洛阳城内帝王将相、达官贵人殡葬安冢的理想之地。千百年下来，邙山成了全世界数得着的古代陵墓集中分布区。目前邙山墓群有东汉、曹魏、西晋、北魏四朝十几位皇帝的陵墓及皇族、大臣的陪葬墓。除此之外，还有秦相吕不韦、南朝陈后主、唐朝诗人杜甫、大书法家颜真卿、南唐李后主等历代名人之墓。邙山墓群已成为国家重点文物保护单位。

山海经易读

## （二）

读《中次十经》，你会发现有一个特殊的现象：别的山经都有个山系名称，如《中次九经》"岷山之首，曰女几之山"。但《中次十经》却没有，上来就说："《中次十经》之首曰首阳之山。"如果有的话，应该说：《中次十经》邛山之首曰首阳之山，不知是什么原因造成的。但可以确定首阳山是邛山山脉的一座山，不是山系名称。这座首阳山为《中次十经》的最东端，但在现实世界中，她却在邛山山脉的中部。若根据其得名原因（因日出先照而得名），恐《中次十经》为是。但我们要尊重现实，山名与山岭错讹的原因恐怕也是远古人类迁徙频繁，张冠李戴造成的。但无论如何，我们读到《山经》快结束的时候，我们才读到一个首阳山，那么，这个首阳山应该就是伯夷、叔齐采薇而食之处。据说，在汉代的时候，首阳山上还有伯夷、叔齐的祠堂。当然，也有人说，伯益、叔齐采薇处在中条山脉，恐不是。

伯夷、叔齐是商末孤竹国君的两个儿子。其父老，欲立叔齐继位。其父死，叔齐认为伯夷是长子，遂推让于伯夷，伯夷却认为父命不能违，便逃跑了，叔齐也因不肯继位而逃。其后，孤竹国人只得立伯夷、叔齐的弟弟继位。伯夷、叔齐闻西伯侯道德高尚，遂一起逃往西岐。西伯死后，其子武王伐纣，车载西伯牌位行军，伯夷、叔齐叩马谏之："父死不葬，爰及干戈，可谓孝乎？以臣弑君，可谓仁乎？"兵士欲杀之，姜太公曰："此义士也。"便将二人放走了。

此后，武王灭纣，伯益、叔齐耻食周粟，便隐居在首阳山，采薇而食。有人戏之曰："此亦周之草木也。"二人羞愤难当，毅然决然地绝食而死。死后葬于首阳山，此后首阳山名显于世。

当然，也有人将此列山系定为南阳附近的山岭，但缺乏证据支持。

## （十一）中次十一山经

**【原文】**

中11-1《中次一十一山经》荆山之首，曰翼望之山①。湍水②出焉，东流注于济③；贶水出焉，东南流注于汉，其中多蛟④。其上多松、柏，其下多漆、梓，其阳多赤金，其阴多珉。

中11-2又东北一百五十里，曰朝歌之山⑤。潕水出焉，东南流注于荥，其中多人鱼。其上多梓、楠，其兽多㕟、麋。有草焉，名曰莽草，可以毒鱼。

中11-3又东南二百里，曰帝囷之山，其阳多瑉珛之玉，其阴多铁。帝囷之水出于其上，潜于其下，多鸣蛇。

中11-4又东南五十里，曰视山，其上多韭。有井焉，名曰天井，夏有水，冬竭。其上多桑，多美垩、金、玉。

中11-5又东南二百里，曰前山，其木多櫧⑥，多柏，其阳多金，其阴多赭。

雍和

中11-6又东南三百里，曰丰山⑦。有兽焉，其状如猨，赤目、赤喙、黄身，名曰雍和，见则国有大恐。神耕父处之，常游清泠之渊，出入有光，见则其国为败。有九钟焉，是知霜鸣。其上多金，其下多穀、柞、杻、橿。

中11-7又东北八百里，曰兔床之山，其阳多铁，其木多藷藇⑧，其草多鸡谷，其本如鸡卵，其味酸甘，食者利于人。

耕父

中11-8又东六十里，曰皮山，多垩，多赭，其木多松、柏。

中11-9又东六十里，曰瑶碧之山，其木多梓、枏，其阴多青雘，其阳多白金。有鸟焉，其状如雉，恒食蜚⑨，名曰鸩⑩。

中11-10又东四十里，曰支离之山⑪。济（涓）水出焉，南流注于汉。有鸟焉，其名曰婴勺，其状如鹊，赤目、赤喙、白身，其尾若勺，其鸣自呼。多牦牛，多羬羊。

中11-11又东北五十里，曰秩𥑥⑫之山，其上多松、柏、机、柏（桓）。

中11-12又西北一百里，曰堇理之山，其上多松柏，多美梓，其阳多丹雘，多金，其兽多豹、虎。有鸟焉，其状如鹊，青身白喙，白目白尾，名曰青耕，可以御疫，其鸣自叫。

中11-13又东南三十里，曰依轱之山，其上多杻、橿，多苴[13]。有兽焉，其状如犬，虎爪有甲，其名曰獜，善駚牟[14]，食者不风。

中11-14又东南三十五里，曰即谷之山，多美玉，多玄豹，多闾、麈，多麢、臭。其阳多珉，其阴多青雘。

中11-15又东南四十里，曰鸡山，其上多美梓，多桑，其草多韭。

中11-16又东南五十里，曰高前之山[15]。其上有水焉，甚寒而清，帝台之浆也，饮之者不心痛。其上有金，其下有赭。

中11-17又东南三十里，曰游戏之山，多杻、橿、榖，多玉，多封石。

中11-18又东南三十五里，曰从山，其上多松柏，其下多竹。从水出于其上，潜于其下，其中多三足鳖，枝尾，食之无蛊疫。

中11-19又东南三十里，曰婴硬之山，其上多松、柏，其下多梓、櫄[16]。

鸱

中11-20又东南三十里，曰毕山。帝苑之水出焉，东北流注于视[17]，其中多水玉，多蛟。其上多玙珢之玉。

中11-21又东南二十里，曰乐马之山。有兽焉，其状如彙，赤如丹火，其名曰狼[18]，见则其国大疫。

中11-22又东南二十五里，曰葴山[19]，视水出焉，东南流注于汝水[20]，其中多人鱼，多蛟，多颉。

中11-23又东四十里，曰婴山，其下多青雘，其上多金玉。

中11-24又东三十里，曰虎首之山，多苴、椆[21]、椐。

中11-25又东二十里，曰婴侯之山，其上多封石，其下多赤锡。

中11-26又东五十里，曰大孰之山[22]。杀水出焉，东北流注于视水，其中多白垩。

中11-27又东四十里，曰卑山，其上多桃、李、苴、梓，多累。

中11-28又东三十里，曰倚帝之山[23]，其上多玉，其下多金。有兽焉，其状如鼣鼠[24]，白耳白喙，名曰狙如，见则其国有大兵。

中11-29又东三十里，曰鲵山，鲵水出于其上，潜于其下，其中多美垩。其上多金，其下多青雘。

中11-30又东三十里，曰雅山。澧水[25]出焉，东流注于视水，其中多大鱼。其上多美桑，其下多苴，多赤金。

ᵼ11-31又东五十五里，曰宣山。沧水出焉，东南流注于视水，其中多蛟。其上有桑焉，大五十尺，其枝四衢，其叶大尺余，赤理黄华青柎，名曰帝女之桑㉖。

ᵼ11-32又东四十五里，曰衡山㉗，其上多青䨼，多桑，其鸟多鸜鹆。

ᵼ11-33又东四十里，曰丰山，其上多封石，其木多桑，多羊桃，状如桃而方茎，可以为皮张。

ᵼ11-34又东七十里，曰妪山，其上多美玉，其下多金，其草多鸡谷。

ᵼ11-35又东三十里，曰鲜山，其木多楢、杻、苴，其草多䖴冬，其阳多金，其阴多铁。有兽焉，其状如膜犬㉘，赤喙、赤目、白尾，见则其邑有火，名曰狢㉙即。

婴勺

ᵼ11-36又东三十里，曰章山，其阳多金，其阴多美石。皋水出焉，东流注于澧水，其中多脆㉚石。

ᵼ11-37又东二十五里，曰大支之山，其阳多金，其木多榖、柞，无草木。

ᵼ11-38又东五十里，曰区吴之山，其木多苴。

ᵼ11-39又东五十里，曰声匈之山，其木多榖，多玉，上多封石。

ᵼ11-40又东五十里，曰大騩之山，其阳多赤金，其阴多砥石。

ᵼ11-41又东十里，曰踵臼之山，无草木。

ᵼ11-42又东北七十里，曰历石之山，其木多荆、芑，其阳多黄金，其阴多砥石。有兽焉，其状如狸，而白首虎爪，名曰梁渠，见则其国有大兵。

ᵼ11-43又东南一百里，曰求山。求水出于其上，潜于其下，中有美赭。其木多苴，多䅟。其阳多金，其阴多铁。

ᵼ11-44又东二百里，曰丑阳之山㉛，其上多椆、椐。有鸟焉，其状如乌而赤足，名曰䴊䳶㉜，可以御火。

ᵼ11-45又东三百里，曰奥山㉝，其上多柏、杻、橿，其阳多㻬琈之玉。奥水出焉，东流注于视水。

中11-46又东三十五里，曰服山，其木多苴，其上多封石，其下多赤锡。

中11-47又东百十里，曰杳山，其上多嘉荣草，多金、玉。

中11-48又东三百五十里，曰凡山，其木多楢、檀、杻，其草多香。有兽焉，其状如彘，黄身、白头、白尾，名曰闻獜，见则天下大风。

青耕

凡荆山之首，自翼望之山至于凡山，凡四十八山，三千七百三十二里。其神状皆彘身人首。其祠：毛用一雄鸡祈，瘗用一珪，糈用五种之精。禾山，帝也，其祠：太牢之具，羞瘗倒毛，用一璧，牛无常。堵山、玉山，冢也，皆倒祠，羞毛少牢，婴毛吉玉。

## 【注释】

①翼望之山：山名，在河南省西南部内乡县境内。

②湍水：水名，即湍河。河南省西南部河流，在内乡县境内。

③济：应作"淯"。即今白河，发源于河南省嵩县攻离山，于湖北省襄阳市入汉江。

④蛟：即今鳄鱼。

⑤朝歌之山：古代山名，今名扶予山，在河南省泌阳县境内。《水经注·潕水》云："潕水出潕阴县西北扶予山。"下文的潕水，发源于此山，东流经舞阳市，至西平县东注入汝，为南汝河之源。

⑥楮：常绿高大乔木，木质坚硬，常作房屋建筑材料。

⑦丰山：在河南省南阳市东北。

獜

⑧藷藇：从《北次三经》中我们知道，藷藇是一种草本植物，是山药，但这里又说藷藇是木，这有点矛盾。很可能本经中的藷藇是另外一种木本植物楮芋，一种小栗子树。

⑨蜚：又名蜚蠊，即蟑螂。

⑩鸠：可能是另外一种鸠

鸟，与身体有毒的鸩鸟并非一种。

⑪支离之山：应作攻离之山，在河南省嵩县。

⑫箘：读若"凋"。

⑬苴：大麻的雌株。这里代指大麻。因其高大，常被《山海经》的作者列为树木。

⑭駃犎：郭璞注曰："跳跃自扑也。"駃犎，读若"央分"。

⑮高前之山：古代山名，今名方山，属伏牛山脉。在河南省内乡县城西，顶有天池。

三足鳖

⑯櫄：即香椿树。

⑰视：应作瀙，水名。《水经注·瀙水》云："瀙水出潕阴县东界山，《山海经》谓之视水也。"

⑱猴：读若"戾"。

⑲葴山：古代山名，现在叫韭菜皮诸山，在古代称中阳山。在河南省泌阳县境内，属伏牛山脉。

⑳汝水：古水名，在河南省。上游即今南、北汝河，自郾城以下称洪河。

㉑椆：传说中的一种耐寒树种。

㉒大孰之山：古代山名，又名大胡山、大湖山、大狐山，今名白云山，在河南省泌阳县东北部。

㉓倚帝之山：古代山名，今名五朵山，在河南省南召县西南部。

㉔獜鼠：即艾䶅，别名地狗。獜，读若"吠"。

㉕澧水：水名，按《说文解字》："澧水出南阳雉衡山，东入汝。"

㉖帝女之桑：帝为炎帝。传说炎帝的女儿学道成仙，居住在南阳的一棵桑树上，炎帝为了让其回家，便用火焚烧这棵桑树，女即升天。而这棵桑树从此便叫帝女桑。

㉗衡山：古代山名，又叫雉衡山，今名鹧鸪鸣山，在河南省南召县东部。属伏牛山脉。

㉘膜犬：即沙漠之犬的意思。《广韵》云："膜犬者，即西膜之犬，今其犬高大浓毛，猛悍多力也。"从文中看，与藏獒仿佛。

㉙狇：读若"移"。

㉚脃：同"脆"。

㉛丑阳之山：按《帝禹山河图》：该山在大别山脉。

㉜駯䣝：读若"只途"。

㉝奥山：古代山名，今名虎头山。在河南省驻马店市隧平县境内。

## 【译文】

中11-1《中次一十一经》山系是荆山山系，荆山山系的首座山，叫做翼望山。湍水从这座山发源，向东流入济水。贶水也从这座山发源，向东南流入汉水，水中有很多的蛟龙。山上松柏常青，山下漆树、梓树茂密。山南面富藏黄金，山北面富产珉石。

中11-2再往东北一百五十里，是朝歌山。潕水从这座山发源，向东南流入荥水，水中有很多的娃娃鱼。山上梓树、楠树茂密，野兽以羚羊、麋鹿为多。山中有一种草，名字叫莽草，可以用来毒鱼。

中11-3再往东南二百里，是帝囷山，山南面富藏瑸珸玉，山北面富藏铁。帝囷水从山顶上发源，潜流到山下，水中有很多的鸣蛇。

中11-4再往东南五十里，是视山，这里野韭菜满山。山中有一口井，叫做天井，夏天有水，冬天枯竭。山上桑树遮天蔽日，富藏优质垩土、黄金、玉石。

中11-5再往东南二百里，是前山，山上的树以槠树、柏树居多，山南面富藏黄金，山北面富产赭石。

中11-6再往东南三百里，是丰山。山中有一种野兽，形状像猿猴，红眼睛、红嘴巴、黄色的身子，名字叫雍和。它在哪个国家出现，那个国家里就会发生大恐慌。诸侯耕父住在这座山里，他常常在清泠的深渊里畅游，出入水时都有闪光。在哪个国家见到他，那个国家就会出现衰败的迹象。这座山还藏有九口钟，露结为霜时它就会鸣响。山上还富藏黄金，山下构树、柞树、枏树、橿树混杂，遮天蔽日。

猴

中11-7再往东北八百里，是兔床山，山南面富藏铁，山上的树木以藷藇为多，而草以鸡谷草为多，它的根茎像鸡蛋似的，味道酸中带甜，服用它对人的身体有好处。

中11-8再往东六十里，是皮山，山上、山下富藏垩土，富藏赭石，松柏常青。

中11-9再往东六十里，是瑶碧山，山中柞树、楠树成林，山北面富产青雘，山南面富藏白金。山中有一种鸟，形状像野鸡，常吃蜚虫，名字叫鸠鸟。

狍即

中11-10再往东四十里，是攻离山。浥水从这座山发源，向南流入汉水。山中有一种鸟，名字叫婴勺，形状像喜鹊，红眼睛、红嘴巴、白身子，尾巴是勺子型的，它的名字源自它的叫声。这座山上还有很多的羚牛、麢羊。

中11-11再往东北五十里，是袟篃山，山上松树、柏树、梏树、桓树混杂成林。

中11-12再往西北一百里，是菫理山，山上的松、柏林中，还有很多漂亮的梓树。山北面富产青雘，并且富藏黄金。山中的野兽以豹子和老虎为多。山中有一种鸟，形状像喜鹊，青色的身子、白色的嘴巴、白色的眼睛、白色的尾巴，名字叫青耕。人饲养它可以避免瘟疫染身。它的名字源自它的叫声。

中11-13再往东南三十里，是依轱山，山上杻树、橿树遮天蔽日，并且还有很多的大麻。山中有一种野兽，它的形状像狗，但长着虎爪，身上还有鳞甲，名字叫獜，擅长跳跃，人吃了它的肉能预防风湿。

中11-14再往东南三十五里，是即谷山，山上富藏优质玉石，有很多的黑豹、山驴、麈鹿、羚羊和臭。山南面富产珉石，山北面富产青雘。

中11-15再往东南四十里，是鸡山，山上到处是树型漂亮的梓树，还有很多的桑树，草以野韭菜为多。

狙如

中11-16再往东南五十里，是高前山，山顶上有一天池，池水非常清凉，而又特别清澈，是诸侯帝台经常饮用的琼浆。经常饮用天池里的水，就会使人不得心痛病。山上富藏黄金，山下富产赭石。

中11-17再往东南三十里，是游戏山，这里的树主要是杻树、橿树、构树，富藏玉石，封石也很多。

中11-18再往东南三十五里，是从山，山上松柏常青，山下翠竹青青。水从山顶上发源，潜流到山下，水中有很多的三足鳖，长着叉开的尾巴，吃了它的肉就能使人不中蛊毒。

中11-19再往东南三十里，是婴硬山，山上松柏长青，山下梓树、櫄树茂密。

中11-20再往东南三十里，是毕山。帝苑水从这座山流出，向东北流入瀙水，水中有很多的水晶石，还有很多的蛟。山上富藏琈珢玉。

中11-21再往东南二十里，是乐马山。山中有一种野兽，形状像刺猬，全身赤红如丹火，名字叫猴。在哪里见到它，那个国家就会发生大瘟疫。

中11-22再往东南二十五里，是葴山，瀙水从这座山流出，向东南流入汝水，水中有很多的娃娃鱼，很多的蛟龙和水獭。

中11-23再往东四十里，是婴山，山下富藏青雘，山上富藏黄金和玉石。

中11-24再往东三十里，是虎首山，山上有很多的大麻、椆树、椐树。

中11-25再往东二十里，是婴侯山，山上富藏封石，山下富藏纯度较高的锡矿石。

中11-26再往东五十里，是大孰山。杀水从这里流出，向东北流入视水，水下有很多的白色垩土。

中11-27再往东四十里，是卑山，山上有桃树、李树、大麻、梓树，还有很多的紫藤树缠绕其间。

中11-28再往东三十里，是倚帝山，山上富藏玉石，山下富藏黄金。山中有一种野兽，形状像鼣鼠，长着白耳朵、白嘴巴，名字叫狙如。它在哪个国家出现，那个国家里就会发生大的战争。

中11-29再往东三十里，是鲵山，鲵水从山顶上发源，潜流到山下，水下有很多的优质垩土。山上富藏黄金，山下富藏青雘。

梁渠

梁 渠

中11-30再往东三十里，是雅山。澧水从这里发源，向东流入视水，水中有很多的大鱼。山上有很多形状漂亮的桑树，山下有茂密的大麻，富产黄金。

中11-31再往东五十里，是宣山。沦水从这座山发源，向东南流入视水，水中有很多的蛟龙。山上有一棵桑树，树围有五十尺，树枝交叉着伸向四方，树叶有一尺多长，红色的纹理、黄色的光华、青色的叶萼，名字叫帝女桑。

中11-32再往东四十五里，是衡山，山上富藏青雘，长有茂密的桑树，鸟类以八哥为多。

中11-33再往东四十里，是丰山，山上富藏封石，树木大多是桑树，还有大量的羊桃，形状像一般的桃树，但茎干是方的，可以用它治疗皮肤肿胀病。

中11-34再往东七十里，是妪山，山上富藏美玉，山下富藏黄金，草以鸡谷草最为繁茂。

中11-35再往东三十里，是鲜山，这里的树木以楢树、杻树、大麻为多，草以门冬为盛，山南面富藏黄金，山北面富藏铁。山中有一种野兽，形状像膜犬，长着红嘴巴、红眼睛、白尾巴。在哪个地方见到它，那里就会有火灾发生。名字叫㺲即。

中11-36再往东三十里，是章山，山南面富藏黄金，山北面富产美石。皋水从这座山发源，向东流入澧水，水中有很多的脆石。

中11-37再往东二十五里，是大支山，山南面富藏黄金，树木大多是构树和柞树，没有多少花草。

中11-38再往东五十里，是区吴山，山上的树木以大麻为多。

中11-39再往东五十里，是声匈山，山中到处都是构树，玉石遍布，山上还富藏封石。

中11-40再往东五十里，是大騩山，山南面富藏黄金，山北面富产砥石。

中11-41再往东十里，是踵臼山，山上没有多少草木。

中11-42再往东北七十里，是历石山，山上的树木以牡荆树和枸杞树为多，山南面富藏黄金，山北面富产砥石。山中有一种野兽，形状像野猫，白色的脑袋、老虎一样的爪子，名字叫梁渠。它在哪个国家出现，那个国家里就会发生大的战争。

中11-43再往东南一百里，是求山。求水从山顶上发源，潜流到山下，水中有很多的漂亮赭石。山中的树主要是大麻，还有矮小的箭竹。山南面富藏黄金，山北面富藏铁。

中11-44再往东二百里，是丑阳山，山上椆树和枥树茂密成林。山中有一种鸟，形状像乌鸦，长着红爪，名字叫䳐䳑，人饲养它可以避免火灾发生。

中11-45再往东二百里，是奥山，山上的森林主要由松树、杻树、橿树构成，山南面富产瑸瑶玉。奥水从这座山发源，向东流入视水。

中11-46再往东三十五里，是服山，这里的树木主要是大麻，山上有很多的封石，山下富

䳐䳑

闻獜

产纯度较高的锡矿石。

中11-47再往东一百一十里,是杏山,山上嘉荣草遍地,富藏黄金和玉石。

中11-48再往东三百五十里,是凡山,山上的树木以楢树、檀树、杻树为多,而草类主要是香草。山中有一种野兽,形状像猪,长着黄色的身子、白色的脑袋、白色的尾巴,名字叫闻獜。它一出现,天下就会刮起大风。

总计荆山山系之首尾,自翼望山起到几山止,一共四十八座山,路经三千七百三十二里。诸山的神守诸侯的形象是:猪的身子、人的头。祭祀山川之灵的礼仪是:在毛物中用一只公鸡来祭祀,并埋一块玉珪献祭。祭神的粮食用黍、稷、稻、粱、麦五种。能祭祀禾山的是帝王,祭祀禾山的礼仪是在毛物中用猪、牛、羊三牲齐全的太牢作祭品,祭祀后埋入地下,并且要把牲畜倒着埋。在祭神的玉器中要用一块玉璧祭祀。根据情况也可以不用牛献祭。能祭祀堵山、玉山的是诸侯的首领,祭祀后都要将牲畜倒着埋掉,祭品是用猪、羊组成的少牢,祭神的玉器要用一块吉玉。

## 【解析】

我们知道《中次九经》是荆山山系,现在《中次十一山经》又是荆山山系,那么我国有多少个荆山山系呢?查寻资料得知,载入各种资料的荆山山脉有四:一是陕西省富平县荆山。二是安徽省怀远县荆山。三是河南省灵宝市荆山。四是湖北省西北部荆山,也就是《中次九经》的荆山。而《中次十一经》的荆山山系在浩如烟海的现代资料中一点信息也没有。也许因为这个山系中没有一座山叫荆山,故天长日久人们能记得住有名有姓的某座山,而作为山系总名称的荆山却遭人遗忘。

但无论如何,《山海经》能帮我们找回记忆:在河南省的南部,还曾经有一个叫"荆山"的山系。它西起伏牛山脉,包括伏牛山脉的南侧诸山,也许还包括桐柏山脉和大别山脉,涉及河南省的南阳市、驻马店市、平顶山市,有的甚至还涉及到湖北省和安徽省。

从《中次二经》的解析中,我们知道:伏牛山脉是秦岭在河南省最大的一支余脉，它北依伊水，构成黄河、淮河与长江水系的分水岭。其北侧是伊河，是黄河水系。本山系之初的贶水，虽查不出是现在的哪条河流，但它明确告诉我们：贶水流注于汉，是长江水系。

荆山山系一路向东南，肯定进入桐柏山脉。桐柏山脉，位于秦岭向大别山的过渡地带上，区内奇峰竞秀，层峦叠嶂，森林密布，泉瀑众多，是千里淮河的发源地。桐柏山除了独

毚身人首神

特的淮源文化外，更重要的文化资源是盘古文化。桐柏山民间有关盘古的神话传说十分丰富，还有盘古山、盘古庙、盘古井、盘古磨、盘古船等遗迹。中国著名神话传说方面的专家袁珂先生到这里考察后认为："桐柏山是中原盘古文化产生的中心。"

《中次十一经》再向东南肯定进入大别山脉，也就是说该经的荆山山系就是终于大别山脉。大别山位于湖北省、河南省、安徽省的交界处。东南西北走向，它西接桐柏山，东为张八岭，三者合称淮阳山，是长江、淮河的分水岭，主峰白马尖，海拔1777米，位于湖北省罗田县和安徽省霍县的边界上。

# （十二）中次十二经

## 【原文】

中12-1《中次十二经》洞庭山之首，曰篇遇之山，无草木，多黄金。

中12-2又东南五十里，曰云山，无草木。有桂竹①，甚毒，伤人必死。其上多黄金，其下多琈珸之玉。

中12-3又东南一百三十里，曰龟山②，其木多榖、柞、椆、椐，其上多黄金，其下多青雄黄，多扶竹③。

中12-4又东七十里，曰丙山，多筀竹，多黄金、铜、铁，无木。

中12-5又东南五十里，曰风伯之山，其上多金、玉，其下多痠石④、文石，多铁，其木多柳、杻、檀、楮。其东有林焉，名曰莽浮之林，多美木、鸟兽。

中12-6又东一百五十里，曰夫夫之山，其上多黄金，其下多青雄黄，其木多桑、楮，其草多竹、鸡鼓。神于儿居之，其状人身而身操两蛇，常游于江渊，

出入有光。

中12-7又东南一百二十里，曰洞庭之山⑤，其上多黄金，其下多银、铁，其木多相、梨、橘、櫾，其草多葌、蘪芜、芍药、芎劳。帝之二女⑥居之，是常游于江渊。澧、沅⑦之风，交潇湘⑧之渊，是在九江⑨之间，出入必以飘风暴雨。是多怪神，状如人而载蛇，左右手操蛇。多怪鸟。

中12-8又东南一百八十里，曰暴山⑩，其木多棕、枏、荆、芑、竹箭、䉋、箘⑪，其上多黄金、玉，其下多文石、铁，其兽多麋、鹿、麝、就。

中12-9又东南二百里，曰即公之山，其上多黄金，其下多㻬琈之玉，其木多柳、杻、檀、桑。有兽焉，其状如龟，而白身赤首，名曰蛫⑫，是可以御火。

中12-10又东南一百五十九里，曰尧山，其阴多黄垩，其阳多黄金，其木多荆、芑、柳、檀，其草多藷藇、苵。

中12-11又东南一百里，曰江浮之山，其上多银、砥砺，无草木，其兽多豕、鹿。

中12-12又东二百里，曰真陵之山，其上多黄金，其下多玉，其木多榖、柞、柳、杻，其草多荣草。

中12-13又东南一百二十里，曰阳帝之山⑬，多美铜，其木多櫄、杻、㯉⑭、楮，其兽多麖、麝。

中12-14又南九十里，曰柴桑之山⑮，其上多银，其下多碧，多泠石、赭，其木多柳、芑、楮、桑，其兽多麋、鹿，多白蛇、飞蛇⑯。

于儿

中12-15又东二百三十里，曰荣余之山，其上多铜，其下多银，其木多柳、芑，其虫多怪蛇、怪虫⑰。

凡洞庭山之首，自篇遇之山至于荣余之山，凡十五山，二千八百里。其神状皆鸟身而龙首。其祠：毛用一雄鸡、一牝豚刉⑱，糈用稌。凡夫夫之山、即公之山、尧山、阳帝之山皆冢也，其祠：皆肆瘗，祈用酒，毛用少牢，婴毛一吉玉。洞庭、荣余山神也，其祠：皆肆瘗，祈酒太牢祠，婴用圭璧十五，五采惠之。

右《中经》之山志，大凡百九十七山，二万一千三百七十一里。大凡天下名山五千三百七十，居地大凡六万四千五十六里。

　　禹曰[19]：天下名山，经五千三百七十山，六万四千五十六里，居地也。言其"五臧"[20]，盖其余小山甚众，不足记云。天地之东西二万八千里，南北二万六千里，出水之山者八千里，受水者八千里，出铜之山四百六十七，出铁之山三千六百九十。此天地之所分壤树谷也，戈矛之所发也，刀铩之所起也，能者有余，拙者不足。封于太山[21]，禅于梁父[22]，七十二家，得失之数，皆在此内，是谓国用。

　　右《五臧山经》五篇，大凡一万五千五百三字。

## 【注释】

　　①桂竹：也叫筀竹。竹子的一种，有剧毒。

　　②龟山：在湖南省华容县境内。

　　③扶竹：即邛竹。竹子的一种。节与节之间较长，实心，可作手杖。

　　④瘗石：砭石的一种，用此石刮痧有止痛作用。

　　⑤洞庭之山：即洞庭湖之君山，是一面积不足一百公顷的小岛。

　　⑥帝之二女：指尧帝的两个女儿，也就是舜帝的两个妃子娥皇、女英。二女因奔舜帝之丧，死于途中，葬于洞庭山（即今君山）。

　　⑦澧、沅：澧指澧江，发源于湖南省张家界市，东流入洞庭湖。沅指沅江，湖南省西部河流，发源于贵州省都匀市，上游称龙头江，中游称清水江，至黔阳县与潕水汇合后称沅江，东流入洞庭湖。

　　⑧潇湘：湖南省的代称。潇湘一词的最早出处便是《山海经》。潇指潇水河，湘江上游，发源于湖南省永州市蓝山县。湘江，湖南省最大河流，长江主要支流之一。上游称潇水，零陵以北称湘江，向北流经永州、衡阳、株洲、湘潭、长沙，至湘阴入洞庭湖。

　　⑨九江：一说，江自浔阳分为九：乌江、蚌江、乌白江、嘉靡江、沙江、畎江、廪江、隄江、箘江等九条江，曰九江。一说，为湘江、观江、营江、耒江、涞江、涟江、渌江、汨江，皆合流湘江，谓之九江。这里应指后者。

帝二女

洞庭怪神

⑩暴山：古代山名，今名大云山，在湖南省临湘市。

⑪箘：一种小竹子，可作箭杆。

⑫蜼：传说中的一种异兽，状如龟，红头、白身。

⑬阳帝之山：古代山名，今名阳新山，在湖北省阳新县境内。

⑭㮙：即山桑，野生桑树，木质坚硬，可做车辕。

⑮柴桑之山：古代山名，山的具体位置待定。从三国时诸葛亮吊孝柴桑口的情况来看，此山在吴国境内，又靠近蜀国边界，也就是现在的湖北省南部或江西省西北部。也有人认为就是庐山。

⑯飞蛇：也叫腾蛇，一种可作飞行或滑翔的蛇。

⑰虫：古代北方人把兽叫做虫，把蛇也叫做虫。这里应该是指野兽的意思。

⑱刉：读若"祭"。祭礼中割刺动物的颈部使其出血，用血祭，叫做"刉"。

⑲禹曰：这篇文字是后人所加，是战国或秦人的注释之语，后来被校书之人附录于此。

⑳五藏：五藏的本意是指人的五大脏器：脾、肺、肾、肝、心。这里的五藏指的是《山经》所记载的名山大岳。这与我国古代创世纪的传说有关：传说盘古开天地，死后身躯化作山川河岳，五脏化作名山大岳。

㉑封于泰山：《五经通义》云："易姓而王，致太平，必封泰山，禅梁父，天命以为王，使理群生，告太平于天，报群神之功。"即在泰山上筑土为坛以祭天，报天之功，叫封。

㉒禅于梁父。梁父，泰山下小山，在山东省宁阳县。在梁父山上除地，报地之功，叫禅。

## 【译文】

中12-1《中次十二经》是洞庭山山系，它的首座山是篇遇山，没有草木，富藏黄金。

中12-2再往东南五十里，是云山，山上没有草木，有一种竹子叫桂竹，毒性特别大，枝叶刺伤人就能致人死命。山上富藏黄金，山下富藏琈琈玉。

中12-3再往东南一百三十里，是龟山，山上的树木以构树、柞树、椆树、椐树为多，富藏黄金。山下富藏青雄黄，有很多扶竹。

中12-4再往东七十里，是丙山，山上筀竹茂密，富藏黄金、铜、铁等，没有树木。

中12-5再往东南五十里，是风伯山，山上富藏黄金和玉石，山下多矮石和色彩斑斓的文石，富藏铁，树木以柳树、杻树、檀树、构树为多。山东面有一片树林，叫做莽浮林，其中有很多的优良树种和珍禽异兽。

蚖

　　中12-6再往东一百五十里，是夫夫山，山上富藏黄金，山下富产青雄黄。这里的树木以桑树、构树为多，而草以小竹子、鸡谷草最为繁茂。诸侯于儿就住在这里，他的形象和人一样，手里握着两条蛇，常常在长江的深渊游泳，出入水时身体都有闪光。

　　中12-7再往东南一百二十里，是洞庭山，山上富藏黄金，山下富藏银和铁。树木以山楂树、梨树、橘子树、柚子树居多，而花草以兰草、蘪芜、芍药、芎藭等香草居多。尧帝的两个女儿娥皇、女英就住在这里，她们常常在长江的深渊里游泳。从澧水、沅水吹来的清风，吹皱潇水、湘水的清波，这里正是九条江水汇合的地方。她们出入时都会有急风骤雨伴随。洞庭山中还住着很多的怪神，形象和人一样，但身上缠着蛇，左右两只手上也都握着蛇。这里还有很多的怪鸟。

　　中12-8再往东南一百八十里，是暴山，山上的林木中以棕树、楠树、牡荆树、枸杞树和竹子、箭竹、𥱓竹、篃竹居多，山上富藏黄金、玉石，山下多产文石和铁。这里的鸟兽以麋、鹿、麖鹿和秃鹙为多。

　　中12-9再往东南二百里，是即公山，山上富藏黄金，山下富产珚珝玉。山上的树木以柳树、杻树、檀树、桑树为多。山中有一种野兽，形状像乌龟，但长着白身子、红脑袋，名字叫蚖，人们饲养它可以避免火灾的发生。

　　中12-10再往东南一百五十九里，是尧山，山北面富产黄色垩土，山南面富藏黄金，树木以牡荆树、枸杞树、柳树、檀树为多，而草以山药、术草最为繁盛。

　　中12-11再往东南一百里，是江浮山，山上富藏白银、砥砺。山上没有草木，野兽以野猪、鹿居多。

中12-12再往东二百里，是真陵山，山上富藏黄金，山下富藏玉石。树木以构树、柞树、柳树、杻树为多，而草主要是荣草。

中12-13再往东南一百二十里，是阳帝山，山上富藏优质铜矿石，树木大多是檀树、杻树、山桑树、楮树，而野兽主要是羚羊和麝香鹿。

中12-14再往南九十里，是柴桑山，山上富藏白银，山下富藏碧玉，到处是质地较软的冷石，还有赭石。树木以柳树、枸杞树、楮树、桑树居多，而野兽主要是麋鹿、鹿，还有很多的白蛇、飞蛇。

中12-15再往东二百三十里，是荣余山，山上富藏铜，山下富藏白银，树木大多是柳树、枸杞树，而虫类主要是各种怪蛇、怪虫。

总计洞庭山山系之首尾，自篇遇山起到荣余山止，一共是十五座山，路经二千八百里。诸山的神守诸侯的形象都是鸟身、龙头。祭祀山川之灵的礼仪是：在毛物中用一只公鸡、一头母猪，取其血作祭品，祭神的米用稻米。由于夫夫山、即公山、尧山、阳帝山的神守诸侯，是诸山神守诸侯的领袖，祭祀这几座山的礼仪格外隆重，是把祭品陈列后埋入地下，祭神还要用美酒献祭，在毛物中要用猪、羊二牲组成的少牢作祭品，玉器要用吉玉。洞庭山、荣余山的神守诸侯是君王的大臣，祭祀这两座山的礼仪更隆重，是把祭品陈列后才能埋入地下，祭神用美酒，用猪、牛、羊三牲齐全的太牢献祭，祭神的玉器要用十五块玉圭或玉璧，这些玉器还要用青、黄、赤、白、黑五种颜色予以彩绘。

以上是《中山经》的内容，一共一百九十七座山，山脉长度二万一千三百七十一里。天下的名山总共有五千三百七十座，山脉长度一共六万四千零五十六里。

大禹说：天下的名山总共有五千三百七十座，山脉长度一共六万四千零五十六里，分布在大地的东西南北各地。以上山脉记在《五藏山经》中，原因是除此以外的小山众多，不值得一一记述。天地广袤，从东极到西极共二万八千里，从南极到北极二万六千里。江河源头之山是八千里，河流流经之山是八千里。产铜之山四百六十七座，产铁之山三千六百九十座。这是天下划分疆土、地上种植作物的凭借，也是戈矛

飞 蛇

产生的资源，战争所起的源头。能者治国能使国家富足有余，愚钝笨拙者治国就会使国家贫穷不足。成功的帝王在泰山上祭天，在梁父这座小山上祭地，自古至今总共有七十二家，得失运数都在这个范围之内，国家用度也在这块土地上取得。

以上是《五臧山经》五篇，共有一万五千五百零三个字。

## 【解析】

此山系始于湖南省洞庭湖一带，向东到湖北省南部，终于江西省的鄱阳湖西部。

虽然《中次十二经》中的山系方向是东南、又东南、东、又东，但现实世界中此山系基本上是沿长江南岸、正东正西方向，甚至还稍微有点偏东北。这与过去人们方向感不强，又没有什么仪器可利用造成的。在远古那种生产力低下的情况下，能测量、记述成这样已经很不错了。

这个山系叫洞庭山系，我们不免先要介绍一下洞庭湖：洞庭湖在古代曾被称为云梦泽、九江和重湖。但远古时的云梦泽要比现在的洞庭湖大得多，洞庭湖只是云梦泽的很小一部分。古代的云梦泽为华夏第一大淡云湖，横亘于湖北、湖南两省，达四万多平方千米。现在的洞庭湖位于湖南省北部，长江荆江河段之南，是中国第三大湖，仅次于青海湖和鄱阳湖，面积约四千平方千米，现已分割为东洞庭湖、西洞庭湖、七里湖和目平湖等几部分。

洞庭湖之名始于春秋战国时期，因湖中有洞庭山（即今君山）而得名，实际上洞庭山（君山）只是湖中一个不足一百公顷的小岛，上有尧帝之二女、舜帝之二妃娥皇、女英墓。屈原在《九歌》称舜与帝之二女为湘君、湘夫人，故后人们将洞庭山称为君山。

洞庭湖资源丰富，风景秀丽，文化灿烂，千百年来留下许多脍炙人口的人文传说，如柳毅传书等，是非常著名的神仙洞府。

"潇湘"一词最早出自此篇，从此广为流传，并不断赋予其新的内涵。潇湘既是湖南省的代称，又是美好的象征，词牌中有《潇湘神》、戏曲有《潇湘夜雨》、琴曲有《潇湘风云》等。曹雪芹甚至在《红楼梦》的大观园中，设了一个潇湘馆，女主人公林黛玉自称潇湘仙子。

湖南省，因大部分地区地处洞庭湖之南而得名，简称湘，又因自古至今广植木芙蓉而有"芙蓉国"之称。多年来，湖南省文化事业走在了我国各省、市、区的前列，有"惟楚有才，于斯为盛"的美誉。

鸟身龙首神

　　湖北省，是一个跨江而治的省份。江南部分包括武汉、黄石、咸宁三市，历史悠久，文化灿烂，是三国时吴、蜀两国的边界地区。两者之间的联合与战争，基本上都发生在这里，吴、蜀两国联合击败曹操的赤壁之战也发生在这里。

　　江西鄱阳湖以西，属于九江市。九江市古称柴桑、浔阳、江州，自古以来就是舟车辐辏，商贾云集的通都大邑。九江地处江西、湖南、湖北、安徽四省的交界处，襟江带湖，山拥千嶂，江环九派，自古是兵家必争之地。现在的九江市是中国重要的旅游城市，重要的临江工业城市。

# 第四编

## 海 经

# 第十三章　海外南经<sup>①</sup>第六

**【原文】**

　　地之所载，六合<sup>②</sup>之间，四海<sup>③</sup>之内，照之以日月，经之以星辰，纪之以四时<sup>④</sup>，要之以太岁<sup>⑤</sup>，神灵所生，其物异形，或夭或寿，唯圣人能通其道。

　　海外自西南陬至东南陬者：

　　外南-1结匈<sup>⑥</sup>国在其<sup>⑦</sup>西南，其为人结匈。

　　外南-2南山在其东南。自此山来，虫为蛇，蛇号为鱼。一曰南山在结匈东南。

　　外南-3比翼鸟<sup>⑧</sup>在其东，其为鸟青、赤，两鸟比翼。一曰在南山东。

　　外南-4羽民国<sup>⑨</sup>在其东南，其为人长头，身生羽。一曰在比翼鸟东南，其为人长颊。

　　外南-5有神人二八，连臂，为帝司夜于此野，在羽民东。其为人小颊赤肩，尽十六人。

　　外南-6毕方鸟<sup>⑩</sup>在其东，青水西，其为鸟人面一脚，一曰在二八神东。

　　外南-7讙头<sup>⑪</sup>国在其南，其为人人面有翼，鸟喙，方捕鱼。一曰在毕方东。或曰讙朱国。

　　外南-8厌火国<sup>⑫</sup>在其国南，兽身黑色，生火出其口中，一曰在讙朱东。

　　外南-9三株树在厌火北，生赤水上，其为树如柏，叶皆为珠。一曰其为树若彗<sup>⑬</sup>。

　　外南-10三苗国<sup>⑭</sup>在赤水东，其为人相随。一曰三毛国。

　　外南-11载国在其东，其为人黄，能操弓射

结匈国

蛇。一曰载国在三毛东。

外南-12贯匈国⑮在其东，其为人匈有窍。一曰在载国东。

外南-13交胫⑯国在其东，其为人交胫。一曰在穿匈东。

外南-14不死民在其东，其为人黑色，寿，不死。一曰在穿匈国东。

外南-15岐舌国⑰在其东。一曰在不死民东。

外南-16昆仑虚⑱在其东，虚四方。一曰在岐舌东，为虚四方。

外南-17羿⑲与凿齿⑳战于寿华之野，羿射杀之。在昆仑虚东。羿持弓矢，凿齿持盾。一曰戈。

外南-18三首国在其东，其为人一身三首。一曰在凿齿东。

羽民国

外南-19周饶国㉑在其东，其为人短小，冠带。一曰焦侥国在三首东。

外南-20长臂国在其东，捕鱼水中，两手各操一鱼。一曰在焦侥东，捕鱼海中。

外南-21狄山，帝尧㉒葬于阳，帝喾葬于阴。爰有熊、罴、文虎、蜼、豹、离朱㉓、视肉㉔、吁咽。文王㉕皆葬其所。一曰汤山。一曰爰有熊、罴、文虎、蜼、豹、离朱、鸱久㉖、视肉、虖交。其范林方三百里。

外南-22南方祝融㉗，兽身人面，乘两龙。

讙头国

**【注释】**

①海外南经：海外，指处于海内——中央政权的兄弟之国之外的东夷、南蛮、北狄、西戎诸邦国或诸候国。海外南，指人文意义上的南海，即南蛮民族聚居区。海外南经，指记录南蛮各民族的专门章节。

②六合：古人以东、西、南、北、上、下六个方位，谓之六合。

③四海：因此段文字为后人注释时后加的，故这里的四海是现代意义的四海，并非指九夷、八狄、七戎、六蛮。

④四时：古人以春、夏、秋、冬四季，谓之四时。

⑤太岁：即岁星、木星。木星在黄道中每一年经过一宫，十二年经过十二宫，绕太阳公转一周，故有岁星纪年法。后来天文学越来越发达，人们发现木星绕太阳公

厌火国

转周期不是整整十二年，而是十一点八六二年，时间一久，历法与实际天象并不相符，后来"岁星纪年"被干支纪年法代替。从《海内经》中我们知道，创造岁星纪年法的是噎鸣。

⑥结匈：匈，胸的原字。结匈，即鸡胸的意思，胸脯尖尖，像鸡的胸脯一样。

⑦其：代指结匈国北部的灭蒙鸟国。参见《海外西经》。

⑧比翼鸟：传说中的神鸟。传说此鸟只有一只翅膀，飞翔时必须两只鸟合在一起才行。这里是指以比翼鸟为图腾的部族、邦国。

⑨羽民国：传说该邦国之人以羽毛为衣，故称羽民国。

⑩毕方鸟：传说中的神鸟，其原型应为火老鸦。这里是指以毕方鸟为图腾的邦国、部族。

⑪讙头：也叫讙朱，讙兜。本为黄帝后裔，东方诸侯，被尧帝放之于湖南崇山，并在此建立了新的诸侯国，是当今苗族的人文始祖之一。

⑫厌火国：厌，"咽"的意思。厌火，意即口中能吐火。厌火国，是以该部族特技命名的邦国。

⑬彗：彗星，星际间物质。因拖着一条长长的尾巴，像扫帚一样，因此，又叫扫把星。

⑭三苗：蚩尤之后，曾在洞庭湖附近建立三苗国，后来受中央统治集团不断地讨伐、挤压，又在贵州省建立三苗国，为当今苗族人文始祖之一。后文的"其为人相随"，真实地描述了苗族人在迁徙过程中的形象。

⑮贯匈国：传说该国之人胸部有窍，穿上竹杆后，能让人抬着走。实际

贯匈国

贯匈国

上，它反映的是轿子的产生。

⑯交胫：胫，本指人的小腿，这里代指腿。交胫，即两条腿交叉着。可能就是交趾国，在今越南北部。也有人说交趾国先是在中国南方建国，后南迁至越南北部。

⑰岐舌国：传说该邦国之人舌头分叉或反卷，意即该国之人语言含混不清。

⑱昆仑虚：虚，指大丘，山的意思。昆仑虚，就是昆仑山。但这里的昆仑山，并不是指现在的昆仑山脉，或祁连山脉，而是另有其山，应指南方的某座山。

⑲羿：即后羿、仁羿，是东夷有穷氏的部落首领，演变为天神。

⑳凿齿：本是一个部落名称，该部落先是居住在北方，尧帝时，因战败被迫迁往南方，称黑齿，居住在现广州附近。这里指凿齿部落首领凿齿。传说中的凿齿是一位神人，亦人亦兽，有獠牙露在外面。

㉑周饶国：也叫焦饶国，为人矮小，传说中的小人国。在今越南北部。

㉒帝尧：五帝之一，帝喾之子，号陶唐。帝喾，也为五帝之一，号高辛。

㉓离朱：即三足乌，传说中的神鸟，传说太阳由此鸟背负运行。《海经》、《荒经》中，所列举的这些动物或其他事物名称，既记物产，又记氏族，是氏族的图腾。

㉔视肉：传说中怪兽，形状像牛肝，切去它的肉，还可以自生。现在叫太岁，一种复合菌体。

㉕文王：即周文王。姓姬名昌，西周奠基人。在商末为西伯侯，建国于岐山之下，积善行仁，天下诸侯多归从。其子武王得天下后，追尊其为文王。

㉖鸱久：即鹐鹠鸟，也叫枭。鸱，读若"丘"。

㉗祝融：详见解析。

**【译文】**

　　大地所承载的，包括天地之间、四海之内的所有事物，有太阳、月亮为之照明，有众多的星辰照耀天空，又有春、夏、秋、冬记录季节变化，还有岁星正天时。这世间万物都是神灵造就，有各种不同的形状，或夭折或长寿，只有圣人才能明白其中的道理。

　　南海（南蛮）从西南角到东南角的邦国、部族、山川河岳分别如下：

　　**外南-1** 结胸国在它的西南面。这里的人都长着像鸡的胸膛一样尖削凸出的胸膛。

　　**外南-2** 南山在它的东南面。从这座山里来的人，把虫叫做蛇，把蛇叫做鱼。换一种说法，就是南山在结胸国的东南面。

　　**外南-3** 以比翼鸟为图腾的邦国在它的东面。比翼鸟有青色鸟、红色鸟两种，这种鸟要飞翔，必须由两只鸟的翅膀配合起来才行。换一种说法，就是比翼鸟在南山的东面。

　　**外南-4** 羽民国在它的东南面。这里的人都长着长长的脑袋，全身长满羽毛。换一种说法，就是羽民国在比翼鸟的东南面，这里的人都长着长长的脸颊。

　　**外南-5** 有个神守诸侯叫二八，手臂连在一起，在旷野中为天帝守夜。二八神在羽民国的东面，这里的人长着小小的脸颊和赤红的肩膀。总共有十六个人（氏族）。

　　**外南-6** 以毕方鸟为图腾的邦国在它的东面，在青水的西面。毕方鸟长着一副人的面孔，但只有一只脚。换一种说法，就是毕方鸟在二八神人的东面。

　　**外南-7** 讙头国在它的南面。这里的人长着人的面孔，但长有翅膀，还长有鸟喙一样的嘴，以捕鱼为生。换一种说法，就是讙头国在毕方鸟的东面。还有人认为讙头国就是讙朱国。

　　**外南-8** 厌火国在它的南面。这里的人长着兽类的身体，肤色是黑色的，火从他们的口中喷出。换一种说法，就是厌火国在讙朱国的东面。

　　**外南-9** 以三株树为图腾的邦国在厌火国的北面，三株树生长在赤水岸边。这种

交胫国

树像柏树，叶子是珍珠。另外一种说法，认为这种树的样子像彗星。

外南-10 三苗国在赤水的东面。这里的人是一个跟着一个地行走。另外一种说法，认为三苗国就是三毛国。

外南-11 载国在它的东面。这里的人都是黄皮肤，能用弓箭射死蛇。换一种说法，就是载国在三毛国的东面。

外南-12 贯胸国在它的东边。这里的人胸膛上都长了个窍。换一种说法，就是贯胸国在载国的东面。

外南-13 交胫国在它的东面。这里的人总是互相交叉着双腿走路。换一种说法，就是交胫国在穿匈国的东面。

外南-14 不死民国在它的东面。这里人的肤色是黑色的，为人长寿不死。换一种说法，就是不死民国在穿匈国的东面。

外南-15 岐舌国在它的东面（这里的人都是舌根在前、舌尖伸向喉咙）。换一种说法，就是岐舌国在不死民的东面。

外南-16 昆仑山在它的东面，山基呈四方形。换一种说法，就是昆仑山在岐舌国的东面，山基是四四方方的。

外南-17 后羿与凿齿两位天神在寿华的荒野上进行了一场大战，后羿射死了凿齿。战场就在昆仑山的东面。在这次交战中后羿拿着弓箭，凿齿拿着盾牌。另一种说法认为凿齿拿着戈。

外南-18 三首国在它的东面。这里的人是一个身子上长着三个头。换一种说法，就是三首国在凿齿国的东面。

外南-19 周饶国在它的东面。这里的人身材矮小，但穿衣戴帽整齐讲究。换一种说法，就是周饶国在三首国的东面。

外南-20 长臂国在它的东面。这里的人以在水中捕鱼为生，两只手各抓着一条鱼。换一种说法，就是长臂国在焦侥国的东面，这里的人是在大海中捕鱼的。

外南-21 狄山，帝尧葬在山的南面，帝喾葬在山的北面。这里有熊、罴、华南虎、长尾猴、豹子、三

不死民

足乌、视肉、吁咽。周文王死后也埋葬在了这里。另一种说法，认为是葬在了汤山。还有一种说法，认为这里有熊、罴、华南虎、长尾猴、豹子、离朱鸟、鸺鹠鸟、视肉、虖交。有一片方圆三百里大小的森林。

外南-22 经略南方的诸侯是祝融，长着野兽的身子、人的面孔，驾驭两条龙。

三首国

## 【解析】

从此经开始进入《海经》。从第一编我们知道《山海经》中的海，有自然之海，有人文之海，这里的海就是人文之海。《山海经》本来意义上的海就是人文之海，说九夷、八狄、七戎、六蛮为"晦闇于礼教"的一族。当然这是统治者对四方少数民族的蔑视。

《海外南经》，顾名思义记录的是南蛮诸国，应该指四川省南部、重庆市南部、贵州省、湖南省南部、广东省、广西壮族自治区，有的甚至到达越南北部。

该经记录了十九个邦国或部族。在记述方法上大体可分为三类：一是历史上确实有记载的邦国，如讙头国、三苗国、周饶国、南方祝融以及三首国、凿齿国等。二是以图腾记录的邦国，如比翼鸟、毕方鸟、三株树等。三是以趣闻、特点，或叫以特技记录的邦国，如贯匈国、岐舌国、交胫国等。后两部分只能在《山海经》、《淮南子》这两部书中能查的到，但无更多的信息。能在古代典籍和现代研究资料查的到，如讙头国、三苗国、周饶国等，前面已做注释。这里简单介绍一下南方祝融、三首国、凿齿国和神人二八等。

## （一）

祝融，一般有天神和火神二说，实为部落名号，当然，也为部落酋长名号。从本经看他们的部落图腾为"兽身、人面，乘两龙"，世代号"祝融"。

祝融部落是一个非常古老的部落。伏羲氏时，就有祝融部落为其领导成员。也有人说，女娲氏后祝融曾为天下共主。炎帝时，祝融被任命为火官，主管南方。《淮南子·天文训》说："南方火也，其帝炎帝，其佑朱明（指祝融），执衡而治夏（指南方）。"可见，在炎帝时祝融是中央政权经略南方、镇守南方的诸侯。

《海内经》也有"炎帝之妻，赤水之子听訞生炎居，炎居生节并，节并生戏器，戏器生祝融，祝融降处于江水"的记载。降处江水，也是指南方。可见《海内经》记载的祝融，乃神农氏之裔孙领导的南方祝融部落。但《大荒西经》记载的祝融却与《海内经》不一样了。《大荒西经》上说："颛顼生老童，老童生祝融。"颛顼是黄帝孙，或曾孙，这里的祝融是黄帝后裔。可见，经略南方的诸侯祝融并不一定是一个部族，炎帝当政时用的是炎裔，黄帝成了天下共主之后，用的是黄帝后裔。也可能部族还是那个部族，但其酋长已经成了黄帝后裔。

（二）

三首国的记载有一个颠覆正史的故事。这里的"正史故事"是指众所周知的尧、舜禅让。《史记》对此做了详细的记述：大舜是帝尧在民间选定的接班人，并且"妻之二女，观其德于二女"，随后帝尧又对大舜进行了各种考验，于是"命舜摄行天子之政，以观天命"。二十八年后，帝尧崩。临终前，"尧知子丹朱之不肖，不足以授天下"，认为："授舜，则天下得其利而丹朱病；授丹朱，则天下病而丹朱得其利。"说："终不以天下之病而利一人"，于是帝尧便将帝位禅让于舜。之后帝舜又效法尧帝将帝位禅让给大禹。

尧、舜禅让，舜、禹禅让，是中国史书记载的两次真正的禅让，尧、舜二帝的高尚品德受到后世君子仁人和儒家的尊捧。

然而，三首国的记载及之后的《海内南经》中"苍梧之山，帝舜葬于阳，帝丹朱葬于阴"一条，则让人思考：苍梧之山，便是湖南省宁远县的九嶷山，因有九条山脉长得相似，能令人产生歧疑而得名。我们知道大舜都蒲阪（今山西省永济县），那么舜帝为什么以百岁高龄（传说帝舜死时整整百岁）到这么偏远的地方去巡狩？而为什么帝丹朱也葬于"苍梧之山"？难得是巧合？肯定不是！三首国的记载说，根本没有尧舜禅让，而是舜帝篡夺了尧帝的领导权，并与帝丹朱（本族之人仍称其为帝）进行了伴随一生的战争。为了战争的胜利，丹朱曾联合百粤集团。帝舜到九嶷山去，也是为了征讨丹朱，二者曾在九嶷山进行了旷日持久的战争，以至于帝舜、帝丹朱都死在了这场战争中。帝舜死后，大禹成了华夏共主。帝丹朱死后，其后人禹号和帝尧的一些大臣，或是其后人，逃往南海，也就是今广东一带，建立了"三首

周饶国

国"。三首，三个首领而已。

最初对尧、舜禅让提出质疑的是韩非，但是质疑归质疑，那时还没有什么证据，一直到了晋太康二年，河南省汲县有人盗发魏襄王墓（也有人说是安厘王墓），得到数十车竹书，其中有《竹书纪年》12篇，记载夏以前及夏、商、西周、春秋时晋国和战国时魏国史事，有很多记述与传统记载不同。其中根本就没有什么尧、舜禅让，而是说舜囚尧，复阻塞丹朱继位。帝舜与丹朱的战争伴随了帝舜与丹朱的一生。

原来丹朱失去帝位后并不甘心，而是联合百粤族来夺取政权，故舜帝及大禹与丹朱、百粤族在湖南、广东边界的九嶷山地区进行一场旷日持久的战争。帝舜与丹朱都死于、葬于九嶷山。

当然，这也是一家之言。从心理上说，我们更愿意相信尧舜禅让、舜禹禅让这样美好的故事，更愿意相信古代帝王大公无私的高尚品德。

## （三）

本经中有个后羿大战凿齿的神话故事。关于这个故事，《淮南子·本经训》说的更清楚、更详细："逮至尧之时，十日并出，焦禾稼，杀草木，而民无所食。猰貐、凿齿、九婴、大风、封豨、修蛇皆为民害。尧乃使羿诛凿齿于畴华之野，杀九婴于凶水之上，缴大风于青邱之泽，上射十日而下杀猰貐，断修蛇于洞庭，禽封豨于桑林。万民皆喜，置尧以为天子。"我们都知道，后羿是神话传说人物，但实际上后羿确有其人，他是东夷有穷氏部落首领。从历史记载中我们知道，帝尧时有后羿，夏朝时也有后羿。当然这并不是说后羿寿命能长达成百上千年，而是有穷氏部落的首领世代都以后羿名之。其中，"羿"为诨号，射箭能手的意思，"后"为官职，有"王"的意思。从《淮南子·本经训》的记载来看，诛杀凿齿的是帝尧时的后羿。

长臂国

本经中的凿齿是作为天神出现的。实际上，凿齿也是一个氏族部落，本来住在北方，后来迁徙至广东省的西江下游地区。她的首领凿齿被演化成天神，文中记载了后夷与凿齿的厮杀。实际上是中央领导集团与百粤民族的战争。后夷代表的是中央领导集团，凿

祝 融

齿代表的是百粤族。战争的结果如书所述，后羿胜利，凿齿部族战败，迁于肇庆到佛山一带，称黑齿，到春秋时被吴国占领。凿齿、黑齿作为单一的部落、氏族存在了一千五、六百年以上。

## （四）

本经除记录了十九个方国之外，还记载有神人二八的传说，以及狄山的传说。

"神人二八"的记载，反映的是古代先民们对天文、历法的观测和研究。中华古代先民们很早就开始对天文、历法进行观测和研究，从伏羲氏首设元日，到神农氏拟定立春、立夏、立秋、立冬等四个季节，制定了太初历，使农耕更有次序。黄帝部族成为华夏领导集团后，也继承了这个优秀传统，坚持对自然和宇宙的探索。到尧帝时，便开始在东、南、西、北四个方位设立春官、夏官、秋官、冬官，在四个方位对天文进行观测，得出了一年三百六十六天的结论，并以闰月正四时，敬授民时。"神人二八"就是天文的观测者，他们的任务应该就是观测星相。

狄山的记载有点牛头不对马嘴。因为帝尧、帝喾、周文王并没有葬在一处，其葬处更不应该在《海外南经》中。公认的帝尧的葬处，在山东省鄄城县城南。帝喾陵位于河南省内黄县，东距河南濮阳市十五公里。帝尧、帝喾的葬处离得非常近。而周文王墓，一般认为葬在陕西省咸阳市周陵乡，陵前有乾隆年间陕西巡抚毕沅手书"周文王陵"石碑一通。近年来，一些学者认为周文王陵，应在周原遗址，或陕西户县附近。

# 第十四章　海外西经<sup>①</sup>第七

【原文】

海外自西南陬至西北陬者：

<sup>外西-1</sup>灭蒙鸟在结匈国北，为鸟青，赤尾。

<sup>外西-2</sup>大运山高三百仞，在灭蒙鸟北。

<sup>外西-3</sup>大乐之野，夏后启<sup>②</sup>于此舞九代<sup>③</sup>，乘两龙，云盖三层。左手操翳<sup>④</sup>，右手操环，佩玉璜<sup>⑤</sup>。在大运山北。一曰大遗之野。

<sup>外西-4</sup>三身国在夏后启北。一首而三身。

<sup>外西-5</sup>一臂国在其北，一臂一目一鼻孔。有黄马，虎文，一目而一手。

<sup>外西-6</sup>奇肱之国在其北，其人一臂三目，有阴有阳，乘文马<sup>⑥</sup>。有鸟焉，两头，赤黄色，在其旁。

<sup>外西-7</sup>形天<sup>⑦</sup>与帝至此争神，帝断其首，葬之常羊之山，乃以乳为目，以脐为口，操干戚以舞。

<sup>外西-8</sup>女祭、女戚在其北，居两水间，戚操鱼鮘<sup>⑧</sup>，祭操俎<sup>⑨</sup>。

<sup>外西-9</sup>鸢鸟、鹯鸟<sup>⑩</sup>，其色青、黄，所经国亡。在女祭北。鸢鸟人面，居山上。一曰维鸟，青鸟、黄鸟所集。

<sup>外西-10</sup>丈夫国<sup>⑪</sup>在维鸟北，其为人衣冠带剑。

<sup>外西-11</sup>女丑之尸<sup>⑫</sup>，生而十日<sup>⑬</sup>炙杀之。在丈夫北。以右手鄣其面。十日居上，女丑居山之上。

<sup>外西-12</sup>巫咸国<sup>⑭</sup>在女丑北，右手操青蛇，左手操赤蛇，在登葆山，群巫所从上下也。

夏后启

237

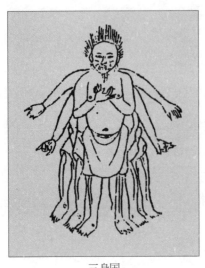

三身国

外西-13并封在巫咸东，其状如彘，前后皆有首，黑。

外西-14女子国⑮在巫咸北，两女子居，水周之。一曰居一门中。

外西-15轩辕之国在此穷山⑯之际。其不寿者八百岁。在女子国北。人面、蛇身，尾交首上。

外西-16穷山在其北，不敢西射，畏轩辕之丘。在轩辕国北。其丘方，四蛇相绕。

外西-17此诸夭（沃）之野，鸾鸟自歌，凤鸟自舞；凤皇卵，民食之；甘露，民饮之，所欲自从也。百兽相与群居。在四蛇北。其人两手操卵食之，两鸟居前导之。

外西-18龙鱼⑰陵居，在其北，状如狸。一曰鰕⑱。即有神圣乘此以行九野。一曰鳖鱼在夭（沃）野北，其为鱼也如鲤。

外西-19白民之国在龙鱼北，白身被发。有乘黄，其状如狐，其背上有角，乘之寿二千岁。

外西-20肃慎之国⑲在白民北。有树⑳名曰雄常，先入伐帝，于此取之。

外西-21长股之国在雄常北，被发。一曰长脚。

外西-22西方蓐收㉑，左耳有蛇，乘两龙。

## 【注释】

①海外西经：海外西，指人文意义上的西海，即西戎民族聚居区。海外西经，指记载西戎各民族的专门章节。

②夏后启：启，大禹之子，夏朝第一代国君。后，夏朝的君主不称帝，称后，即"王"的意思。

③《九代》：也叫《九韶》、《九招》，传说为古代乐舞。也有人说《九代》乃《九戈》之误，《九戈》即《九歌》，戈与歌，只是署字不同。

④翳：即华盖，用华丽的羽毛制成，形如车盖。

一臂国

⑤玉璜: 半圆型玉器。

⑥文马: 一说是有文采的马。一说是传说中的吉良马, 白身子, 红鬃毛, 骑上它能寿两千岁。

⑦形天: 神话传说中一位没有头的天神。刑天, 就是被砍头的意思。因被砍头, 所以叫刑天, 这样反而把真名湮没了。

⑧觛: 就是小觯, 古代的饮酒器, 有陶质、木质、角质、铜质数种。

⑨俎: 古代祭祀时用以盛祭品的礼器, 后来切肉用的砧板也叫俎。

⑩鸢鸟、鶹鸟: 据郭璞注, 为应祸之鸟, 如毛头鹰之类。鸢, 读若"次"。 鶹, 读若"胆"。

⑪丈夫国: 传说中只有男人, 而没有女人的国家。

⑫女丑之尸: 尸, 上古时期尸、夷一字。女丑之尸, 应理解为一个叫女丑的夷人部落。可能后世不察, 将"尸"字理解成尸体之"尸"。这样"女丑之尸"就被人们理解成被十个太阳炙杀的一位叫女丑的女人的尸体。但从《大荒东经》"海内有两人, 名曰女丑。女丑有大蟹"来看, 女丑确是部落之名。

⑬十日: 详见解析。

⑭巫咸国: 炎帝后裔建立的邦国。一说居住在今陕西省咸阳一带。一说居住在巫峡一带。也可能其居住区发生过变化, 但从"在登葆山上, 群巫所从上下也"来看, 应是指后者。详见解析。

⑮女子国: 传说中只有女子, 而没有男人的邦国。

⑯穷山: 指有穷氏部族聚居区, 在今陕西省境内, 并不能具体指哪座山。这里和《西次三经》的"恒山四成, 有穷鬼居之", 讲的是一个意思。

⑰龙鱼: 亦即《海内北经》中的陵鱼, 也叫大鲵、娃娃鱼, 两栖类动物, 故能"陵居"。

⑱鰕: 指体型较大的娃娃鱼。

⑲肃慎之国: 指居住在长白山一带的肃慎族, 又叫靺鞨, 其后世有女真, 即现在的满族, 先后在中原建立

奇肱国

形 天

过大金和清朝。

⑳"有树"三句：其中"先入伐帝"一句，疑有舛误，故此三句话难以理解。郭璞注曰："其俗无衣服，中国有圣帝代立者，则此木生皮可衣也。"

㉑蓐收：传说中佐治西方的神，即中央政权经略西方、镇守西方的诸侯。

【译文】

海外（西戎）从西南角到西北角的邦国、诸侯、山川河岳分别如下：

丈夫国

外西-1以灭蒙鸟为图腾的邦国在结胸国的北面。灭蒙鸟，羽毛是青色的，尾巴是红色的。

外西-2大运山高三百仞，矗立在灭蒙鸟国的北面。

外西-3大乐野，是夏后启观看《九代》乐舞的地方。他驾着两条龙，飞腾在三重祥云之上。他的左手打着一把华盖，右手拿着一只玉环，腰间佩带着一块玉璜。大乐野就在大运山的北面。另一种说法认为夏后启观看《九代》乐舞的地方，是在大遗野。

外西-4三身国在大乐野的北面。这里的人长着一个脑袋、三个身子。

外西-5一臂国在三身国的北面。这里的人只有一条胳膊、一只眼睛、一个鼻孔。这里还有黄马，马身上长有老虎斑纹，长着一只眼睛和一条手臂。

外西-6奇肱国在一臂国的北面。这里的人都长有一条胳膊和三只眼睛，而眼睛还分阴阳，骑着身上带文采的马。这里还有一种鸟，长着两个脑袋，身上披着红、黄相间的羽毛，飞翔在他们的身边。

外西-7刑天与黄帝争夺天下的领导权，黄帝砍掉了刑天的头，把他的头埋在了常羊山。没了头的刑天便以乳头做眼睛，以肚脐做嘴巴，一手持盾牌、一手操大斧继续战斗。

外西-8女祭、女戚两位女巫住在常羊山的北面，正好处于两条河流的中间。女戚手里拿着小酒杯，女祭手里捧着俎器。

外西-9鸾鸟、鹴鸟，羽毛的颜色青、黄相间。它们经过哪个国家，那个国家就会

女丑尸

败亡。鸳鸟、鵸鸟栖息在女祭、女戚的北面。鸳鸟长着人的面孔，居住在山上。另一种说法，认为这两种鸟统称维鸟，是青色鸟、黄色鸟聚集在一起的统称。

外西-10丈夫国在维鸟的北面。这里的人穿戴整齐，佩带宝剑。

外西-11有一个叫女丑的人的尸体，她是被天上的十个太阳烤死的。她躺在丈夫国的北面。死时用右手遮住了自己的脸。那十个太阳高高挂在天上，女丑的尸体横卧在山顶上。

外西-12巫咸国在女丑的北面。这里的人右手握着一条青蛇，左手握着一条红蛇。她们住在登葆山上，登葆山是巫师们来往于天上与人间的通道。

外西-13并封国在巫咸国的东面。并封的形状像猪，前后都有头，是黑色的。

外西-14女子国在巫咸国的北面。有两个女子住在那里，四周有水环绕着。另一种说法是，她们住在一道门的中间。

外西-15轩辕国在穷山的旁边。这里的人就是短寿的也能活八百岁。轩辕国在女子国的北面。他们的图腾是人的面孔、蛇的身子，尾巴盘绕在头顶上。

外西-16穷山在轩辕国的北面。这里的人射箭不敢朝着西方射，是因为敬畏黄帝灵魂所在的轩辕丘。轩辕丘在轩辕国北部。轩辕丘呈方形，有四条大蛇相互围绕着、保护着。

外西-17有个叫作诸沃野的地方，鸾鸟自由自在地歌唱，凤鸟自由自在地舞蹈。凤凰生下的蛋，沃民食用它；上天降下的甘露，沃民饮用它，他们能随心所欲地做自己想做的事。各种野兽在这里能相伴群居。沃野在四条蛇的北面。这里的人经常用双手捧着凤凰蛋吃，并有两只鸟在前面引导。

外西-18龙鱼住在沃野北面的山丘上，龙鱼的形状像狸猫，另一种说法是像鳏鱼。经常有神人骑着它遨游九州。还有一种说法，认为鳖鱼在沃野的北面，这种鱼的形状与鲤鱼相似。

外西-19白民国在龙鱼的北面。这里的人都

并封

女子国

是白皮肤，披散着头发。有一种叫做乘黄的瑞兽，形状像狐狸，脊背上有角，经常乘坐它的人能活两千岁。

外西-20肃慎国在白民国的北面。这里有一种树叫雄常树。每当有圣明天子继位的时候，这里的人就取雄常树的树皮来做新衣服。

外西-21长股国在雄常树的北面。这里的人经常披头散发。也有人说长股国又叫长脚国。

外西-22佐治西方的是蓐收神，左耳上有一条蛇作装饰，经常驾着两条龙飞行。

【解析】

《海外西经》是记载西戎各部族的专们章节，共记载了十几个部族或邦国，三则历史典故或轶闻。涉及地域应是从四川省中部开始，向北一直到甘肃省、陕西省、蒙古草原，并且把应该出现在《海外北经》中的肃慎之国、长股之国，也写在了本经中。

（一）

①巫咸国。传说中的巫咸国有两处：

一是在长江三峡的巫峡。巫峡的北岸是巫山，巫山脚下有一条发源于大巴深处的河谷，叫做巫溪，全长二百多公里，所经之处都是悬崖峭壁。这里便是传说中的巫咸国。现在看来地理条件并不优越，然而，在以采摘和狩猎的年代，这里山高林密，野兽众多，生存条件还是不错的。并且这里的中草药不但品种多，而且质量好，对世代以巫为生的巫咸人来说，是难得的乐园。因为在上古时代，巫和医是不分的，巫也是医，医也是巫。

二是在陕西省咸阳市附近。现在一般认为咸阳之得名与渭河和九宗山有关，因位于渭河之北，九宗山之南，山水俱阳，故称咸阳。还有另外一种说法认为：咸阳曾经是巫咸一族的聚居区，这里"咸"就是指巫咸的"咸"，"阳"则是乡或场的意思。

②轩辕之国。我们知道轩辕是黄帝的号。实际上轩辕之国，是黄帝入主中原之

前, 建立的一个国家。那里因为有黄帝经营和努力, 有丹木、玉膏"是食是飨", 那里的人民自然是长寿, 故"不寿者八百岁"。这个国家应该建立在我国西北, 即陕西西北部、甘肃北部、宁夏大部、蒙古高原西部, 甚至还包括新疆东部。轩辕之丘可能就是位于陕西的黄帝陵。

轩辕国

这里有一个问题, 便是本经的背景年代, 已经到了夏后启的时代, 黄帝的时代早已远去, 为什么作者还要写轩辕之国呢? 实际上, 《山海经》的作者, 把过去的、当时的, 所有听说的部族、诸侯、帝后、国家, 不管年代早晚, 统统写在一个时代, 绘制在一个平面内, 我们可以暂称"山海经时代"。

③穷山。是有穷氏部落居住的地方, 并非实指某一座山。有穷氏部族是夏王朝统治者联盟成员, 这个部落的首领是后羿。我们知道, 帝尧时就有后羿, 他曾经为帝尧的统治南征北战, 战凿齿、射十日。夏朝时也有后羿, 他曾经与寒浞父子一起代夏政, 后被寒浞父子杀害。

④肃慎之国。古代又叫鞑靼, 是我国东北长白山地区的一个古老民族。西周分封诸侯时, 便有此民族列封。北宋末期, 他们崛于白山黑水之间, 先灭辽, 后灭北宋, 建立大金, 后来又被蒙古所灭。明末的时候, 他们再度崛起, 灭明后建立清朝。现在的满族人是其后裔, 主要居住在东北三省, 人口约为一千万人。

⑤白民之国。从白民之国白身披发来看, 白民之国便是白种人。你可能要问, 白种人在我国周边生活过吗? 新疆鄯善洋海古墓的发掘, 就能很好地回答这个问题。在新疆吐鲁番盆地地火焰山南麓的戈壁沙漠中, 有一片总面积约5.4万平方米古墓群。2003年3月, 新疆文物考古工作者对鄯善县洋海古墓进行了抢救性发掘。经考证洋海古墓人便是白种人, 信仰萨满教。他们生活的时代距今已经3000多年。

龙鱼

可见过去白种人确实在我国周边生活过, 《山海经》为我们留下了真实的记录。

## (二)

本经除了记录了十几个部族之外, 还为

我们记载一则历史事件,两则神话传说,还有一个神话般世界。

一则历史事件:便是夏后启观看《九代》乐舞。从文中关于"大乐之野"的描述来看,地址应该在四川盆地中部。我们从《古本竹书纪年》得知,时间是在夏后启九年。夏后启舞《九代》,实际上是一次军事演习,其目的是震慑四方的少数民族。

军事演习震慑四方,并不是夏后启的创造,早在帝尧当政、虞舜摄政时就曾经搞过,结果非常成功:干戈不用三苗服。

第一个神话故事,便是刑天的故事。

我们知道,黄帝是以武力夺取炎帝天下的。然而炎帝的天下相传了几百年,甚至上千年,而他们又是以"德"治理天下,人民受其恩德已久,自然不服黄帝的作为,时时想着恢得炎帝政权。传说刑天部族就是在黄帝出巡,颛顼在家摄政期间,乘机发动战争,与颛顼战于中原。刑天战败后西逃,企图利用西方的炎族遗民抵抗黄帝的军队。黄帝命令军队追击刑天,一直追到常羊山,二者展开激战,最后黄帝的军队取得胜利,黄帝斩下刑天之头。刑天不畏牺牲,在地上找寻自己的头颅,试图再战。黄帝一剑将常羊山辟开,刑天的头落入山谷,然后山谷合拢在一起。没了头的刑天站起来,两乳变成双眼,肚脐变成嘴巴,继续拼杀到底,直到流尽最后一滴血。

这个故事,肯定有夸大的成份在里面,这是由于对英雄的崇拜心理,驱使人们编成神话故事,赞扬其不怕牺牲的大无畏精神。真实的意义,可能是刑天部族在与黄帝的战斗中,首领被杀,其部族成员,仍不屈服,继续战斗。刑天的神话传说由此演化而来。

乘黄

第二个神话,就是十日并出的传说。《海外西经》短短一句话:"女丑之尸生而十日炙杀之",便把十日的淫毒活生生的描绘出来,也为我们理解后羿为什么射日提供了帮助。事实上"十日并出"并非天上真有十个太阳,而是指多个部族争相为王为后,争权夺利,争夺地盘,相互厮杀,人民都受其残害,"女丑"被炙杀便是一例。这个时候后羿站了出来,灭掉了九日,天下重获安宁。参见《海外南经》。

"十日并出"和"后羿射日"传说产生时代说法不一:一是在尧帝时,一是在夏初。从《淮南子》来看，这个故事发生在帝尧时期。"十日"的传说最初发端于十干纪日法。详见《大荒南经》。

一个神话世界："此诸沃之野，鸾鸟自歌，凤鸟自舞。凤皇卵，民食之；甘露，民饮之，所欲自从也。百兽相与群居。"这是一个什么世界，这不是天堂是么？

这样一个世界在穷山之北。穷山，有穷氏部族聚居地，在今陕西省中部，那么诸沃之野，应该在陕西北部或内蒙古的鄂尔多斯地区。现在的陕西省北部地市和内蒙古自治区鄂而多斯地区借资源的优势，取改革的助力，已经取得巨大的成功，人均收入、人民福利都走在全国的前列，已经真正成为"诸沃之野"。

肃慎国

## （三）

本经中，还有两个特殊的国家：一个是丈夫国，一个是女子国。这两个部族，或两个国家，在史料上并无记载，只是存在于传说之中。据郭璞注：殷帝太戊派王孟到西王母处采集不死之药，路遇变故，被困在深山中，一生未能娶妻。垂死之际，念无子嗣传世，悲从胸起，谁知胸肋之间，跳出两个儿子。他的儿子们也是用这个方法生育后代，并且都是男丁，于是就形成了丈夫国。女子国指的是纯女无男的部落。其繁衍方式有洗浴受孕、因风感孕等。这种传闻和注解荒诞不经，并没有多少参考价值。但是，我们可以从母系氏族社会，到父系氏族社会转变的过程中来考察这种传闻产生的原因。我们知道，从母系氏族社会向父系氏族社会转变是一个漫长的过程，这个过程甚至长达上千年，甚至几千年，并且发展不平衡。有的氏族已经进入非常成熟的父系社会，有的还停留在母系社会。于是，父系社会的人们称呼母系部落，自然就会以女子国称之；母系社会的人们称呼父系部落，自然就会以丈夫国称之。这样时间一久，这些词语的意义难免失真。因此，语义的异化便成了新的神话传说的起源。

# 第十五章　海外北经①第八

【原文】

海外自东（西）北陬至西（东）北陬者：

外北-1 无脊之国②在长股东，为人无脊。

外北-2 钟山之神，名曰烛阴③，视为昼，瞑为夜，吹为冬，呼为夏，不饮，不食，不息。息为风，身长千里。在无脊之东。其为物，人面，蛇身，赤色，居钟山下。

外北-3 一目国④在其东，一目中其面而居。一曰有手足。

外北-4 柔利国在一目东，为人一手一足，反卻⑤，曲足居上。一云留利之国，人足反折。

外北-5 共工⑥之臣曰相柳氏⑦，九首，以食于九山。相柳之所抵，厥为泽溪。禹杀相柳，其血腥，不可以树五谷种。禹厥之，三仞三沮，乃以为众帝之台。在昆仑之北，柔利之东。相柳者，九首人面，蛇身而青。不敢北射，畏共工之台。台在其东。台四方，隅有一蛇，虎色，首冲南方。

外北-6 深目国在其东，为人举一手一目，在共工台东。

外北-7 无肠之国在深目东，其为人长而无肠。

外北-8 聂耳之国⑨在无肠国东，使两文虎，为人两手聂其耳。县居⑩海水中，及水所出入奇物。两虎在其东⑪。

外北-9 夸父⑫与日逐走，入日。渴欲得饮，饮于河、渭，河、渭不足，北饮大泽⑬。未至，道渴而

无脊国

死。弃其杖，化为邓林。

外北-10博（夸）父国⑭在聂耳东，其为人大，右手操青蛇，左手操黄蛇。邓林在其东，二树木。一曰博父。

外北-11禹所积石之山⑮在其东，河水所入。

外北-12拘缨⑯之国在其东，一手把缨。一曰利缨之国。

外北-13寻木长千里，在拘缨南，生河上西北。

外北-14跂踵⑰国在拘缨东，其为人大，两足亦大。一曰大踵。

外北-15欧丝⑱之野在大踵东，一女子跪据树欧丝。

外北-16三桑无枝，在欧丝东，其木长百仞，无枝。

外北-17范林方三百里，在三桑东，洲环其下。

外北-18务隅之山⑲，帝颛顼⑳葬于阳，九嫔葬于阴。一曰爰有熊、罴、文虎、离朱、鸱久、视肉。

外北-19平丘在三桑东，爰有遗玉㉑、青鸟、视肉、杨柳、甘柤、甘华㉒，百果所生，有两山夹上谷，二大丘居中，名曰平丘。

外北-20北海内有兽，其状如马，名曰騊駼㉓。有兽焉，其名曰駮㉔，状如白马，锯牙，食虎豹。有素兽焉，状如马，名曰蛩蛩。有青兽焉，状如虎，名曰罗罗。

外北-21北方禺强㉕，人面鸟身，珥两青蛇，践两青蛇。

烛阴

一目国

**【注释】**

①海外北经：海外北，指人文意义上的北海，指北狄民族聚居区。海外北经，是指记录北狄各民族的专门章节。

②无𦟘之国：传说中没有子嗣的氏族。其繁衍方式是：人死后其心脏不死，若干年后由其心脏复化为人。𦟘：读若"启"，指小腿肚子。

③烛阴: 传说中的钟山之神, 即烛龙。其形象为人首、蛇身, 浑身赤红。

④一目国: 过去人们都以为一目国是传说中的邦国, 但陕西省神木县石峁遗址的考古发掘证明了一目国的存在。2012年, 陕西省文物部门在对石峁遗址的考古中发现: 石峁遗址是4300多年前到夏朝成立前的史前文化遗址, 城池面积达四平方公里。在出土的众多玉器中, 有"有人一目, 中其面而居"的玉器, 被考古学家解读为为一目国玉器。该玉器现藏于陕西省博物馆。

⑤反郄: 郄, 即膝的原字。反郄, 指膝盖长在后面。当然, 这只是传说。

⑥共工: 上古时代一个以治水著名的部族, 其部族及首领都叫共工。

⑦相柳氏: 上古共工部族的支脉。本经中说其"九首, 以食于九山"言其贪婪, 难以满足。这当然是统治者对其敌对民族的污蔑。

⑧深目国: 传说中的邦国。因其双目深陷, 故称其为深目国。从其特点来看, 应是西域民族。

⑨聂耳之国: 传说中的邦国。其民因经常捏其耳垂, 故其大耳下垂。

⑩县居: 县, 悬字的通假。县居, 即居住在海岛上。

⑪两虎在其东: 因《山海经》乃说图文字, 故文中有很多静态的物象和方位词。

⑫夸父: 古代神话传说人物。实际上上古时代确有其人, 为炎帝后裔。

⑬大泽: 指位于黄河河套的渤泽, 或者位于内蒙古自治区的岱海, 古称泰泽。

⑭博父国: 当是"夸父国"。《淮南子》作"夸父国"。

⑮禹所积石山: 传说此山是大禹用疏通河道的石头堆积而成。这里的禹所积石山并非玛积雪山, 而是另外一座山, 应在龙门上游, 原来渤泽的出水口附近。

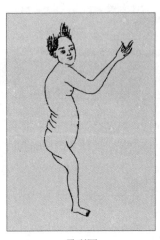

柔利国

⑯拘缨: 缨, 即瘿, 因细胞增生而形成的肉瘤, 多生长在人脖子上, 俗名叫瘿布袋子病。拘缨, 因肉瘤较大, 该国之人不得不托着它走路。

⑰跂踵: 传说该国之人走路时脚跟不着地。这种走路方式叫跂踵。

⑱欧丝: 欧, 即呕。呕丝, 即吐丝。

⑲务隅之山: 山名, 即上文中的鲋鱼之山、附禺之山。

⑳颛顼: 上古帝王, 五帝之一, 黄帝之孙, 因封于高阳, 即今湖北省兴山县高阳镇, 号高阳。其葬地在河南省濮阳市。

㉑遗玉: 有人说是玉石, 有人说是琥珀。

㉒甘柤、甘华: 传说中的两种神木, 树干是红色的, 花是

黄色的，果实如饴。其中，甘相是指山楂。

㉓䮣騟：按《说文解字》：北野之良马。按《字林》：北狄之良马。实际上，䮣騟是北方产的一种毛色以青色为主的野马，是历代公认的名马。《史记》也有䮣騟的记载："匈奴奇畜则䮣騟。"而《汉书》则认为䮣騟的产地为䮣騟国，一个以产䮣騟而得名的小国家或小部族。《海外北经》在这里记载䮣騟，实际上是既记民族，又记物产。

相柳氏

㉔駮：古代传说中的一种猛兽。有着锯齿般的牙齿，能猎杀虎、豹这样的食肉动物。

㉕禺强：也叫禺京，神话传说中的水神。实际上是黄帝时代中央政权经略北方、镇守北方的部族及其首领，即诸侯，黄帝后裔。因北方属水，故演化为水神。有人说是玄冥，恐不是。玄冥是殷商时，中央政权经略北方的诸侯，也就是殷商时的北方之神。因二者都称水神，故后世人们把二者混淆成一人。

## 【译文】

海外（北狄）从西北角到东北角的邦国、诸侯、山川河岳分别如下：

外北-1无脊国在长股国的东面，这里的人都没有小腿肚子。

外北-2钟山的神叫烛阴。他睁开眼睛就是白天，闭上眼睛便是黑夜，一吹气便是冬天，一呼气便是夏天。他不喝水，不吃饭，不总是呼吸，一呼吸就能生成风，他的身子有一千里长。这位天神住在无脊国的东面。他的形象是人的面孔、蛇的身躯，全身赤红色，住在钟山脚下。

外北-3一目国在钟山的东面。这个国家的人是在脸的中间长着一只眼睛。另外一种说法认为他们像普通的人，有手有脚。

外北-4柔利国在一目国的东面。这个国家的人只长有一只手、一只脚，膝盖长在后面，脚掌向上。另外一种说法认为柔利国也叫留利国，他们的脚是反折着的。

外北-5共工氏有个大臣叫相柳氏，他长有九个头，九个头分别在九座山上吃食物。相柳氏所到之处，便将大地毁坏成沼泽和溪流。大禹杀死了相柳氏，他的血流过的地方腥臭弥漫，不能种植五谷。大禹又填埋了他走过的地方，多次填满又多次蹋陷下去，于是大禹便用挖掘出来的土为各位大帝修造了帝台。帝台在昆仑山的北面，柔利国的东面。相柳氏，长着九个脑袋和人的面孔、蛇的身躯，是青色的。这个氏族的人不敢向北方射箭，因为敬畏共工灵魂所在的共工台。共工台在相柳的东面。台是四方形的，每个角上都有一条蛇，身上的斑纹与老虎相似，头向着南方。

深目国

外北-6 深目国在相柳氏族的东面。这个国家的人长着一只手、一只眼睛，居住在共工台的东面。

外北-7 无肠国在深目国的东面。这个国家的人身材高大，但是肚子里没有肠子。

外北-8 聂耳国在无肠国的东面，使唤着两只花斑虎，这个国家的人经常捏着自己的大耳朵。聂耳国悬居在海岛上，能得到海中的各种奇珍异物。那两只老虎在他的东面。

外北-9 夸父与太阳赛跑，已经追上了太阳。这时夸父很渴，想要喝水，先是去喝黄河和渭河中的水，喝完了两条河的水还是不解渴，于是又向北想去喝北方大泽中的水。没能走到，就渴死在半路上了。他死时抛掉的拐杖，变成了一片桃林。

外北-10 夸父国在聂耳国的东面。这个国家的人身体高大，右手握着青蛇，左手握着黄蛇。邓林在它的东面，其实是由两棵非常大的桃树形成的桃树林。另外一种说法认为夸父国也叫博父国。

外北-11 禹所积石山在博父国的东面，是黄河流入的地方。

外北-12 拘缨国在禹所积石山的东面。这个国家的人经常用一只手托着脖子上的大肉瘤。另外一种说法认为拘缨国叫做利缨国。

外北-13 有个叫寻木的国家，有一千里长，在拘缨国的南面，在黄河的西北方。

聂耳国

外北-14跂踵国在拘缨国的东面。这个国家的人身材特别高大，两只脚也非常大。另一种说法认为跂踵国也叫大踵国。

外北-15欧丝野在大踵国的东面。在这个国度里，经常见到有女子跪倚着桑树，边吃桑叶边吐丝。

夸父逐日

外北-16三桑树没有树枝，在欧丝野的东面。这种树虽然高达一百仞，但一个分枝也不长。

外北-17范林方圆三百里，在三桑树的东面，它的下面被洲渚环绕着。

外北-18务隅山，颛顼帝埋葬在山的南面，他的九个嫔妃埋葬在山的北面。还有一种说法认为这里有熊、罴、花斑虎、离朱鸟、鸼鹋鸟、视肉。

外北-19平丘在三桑树的东面。这里有遗玉、青鸟、视肉、杨柳、甘柤树、甘华树，是适合各种果树生长的地方。在两座山之间的山谷中，有两个相对较大的山丘，叫做平丘。

外北-20北海内有一种野兽，形状像马，名字叫騊駼。还有一种野兽，名字叫駮，形状像白马，长着锯齿般的牙齿，能吃老虎和豹子。还有一种白色的野兽，形状像马，名字叫蛩蛩。还有一种青色的野兽，形状像老虎，名字叫罗罗。

外北-21佐治北方的是禺强神。他长有人的面孔、鸟的身子，耳朵上挂着两条青蛇作装饰，脚底下驾着两条青蛇飞翔。


【解析】

　《海外北经》是记载北狄各民族的专门章节。共记载有十七个民族，两座山和北海的一些事物。


（一）

这十七个民族，比较有头绪有钟山之神、共工氏、夸父国和北方禺强。

钟山之神的传说，实际上是黄帝一族的创世纪的传说。这与伏羲部族、炎帝部族创世纪的传说基本一致，只不过黄帝一族创世纪的神仙是烛阴，而伏羲部族、炎帝部族创世纪的神仙是盘古。我们现在基本上都认为是盘古开天地。

盘古开天地的故事，出自三国时代吴国人徐整的《三五历纪》。他在回答宇宙形成时说："盘古之君，龙首蛇身，嘘为风雨，吹为雷电，开目为昼，闭目为夜。"还说："天气蒙鸿，首生盘古，垂死化身，气

博父国

成风云，声为雷霆，左眼为日，右眼为月，四肢五体化为四极五岳，血液为江河，筋脉为地里，肌肤为田土，发为星辰，皮肤为草，齿骨为金石，精髓为珠玉，汗流为雨泽，身之诸虫，因风所感，化为黎甿（即黎民百姓）。"

南朝祖冲之的《述异记》也说：先儒说盘古泣为江河，气为风，声为雷，目瞳为电。古说盘古氏喜为晴，怒为阴。

这些与《海外北经》钟山之神烛阴的圣绩相仿。可见烛阴的记载，是我们中国另一个版本的创世纪的故事，是黄帝一族创世纪的故事。地点在钟山，位于内蒙古西部，这与黄帝部族崛起西北游牧区的研究结论是相吻合的。

跂踵国

# （二）

共工部落，也是非常古老的部落。在女娲时有共工，炎帝时有共工，尧帝时有共工，现在大禹时也有共工，更有那个众所周知的"怒触不周山"的共工。共工一族是以治水出名的，是中华土著，非黄帝一族，更为黄帝部族所不容——不管他们是否接受黄帝部族的领导。因为黄帝一族经常说的一句话，叫做："非我同类，其心必异。"这些人（指炎族人）可以用，但不能大用。

《史记·五帝本纪》记载：当尧帝问大臣们谁可

騊駼

继承帝位时,讙兜曾推荐共工。尧帝回答说:共工善于言词,行为乖僻,貌似恭敬,实际上非常傲慢,不可用。在尧帝让推荐治水的人才时,讙兜又推荐共工,尧帝说不可,随后尧帝让共工试之工师,结果是共工"果淫辟"。此时大舜已经得到尧帝的信任,建议尧帝:"流共工于幽陵,以变北狄。"

《海外北经》中共工之臣相柳氏,正是处于北狄之中。此时大禹虽然并没有杀共工,但杀了共工之臣相柳氏。《经》中说:"相柳氏,九首,以食于九山","相柳之所抵,厥为泽溪","禹杀相柳,其血腥,不可以树五谷种","禹厥之,三仞三沮"。从文中看,相柳氏是多么的邪恶。实际上,这也是影射共工的邪恶。

共工、相柳氏真的这么邪恶么?还真不好说,你要看站在什么位置上看:站在黄帝部族的角度上看,果然;站在炎帝部族位置看,不然。主要是民族观感使然。

再说共工怒触不周山。不周山在哪里?《西次三经》上已讲到,在西北游牧区。我们知道,西北游牧区是黄帝部族崛起的地方。共工怒触后,"天柱折,地维绝,天倾西北……"受害的肯定是黄帝部族。实际上的真实情况应该是共工在黄河的上游堆土筑坝,大水来时,冲毁土坝,使之水淹下游的黄帝部族。这与关云长在荆州水淹七军异曲同工。这则故事还是反映了炎黄两部族之间的斗争,反映的是炎黄两部族在民族融合的过程中残酷的一面。

## (三)

北方禺强,传说中的水神。实际上他并不是什么水神,而是北方之神。因为北方在五行中属水,演化为水神。

北方之神,就是北方诸侯。禺强,就是黄帝部族震守北方、纡略北方的诸侯。《大荒东经》上说:"黄帝生禺貌,禺貌生禺京,禺京处北海。"《庄子·大宗师》有:"禺强得之,立乎北极。"成玄英疏:"禺强,水神名也,亦曰禺京,人面、鸟身,乘龙而行,与颛顼并轩辕之胤也。"由此可见,

罗罗

禺强是黄帝后代，原本是黄帝部族震守北海（北狄）的诸侯。久而久之，北海失去了原来的意义，禺强也就变成了水神、海神。

本经中也有"北海"一词："北海内有兽，其状如马……"（从经中这段文字的叙述中，我们也能看出此处的北海，并非自然界中的海。因为在"北海"中有騊駼、駮、蛮蛮、罗罗等兽。騊駼，按《说文解字》释作：北野之良马；按《字林》释作：北狄之良马。可见此处的北海是指处于北方的北狄民族聚居区。）

## （四）

其余各部族，或以图腾记载，或以趣闻、特点、传说记载，都无从考证。

这里还有值得一提的是禹所积石之山。我们知道在《西次三经》中有积石之山，与这里的禹所积石山，二者并非一座山。古代文献中，本来就有大、小积石山之说。《西次三经》的积石山是玛积雪山，而此经中的禹所积石山在邓林之东，离邓林不远，我们又知道邓林在黄河的南河之南，河南与陕西交界处，故此经中的禹所积石山，就是龙门上游，渤泽出水口的积石山，大禹真正开始导河之处。

最后还要说一说颛顼葬处的问题。颛顼，黄帝之孙，或曾孙，帝喾之父。黄帝死后，继承帝位，为五帝之一，帝号高阳，传说颛顼在位七十八年，死后葬于今河南省濮阳市内黄县，与帝喾的陵墓在一处，人称"二帝陵"。

禺 强

# 第十六章　海外东经①第九

**【原文】**

海外自东南陬至东北陬者：

外东-1 䃀②丘，爰有遗玉、青马、视肉、杨柳、甘柤、甘华，百果所生。在东海③，两山夹丘，上有树木。一曰嗟丘，一曰百果所在，在尧葬④东。

外东-2 大人国⑤在其北，为人大，坐而削船。一曰在䃀丘北。

外东-3 奢比之尸⑥在其北，兽身、人面、大耳，珥两青蛇。一曰肝榆之尸⑦。在大人北。

外东-4 君子国⑧在其北，衣冠带剑，食兽，使二大虎在旁，其人好让不争。有薰华草⑨，朝生夕死。一曰在肝榆之尸北。

外东-5 䖺䗡⑩在其北，各有两首。一曰在君子国北。

外东-6 朝阳之谷，神曰天吴，是为水伯。在䖺䗡北两水间。其为兽也，八首人面，八足八尾，皆青黄。

外东-7 青丘国⑪在其北。其狐四足九尾。一曰在朝阳北。

外东-8 帝命竖亥⑫步，自东极⑬至于西极，五亿十选九千八百步。竖亥右手把算，左手指青丘北。一曰禹令竖亥。一曰五亿十万九千八百步。

外东-9 黑齿国⑭在其北，为人黑（齿），食稻，啖蛇，一赤一青，在其旁。一曰在竖亥北，为人黑首，食稻，使蛇，其一蛇赤。

外东-10 下有汤谷⑮。汤谷上有扶桑⑯，十日所浴，在黑齿北。居水中，有大木，九日居下枝，一曰居上枝。

大人国

奢比尸

外东-11雨师妾在其北,其为人黑,两手各操一蛇,左耳有青蛇,右耳有赤蛇。一曰在十日北,为人黑身人面,各操一龟。

外东-12玄股之国⑰在其北,其为人衣鱼食䳍⑱,使两鸟夹之。一曰在雨师妾北。

外东-13毛民之国在其北,为人身生毛。一曰在玄股北。

外东-14劳民国在其北,其为人黑。或曰教民。一曰在毛民北,为人面目、手足尽黑。

外东-15东方句芒⑲,鸟身人面,乘两龙。

建平元年⑳四月丙戌,待诏太常属臣望校治,侍中光禄勋臣龚、侍中奉车都尉光禄大夫臣秀领主省。

【注释】

①海外东经:海外东,指东海,即东夷民族聚居区。海外东经,即介绍东夷各民族的专门章节。

②嗟:同"嗟"。

③东海:指人文意义上的"东海",即东夷族居住区。

④尧葬:尧,即帝尧,号陶唐,五帝之一。其葬地在山东省鄄城县。

⑤大人国:古代氏族,或称邦国。又叫长翟、长狄。其为人身材高大。

⑥奢比之尸:奢比,也叫奢龙,传说中的氏族。尸,上古时代尸、夷一字。奢比之尸,即奢龙之夷,是东夷中的一个部落。

⑦肝榆之尸:肝、榆是两个部族的联称,如同炎黄联称一个意思。肝榆之尸,即一个叫肝榆的夷人部落,与奢龙之夷是一个民族,两个名字。

⑧君子国:指伏羲氏的后世之国。传说该部族人品格高尚,好让不争。

⑨薰华草:又叫藿香、薰衣草。多年生草本植物。这里也是图腾的反映。

⑩蚩蚩:同"虹",即彩虹,也叫虹霓。传说彩虹双出,颜色鲜艳者为雄,称作虹;另

者为雌，称霓。这里指的是以彩虹为图腾的部族。

⑪青丘国：传说中的邦国。其民食谷、衣锦，有四足、九尾狐瑞兽。根据王献唐在《炎黄氏族文化考》中的观点，青丘国在山东省广饶县古清水泊附近。

⑫竖亥：古代善走者。曾受大禹命，测量东极、西极之间的距离。

⑬东极：这是古代中华地理术语。东极为中华最东端，另外还有西极、南极、北极，四极构成天下说。从文中描述的情况看，上古时代所称的东极，应指山东省最东端的成山头。

天　吴

⑭黑齿国：传说是由凿齿后裔建立的国家。南海百粤族中有此国家，春秋时灭于吴国。不过，这里应该是指黑齿的前身凿齿。

⑮汤谷：传说中的日出之所。

⑯扶桑：神话传说中的神木，又叫槫木、扶木。

⑰玄股国：传说中的邦国。其民腿以下全黑，穿鱼皮，食海鸥。郝懿行注曰：今东北有鱼皮岛夷，正以鱼为衣也。从文中描述和郝懿行注解看，玄股国应是指现在的赫哲族。

⑱鸓：同"鸥"，即海鸥。

⑲东方句芒：原是中央政权经略东夷、镇守东夷的诸候，因居东方，演化成掌管春天之神。详见解析。

⑳建平元年：建平，是汉哀帝的年号。建平元年，即公元前六年。这段文字不是《山海经》原文，而是西汉校勘者的署名。其中，望，指丁望；龚，指王龚；秀，指刘秀，又叫刘歆。

## 【译文】

海外（东夷）从东南角到东北角的邦国、诸侯、山川河岳分别如下：

外东-1嗟丘，这里有遗玉、青马、视肉、杨柳树、甘柤树、甘华树，是百果生长的乐园。就在东夷族居住的地方，两座山夹着嗟丘，丘上面各种树木郁郁葱葱。另一种说法认为嗟丘就是嗟丘。还有一种说法认为这里是百果生长的乐园。在帝尧葬地的东面。

外东-2大人国在它的北面。这里的人身材高大，正坐在船上划船。另一种说法认为大人国在嗟丘的北面。

外东-3奢比夷在它的北面。这里的人长着野兽的身子、人的面孔，大大的耳朵上穿挂着两条青蛇作装饰。另一种说法叫肝榆夷，他们住在大人国的北面。

外东-4君子国在它的北面。这里的人穿衣戴帽非常整齐，并且腰间佩带宝剑，以野兽之肉为食。能使唤两只斑斓大虎，它们经常跟随在主人的身旁。君子国的人为人品格高尚，喜欢谦让，不好争斗。这里有一种草叫薰华草，早晨开花，晚上凋谢。另一种说法认为君子国在肝榆夷的北面。

外东-5以虹虹为图腾的部落在它的北面。彩虹是成对出现的，它们的两端都各有一个脑袋。另一种说法认为虹虹在君子国的北面。

外东-6朝阳谷的神守诸侯叫做天吴，就是所谓的水伯。他住在虹虹北面的两条河流之间。他长得和野兽一般模样，长着八个脑袋、人一样的脸面、八只爪子、八条尾巴，都是青、黄相间的颜色。

外东-7青丘国在它的北面。这里的狐狸都是长着四只爪子、九条尾巴。另一种说法认为青丘国在朝阳谷的北面。

外东-8天帝命令竖亥步行测量大地，测得从东极到西极的长度，是五亿十选

黑齿国

九千八百步。竖亥右手拿着算筹，左手指着青丘国的北面。另一种说法认为是大禹命令竖亥测量的。还一种说法，认为测量出的东西极之间的距离是五亿十万九千八百步。

外东-9黑齿国在它的北面。这里的人把牙齿涂得漆黑，以稻米和蛇肉为主食。还有一条红蛇和一条青蛇正围在人们的身旁。另一种说法，认为黑齿国在竖亥所在地的北面，这里的人都是黑脑袋，吃的是稻米，蛇是用来驱使的，其中一条蛇是红色的。

外东-10下面有汤谷，汤谷上面有一棵扶桑树。汤谷是十个太阳洗澡的地方，在黑齿国的北面。在水的中间，有一棵高大的树木，九个太阳停在树的下枝上，一个太阳停在树的上枝上。

外东-11雨师妾国在汤谷的北面。这里的人浑身漆黑，两只手各握着一条蛇，左边耳朵上挂着一

条青蛇作装饰，右边耳朵上挂着一条红蛇作装
饰。另外一种说法认为雨师妾国在十个太阳所
在地的北面，这里的人都是黑色的身子，长着
人的面孔，两只手各握着一只龟。

雨师妾

外东-12玄股国在它的北面。这里的人穿着
鱼皮制作的衣服，以海鸥为食，常常使唤的两
只水鸟在身边。另一种说法，认为玄股国在雨
师妾国的北面。

外东-13毛民国在它的北面。这里的人全身
长满了毛。另一种说法，认为毛民国在玄股国
的北面。

外东-14劳民国在它的北面。这里的人浑身漆
黑。有的人称他们为教民国。另外一种说法，认
为劳民国在毛民国的北面，这里的人脸面、手、脚全是黑的。

外东-15佐治东方的诸侯是句芒，形象是鸟的身子、人的面孔，经常驾着两条龙
飞翔。

西汉建平元年四月丙戌日，待诏太常属臣丁望校对整理，侍中光禄勋臣王龚、
侍中奉车都尉光禄大夫臣刘秀负责这项工作。

【解析】

《海外东经》是专门介绍东夷、淮夷部族的专门章节，他们居住在东海之中。当
然这里的东海是人文意义上的东海，而非自然界的东海，指的是东夷聚居区。大致
从江苏省的北部，到山东全境，也可能到达东北南部。这里面有点头绪是大人国、
肝榆之尸、君子国、竖亥部落、黑齿国和东方句芒。

## （一）

有关大人国的记载，在各类古代典籍中屡见不鲜。《国语·鲁语下》有这样一
段记载：

> 吴伐越，堕会稽，获骨焉，节专车。吴子使来好聘，且问之仲尼，曰："无以吾
> 命。"客发币于大夫，及仲尼，仲尼爵之。即撤俎而宴，客执骨而曰："敢问骨何为

大？"仲尼曰："丘闻之：昔禹致群神于会稽之山，防风氏后至，禹杀而戮之，其骨节专车，此为大矣。"客曰："敢问谁守为神？"仲尼曰："山川之灵足以纪纲天下者，其守为神；社稷之守，为公侯。皆属于王者。"客曰："防风氏何守？"仲尼曰："汪芒氏之君也，守封、嵎之山者，为漆姓。在虞、夏、商为汪芒氏，于周为长狄，今为大人。"

这段文字是说，吴国在伐越的过程中，在会稽得到一具古人的尸骨，大到用车才能装下。吴国国君让使者去问孔子：什么人的骨头那么大？孔子回答说：这是防风氏的。防风氏是汪芒氏的酋长，汪芒氏是他们在舜帝时代和夏、商时的称号，在周朝初年的时候叫长狄，现在人们都称他们为大人。

这是古代文献中关于大人国的最早的记载，之后屡见记载。

关于长狄，王献唐先生在《炎黄氏族文化考》中也有考证，认为长狄本是黄河流域的原住民，黄帝部族进入黄河流域后，被驱往北部高寒地区。到春秋时北狄的部分部族又渗透到宋、卫、齐、鲁之间，由于他们身材高大，人称长狄，又称长翟。墨家的代表人物墨翟，便出自这个族群。这个族群便是大人国的创作原型。

在国外，也有大人国的传说。英国长篇小说《格列佛游记》就有大人国的情节，描述英国医生格列佛漂流到大人国，被大人国的人们当作一头聪明的小动物，带着他到处去展览，接着又被王后买去，经历了许多风险，最后回到故乡。

玄股国

## （二）

我们已经知道古代尸、夷一字，肝榆之尸便是一个叫肝榆的一个夷人部族。肝榆两字让我们想起江苏东北部的赣榆县。是的，江苏省赣榆县的得名就与肝榆之尸有关。

按王献唐《炎黄氏族文化考》的观点：上古时期，文字初备，只能按音署字，简单表意，但用字不规范，不准确。到了汉代，朝庭和学者们才开始按音、按义署字，因此，上古文献都不要拘于本字。因此，《山海经》中"肝榆之尸"之肝榆，便为后世"赣榆县"之赣榆。

肝榆，或赣榆是什么意思呢？或者说赣榆县之名是怎样得来呢？

江苏省,乃至全国的一些学者都是在研究这个问题。有懿愚说,有贡榆说,有植榆说,恐都不对。实际上,中华上古地名之由来,都源于氏族。单一氏族居住地的地名,便由一个氏族名称名地,如山东省的莱阳、莱州、宁阳、寿丘、寿光等等,莱、宁、寿等,都是氏族名称,阳、州、丘、光等,都是乡或场的意思;有两个氏族或两个以上氏族居住区地名的形成,便由两个主要氏族名称名地,如山东省的蓬莱、莱芜。并且族迁名随,如果某个氏族迁走,他们新迁之地的地名、山水名称往往会用原来家乡的名称名之。如果这个地方,已有其他氏族居住,地名、山名、水名先前都有了,后来者就会沿用原名。这也是王献唐先生《炎黄氏族文化考》中的观点。

赣榆,便是由两个氏族的名称名地。说明上古时候,赣榆县这个地方居住着两个或两个以上的氏族,赣是一个主要氏族(由江西赣州可证),榆也是一个主要氏族。榆氏族之榆,可能与连云港、赣榆一带的古称——郁州之"郁"是一个意思,只是后来署字不同。赣氏族可能后来部分迁移出去,但与本族有关的地名"赣"在本地却保留下来。

## (三)

"君子国"的一词,来自黄帝与其辅臣天老的对话。

我们知道,黄帝一族是靠武力夺取九州的领导权的,并且,他们从西北游牧区进入九州之后,便占据了天下之中的位置,把原住民东者愈驱愈东,西者愈驱愈西,南者愈驱愈南,北者愈驱愈北,并将原九州土著卑为东夷、南蛮、西戎、北狄。各地土著纷纷抗争,只有东夷的伏羲氏的后裔之国居民未起。后来,黄帝巡视各方,见伏羲后裔之人,为人淳厚平和,淳淳好礼,仁义厚道,与世无争,与人无竞,嫁娶以礼,处事以拱,讲文修德,文质相宣,彬彬郁郁,朴风茂美,大风泱泱,人格非凡。不由得不佩服,说"有君子国"、"夷俗仁也",而对其他方原住民却颇有微洞。

《说文解字》"羌"下也有:"东夷从大。大,人也。夷俗仁,仁者寿,有君子、不死之国。"

当然,《海外东经》中的君子国,并不是指整

毛民国

劳民国

个东夷,而是指东夷中伏羲后裔之国,大体上包括泰沂山区,即山东省的泰安市,济宁市的东部地区,沂蒙山区的西部,以及枣庄市的北部,基本上就是西周初封鲁国及附近地区。

上古东方社会的淳朴境界,一直是儒家崇拜、赞美和推崇的。古代典籍咏叹上古东方社会风俗美者,数不胜数。实际上,现在的整个山东省,都继承和发扬了上古先民们的那种君子风范,忠于国家,忠于民族,服从领导,为人勤奋,敢于创新,在改革开放、发展经济、实现"中国梦"的道路上默默前行,其品格操守得到世人公认,其美誉度一直名列前茅。

## (四)

竖亥,是古代善走的人。大舜后期和帝禹时期,竖亥奉命丈量国土疆域,他率领一个测量班子,发明了测量土地的步尺和算筹,踏遍了华夏大地,对中华大地进行了测量,当为大地测量学的鼻祖。

关于大地测量的传说或记载,并非《山海经》专有。《淮南子·地形训》就有"禹乃使太章步自东极,至于西极,二亿三万三千五百里七十五步;使竖亥步自北极,至于南极,二亿三万三千五百里七十五步"的记载。

本经中有东极、西极之说,实际还有南极与北极,谓之"四极"。"四极"有四个意思:一是极远之地。二是极远之国。《尔雅·释地》中有四极的解释:"东至于泰远,西至于邠国,南至濮沿,北至祝栗,谓之四极。"当然,文中的泰远、邠国、濮沿、祝栗是现在的什么地方已无法确定。三是古代的天文学名词,指日、月周行四方所达到的最远点。四是指古代传说中立于四方的擎天柱,四极之内即为天下。《荒经》中也有东极离瞀、南极、西极、北极天柜的记载,但我们已经不可能查到古代的四极确切为现在的那个地方。

## （五）

我们在《海外南经》中介绍凿齿时，曾说过凿齿的后裔曾建立过黑齿国，那是在百越族的聚居区南海（南蛮聚居区）。实际上，说黑齿国在东海者只有《山海经》，其他古籍都说在南方。如《战国策·赵策二》上有："披发文身，错臂左衽，瓯越之民。黑齿雕题，鳀冠秫缝，大吴之国也。"《楚辞·招魂》中也有："雕题黑齿，得人肉以祀，以其骨为醢些。"可见黑齿国在南方。广东的研究学者甚至认为黑齿在肇庆———佛山一带，为岭南四国之一，于公元前504前先灭于吴，吴亡后又亡于越。

东方句芒

为什么会有如此颠倒？实际是凿齿是北方民族，尧帝命后羿诛凿齿于寿华之野，这件事在《淮南子·本经训》记载得非常清楚。很可能是后羿在北方诛凿齿，之后其后裔跑到南方建立了黑齿国，在南粤存在了一千五、六百年以上。

## （六）

句芒，又叫句龙，是主管东方之神，即春神、木神，主管树木的发芽与生长。《吕氏春秋·孟春》就有："其帝太皞，其神句芒。"高诱注曰"太皞，伏羲氏，以木德王天下之号，死祀于东方，为木德之帝。句芒，少皞之裔子曰重，佐木德之帝，死为木官之神。"《礼记·月令》也有"其帝太皞，其神句芒。"朱熹注曰："句芒，少皞氏之子，曰重。"

这两侧信息中，告诉我们：句芒是少皞之子，也就是少皞后裔。

实际上，《山海经》之《海经》记载的是上古时代，中华故土上的族群情况，东方句芒与南方祝融、西方蓐收、北方禺强等，都不是那种死后接受祭祀的神仙，而是活生生的人，是接受中央政权任命的镇守一方、经略一方的诸侯及其族群。

# 第十七章 海内南经<sup>①</sup>第十

**【原文】**

海内东南陬以西者：

内南-1 瓯<sup>②</sup>居海中。闽<sup>③</sup>在海中，其西北有山。一曰闽中山在海中。

内南-2 三天子鄣山<sup>④</sup>在闽西海北。一曰在海中。

内南-3 桂林八树<sup>⑤</sup>在番隅<sup>⑥</sup>东。

内南-4 伯虑国<sup>⑦</sup>、离耳国<sup>⑧</sup>、雕题<sup>⑨</sup>国、北朐国皆在郁水<sup>⑩</sup>南。郁水出湘陵南海（山）。一曰相虑。

内南-5 枭阳国在北朐之西，其为人人面长唇，黑身有毛，反踵<sup>⑪</sup>，见人笑亦笑，左手操管。

枭阳国

内南-6 兕在舜葬东，湘水南，其状如牛，苍黑，一角。

内南-7 苍梧之山<sup>⑫</sup>，帝舜葬于阳，帝丹朱<sup>⑬</sup>葬于阴。

内南-8 氾林<sup>⑭</sup>方三百里，在狌狌东。

内南-9 狌狌知人名，其为兽如豕而人面，在舜葬西。

内南-10 狌狌西北有犀牛，其状如牛而黑。

内南-11 夏后启之臣曰孟涂，是司神于巴人，请讼于孟涂之所，其衣有血者乃执之，是请生。居山上，在丹山西。丹山在丹阳南，丹阳居（巴）属也。

内南-12 窫窳<sup>⑮</sup>龙首，居弱水中，在狌狌知人名之西，其状如龙首，食人。

<sup>内南-13</sup>有木，其状如牛，引之有皮，若缨、黄蛇。其叶如罗，其实如栾，其木若蓝，其名曰建木⑯。在窫窳西弱水上。

<sup>内南-14</sup>氐人国⑰在建木西，其为人人面而鱼身，无足。

<sup>内南-15</sup>巴蛇食象，三岁而出其骨，君子服之，无心腹之疾。其为蛇青、黄、赤、黑。一曰黑蛇青首，在犀牛西。

<sup>内南-16</sup>旄马，其状如马，四节有毛。在巴蛇西北，高山南。

<sup>内南-17</sup>匈奴⑱、开题之国⑲、列人之国并在西北。

**【注释】**

①海内南经：海内，指位于东夷、南蛮、西戎、北狄之内的，中央政权的兄弟之国。南经，应该是记载海内靠南部的中央政权兄弟之国的专门章节。但在实际记载中也记载了一些南蛮的部族或邦国。

②瓯：即东瓯，古代氏族或邦国名称。居住在今浙江省温州一带。现在温州市的简称就是瓯。

③闽：也叫西瓯，古代氏族或邦国名称。居住在今福建省西北部，又为福建省的简称，有福建八闽之说。

④三天子鄣山：又名三天子都山，即大鄣山，在安徽县绩溪县。春秋时吴、越以此山为界，秦立鄣郡以此山为名。

⑤桂林八树：桂，原指南桂国，在今湖南省桂阳县。桂林八树，传说是一片由八棵桂花树形成的树林，后来成了南桂国的氏族称号。该氏族最初居住在湖南南部、广东西部，后来移居到广西桂林，于是，桂林别称八桂。

⑥番隅：本为尧帝之子丹朱之后裔，后来成了南海神，即中央政权镇守南海的诸侯。又为地名，在今广东省广州市。

⑦伯虑国：古代邦国名称，位于广西省郁江南岸。自夏、商、周，

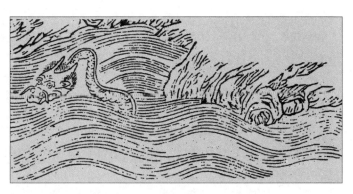

窫窳

直到隋代，伯虑国都有一直存在。郁江南岸这片山地是俚人分布地区，伯虑而实为俚僚中的一支。

⑧离耳国：即儋耳国。郭璞注曰："离其耳，分令下垂以为饰，即儋耳也，在朱崖海渚中。"即今海南岛黎族的一支，居住在今海南省儋县。

氏人国

⑨雕题：题，指额头。《太平御览》引《异物志》："雕题国，画其面皮，身刻其肌而青之，或若锦衣，或若鱼鳞。"即今刺青。

⑩郁水：本指广西郁江。但这里指今广西郁江、浔江和广东省的西江。

⑪反踵：过去注解者均注为：脚跟、脚尖反转而生。恐不对。应是脚背朝下，脚心向上走路，如灵长类动物前肢走路的方式。

⑫苍梧之山：即九嶷山，在湖南省宁远县城南，帝舜葬地。

⑬帝丹朱：尧帝长子。尧舜禅让，丹朱未能继帝位，但其追随者仍尊其为帝。

⑭氾林：即《海外南经》中的范林。

⑮窫窳：传说中的天神，原为人首、蛇身，被杀后变龙首、狸猫之身，吃人。

⑯建木：郭璞注曰："青叶、紫茎、黑华、黄实。"实际上是一种栾树。

⑰氏人国：由古代少数民族氏人建立的国家，氏、羌同源，都是炎帝的后裔之国。西晋"五胡乱华"，便有氏人。其"人面而鱼身"，与仰韶文化的"人面鱼身纹"盆的花纹相似，是图腾的反映。说明氏人也是仰韶文化的创造者。正确理解"人面而鱼身"是图腾的反映，对理解《山海经》中众多的"怪物"，如：多头，多足，动物的身子、人的面孔之类的动物大有帮助，因为这些"怪物"都是抽象的，某个氏族的图腾，而不是现实世界中的生物。

⑱匈奴：古代北方少数民族。按《史记》的说法，匈奴人是由春秋时山戎、猃狁、荤粥等少数民族融合而成的。

⑲开题之国：开题，即人在幼年时，将额头割开后埋入宝石。藏族人有此风俗。开题之国，应该是指藏族的一个小邦。


## 【译文】

海内由东南角向西的邦国、诸侯、山川河岳分别如下：

内南-1 瓯氏族居住在海中。闽氏族居住在海中，它的西北方有座山。另一种说法，认为闽中山在海中。

内南-2 三天子鄣山在闽西海北。另一种说法认为三天子鄣山在海中。

内南-3桂林八树部族，处在番隅族的东面。

内南-4伯虑国、离耳国、雕题国、北朐国都在郁水之南。郁水发源于湘陵南山。另一种说法认为伯虑国也叫做相虑国。

内南-5枭阳国在北朐国的西面。这里的人长着人的面孔，但嘴唇长长的，身体黑黑的，长有长毛，脚背在下、脚心向上走路，看见人笑也跟着笑。他们都是左手拿竹筒。

内南-6以兕为图腾的邦国在帝舜葬地的东面，湘水的南岸。兕的形状像牛，通身青黑色，长有一只角。

内南-7苍梧山，帝舜葬在这座山的南面，帝丹朱葬在这座山的北面。

内南-8氾林方圆三百里，在狌狌的东面。

内南-9狌狌能知道人的名字，这种野兽的身体像猪，但长着人的面孔，生活在帝舜葬地苍梧山的西面。

内南-10狌狌的西北有犀牛，它的形状像一般的牛，但全身都是黑色的。

内南-11夏后启的臣子叫孟涂，是主管巴地诉讼的神。巴地的人到孟涂那里去打官司，如果有谁的衣服沾有血迹，就会被孟涂拘禁起来，这样就不会冤枉好人，有好生之德。孟涂住在一座山上，这座山在丹山的西面。丹山在丹阳的南面，而丹阳是巴的属地。

内南-12窫窳长着龙一样的头，住在弱水中，处在能知道人姓名的狌狌的西边，它的形状像貙，长着龙头，是能吃人的。

内南-13有一种树，形状像牛，使很小的劲就能把树皮剥落下来，树皮的样子像人帽子上的缨带，又像黄色的蛇皮。树的叶子像罗网，果实像栾树结的果实，树干像刺榆，名字叫建木。建木生长在窫窳西边的弱水边上。

内南-14氐人国在建木的西边。这里的人长着人的面孔，却长着鱼的身子，没有脚。

内南-15巴蛇能吞食大象，吃后三年才能吐出大象的骨头。君子吃了巴蛇的肉，就不会患心痛或肚子痛这样的大病。巴蛇的颜色是青色、黄色、红色、黑色等多种颜色混杂在一起的。另外一种说法，认为巴蛇是黑色身子、青色脑袋，在犀牛的西面。

内南-16旄马，形状像普通的马，但四条腿的关节上都长有毛。旄马在巴蛇所在地的西北面，一座高山的南面。

内南-17匈奴国、开题国、列人国都在西北方。

巴蛇食象

【解析】

　　《海内南经》是记载位于南方的、中央政权的兄弟之国所设的专门章节。中国有句俗话,叫做"四海之内皆为兄弟"。这是黄帝部族进入中原之后,对居住在华夏故土的新老居民进行分类管理后出现的一句话,也是治理国家的方略。兄弟之国,包括本族(黄帝部族)诸侯国和炎帝部族中接受其领导的诸侯国。当然,《海内南经》记载的并非全部都是中央政权的兄弟之国,也有很多南蛮部族或邦国。

　　本经共记述了二十二邦国或诸侯,基本上都能查得到。这里只就"孟涂"、"匈奴"和"开题之国"等条目作简单解析。

(一)

　　"夏后启之臣孟涂"一则,为我们留下了古代神判法解决诉讼的珍贵资料。文中的孟涂,应该是涂山氏部族的首领,这里的"孟"并非姓,而是古代兄弟,或季节的行序。因为作为姓氏的"孟",到春秋时才出现。成语"庆父不死,鲁难未已"中"庆父"的后代,以庆父排行老大的"孟"字作为姓氏,才有了"孟"姓。当初的

"孟"只是序号,第一的意思,其次叫"仲",第三叫"季"。古代说春天有孟春、仲春、季春三春之说,也可佐证"孟"是行序。

我们知道,夏后启的母亲是涂山氏。当然,这里的涂山氏,既是氏族名号,又是夏后启母亲的名号。夏后启是夏朝的第一位君王,他称后(即王)之后,自然忘不了其母族,于是便封涂山氏族中排行老大的孟涂,带领整个涂山氏族,或部分成员,到巴地,给巴人做起了"神"。这个"神",相当于诸侯,或地方行政长官。其职责之一,便是维持秩序,解决诉讼,惩治犯罪。

孟涂是怎样解决诉讼的呢? 文中说:"请讼于孟涂之所,其衣有血者乃执之,是请生。"一句带过,语焉不详。研究者一般认为,这是孟涂在用"神判法"审案。

所谓神判法,就是对一些查无头绪的疑难案件,借助巫术等迷信方法,诉诸神灵,对案件的是非曲直做出判断。常用的方法有: 捞油锅、动物咬(触)、蛇虫蜇、掷骰子、占卜等等,无奇不有。《墨子·明鬼》就有一则动物神判的记载:

> 昔者齐庄君之臣有所谓王里国、中里徼者。此二子者,讼三年而狱不断。齐君由谦杀之恐不辜,尤谦释之恐失有罪。乃使之人共一羊,盟齐之神社。二子许诺。于是泏洫㧌羊而洒其血。读王里国之词,既已终矣。读中里徼之词,未半也,羊起而触之,折其脚,祧神之而槁之。殪之盟所。

这是古籍中使用动物神判法判案的最早的案例,此后这种记载不绝于缕。最著名的就是獬豸神判法。说獬豸这种瑞兽,能明曲直、辨是非,见人争斗就用其角去顶坏人。

事实上,这是上古时代,在那种认识水平较低的情况下,解决疑难诉讼的无奈选择。这种神判法,不仅中国有,世界各国概莫能外,有些国家甚至会用毒蛇猛兽作为神判动物。我国的一些少数民族地区,在解放前,还一直沿用动物神判法审案。至于这种判案方法,会有多少冤死鬼,那只有天知道。

本经中还有一则关于巴族的神话,便是"巴蛇食象"。注解者都把这则神话理

旄 马

解为巴地蟒蛇的凶猛。这则神话经反复引用，遂变成了一句成语，叫做"贪心不足蛇吞象"，比喻某人贪得无厌。这样解释对不对还真不好说，反正都是这么解释的。我觉得也可以理解为两个部族之间的战争，而巴族只是一个小的部族——象族，或以象为图腾的部族是一个大的族群。巴族通过三年的战争，打败了一个大部族。

## （三）

匈奴，按说是不应该出现在《海内南经》中的，出现在《海外北经》，甚至《大荒北经》中应该更合理一些。这种时空错乱在《山海经》中不只一处。现在，匈奴出现在了《海内南经》中，我们不妨将错就错，在这里把匈奴作一简要介绍。

匈奴大约兴起于战国时期的公元前三世纪，但我们伟大的史学家司马迁却为之作《匈奴传》，告诉我们匈奴的来龙去脉。

司马迁认为匈奴的先祖是山戎、猃狁、荤粥，居于北蛮，随牲畜而转移。此后不断南迁至陕西、山西、甘肃，甚至南迁至河南。周幽王骊山之变、西周的灭亡就是犬戎造成的。春秋时期各诸侯之国与山戎、犬戎、戎狄、猃狁、赤翟、白翟、胡、东胡之战不绝于史。由于燕国近于各戎、狄，经常受到他们的侵扰，几尽灭国，后来齐桓公出兵伐山戎，才把燕国从危难中解救出来。再后来秦、晋两国崛起，晋文公攘戎、翟，秦穆公霸西戎，此后形势有所改变。

战国时期七个主要国家有三个边于匈奴，即燕国、赵国、秦国。秦昭王时秦伐义渠戎王，战于甘泉，于是秦得陇西、北地、上郡，筑长城以拒胡。赵武灵王胡服骑射，北破林胡、楼烦，筑长城自代地（今山西省代县），至阴山下，而置云中、雁门、代郡。其后燕有贤将秦开，为质于胡，胡甚信之，后来回到燕国，带兵袭破东胡，东胡退却千余里。再后来秦始皇统一六国，派蒙恬带十万大军击胡，悉收黄河之南之地，因河为塞，并将燕国、赵国、秦国先前所筑长城连接起来。

在前面的叙述中，讲到很多的少数民族名称，如猃狁、荤粥、山戎、犬戎、赤翟、白翟、胡、东胡等等，他们都是后来匈奴的组成部分，可见匈奴成份复杂。复杂归复杂，但不外乎两部分：一是本来就是北方的少数民族，如胡、东胡。二是原居于华夏的一些民族，原本是中华土著，但被当时的中央政权或诸侯赶到北方。比如犬戎，本是炎帝部族。因为该族裔并未参加炎黄的民族融合，并一直与黄帝部族及后来的华夏族处于战争之中，最终被赶往塞外。匈奴中的呼延氏与炎帝神农氏就有血脉渊源。

匈奴在汉代或强或弱，彼此消长，或和亲或战争，一场场历史大戏在蒙古高原上演。汉武帝时期，重用大将卫青、霍去病彻底击败匈奴，匈奴王庭远迁漠北，从此匈奴势力一蹶不振。

匈奴势力逐渐式微之后，鲜卑、突厥、契丹、蒙古先后崛起于蒙古高原。关于匈奴的后裔，一般认为一部分逃往西方，为现在匈亚利；一部为后来的蒙古。

## （四）

本经中，有一个国家叫开题之国。从注解中，我们得知，开题之国疑是藏族。因为没有更多的证据证明，所以我们只能说是疑是。这个"疑"有没有道理呢？自然是有一定道理的！首先，地理位置符合。在《海内南经》中，处于最西端。其次，风俗符合。藏族同胞有在额头上埋入宝石的习俗。第三，藏族是一个伟大的民族，《山海经》的作者自然是不会遗忘这个伟大民族的。也有人说，旄马，就是牦牛，也是代表藏族，也对。因为那时藏族并未统一，把藏族统一成一个强大的民族，是在唐朝，是松赞干布的伟业。远古时候，藏族有个小邦时代，有大大小小二十几个小邦，《山海经》的作者记载藏族的多个小邦也是可能的。可见，在远古时代，我们就和藏族同胞生活在一个大家庭之中。

那么，藏族是怎么起源的呢？关于藏族的起源有三种说法：一种是南来说，认为藏族来自印度，是释迦牟尼的后裔。二是藏、羌同源说，认为藏族来自内地。三是在藏族民间广泛流传的，并且体现在藏文史书《西藏王统纪》中的"猕猴变人"说，这个传说的本质就是青藏高原本土起源说。现在，经过多年的研究，人们基本上认可第二种说法，即藏、羌同源，藏族是由内地迁入的。最早发现这个秘密的是语言学家。他们通过对藏族语言的研究发现，藏语中很多语句与汉族音为相同，或接近，语义也同。当代著名的民族史学家任乃强先生在其所著的《西康图经》中举了很多的例子来说明汉、藏语音、语义的相同点。如：父亲，藏族人也叫爸爸；母亲，藏族人也叫妈妈；名字，藏族人叫名。此外，山岗为岗，平地为坦，我为厄，死为洗，柴为薪，解放前奴隶主称下人为役。这些语言已经和我们现在的语言非常接近。实际上，这些语言与我们的现代汉语同源。如上文中的柴，我们的文言文中也叫薪。再如青稞，藏族人原来并不叫青稞，而是叫来麦，就是小麦的意思。而在文言文中，"来"就有小麦的意思。《本草纲目》释麦时说："小麦，又名来。"《诗经·生文》也有："贻我来牟"之句，意思就是送给我大麦和小麦，牟是指大麦。再如我们过去使用的石磨，藏族人叫硙，查《现代汉语词典》发现，"硙"字的意思之一就是石磨，而我的老家把石磨的上半部分叫磨硙，下半部分叫磨盘。难道这是巧合？肯定不是！于是又有人作进一步的研究，结果发现，我们和藏族同胞有更多的相同。王献唐先生在《炎黄氏族文化考》中从游牧、起居、来麦、衣服、椎发、杂佩、交际、性情、迷信、婚礼、语文、跳歌等十二个方面进行论述，认为藏族与炎黄民族融合之前的炎帝部族同源，不仅仅是藏羌同源。

科技界也在研究藏族的起源问题。他们从遗传学的角度，通过测定藏族人群的DNA发现，藏族人与我国北方人群的DNA最为接近。考古发现也表明，青藏高原古人类是由内地迁入。人类迁入青藏高原的时间起点是在距今一万四千七百年前后，是从青海湖附近开始进入的。

# 第十八章　海内西经第十一

【原文】

海内西南陬以北者：

<sup>内西-1</sup>贰负①之臣曰危②，危与贰负杀窫窳。帝乃梏③之疏属之山④，桎其右足，反缚两手与发，系之山上木。在开题西北。

<sup>内西-2</sup>大泽⑤方百里，群鸟所生及所解。在雁门北。

<sup>内西-3</sup>雁门山，雁出其间，在高柳⑥北。

<sup>内西-4</sup>高柳在代⑦北。

<sup>内西-5</sup>后稷之葬，山水环之。在氐人国西。

<sup>内西-6</sup>流黄酆氏之国，中方三百里。有涂四方，中有山。在后稷葬西。

<sup>内西-7</sup>流沙出钟山，西行又南行昆仑之虚，西南入海。黑水之山。

<sup>内西-8</sup>东胡⑧在大泽东。

<sup>内西-9</sup>夷人⑨在东胡东。

<sup>内西-10</sup>貊国⑩在汉水东北。地近于燕⑪，灭之。

<sup>内西-11</sup>孟鸟在貊国东北，其鸟文赤、黄、青，东乡。

<sup>内西-12</sup>海内昆仑之虚，在西北，帝之下都。昆仑之虚，方八百里，高万仞。上有木禾，长五寻，大五围。面有九井，以玉为槛。面有九门，门有开明兽

贰负臣危

守之，百神之所在。在八隅之岩，赤水之际，非仁羿⑫莫能上冈之岩。

内西-13赤水⑫出东南隅，以行其东北。

内西-14河水出东北隅，以行其北，西南又入渤海，又出海外，即西而北，入禹所导积石山。

内西-15洋水、黑水⑬出西北隅，以东东行，又东北，南入海，羽民南。

内西-16弱水⑭、青水出西南隅，以东又北，又西南，过毕方鸟东。

内西-17昆仑南渊深三百仞。开明兽身大类虎而九首，皆人面，东向立昆仑上。

内西-18开明西有凤皇、鸾鸟，皆戴蛇践蛇，膺有赤蛇。

内西-19开明北有视肉、珠树⑮、文玉树⑯、玗琪树⑰、不死树⑱。凤皇、鸾鸟皆戴蒇。又有离朱、木禾、柏树、甘水⑲、圣木曼兑⑳，一曰挺木牙交。

内西-20开明东有巫彭㉑、巫抵、巫阳、巫履、巫凡、巫相，夹窫窳之尸，皆操不死之药以距之。窫窳者，蛇身人面，贰负臣所杀也。

内西-21服常树，其上有三头人，伺琅玕树。

内西-22开明南有树鸟，六首；蛟、蝮、蛇、蜼、豹；鸟秩树，于表池树木；诵鸟、鶽、视肉。

## 【注释】

①贰负：传说本是伏羲后裔，后来演化为天神，人首、蛇身。

②危：原为贰负之臣，后来演变成天神，为天宫二十八星宿之一。

③梏：古代的木制手铐，这里是拘禁的意思。下文中的"桎"，本为拘禁人双脚的刑具，这里是名动用法，拘禁人双脚的意思。

④疏属之山：古代山名，又名雕阴山。在今陕西省龙泉市，即《西次四经》中的阴山。

⑤大泽：指内蒙古自治区境内的岱海，古代称泰泽、大泽。

⑥高柳：古代地名，在今山西省阳高县。

⑦代：古国名，又为地名，在今山西省代县。

⑧东胡：古代少数民族名称。为春秋、战国时强盛一时的北方少数民族，因居匈奴（胡）之东而得名。后被匈奴击败，退居乌桓山的一支，自称乌桓；退居鲜卑山的一支，自称鲜卑。

⑨夷人：本指东夷，但这里指东北夷。

⑩貊国：古代古国名。在西周，貊为百国之一。在今朝鲜北部。

⑪燕：即燕国，西周封国，姬姓，开国君主是召公奭。持续时间从西周初一直到战国末，为秦所灭。

⑫仁羿：即后羿。仁，是指后羿的族裔是东夷。上古时期，夷、尸、仁及人，都是指东夷。

⑫赤水：这里指位于祁连山南麓的大通河或黄河上游。

⑬黑水：即甘肃黑河，发源于祁连山脉，经河西走廊，注入内蒙古西部的居延海。

⑭弱水：古代水名。古代弱水发源于祁连山脉，向西流入合黎山腹部。现在黑河下游的内蒙古额济纳旗的一段，仍称弱水。

⑮珠树：传说中生长珍珠的树。

⑯文玉树：传说中生长五彩之玉的树。

⑰玗琪树：传说中生长红色玉石的树。

⑱不死树：传说中一种长生不死的树，人吃了它的果实，也能长生不老。

⑲甘水：即古人所说的醴泉，一种甜美的泉水。

⑳圣木曼兑：一种叫曼兑的圣树，人们经常食用它的果实，可蓄智添慧。

㉑巫彭：按《中医大词典》：巫彭及以下诸巫都是上古时代巫医。实际上从神农时代，一直到商代，都有叫巫彭、巫抵、巫阳、巫履、巫凡、巫相的巫医。巫彭及其六巫都是炎帝后裔、部落、邦国。他们既是部落之名，又是部落酋长之名，还是部落成员之名。

## 【译文】

海内由西南角向北的邦国、诸侯、山川河岳分别如下：

内西-1贰负有个臣子叫危，危与贰负合伙杀死了窫窳。天帝便把危拘禁在疏属山中，给他的右脚戴上脚镣，还把他的双手和他的头发反绑在一起，拴在山上的大树上。这座山在开题国的西北面。

内西-2大泽方圆一百多里，是群鸟孵化幼鸟和脱换羽毛的地方。在雁门山的北面。

内西-3雁门山，是大雁春去秋来经过的地方。雁门山在高柳的北面。

开明兽

凤皇

内西-4高柳在代地的北面。

内西-5后稷的葬地，有青山绿水环绕着它。在氐人国的西面。

内西-6流黄酆氏国，疆域有方圆三百里大小。有道路通向四方，中间有山。流黄酆氏国在后稷葬地的西面。

内西-7流沙的发源地在钟山，向西流动，再朝南流过昆仑山，继续往西南流入大海，直到黑水之山。

内西-8东胡在大泽的东面。

内西-9夷人在东胡的东面。

内西-10貊国在汉水的东北面。它靠近燕国的边界，后来被燕国灭掉了。

内西-11孟鸟在貊国的东北面。这种鸟的羽毛有红、黄、青三种颜色的花纹，向着东方。

内西-12海内的昆仑山，屹立在西北方，是天帝在下界的都城。昆仑山，方圆八百里，高万仞。山顶有一棵长得像大树似的稻谷，高达五寻，五人合抱才能把它抱过来。昆仑山的每一面都有九眼井，每眼井都有用玉石砌成的围栏。每一面有九道门，每道门都有一位叫做开明的神兽守卫着。这里是众多天神聚集的地方。这个地方是在八方山岩之上，赤水河的岸边。不是具有像后羿那样本领的人，是不能登上那些山冈岩石的。

内西-13赤水从昆仑山的东南角发源，然后流到昆仑山的东北方。

内西-14黄河水从昆仑山的东北角流过，流向昆仑山的北面，再向西南流入渤海，又流出海外，然后向西而后向北流，一直流入大禹所疏导过的积石山。

内西-15洋水、黑水从昆仑山的西北角发源，先是流向东方，朝东流去，再流向东北方向，直到羽民国的南面，注入大海。

内西-16弱水、青水从昆仑山的西南角发源，先是流向东方，又朝北流去，再流向西南方，然后流向毕方鸟的东面。

内西-17昆仑山的南面有一个三百仞深的深渊。那个叫开明的神兽，身子大小像老虎，但长了九个脑袋，都是人一样的面孔，朝东立在昆仑山顶上。

内西-18开明兽的西面有凤凰、鸾鸟为图腾的氏族栖息，他们都用蛇作饰品，出行也驾蛇而行，胸前还佩带着一条红色的蛇。

窫窳

内西-19开明兽的北面有视肉、珠树、文玉树、玗琪树、不死树。以凤凰、鸾鸟为图腾的氏族，人们都戴着盾牌。这里还有三足乌、像树一样大的稻谷、柏树、甘水、圣木曼兑。另一种说法认为圣木曼兑应该叫做挺木牙交。

内西-20开明兽的东面有神巫巫彭、巫抵、巫阳、巫履、巫凡、巫相，他们围在窫窳的尸体周围，手捧不死药来抵抗死神，想使他复活。这位窫窳，是蛇的身子、人的面孔，是被贰负和他的臣子危合伙杀死的。

内西-21有个叫服常树的氏族，它的图腾上面是长着三颗人头的人，保卫着附近的琅玕树。

内西-22开明兽的南面有一种特殊的鸟——树鸟，长着六个脑袋；这里还有蛟龙、蝮蛇、蛇、长尾猿、豹子、鸟秩树，在水池四周还栽植了各种树木；这里还有诵鸟、鶽鸟、视肉等。

**【解析】**

《海内西经》是记述处于西部的、中央政权兄弟之国的专门章节，除邦国之外还记载了大泽、昆仑山、赤水、黄河、黑水、弱水等水流的发源及流向等。由于年代久远，此经确实难解。

## （一）

一般认为，古代昆仑山就是指祁连山。从本文中可以看，这个观点是对的，因为黑水及古代弱水都发源于祁连山。查黑水，即甘肃黑河，发源于祁连山南麓的青海省祁连县，向北流经甘肃省肃南县、张掖市、临泽县、高台县、酒泉县、金塔县，一路向北进入内蒙古额济纳旗，注入居延海，但这与《海内西经》的记载基本相符。

弱水，是个具有诗意的水名，著名的"弱水三千，吾只取一瓢饮"，成了人们对爱情专一的代名词。然而，就是这条充满诗意的弱水，似乎早已消失在人们的视野中，只存在于人们的精神世界。

经查，我们知道，在古代确实有弱水这条河流。《史记·夏本纪》中就有"弱水既西"一句，《集解》引孔安国云："导之西流，至于合黎。"《水经注》云："弱水出张掖删丹县（山丹县），西北至酒泉会水县入合黎山腹。"合黎山位于今甘肃省河西走廊中部，山北就是内蒙古腾格里沙漠、巴丹吉林沙漠。山南和祁连山遥遥相对，两山之间便是河西走廊。可见弱水原本发源于甘肃省山丹县的祁连山脉，在大禹治水的过程中，曾导之西流至合黎山腹。事实上这段水流现在还存有很小的一段，入黑河。也许当地为了保留弱水这个水名，现在还真有一段水流叫弱水，即黑河的下游，金塔县鼎新镇以北的一段。有兴趣的读者可以莅临揽胜。

"赤水出东南隅"，这条信息很难理解，因为《山海经》中有多条赤水，很难找到现实世界中与之对应的河流，但可以肯定的是这里的赤水并不是贵州省的赤水。这里的赤水应该是指发源于祁连山南麓的黄河支流大通河或黄河上游。

三头人

《海内西经》的海内昆仑之虚附近，还有一条河流，那便是黄河。我们知道黄河真正发源地在青藏高原的巴颜喀拉山北麓，此后经青海、四川、甘肃、宁夏、内蒙古、陕西、山西、河南、山东注入渤海。当然，上古时代的黄河并不在山东入海，而是由河南经今河北，在天津入海。按照本文的描述，黄河似乎是从昆仑山发源的，因为文中说："河水出东北隅。"实际上《山海经》中"某水出焉"这类语句很多，并非都指发源，多数情况是指流过、流出。这里同样不是探讨黄河源头问题，而是说黄河从昆仑山东北方流过，这与现实世界中黄河从祁连山东部经过的情形是一致的。现在有些研究学者把《山海经》中的昆仑山当作黄河源头来研究,认为《山海经》中昆仑山便是现在的昆仑山脉,恐怕是走入了误区。如果这里把昆仑山当作河源,那么,《海内北经》中有"阳纡之山,河水出焉;凌门之山,河水出焉"又怎么讲?

这里似乎还有一个问题没有解决——那便是《山海经》中无处不在的渤海。《南山经》中有渤海,《海内西经》中也有渤海,但都不是现在的渤海。而《东次四经》中却把莱州湾叫做北海。从《南山经》中我们得知:深入陆地的海湾叫渤海。而我国的西部并没有大海,至于怎么会有渤海,这其中的真谛与沿革,还真不可能让我们现代人说清。读者如果有兴趣的话,可以自己去研究,看能不能得出结论。读《山海经》,每个人都会有自己的不同于他人的认识,一千个人读《山海经》,便会有一千种认识。也许这便是《山海经》的魅力所在。

(二)

在《海外西经》中讲到过巫咸国,本经中又有"巫彭、巫抵、巫阳、巫履、巫凡、巫相……皆操不死之药以距之"。我们还会在《大荒西经》中读到:"有灵山,巫咸、巫即、巫盼、巫彭、巫姑、巫真、巫礼、巫抵、巫谢、巫罗,十巫从此升降,百药爰在。"这其中虽然名字有所不同,但都说的是一个事。

据说十巫部落出自炎帝的灵恝部落。在古代"毉"(医)与"巫"是一个意思,他们既会占卜、祈雨、请神,又会医术,在《中医大辞典》上都能查到他们的名字。比如巫彭,黄帝时有巫彭,帝尧时有巫彭,夏朝有巫彭,商代也有巫彭,实际上他们都是巫彭部落之人。古时候很少有人有名字,部落之名便是他们的名字,

树　鸟

也是部落酋长的名字,故各代都有巫彭,并不是巫彭能活成百上千岁。

这十个部落因为都源自灵恝部落,故他们最早居住在甘肃省灵台一带。灵台之得名就是源于灵恝。此后十个部落四处迁徙,入陕、入豫、入晋、入川、入渝,咸阳之得名,重庆巫山、巫峡之得名都是源自十巫。

应该说十巫在抚慰上古时代人们的精神世界,以及救死扶伤,发展中医药方面做出了重大的贡献。

279

## 第十九章　海内北经第十二

【原文】

海内西北陬以东者：

内北-1蛇巫之山，上有人操杯①而东向立。一曰龟山。

内北-2西王母梯几而戴胜杖，其南有三青鸟②，为西王母取食。在昆仑虚北。

内北-3有人曰大行伯③，把戈。其东有犬封国④。

内北-4贰负之尸在大行伯东。

内北-5犬封国曰犬戎国，状如犬。有一女子，方跪进杯食。有文马，缟身朱鬣，目若黄金，名曰吉量⑤，乘之寿千岁。

内北-6鬼国⑥在贰负之尸北，为物人面而一目。一曰贰负神在其东，为物人面蛇身。

内北-7蜪犬如犬，青，食人从首始。

内北-8穷奇⑦状如虎，有翼，食人从首始，所食被发，在蜪犬北。一曰从足。

内北-9帝尧台、帝喾台、帝丹朱台、帝舜台，各二台，台四方，在昆仑东北。

内北-10大蜂，其状如螽。朱蛾，其状如蛾。

内北-11蟜⑧，其为人虎文，胫有

西王母

犬戎国

吉 量

脝。在穷奇东。一曰，状如人。昆仑虚北所有。

内北-12闒非，人面而兽身，青色。

内北-13据比之尸⑨，其为人折颈披发，无一手。

内北-14环狗，其为人兽首人身。一曰猬状如狗，黄色。

内北-15袜⑩，其为物人身黑首从目。

内北-16戎，其为人人首三角。

内北-17林氏国有珍兽，大若虎，五采毕具，尾长于身，名曰驺吾⑪，乘之日行千里。

内北-18昆仑虚南所，有氾林方三百里。

内北-19从极渊深三百仞，维冰夷⑫恒都焉。冰夷人面，乘两龙。一曰忠极之渊。

内北-20阳污之山⑬，河出其中；凌门之山⑭，河出其中。

内北-21王子夜⑮之尸，两手、两股、胸、首、齿，皆断异处。

内北-22舜妻登比氏⑯生宵明、烛光，处河大泽，二女之灵能照此所方百里。一曰登北氏。

内北-23盖国⑰在钜燕⑱南，倭⑲北。倭属燕。

内北-24朝鲜在列阳⑳东，海北山南㉑。列阳属燕。

内北-25列姑射㉒在海河州中。

内北-26射姑国在海中，属列姑射，西南，山环之。

内北-27大蟹㉓在海中。

内北-28陵鱼㉔，人面、手、足，鱼身，在海中。

内北-29大鲠居海中。

内北-30明组邑居海中。

内北-31蓬莱山㉕在海中。

内北-32大人之市㉖在海中。

鬼 国

**【注释】**

①杯：即棓，音同，义同，字异。杯，如同棒子、棍子、棍杖。下文的"杯"是另外一字，是杯子的意思。

②三青鸟：一曰大鹙，一曰少鹙，一曰青鸟。这里实际上是指以三青鸟为图腾的部落。

③大行伯：考"大行"为官名。《周礼·秋官》称大行人。汉代一度称典客，后改为大行令。有人疑为张骞，两次出使西域后，官拜大行令。恐不是，《山海经》不会记这么晚的事。

阘 非

④犬封国：即犬戎国。古国名。在今陕西、甘肃一带，都甘肃省静宁县。根据文献记载，犬戎一族称自己的祖先为二白犬，实际上是以白犬为图腾的西北少数民族，属西羌族系，炎帝部族的近亲。

⑤吉量：传说中的神马，白身子、红鬣毛，双目炯炯，乘者寿千岁。

⑥鬼国：即鬼方。历代研究学者认为，鬼方是炎帝后裔，是匈奴人的前身。

⑦穷奇：据《史记·五帝本纪》记载：穷奇是少暤后裔。后来演化成天神。

⑧蟜：指有蟜氏部落。详见《中山经》。

⑨据比之尸：一个叫据比的夷人部落。从后文的"其为人"三字来看，也应是指部族。"折颈"、"披发"应是指该族之人经常歪着脖子、披头散发。"无一手"，《山海图》应该画的是该族之人的侧面，只能看到一只手。

大 蜂

⑩袜：即魅。从文中描述看，"袜"也是图腾，其形象是身子像人，头是黑色的，眼睛是竖着长的。后文中的"从目"之"从"，即"纵"。

⑪驳吾：传说中的瑞兽，可能指某种良马。

⑫冰夷：即冯夷，又称河伯。中国神话传说中的黄河水神。实际上冰夷是伏羲后裔中善于泅水的部落名和其首领名，冯姓得姓始祖。

⑬阳污之山：根据古籍判断，阳污之山在黄河河套以北。

⑭凌门之山：即龙门山，在陕西省韩城市。

⑮王子夜：即王亥，商王朝君主的七世祖。夜，乃"亥"字之误。本条描绘的是王亥被杀后的惨象。详见《大荒东经》。

⑯登比氏：其它古籍无传，按《山海经》的说法，登比氏

据比尸

是大舜的另外一个妻子,下文的宵明、烛光是大舜的两个女儿。"二女之灵照此所方百里",是说宵明、烛光的功德能造福方圆百里的百姓。

⑰盖国:传说中的古国度。我国古代曾出土过一件青铜器,上有:"王伐盖候周公谋祝禽又脒祝王易金百孚禽用作宝彝。"从中可以看出,该国是西周封国,又灭于西周。地理位置应在东北某地或朝鲜。

⑱钜燕:指燕国。钜,通"巨",说燕国是诸侯国中的大国。详见《海内西经》。

⑲倭:泛指今日本列岛。可见中国与日本的来往远远早于秦。

⑳列阳:列,古代水名,今名大同江,在今朝鲜民主主义人民共和国。列阳,指大同江入海口北岸地区。

㉑海北、山南:海,指辽东半岛与朝鲜之间的海面。山,指长白山。海北、山南,指南边有大海,北边有长白山。

㉒列姑射:古代传说中的山名或国名。《列子·黄帝》有:"列姑射山,在海河洲中,山上有神人焉,吸风饮露,不食五谷,心如渊泉,形如处女。"与对藐姑射山的描述差不多。

㉓大蟹:据古人讲是方圆千里的蟹。实际上是以大蟹作图腾,方圆千里的诸侯国。

㉔陵鱼:即人鱼、娃娃鱼。这里是指以陵鱼为图腾的部落。

㉕蓬莱山:传说中的神山,上有神仙,其宫殿由黄金、白玉砌成,飞鸟、野兽均为白色。《山海经》应该是蓬莱神话的源头。

㉖大人之市:按照前人的注解,应该是指海市蜃楼。

## 【译文】

海内由西北角向东的邦国、诸侯、山川河岳分别如下:

内北-1蛇巫山,上面有人拿着一根棍棒向东而立。另一种说法认为是站在龟山上。

内北-2西王母倚靠着几案,头上戴着玉饰。在西王母的南面有三只青鸟,为西王母寻取食物。西王母和三青鸟所在的地域在昆仑山的北面。

环狗

内北-3有人名叫大行伯,手上挥舞着一把长戈。在他的东面有犬封国。

内北-4一个叫贰负的夷人部落在大行伯的东面。

内北-5犬封国,也叫犬戎国,这里的人都是狗一样的模样。有一位女子,正跪在地上,捧着一杯酒食向人敬献。犬封国里有文马,白色身子、红色鬃毛,眼睛像黄金一样闪闪发光,名字叫吉量,骑上它就能使人长寿,能活到一千岁。

袜

内北-6鬼国,在叫贰负的夷人部落的北面。这里的人,虽然长有人的面孔,但都只长着一只眼睛。另一种说法认为,贰负在鬼国的东面,这里的人都是人的面孔、蛇的身子。

内北-7蜪犬,形状像狗,青色,它吃人是从人的头部开始吃的。

内北-8穷奇,形状像老虎,但长有翅膀,穷奇吃人也是从人的头部开始吃起。正被吃的人披头散发。穷奇在蜪犬的北面。另一种说法认为,穷奇吃人是从人的脚开始吃起。

内北-9帝尧台、帝喾台、帝丹朱台、帝舜台,各自有两座台,每座台都是四方形,在昆仑山的东北面。

戎

内北-10有一种大蜂,形状像螽斯。有一种朱蛾,形状像蚍蜉。

内北-11蟜,他这个部族的人,身上长着老虎一样的斑纹,腿上有强健的小腿肚子。在穷奇的东面。另一种说法认为,蟜的形状像人,是昆仑山北面独有的形象。

内北-12阘非,其形象是野兽的身子上长着人的面孔,全身都是青色的。

内北-13一个叫据比的夷人部落,人的形象是歪着脖子、披头散发、少一只手。

内北-14环狗部族,形象是人的身子上长着野兽的脑袋。另一种说法认为,他们的形象像刺猬而又像狗,全身都是黄色的。

内北-15袜，这个部落之人长着人的身子、黑色的脑袋，眼睛是竖着的。

内北-16戎，这个部落之人长着人的头，而且头上还长有三只角。

内北-17林氏国有一种珍稀的野兽，大小与老虎差不多，身上的花纹五颜六色，尾巴比身子还要长，名字叫驺吾，骑上它可以日行千里。

内北-18昆仑山的南面，有一片方圆三百里的氾林。

内北-19从极渊有三百仞深，只有冰夷的部落常住在那里。冰夷长着人的面孔，出入时乘驾着两条龙。另一种说法认为从极渊也叫忠极渊。

驺吾

内北-20阳污山，黄河从这里流过；凌门山，黄河从这里流过。

内北-21王子夜的尸体，两只手、两条腿、胸脯、脑袋、牙齿，都被斩断，分散在不同地方。

列姑射山

内北-22帝舜妻子登比氏生的宵明、烛光两个女儿，住在黄河边上的大泽中，两位神女的灵光照耀着这里方圆百里的地方。另一种说法认为帝舜的妻子叫登北氏。

内北-23盖国在大燕国的南面、倭国的北面。倭国隶属于燕国。

内北-24朝鲜在列阳的东面，处于大海的北面，大山的南面。列阳隶属于燕国。

内北-25列姑射在黄河入海口的河洲上。

内北-26射姑国在海中，隶属于列姑射。射姑国的西南部，高山环绕着它。

内北-27以大蟹为图腾的部族生

冰 夷

活在海里的海岛上。

内北-28以陵鱼为图腾的部族之人，长着人的面孔，有手有脚，但长着鱼的身子，生活在大海里。

内北-29以大鲺鱼为图腾的部族生活在海上。

内北-30明组邑部族生活在海上。

内北-31蓬莱山耸立在海上。

内北-32大人国贸易的集市在海上。

## 【解析】

该经应该是介绍位于北方的、中央政府兄弟之国的专门章节，但在实际记述中，已经超出上述范围，记载了北狄的一些族群。位置大体从我国的大西北，一直到大东北，有很多重量级的邦国、诸候，如西王母、犬封国、鬼国、冰夷等。并且第一次有国度超出我国的现有疆界，如朝鲜、日本等。这些诸候、方国，很多成为中华民族的重要组成部分，有的成了我国的重要临国。这里主要说一说中国与朝鲜、日本的早期交往。

## （一）

　　朝鲜的历史与中国的历史是分不开的。据《史记》记载，西周分封诸候的时期，便有朝鲜。即周武王把殷纣王的王兄——箕子封到了朝鲜。这时分封的朝鲜与其他诸候国的地位是不一样的，其他诸候都要按时朝见周王，周武王给箕子的特权便是可以不来朝。这样，周武王实际上给朝鲜以附属国的地位，人称"箕子朝鲜"。

　　根据韩国史书《三国遗事》记载，箕子带着殷商遗民来到朝鲜之后，原来的朝鲜君王檀君便带着人民南迁，这些人便成了辰韩、弁韩、马韩等三韩人的始祖。

　　箕子朝鲜在朝鲜半岛北部延续了一千多年，先后经历了41代君王，直到公元前一世纪才被燕人卫满所灭，建立"卫氏朝鲜"。后来汉武帝伐朝鲜，裂其地为四郡，为汉朝的边疆辖区，面积比现在的朝鲜人民共和国还要大一些。半岛南部仍为辰韩、弁韩、马韩等三韩。东汉时，朝鲜东部一个叫濊貊的民族独立出去，只有今朝鲜西部的一个叫乐浪郡的地方还归中央政府管辖。三国时，濊貊又进入魏国版图。西晋时，中央政府继承了魏国对朝鲜半岛的控制权。从东晋开始，中央政府失去了对朝鲜的统治。唐代初期，除朝鲜南部一个叫新罗的小国家之外，半岛大部都进入中华版图，唐朝后期，朝鲜彻底独立出去。但是，在这之后的绝大多数的时间里，朝鲜一直都是中国中央政府的附属国，一直到清朝后期。

## （二）

　　《山海经》还记载了中国和日本交往。

　　倭国是中国古代诸王朝对日本的称谓。其实中国与日本的交往应该在国家概念

大　蟹

陵　鱼

蓬莱山

还没有形成之前，至于早到什么时候还真不好说，按照中、日民间的说法，日本民族早年移民自中国大陆。

日本第一次出现在中国的正式文献之中，是在公元前一世纪。《汉书·地理志》记载：倭人分一百余国。到东汉光武帝时，倭奴国王遣使来朝，光武帝赐予汉倭奴王印，现存于日本福冈市立博物馆。

《海内北经》记载倭国，不知比《汉书·地理志》早了几个世纪。

## 第二十章　海内东经第十三

【原文】

海内东北陬以南者。

内东-1钜燕在东北陬。

内东-2国在流沙中者埻端、玺睆①，在昆仑虚东南。一曰海内之郡，不为郡县在流沙中。

内东-3国在流沙外者，大夏②、竖沙③、居繇、月支④之国。

内东-4西胡⑤白玉山在大夏东，苍梧在白玉山西南，皆在流沙西，昆仑虚东南。昆仑山在西胡西，皆在西北。

内东-5雷泽⑥中有雷神⑦，龙身而人头，鼓其腹。在吴西。

内东-6都州⑧在海中，一曰郁州。

内东-7琅琊台⑨在渤海间，琅琊之东。其北有山。一曰在海间。

内东-8韩雁在海中，都州南。

内东-9始鸠在海中，辕厉⑩（韩雁）南。

内东-10会稽山在大楚⑪南。

内东-11岷三江：首大江出汶山⑫，北江出曼山，南江出高山。高山在成都西。入海在长州⑬南。

内东-12浙江出三天子都，在其（共）东，在闽西北。入海，余暨⑭南。

内东-13庐江⑮出三天子都，入江，彭泽⑯西。一曰天子鄣。

内东-14淮水⑰出余山，余山在朝阳东，义乡西。入海，淮浦北。

雷　神

289

内东-15 湘水出舜葬东南陬，西环之。入洞庭下。一曰东南西泽。

内东-16 汉（濮）水出鲋鱼之山。帝颛顼葬于阳，九嫔葬于阴，四蛇卫之。

内东-17 濛水出汉阳西，入江，聂阳西。

内东-18 温水出崆峒山，在临汾南，入河，华阳北。

内东-19 颍水⑱出少室，少室山在雍氏南，入淮西鄢北。一曰缑氏。

内东-20 汝水⑲出天息山，在梁勉乡西南，入淮极西北。一曰淮在期思北。

内东-21 泾水出长城北山，山在郁郅⑳、长垣北，北入渭，戏北。

内东-22 渭水出鸟鼠同穴山，东注河，入华阴北。

内东-23 白水㉑出蜀，而东南注江，入江州城下。

内东-24 沅水出象郡㉒镡城西，又东注江，入下隽㉓西，合洞庭中。

内东-25 赣水㉔出聂都东山，东北注江，入彭泽西。

内东-26 泗水出鲁东北而南，西南过湖陵西㉕，而东南注东海，入淮阴北。

内东-27 郁水出象郡，而西南注南海，入须陵东南。

内东-28 肄水出临晋西南，而东南注海，入番禺西。

内东-29 潢水出桂阳㉖西北山，东南注肄水，入敦浦西。

内东-30 洛水出洛西山，东北注河，入成皋之西。

内东-31 汾水出上窳北，而西南注河，入皮氏南。

内东-32 沁水㉗出井陉山东，东南注河，入怀东南。

内东-33 济水㉘出共山南东丘，绝巨鹿泽㉙，注渤海，入齐琅槐东北。

内东-34 潦水㉚出卫皋东，东南注渤海，入潦阳。

内东-35 虖沱水出晋阳城南，而西至阳曲北，而东注渤海，入越章武㉛北。

内东-36 漳水出山阳东，东注渤海，入章武南。

建平元年四月丙戌，待诏太常属臣望校治，侍中光禄勋臣龚、侍中奉车都尉光禄大夫臣秀领主省。

## 【注释】

①唤：读若"唤"。

②大夏：中亚古国。据《史记》记载：大夏王朝都为蓝市城（今属阿富汗），居民一百多万人，以农业为生。

③竖沙：即夙沙氏，也叫宿沙氏，东方氏族。

④月支：原为中国西北部的一个少数民族，后来成为丝绸之路上的一个重要国家，控

制着东西贸易。后来被匈奴击败,一分为二:西迁伊犁的称作大月支,南迁至甘肃、青海一带称小月支。

⑤西胡:相对于匈奴而言,指处于西北的某少数民族。

⑥雷泽:我国古代有多处雷泽,如山东省泗水县雷泽、山东省澶城县雷泽,还有山西省雷首山下的雷泽。这里处于吴西的雷泽应该是指澶城县雷泽。这里的吴西之"吴",通"虞",疑指河南省虞城县。澶城县在虞城县西北,故称"在吴西"。

⑦雷神:原指居住在雷泽的雷氏族首领,后来演化为天神,主管打雷,俗称雷公。

⑧都州:也叫郁州,江苏省连云港、赣榆一带古称郁州。

⑨琅琊台:位于山东省胶州市琅琊镇东南五公里,为一耸立的山丘,三面环海,因"山形如台在琅琊,故曰琅琊台"。史传琅琊台为越王勾践所建。

⑩辕厉:疑为"韩雁"讹误。

⑪大楚:指战国时的楚国,因其灭国数十,国土面积大,故称大楚。

⑫汶山:古代山名,今名岷山,在四川省。

⑬长州:古代地名,即今崇明岛,在上海市。

⑭余暨:古代地名,在今浙江省杭州市萧山区。

⑮庐江:在安徽省庐江县。

⑯彭泽:即彭泽湖,现在为鄱阳湖的一部分。在江西省彭泽县。

⑰淮水:即淮河。地处我国东部,介于长江和黄河两流域间,源于河南省桐柏山,经河南、安徽到江苏入长江。不过,古代的淮河不入长江,而是直接入海。下文的"淮浦"指洪泽湖。可见淮河是经洪泽湖北侧入海的。

⑱颍水:即颍河。发源于中岳嵩山,经河南省登封、禹州、许昌、周口等,到安徽省阜阳入淮河。

⑲汝水:古水名。上游即今河南省汝河,下游称南汝河或洪河。

⑳郁郅:古代县名,为秦昭王灭义渠戎王之后设立的县,属北地郡。在今甘肃省庆城县。

㉑白水:我国有多条以"白水"命名的河流,这里的白水是指位于四川的白水河。

㉒象郡:秦朝在岭南的建制郡,辖今广西壮族自治区西部、越南中北部。

㉓下隽:古代县名,在今湖北省通城县。

㉔赣水:即赣江,是江西省最大河流,长江下游重要支流,由章水、贡水汇流而成。

㉕过湖陵西:这里的湖指微山湖。这句话的意思是,泗水穿过微山湖向西流去。

㉖桂阳:地名,指湖南省桂阳县。

㉗沁水：即沁水河，发源于山西省沁源县的霍山，经沁源、阳城等县进入河南，接纳丹河水后，于武陟县入黄河。

㉘济水：古代水名。发源于河南省济源市王屋山。古代与长江、黄河、淮河并称华夏四渎。后来黄河夺其河道入海。

㉙巨鹿泽：又叫大陆泽。古代巨鹿泽是由黄河、漳河、滹沱河冲积而形成的一片洼地，它北起河北省宁晋县，经隆尧县到任县，全长一百多公里。到明代中期，泽内中段脱水，分为"南泊"和"北泊"。"南泊"仍叫大陆泽，"北泊"现叫宁晋泊。

㉚潦水：即辽河，发源于河北省平泉县，流经河北、内蒙古、吉林、辽宁，入渤海。

㉛章武：古代地名，即今天津市静海县。


**【译文】**

海内由东北角向南的邦国、诸侯、山川河岳分别如下：

内东-1大燕国在东北角。

内东-2在流沙中建立的邦国有埻端国、玺睆国，都在昆仑山的东南面。另一种说法认为埻端国和玺睆国都是海内的郡，不在流沙中设立郡县。

内东-3在流沙以外建立的邦国有大夏国、竖沙国、居繇国、月支国。

内东-4西胡白玉山在大夏国的东面，苍梧在白玉山的西南面，都在流沙的西面、昆仑山的东南面。昆仑山位于西胡的西面。总体方位都在西北方。

内东-5雷泽中有雷神，长着龙的身子、人的头，他一鼓肚子（就响雷）。雷泽在吴地的西面。

内东-6都州在海里。一种说法认为都州应叫做郁州。

内东-7琅邪台位于渤海，在琅邪的东面。琅邪台的北面有座山。另一种说法认为琅邪台在海中。

内东-8韩雁在海中，在都州的南面。

内东-9始鸠在海中，在辕厉（韩雁）的南面。

内东-10会稽山在大楚的南面。

内东-11岷江有三条水道汇流而成：首先是大江从汶山流出，北江从曼山流出，南江从高山流出。高山位于成都的西面。入海处在长州的南面。

内东-12浙江从三天子都山流出，在共地的东面，八闽的西北方。浙江最终流入大海，入海处在余暨的南面。

内东-13庐江从三天子都山流出，注入了长江，入江处在彭泽湖的西面。一种说

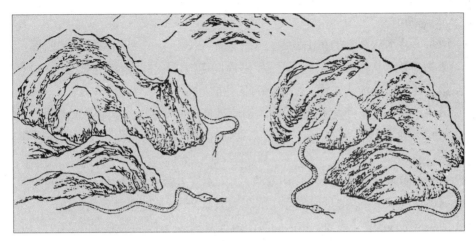

四　蛇

法认为,三天子都应该叫三天子鄣。

　　内东-14淮水从余山流出。余山在朝阳的东面,义乡的西面。淮水最终流入大海,入海处在淮浦的北面。

　　内东-15湘水从帝舜葬地的东南角流出,然后经帝舜的墓地环流西去。湘水最终流入洞庭湖。一种说法认为是流入洞庭湖东南方的西泽。

　　内东-16汉(潢)水从鲋鱼山流出。帝颛顼葬在鲋鱼山的南面,他的九个嫔妃葬在鲋鱼山的北面,有四条蛇护卫着他们的墓地。

　　内东-17濛水从汉阳的西面流出,最终流入了长江,入江处在聂阳的西面。

　　内东-18温水从崆峒山流出。崆峒山在临汾的南面,温水最终流入黄河,入河处在华阳的北面。

　　内东-19颍水从少室山发源。少室山在雍氏的南面。颍水在西鄢的北边流入了淮河。一种说法认为在缑氏流入淮河。

　　内东-20汝水从天息山流出。天息山在梁勉乡的西南。汝水在淮极的西北流入淮河。一种说法认为汝水入淮处在期思的北面。

　　内东 21泾水从长城的北山发源。山在郁郅县、长垣县的北面,泾水最后流入渭水,入渭处在戏的北面。

　　内东-22渭水从鸟鼠同穴山发源,向东流入了黄河,入河处在华阴的北面。

　　内东-23白水从蜀地流出,然后向东南流入长江,入江处在江州城下。

　　内东-24沅水从象郡镡城的西部发源,向东流入江,入江处在下隽的西面,最后

293

汇入洞庭湖中。

内东-25赣水从聂都的东山发源，向东北流入长江，入江处在彭泽湖的西面。

内东-26泗水从鲁国的东北部发源，然后向南流，再往西南穿过微山湖，向西流去，然后转向东南流入东海，入海处在淮阴的北面。

内东-27郁水从象郡发源，然后向西南流入南海，入海处在须陵的东南面。

内东-28肄水从临晋的西南方发源，然后向东南流入大海，入海处在番禺的西面。

内东-29潢水从桂阳西北的山中发源，向东南流入肄水，入肄处在敦浦的西面。

内东-30洛水从上洛的西山发源，东北流入黄河，入河处在成皋的西边。

内东-31汾水源自上窳北，然后向西南流入黄河，入河处在皮氏的南面。

内东-32沁水从井陉山的东侧发源，向东南流入黄河，入河处在怀地的东南。

内东-33济水从共山南面的东丘发源，流入巨鹿泽，又从大泽流出，注入渤海。入海处在齐地琅槐的东北面。

内东-34潦水从卫皋的东部发源，向东南流入渤海，入海处在潦阳。

内东-35虖沱水从晋阳城南发源，然后向西流到阳曲的北面，再向东流入渤海，入海处在章武的北面。

内东-36漳水从山阳的东部山区发源，向东流入渤海，入海处在章武的南面。

西汉建平元年四月丙戌日，待招太常属臣丁望校对整理，侍中光禄勋臣王龚、侍中奉车都尉光禄大夫刘秀负责这项工作。

## 【解析】

### （一）

此经是《海内东经》，应该记载的是中央政权位于东方的兄弟之国，或者说是应该记载的是东夷中的兄弟之国。这本应该是浓墨重彩的一章，因为东夷一族，在四夷中以为人性情平和、待人厚道、创造力丰富而闻名于世。对炎黄民族融合，对黄帝部族的到来，总体上持合作的态度。但本章记述似乎令人失望，前半部分虽然记载邦国部族，但处于东部的并不多，只有竖沙、雷泽、郁州、琅琊、韩雁、始鸠。其中历史上有些头绪的是竖沙和雷泽。

竖沙，各类典籍中又作凤沙、宿沙。关于这个氏族，史书上有三个方面的记述：一是凤沙氏之民自攻其君而归炎帝。记载这则信息的古书有《吕氏春秋》和明代王世贞编撰的《历代纲鉴会纂》。二是"煮海为盐"的创造者。《世本》有："黄帝时，诸侯有夙沙氏，始以海水煮乳，煎成盐，其色有青、黄、白、黑、紫五样。”但《世本》散佚，后人引文不同，《路史》引汉代宋衷注为“夙沙氏，炎帝之诸侯”。三是夙沙氏族成员有宿沙卫。《太平御览》有：“宿沙卫，齐灵公臣。”说明夙沙氏或宿沙氏在春秋时是齐国的族群。这与后世的研究结果是一致的。夙沙氏“煮海为盐”的公认之地是在山东省寿光市境内。2003年至2008年期间，有关部门曾在寿光市双王城一带，先后进行了七次考古发掘，在30平方公里的范围内，发现盐业遗址87处。其中，龙山文化遗址3处，商周遗址76处。双王城盐业遗址的发现，为我国研究海盐历史提供了有力的实物证据。当然，夙沙氏“煮海为盐”的时代，还要早于龙山文化时期。其作为“煮海为盐”的鼻祖和盐宗的地位，得到后世的一致公认和推崇。清同治年间，盐运使乔松年在泰州修建“盐宗庙”，庙中供奉的主神便是煮海为盐的夙沙氏。

雷泽，是上古时期的人文圣地。伏羲的出生、大舜的成长都与雷泽有关。《水经注》：“雷泽在城阳故城西北，昔华胥履大迹处也。其陂东西二十余里，南北十五余里。即舜所渔也。”《史记·五帝本记》有：“舜耕历山，渔雷泽。”《史记·集解》：“郑玄曰：‘雷夏，兖州泽，今属济阴。’”《汉书·地理志》：“济阴郡成阳，雷泽在西北。”手上现有资料能查到的雷泽有三处：一在山东省鄄城县，一在山东省泗水县，一在山西省雷首山。从上述古籍记载的地名：成阳、城阳、兖州、济阴来看，应该是指山东省鄄城县的雷泽。《海内东经》中的雷泽也是指此雷泽。至于这个雷泽是不是伏羲的生地，是不是大舜所渔之雷泽，那就是见仁见智的问题了。

而其他部族，如埻端、玺㬇、大夏、居繇、月支、西胡白玉山，都是西域的民族，其中大夏已经超出了现有国界，到达阿富汗一带。而会稽山又都到了南方。

此经的后半部分共记录了二十七条水，似乎成了《水经》。这到底是《山海经》的原文，还是摘录的《水经》中的水流？应该说是后者。

## （二）

《海内东经》中有郡县的记载：一是埻端、玺（日奂），“一曰海内之郡，不为郡县在流沙中”。二是“沅水出象郡镡城西”。从第一条我们可知本经应创作或修改于战国、秦朝或汉朝。因为战国、秦、汉才有郡县之说。从第二条我们能得出创作或修改于秦朝的结论。因为象郡是秦朝地名，象郡在汉朝称南郡。

# 第五编

## 荒经及海内经

## 第二十一章　大荒东经<sup>①</sup>第十四

**【原文】**

荒东-1东海<sup>②</sup>之外大壑，少昊<sup>③</sup>之国。少昊孺帝颛顼于此，弃其琴瑟。

荒东-2有甘山者，甘水出焉，生甘渊。

荒东-3大荒东南隅有山，名皮母地丘<sup>④</sup>。

荒东-4东海之外，大荒之中，有山名曰大言，日月所出。

荒东-5有波谷山者，有大人之国。有大人之市，名曰大人之堂。有一大人踆其上，张其两耳。

荒东-6有小人国，名靖人<sup>⑤</sup>。

荒东-7有神，人面兽身，名曰犁䰠<sup>⑥</sup>之尸。

荒东-8有潏山，杨水出焉。

荒东-9有蒍国，黍食，使四鸟<sup>⑦</sup>：虎、豹、熊、罴。

荒东-10大荒之中，有山名曰合虚，日月所出。

荒东-11有中容之国<sup>⑧</sup>。帝俊<sup>⑨</sup>生中容，中容人食兽、木实，使四鸟：豹、虎、熊、罴。

荒东-12有东口之山。有君子之国，其人衣冠带剑。

荒东-13有司幽之国<sup>⑩</sup>。帝俊生晏龙<sup>⑪</sup>，晏龙生司幽。司幽生思士，不妻；思女，不夫<sup>⑫</sup>。食黍，食兽，是使四鸟。

荒东-14有大阿之山者。

荒东-15大荒中有山，名曰明星，日月所出。

荒东-16有白民之国。帝俊生帝鸿<sup>⑬</sup>，帝鸿生白民。白民销姓，黍食，使四鸟：虎、豹、熊、罴。

荒东-17有青丘之国，有狐，九尾。

荒东-18有柔仆民，是维嬴<sup>⑭</sup>土之国。

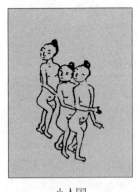

小人国

荒东-19有黑齿之国。帝俊生黑齿，姜姓，黍食，使四鸟。

荒东-20有夏州之国。

荒东-21有盖余之国。

荒东-22有神人，八首人面，虎身十尾，名曰天吴。

荒东-23大荒之中有山，名曰鞠陵于天、东极离瞀，日月所出。（有神）名曰折丹，东方曰折，来风曰俊，处东极以出入风。

荒东-24东海之渚中有神，人面鸟身，珥两黄蛇，践两黄蛇，名曰禺貌。黄帝生禺貌，禺貌生禺京，禺京处北海，禺貌处东海，是惟海神⑮。

荒东-25有招摇山⑯，融水出焉。有国，曰玄股，黍食，使四鸟。

荒东-26有困民国，勾姓，而（黍）食。有人曰王亥，两手操鸟，方食其头。王亥托于有易⑰、河伯仆牛。有易杀王亥，取仆牛。河（伯）念有易，有易潜出，为国于兽，方食之，名曰摇民。帝舜生戏，戏生摇民。

荒东-27海内有两人，名曰女丑。女丑有大蟹。

荒东-28大荒之中有山，名曰孽摇頵⑱羝，上有扶木⑲，柱三百里，其叶如芥。有谷，曰温源谷⑳。汤谷上有扶木，一日方至，一日方出，皆载于乌㉑。

荒东-29有神，人面、犬耳、兽身，珥两青蛇，名曰奢比尸。

荒东-30有五采之鸟，相乡弃沙㉒。惟帝俊下友，帝下两坛，采鸟是司。

荒东-31大荒之中有山，名曰猗天苏门，日月所生。有壎民之国。有綦山，又有摇山。有酆㉓山，又有门户山，又有盛山，又有待山。有五采之鸟。

荒东-32东荒之中有山，名曰壑明俊疾，日月所出。有中容之国。

荒东-33东北海外，又有三青马、三骓、甘华。爰有遗玉、三青鸟、三骓、视肉、甘华、甘柤，百谷所在。

荒东-34有女和月母之国。有人名曰鹓㉔，北方曰鹓，来之风曰狻，是处东极隅以止日月，使无相间出没，司其短长。

荒东-35大荒东北隅中有山，名曰凶犁土丘。应龙㉕处南极，杀蚩尤与夸父，不得复上。故下数旱，旱而为应龙之状，乃得大雨。

荒东-36东海中有流波山，入海七千里。其上有兽，状如牛，苍身而无角，一足，出入水则必风雨，其光如日月，其声如雷，其名曰夔㉖。黄帝得之，以其皮为鼓，橛以雷兽㉗之骨，声闻五百里，以威天下。

## 【注释】

①大荒东经：记载处于东夷及东夷之外的，被统治者污蔑为"政教荒忽"族群的专门章节。

②东海：这里是人文意义上的东海，指东夷聚居区。

③少昊：传说中的上古帝王，姓嬴名挚。以金德王，号金天氏。更多的人却认为少昊是东夷之主，并非帝王。

④皮母地丘：山名，所在不详。这里需要解释的是，我国汉族文化圈内的地名、山名多为两个字，《荒经》中出现的多个字的山名，如鞠陵于天、凶犁土丘、丰沮玉门、禹攻共工之山、鲧攻程州之山等，都是因事立名。只是由于年代遥远，一些山名的真实意义和其所在地都无法考究了。

⑤靖人：传说中的小人，身高只有几寸。"靖"字本身就是细小的意思。

⑥䚔：读若"灵"。

⑦鸟：上古时鸟、兽二字意义不分，这里是野兽的意思。

⑧中容之国：根据《左传》：昔高阳氏有才子八人，其一就是中容。可以认为，中容之国就是帝颛顼部族与帝俊部族联姻派生出来的新部族。

⑨帝俊：正史无载，但在《山海经》中却屡次出现，不能确指是哪位帝王。但从《山海经》中帝江、帝丹朱称帝号的情况来看，帝俊也不是天下共主，而是一位部落首领。

⑩司幽之国：幽，暗的意思。司幽之国，传说中掌握黑夜长短及降临、隐退时间的部族。从《山海经》中可以看出，日月的初生与降落，反景、夕照及黑夜的降临，等等，都有部族掌握。这实际上反映了上古先民们对自然规律的探索。并且从中可以看出，在对某个事务的探索上，先是部族的自主行为；后来，黄帝入主中原之后，实行的是责任制。

⑪晏龙：帝俊后裔。从《海内经》我们知道，晏龙是琴瑟的发明者。不过，更多的古籍却认为是伏羲氏发明了琴，神农氏发明了瑟。

⑫思士，不妻；思女，不夫：神话传说中说他们虽然不结婚，但能凭精气感应生育后代。

⑬帝鸿：一说是黄帝，一说是黄帝后裔。这里应是

犁䚔之尸

后者。

⑭嬴: 古老的氏族。为母系氏族八大姓之一。其最初的居住地在山东省泰安市、莱芜市的瀛汶河畔。嬴氏族后裔很多,秦国、秦朝便是其后裔之一。

⑮海神: 这里的海是人文之海。北海,指北狄聚居区; 东海,指东夷聚居区。海神,即治理一方、经略一方的诸侯。禺京,即《海外北经》中的禺强。禺貌,即禺号。貌,"號"字的异体字。

⑯招摇山: 即《南山经》中的招摇之山。《荒经》中,招摇山应该出现《大荒南经》中,出现在这里,应是错简所致。下文中的融水,应该也是漓江所在的这条水道,在当时有的部族称其为融江。

⑰有易: 古代氏族之名,其居住地在今河北省易县一带。

⑱顤: 读若"蕴"。

⑲扶木: 即上文中的扶桑树。

⑳温源谷: 即汤谷。

㉑乌: 即三足乌、离朱鸟、踆乌。传说是太阳靠此鸟背负运行。

㉒相乡弃沙: 乡,"向"字的通假。弃沙,一般认为是"婆娑"二字之误。这句话的意思是,两只鸟盘旋而舞的意思。这实际上也是图腾的反映。

㉓䴅: 同"甑"。

㉔䳒: 即"鹓"。下文的"狹",读若"演"。指北方吹来的风。

㉕应龙: 传说中是有翅膀的龙。实际上是黄帝时期的一个部落首领,黄帝的部下。

折丹

㉖夔: 传说中一条腿的怪兽,龙的一种。商周青铜器中多有夔龙纹饰。

㉗雷兽: 郭璞注曰:"雷兽即雷神也,人面、龙身,鼓其腹者。概犹击也。"

## 【译文】

*荒东-1*东夷聚居区之外有一条大的沟壑,这是少昊建国的地方。少昊就是在这里把颛顼帝扶养长大,颛顼帝幼年时弹奏过的琴瑟还丢在沟壑里。

*荒东-2*有一座山叫甘山,甘水从这座山发源,然后汇聚成渊,叫甘渊。

*荒东-3*大荒的东南角有山,叫皮母地丘山。

荒东-4东夷聚居区之外，大荒之中，有座山叫大言山，是太阳和月亮初升的地方。

荒东-5有一座山叫波谷山。有个大人国就在这个山里，这里还有大人做买卖的集市。在一个叫大人堂的地方，有一位大人正蹲在上面，张着两只耳朵。

荒东-6有一个小人国，被称作靖人。

荒东-7有一位部落首领，长着人的面孔、野兽的身子，他的部落的名字叫黎甊夷。

荒东-8有一座山叫㶍山，杨水就是从这座山发源的。

荒东-9有一个蔿国，这里的人以黄米为主食，能够驯化驾驭四种野兽：老虎、豹子、熊、罴。

禺䝞

荒东-10在大荒之中，有一座山叫做合虚山，是太阳和月亮初升的地方。

荒东-11有一个国家叫中容国。帝俊生了中容，中容国的人以野兽的肉、树木的果实为主食，能够驯化、驾驭四种野兽：豹子、老虎、熊、罴。

荒东-12有一座山叫东口山。有个君子国就在东口山周围，这里的人穿戴整齐，并且腰间佩带宝剑。

荒东-13有一个国家叫司幽国。帝俊生了晏龙，晏龙生了司幽，司幽生子叫思士，思士一生不娶妻子；司幽生女叫思女，思女一生未嫁丈夫。司幽国的人吃黄米饭，也吃野兽肉，能够驯化、驾驭四种野兽。

荒东-14有一座山叫做大阿山。

荒东-15大荒之中有一座山，叫明星山，是太阳和月亮初升的地方。

荒东-16有一个国家叫白民国。帝俊生了帝鸿，帝鸿的后裔建立了白民国，白民国的诸侯姓销，以黄米为食物，能够驯化、驾驭四种野兽：老虎、豹子、熊、罴。

荒东-17有个国家叫青丘国。这里有一种狐狸，长着九条尾巴。

荒东-18有一个族群叫柔仆民，是在古老的嬴姓氏族聚居区上建立的国家。

荒东-19有一个国家叫黑齿国。黑齿是帝俊的后代，姜姓，以黄米为主食，能够驯化、驾驭四种野兽。

荒东-20有个国家叫夏州国。

荒东-21有个国家叫盖余国。

荒东-22有个部落首领，他领导的部落的图腾是：长着八颗人头，长有老虎的身子，身后还拖着十条尾巴的神人形象，这个部落的名字叫天吴。

王亥

荒东-23在大荒当中有山，分别叫鞠陵于天山、东极离瞀山，都是太阳和月亮初升的地方。有一位部落首领的名字叫折丹，东方人都叫他折。来风称他叫俊，他就住在大地的东极，主管风起风停。

荒东-24在东夷聚居区的一个水渚上，有一个部落首领，长着人的面孔、鸟的身子，耳朵上挂着两条黄色的小蛇，脚底下驾驭着两条黄色的大蛇，名字叫禺虢。黄帝生了禺虢，禺虢生了禺京。禺京住在北狄聚居区，禺虢住在东夷聚居区，都是佐治地方、经略地方的诸侯。

荒东-25有一座山叫招摇山，融水从这座山流出。有一个国家叫玄股国，这里的人以黄米为主食，能够驯化、驾驭四种野兽。

荒东-26有一个国家叫困民国，这里的诸侯姓勾，以黄米为主食。这个国家有个人叫王亥，他用两手抓着一只鸟，正在吃鸟的头。王亥曾经把一群牛寄养在有易、河伯那里。后来有易把王亥杀死，占有了那群牛。河伯哀念有易族人，便帮助部分有易族人偷偷地逃了出来，在有野兽出没、没人烟的地方建立了国家，方能吃上饭，这个国家叫摇民国。另一种说法认为是帝舜生了戏，戏的后代才是摇民。

荒东-27大海上有两个族群，其中一个的名字叫女丑部落。女丑有一个能听她召唤的大蟹部落。

荒东-28在大荒当中有山，名字叫孽摇頵羝山。山上有一棵扶桑树，高三百里，树的叶子的像芥菜叶。山下有道山谷，叫做温源谷。汤谷上面长了那棵扶桑树，一个太阳刚刚回到汤谷，另一个太阳则从扶桑树上缓缓升起，都载于三足乌的背上。

荒东-29有一个部落首领，他的部落的图腾是人的面孔、狗的耳朵、野兽的身子，耳朵上挂着两条青蛇，这个部落的名字叫奢比尸。

荒东-30有一对五彩鸟相向而舞作图腾的部族。帝俊好在人间交友，因此在下界设有两座神坛，由以五彩鸟部族管理。

荒东-31大荒当中有山，名字叫猗天苏门山，是太阳和月亮升起的地方。这里有个国家叫壎民国。这个国里有座山叫綦山，还有座摇山。有座䰅山，有座门户山，有座盛山，有座待山。还有一群五彩鸟。

荒东-32在东部大荒之中有山，名字叫壑明俊疾山，是太阳和月亮升起的地方。

这里有个中容国。

荒东-33东北的东夷聚居区之外，有三青马、三骓马、甘华树。还有遗玉、三青鸟、三骓马、视肉、甘华树、甘柤树。是各种谷物生长的地方。

荒东-34有个国家叫女和月母国。这里有个人名叫鹓，北方人称她作鹓，吹来的风称作狻，就住在大地的东北角，控制太阳和月亮，使之有秩序地出没，并掌握它们从升起到落下的时间的长短。

荒东-35在大荒的东北角上有山，名叫凶犁土丘山。应龙本来住在天上的最南端，因杀了蚩尤和夸父，不能再回到天上去。天上因没了掌管雨水的应龙，所以天下经常闹旱灾，因此，人们一遇到旱灾，就装扮成应龙的样子求雨，就能得到大雨。

荒东-36东夷聚居区之中有座流波山，在深入东夷聚居区七千里的地方。山上有一种野兽，形状像牛，青苍色的身子，但没有犄角，仅有一只蹄子，出入水时一定有风雨伴随，它发出的亮光如同太阳和月亮一样，它的吼声如同雷鸣一般，名字叫夔龙。黄帝得到它，便用它的皮蒙鼓，再拿雷兽的骨头做鼓槌，鼓声能传到五百里以外，用来威震天下。

## 【解析】

《荒经》及《海内经》当初并不在刘秀等人所整理的《山海经》之中。关于这一点，我们可从一下三个方面看出来：一是排列顺序不同。《海经》的排列顺序是南、西、北、东，而《荒经》的排列顺序却是东、南、西、北。二是《海经》后面，都有刘秀等人整理之后的落款。而《荒经》和《海内经》却没有。三是风格也不相同。《荒经》、《海内经》相对于《海经》"文多杂乱，漫无统纪"（郝懿行语）。可见《荒经》、《海内经》并不是出自刘秀等人之手。可能是刘秀等人的《山海经》刊行之后，世上尚有其它以神话方式记载历史典故、奇闻逸趣的书籍，有人见《荒经》及《海内经》与刘秀等人的《山海经》内容、风格相仿，就把二者附在了刘秀等人的《山海经》中。应该说，《荒经》、《海内经》相对于前面的十三章来说，是一个独立的系统，但其记载的族群、邦国，与《海经》有很多都是相同的，只不过记述的名称不一样罢了。这其中的原因是多方面的，有的是名字本身就不一样，有的是近音，

五采鸟

夒

有的是音同署字不同，但都是说的一个事。但也有一些新事物，如《大荒东经》出现的少昊、帝俊、王亥等神话传说人物，经过学者们研究，基本上可以确定，是历史上实有的历史人物。从这一点来看，《荒经》、《海内经》，乃至于说整部《山海经》，是对正史的有益补充，其史料价值是非常大的，并不像司马迁说的那样："至《禹本纪》、《山经》所有怪物，余不敢言之也。"

《大荒东经》是介绍位于东海（东夷聚居区）及以东、被统治者蔑视为"政教荒忽"的族群及其山川地理、历史文化的专门章节。这些部族，多数都在《海外东经》中已经讲述过，如君子国、大人国、青丘国、女丑尸、奢比尸等，大家可以参照来看。这里只对一些新事物作一浅析。

## （一）

少昊，在中华历史上是一个谜一样的人物，不为正史所载，如《史记》，根本就否认他的存在。但是我们又不能回避他，因为在浩如烟海的纬书中，他又屡屡出现。晋代皇甫谧的《帝王世纪》把少昊与高阳、高辛、陶唐、虞舜列为五帝，把他列为五帝之首。《左传》昭公十七年，郯子在追述少昊时说："我高祖少暤挚之立也，凤鸟适至，故纪于鸟，为鸟师而鸟名。"这段记载，先别管是什么意思，它首先说春秋时的郯国宫室是少昊后裔。甚至在山东曲阜还有一座少昊陵，被人称作东方金字塔。那么少昊到底是一个什么样的人物，让后世文献有的回避之，有的褒扬之。

少昊，也作少暤、少颢。过去一般认为，少昊是黄帝长子，称青阳氏、青天氏、穷桑氏、云阳氏。《国语》上说青阳，即是少昊金天氏，为己姓。也有人说他是嬴姓，名挚，是东夷首领，建都于山东省曲阜市，因为他能继承太昊伏羲氏的德行，故人们称之为少昊或小昊。

然而就是这样一位伟大的始祖，在黄帝部族的正史中，却极力否认他的存在，原先以为，最可能的原因是因少昊继承太昊伏羲氏的德行，却忘了黄族的事业，遭到后世黄族人的封杀。最新的研究成果表明，少昊并非黄帝之子青阳，而是地地道道的东方土著，东夷之主。从郯子是其后裔来看，少昊也不是黄族之人。当然，从郯国的最初的国号叫炎国的情况来看，少昊是炎帝后裔的可能性也是有的，因为

"炎"是炎帝之号。

《大荒东经》从另外一个角度让我们认识少昊和颛顼。"少昊孺帝颛顼于此,弃其琴瑟"这句话说明了什么呢? 最可能的情况是说明少昊是颛顼的母族。因为颛顼的父族是黄帝部族,《史记》上说:"帝颛顼高阳者,黄帝之孙而昌意之子也。"《海内经》也说:"黄帝妻雷祖生昌意。昌意降处若水,生韩流。韩流……娶淖子阿女,生帝颛顼。"这样看起来黄帝一族与少昊一族是通婚部族。《大荒东经》的记载为我们确定颛顼的出生地提供了帮助。因为少昊建都于曲阜,葬于曲阜,那么颛顼出生地可能也在曲阜附近。

曲阜之东不足三十公里的山东省平邑县有个村,叫颛臾村。"颛"字有二意:一是古帝名:颛顼。二是地名:颛臾。顼与臾同音,字却两署,是一个意思。这难道是巧合? 可按照平邑县颛臾村人祖祖辈辈心口相传:颛臾村就是古天子颛顼的生地。这应该与《大荒东经》"少昊孺帝颛顼于此,弃其琴瑟"的记载是吻合的。"弃其琴瑟",表明帝颛顼在此长大成人。

## (二)

"少昊孺帝颛顼"的这段记载,还能帮助我们理解《山海经》中的"双重族籍"的问题。经中除颛顼有黄帝后裔、少昊后裔两个族籍外,禹号也有两个族籍。《大荒东经》上说:

黄帝生禹貔

《海内经》则说:

帝俊生禹号

而按照郭璞的说法,"貔"字,即"號"字异体字,《山海经》中禹号既是黄帝后裔,也是帝俊后裔。除颛顼、禹号有"双重族籍"外,《山海经》中有"双

夔

重族籍"的还有噎鸣。《大荒西经》上说：

> 颛顼生老童，老童生重及黎，帝令重献上天，令黎邛下地，下地是生噎……

这里的噎，就是噎鸣。而《海内经》上则说：

> 炎帝之妻……共工生后土，后土生噎鸣。

之所以会出现"双重族籍"的问题，主要原因还是母系社会的遗绪，即一旦出现一个有成就的人物，父族作为其子孙记录，母族则作为其外甥，或外孙记录。

## （三）

另一个在中华历史上谜一样的人物是帝俊。如果说，《山经》和《海经》的中心天帝是黄帝的话，那么《荒经》和《海内经》的中心天帝就是帝俊。而帝俊除在《荒经》和《海内经》出现过外，在浩如烟海的古籍之中竟然阙如。于是历代《山海经》研究学者都把帝俊作为研究对象。由于人们都把"帝"这个字的意思当作天下共主对待，故研究结果难免出现偏差。郭璞对帝俊的解释就出现矛盾：一是在《大荒东经》的注解中说："俊亦'舜'假借音也。"把帝俊和舜帝认做一人。二是在《大荒西经》的注解中说："俊宜为喾，喾第二妃生后稷也。"又把帝俊和帝喾混为一谈。这个解释似乎得到大家的公认，因为帝喾的名字就叫夋。但这样还是不能解决问题，因为这还解决不了《荒经》和《海内经》中无处不在的帝俊世系问题。直到近代，章太炎总结说："帝俊一名也，帝俊生中容，则高阳也；帝俊生帝鸿，则少典也；帝俊生黑齿，姜姓，则神农也；帝俊妻娥皇，则虞舜也；帝俊生季厘、后稷，则高辛也。"恐不能这样理解，如果这样理解的话，一是上述矛盾解决不了，二是《山海经》中非常珍贵的帝俊世系，将因为我们的无知而被泯灭。要揭开这个谜团，还必须从"帝"字本意上下功夫。

《西次三经》中有：

> 又西二百里，曰长留之山，其神白帝少昊居之。
> 又西三百五十里，曰天山……有神焉，其状如黄囊，赤如丹火，六足四翼，浑沌无面目，是识歌舞，实为帝江也。

应 龙

《海内南经》中说：

> 苍梧之山，帝舜葬于阳，帝丹朱葬于阴。

帝江，按照毕沅《山海经新校正》的说法就是帝鸿。帝鸿，有人认为是黄帝，但多数人认为不是，应是黄帝的后裔。简单地说，《西次三经》中的帝江，别管是不是帝鸿，都不会是黄帝，不是天下共主，但他有帝号。少昊是公认的东夷之主，到长留山居住的意思，很可能是到西方作诸侯，他并非天下共主，在《山海经》中，他也有帝号。丹朱没继承尧帝的帝位，《山海经》中也称他为帝。《中山经》中，有帝台。其它古籍中，还有那位造字的仓颉，人又称仓帝、史皇氏。可见，帝——在我们心目中这个至高无上的称号，在当时并不是天下共主的专有称号，很可能，当时黄帝时代的部落酋长，或不承认中央领导权的部族首领都可以称帝。

这样，帝俊就好理解了。看起来，帝俊就是当时的一个族群非常大的，文明程度、开放程度非常高的部族的酋长。之所以这样讲，理由有三：一是这个部族与炎帝世系、黄帝世系的高阳、高辛、陶唐等，都是通婚部族。二是帝俊妻族及其后裔的创造力惊人，很多的发明创造都是出自这个世系。如：天干纪日法、地支纪月法、牛耕、舟车、琴瑟、歌舞、百巧等。三是帝俊后裔众多。《山海经》书记载后裔最多的人是黄帝，其次就是帝俊。

至于他是不是殷商人的祖先，还真不是，因为殷商人的祖先是帝喾。帝喾的小名虽然叫夋，但与帝俊却是二人。

## （四）

《大荒东经》还有一件事情需要说明，那便是王亥、有易与河伯的故事。王亥，先是作为传说人物对待的，直到上个世纪王国维先生在商代甲骨文中发现了王亥的名字——原来王亥竟是商人的七世祖，《史记》上叫"振"，《世本》上叫"核"。传说中王亥及其弟王恒到有易部族做客，淫人妇女，有易族人奋而杀之。《竹书纪年》上说：

> 殷王子亥宾于有易而淫焉，有易之君绵臣杀而放之。

杀，是指杀王亥；放，是指把王恒放了。
王亥被杀后的惨状被《山海经》真实地记录下来，《海内北经》上说：

> 王子夜之尸，两手、两股、胸、首、齿皆断，异处。

文中的王子夜之"夜"，便是王亥之"亥"之形讹。从上文来看，王亥的尸体被肢解成很多块，尸骨扔的到处都是。
之后，王亥的继承人、商人的第八世祖甲微率人为王亥报仇，杀了很多有易族人。河伯同情有易，暗地里庇护了部分有易族人，帮助他们到了人烟稀少、野兽众多的地方，建立了新的国家。《竹书纪年》上是这么说的：

> 是故殷主甲微假师于河伯以伐有易，克之，遂杀其君绵臣也。……言有易本与河伯友善，上甲微，殷之贤王，假师以义伐罪，故河伯不得不助。继而哀念有易，使得潜化而出，化为摇民国。

《大荒东经》中说这件事的起因是因为"王亥托有易、河伯仆牛引起的"。但别管是什么原因，这个故事都是记载了河伯的功德和商人先祖的一段历史。

# 第二十二章　大荒南经①第十五

**【原文】**

荒南-1南海②之外，赤水③之西，流沙之东，有兽，左右有首，名曰跊④踢。有三青兽相并，名曰双双。

荒南-2有阿山者。南海之中，有氾天之山，赤水穷焉⑤。赤水之东有苍梧之野，舜与叔均⑥之所葬也。爰有文贝、离俞⑦、鸱久、鹰、贾、委维、熊、罴、象、虎、豹、狼、视肉。

跊踢

荒南-3有荣山，荣水出焉。

荒南-4黑水之南，有玄蛇⑧，食塵。

荒南-5有巫山者，西有黄鸟⑨，帝药八斋。黄鸟于巫山，司此玄蛇。

荒南-6大荒之中，有不庭之山，荣水穷焉。有人三身，帝俊妻娥皇⑩，生此三身之国，姚姓，黍食，使四鸟。有渊四方，四隅皆达，北属黑水，南属大荒，北旁名曰少和之渊，南旁名曰从渊，舜之所浴也。

荒南-7又有成山，甘水穷焉。有季禺之国，颛顼之子，食黍。

荒南-8有羽民之国，其民皆生毛羽。

荒南-9有卵民之国⑪，其民皆生卵。

荒南-10大荒之中，有不姜之山，黑水穷焉。又有贾山，汔水出焉。又有言山。又有登备之山。有恝恝之山。又有蒲山，澧水出焉。又有隗山，其西有丹，其东有玉。又南有山，漂水出焉。有尾山。有翠山。

荒南-11有盈民之国，於姓，黍食。又有人方食木叶。

双双

荒南-12有不死之国，阿姓，甘木是食。

荒南-13大荒之中有山，名曰去痓。南极[12]果，北不成，去痓果。

荒南-14南海渚中，有神，人面，珥两青蛇，践两赤蛇，曰不廷胡余。有神，名曰因因乎，南方曰因乎，夸风[13]曰乎民，处南极以出入风。

荒南-15有襄山。又有重阴之山。有人食兽，曰季厘[14]。帝俊生季厘，故曰季厘之国。

荒南-16有缗渊。少昊生倍伐，倍伐降处缗渊。有水四方，名曰俊坛。

荒南-17有载民之国。帝舜生无淫，降载处，是谓巫载民。巫载民盼姓，食谷。不绩不经，服也；不稼不穑，食也。爰有歌舞之鸟，鸾鸟自歌，凤鸟自舞。爰有百兽，相群爰处。百谷所聚。

荒南-18大荒之中有山，名曰融天，海水南入焉。

荒南-19有人曰凿齿，羿杀之。

荒南-20有蜮[15]山者，有蜮民之国，桑姓，食黍，射蜮是食。有人方扜弓射黄蛇，名曰蜮人。

荒南-21有宋山者，有赤蛇，名曰育蛇。有木生山上，名曰枫木。枫木，蚩尤所弃其桎梏，是谓枫木。

荒南-22有人方齿虎尾，名曰祖状之尸。

荒南-23有小人，名曰焦侥之国，几姓，嘉谷是食。

荒南-24大荒之中有山，名歹[16]涂之山，青水穷焉。有云雨之山，有木名曰栾。禹攻云雨，有赤石焉生栾，黄本，赤枝，青叶，群帝焉取药。

荒南-25有国曰颛顼，生伯服[17]，食黍。

荒南-26有鼬姓之国。有苕山，又有宗山，又有姓山，又有壑山，又有陈州山，又有东州山。又有白水山，白水出焉，而生白渊，昆吾之师所浴也。

荒南-27有人名曰张弘，在海上捕鱼。海中有张弘之国[18]，食鱼，使四鸟。

荒南-28有人焉，鸟喙，有翼，方捕鱼于海。大荒之中有人，名曰驩头。鲧妻士敬，士敬子曰炎融，生驩头。驩头人面鸟喙，有翼，食海中鱼，杖翼而行。维宜芑、苣、穋、杨[19]是食。有驩头之国。

荒南-29帝尧、帝喾、帝舜葬于岳山⑳。爰有文贝、离俞、鸱久、鹰、延维、视肉、熊、罴、虎、豹。朱木，赤枝、青华、玄实。有申山者。

荒南-30大荒之中有山，名曰天台高山㉑，海水入焉。

荒南-31东南海之外，甘水之间，有羲和之国㉒。有女子名曰羲和，方浴日于甘渊。羲和者，帝俊之妻，生十日。

荒南-32有盖犹之山者，其上有甘柤，枝、干皆赤，黄叶、白华、黑实。东又有甘华，枝、干皆赤，黄叶。有青马，有赤马，名曰三骓。有视肉。

荒南-33有小人名曰菌人。

荒南-34有南类之山，爰有遗玉、青马、三骓、视肉、甘华，百谷所在。

狼

## 【注释】

①大荒南经：是介绍处于南海（南蛮聚居区）及以南，被统治者污蔑为"政教荒芜"族群的专门章节。

②南海：这里的海指人文之海。南海，即南蛮各族聚居区。

③赤水：应指贵州赤水。

④跂：读若"怴"。

⑤穷焉，指赤水河到了这里便没了痕迹，实际上这是到了赤水的发源地。

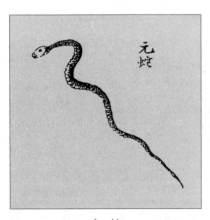

玄 蛇

⑥叔均：也叫商均，帝舜长子。帝舜或因南巡，或因战争，死于苍梧之野。叔均或因为帝舜守灵，死后也葬于此。这与《海外南经》中帝舜与帝丹朱葬于苍梧之野的说法并不矛盾。

⑦离俞：即离朱鸟。下文的"贾"，指乌鸦。

⑧玄蛇：从能吞食麈鹿的情况看，应该是蟒蛇。玄，是指黑色。

⑨黄鸟：指凤凰、鸾鸟、鹓雏之类的瑞鸟。

⑩帝俊妻娥皇：详见解析。

⑪卵民之国：南方一些少数民族，如苗族、瑶

麈

族等，传说人类起源于卵中。卵民之国，就是对某个自认为起源于卵中的部族的记载。

⑫南极：古代的地理概念，指天下的最南端，应该是指雷州半岛南部海岸或越南南部海岸。

⑬夸风：袁珂先生按照《大荒东经》中"（有神）名曰折丹，东方曰折，来风曰俊。"及《大荒西经》同样的文例，将夸风校作"来风"。

⑭季厘：按《左传》的说法，帝喾八才子之一叫季狸。郝懿行认为狸、厘同音，是同一个人。而下文又说帝俊生季厘，可见帝喾是其父族，帝俊是其母族。

⑮蜮：指一种短尾狐。

⑯歹：读若"朽"。

⑰柏服：颛顼帝的后裔之国。

⑱张弘之国：即《海外南经》中的长臂国。张、长，弘、肱，音近。张弘，即长肱。长肱，即长臂。

⑲苣、苜、穋、杨：苣，有两层意思：一是指稷、黍之类的作物；二是类似苦菜的一种野菜。苜，一种蔬菜。穋，即荞麦。杨，即杨树，嫩芽可食。

⑳岳山：即《海外南经》中的狄山。狄与岳，形近而讹。

㉑天台山：我国各地有多座天台山，这里指山东省日照市天台山。

㉒羲和之国：伏羲氏的后裔之国。在上古时期，该部族在天文观测和律历制定方面走在了各部族的前面。

【译文】

荒南-1在南蛮民族聚居区之外，赤水河以西，流沙以东，生长着一种野兽，左边、右边各长有一个头，名字叫跊踢。还有三只青色的野兽，身体长到了一起，名字叫双双。

荒南-2有一座山叫阿山。南蛮民族聚居区之中，有一座山，高与天齐，赤水在这座山不见了。在赤水的东部，有个地方叫苍梧野，帝舜与叔均都葬在了这里。这里有

盈民国

花斑贝、离朱鸟、鹌鸠鸟、老鹰、乌鸦、维蛇、熊、罴、大象、老虎、豹子、狼、视肉。

荒南-3有一座山叫荣山，荣水就是从这座山发源的。

荒南-4在黑水的南岸，生长着一种大黑蟒蛇，以麈鹿为食。

荒南-5有一座山叫巫山，在巫山的西面生长有黄鸟，天帝的长生不老药，就藏在巫山的八个斋舍之中。黄鸟生活在巫山上，就是监视那些大黑蛇的。

荒南-6在大荒之中，有一座山叫不庭山，荣水到这里就不见了。这里有一个氏族，他们的图腾是一个人长着三个身子。帝俊的妻子叫娥皇，这个三身国就是他们的后裔建立的国家。三身国的诸侯姓姚，以黄米为主食，能够驯化、驾驭四种野兽。这里有一个四方形的深渊，四个角都有水路连通，北边与黑水相连，南部处于大荒之中。北边的深渊称作少和渊，南边的深渊称作从渊，是帝舜洗澡的地方。

荒南-7有一座山叫成山，甘水到这里便不见了。这里有一个国家叫季禺国，他们是帝颛顼的后裔建立的国家，以黄米为主食。

荒南-8有一个国家叫羽民国，这里的人浑身上下都长着羽毛。

荒南-9有一个国家叫卵民国，这里的人都生卵。（他们的子孙也是从卵中孵化出来的。）

荒南-10大荒之中，有座山叫不姜山，黑水到这里就不见了。还有贾山，汔水从这座山流出。还有言山，有登备山，有恝恝山。有座山叫蒲山，澧水从这座山流出。还有座隗山，它的西面富藏丹腹，它的东面富藏玉石。再往南还有座山，漂水就是从这座山中流出的。还有尾山，有翠山。

荒南-11有一个国家叫盈民国，这里的诸侯姓於。这里的人以黄米为主食。还有人吃树叶。

荒南-12有一个国家叫不死国，这里的诸侯姓阿。这里的人吃的是甘树结的果实。

荒南-13在大荒当中，有一座山叫做去痓山。极南方的热带果树，向北移栽一点就不会成活，但是移栽到去痓山，不但能成活，还能开花结果。

不廷胡余

荒南-14在南蛮民族聚居区的水渚上,有一位神守诸侯,长着人的面孔,耳朵上佩戴着两条青蛇作装饰,脚底下驾驭着两条红蛇,叫不廷胡余。还有一位神守诸侯,名字叫因因乎,南方人单称他为因,按南方口音称作乎民,他处在大地的南极主管风的进出。

荒南-15有座襄山,还有座重阴山。有个族群以野兽肉为主食,名字叫季厘。季厘是帝俊的后裔,所以称作季厘国。

荒南-16有一个深渊叫有缗渊。少昊生了倍伐,倍伐被贬于有缗渊。这里有一个水池是四方形的,名字叫俊坛。

荒南-17有一个国家叫载民国。帝舜生了无淫,无淫被贬到载这个地方,他的后裔之国就是所谓的巫载民。巫载民姓肦,以五谷为食。不纺线织布,自然有衣服穿;不耕种庄稼,自然有粮食吃。这里有能歌

因因乎

善舞的鸟类:鸾鸟自由自在地歌唱,凤鸟自由自在地舞蹈。这里还有各种各样的野兽,成群而居,和平相处。这里还是各种谷物自然生长的地方。

荒南 18在大荒之中,有座山叫做融天山,海水从南面流进这座山。

荒南-19有一位部落首领叫凿齿,后羿射杀了他。

荒南-20有一座山叫做蜮山,这里有个蜮民国,诸侯姓桑,以黄米为主食,射死的蜮也是他们的食物。还有人用弓箭射黄蛇,名字叫蜮人。

季厘国

荒南-21有一座山叫做宋山,山中有一种红颜色的蛇,名叫育蛇。山上还有一种树,名字叫枫木。枫木,蚩尤死后所丢弃的手铐、脚镣就化作了枫木。

荒南-22有个氏族,人们长着方方的牙齿和老虎的尾巴,名字叫祖状尸。

荒南-23有一个小人组成的国家,名字叫焦侥国,诸侯姓几,这里的人吃的是优等谷米。

荒南-24在南部大荒之中,有座山名叫歾涂山,青水到这里就不见了。这里还有一座云雨山,山

上有一种树叫做栾树。大禹在治理云雨山的时候，发现一块红石头上生长着这棵栾树，黄色的茎干、红色的枝条、青色的叶子。于是，各位大帝都到这里来采药。

荒南-25有个国家叫伯服国，是颛顼的后裔之国，这里的人以黄米为主食。

荒南-26有个鼬姓国。有座苕山，有座宗山，有座姓山，有座壑山，有座陈州山，有座东州山。还有座白水山，白水从这座山发源，流出来的水汇聚成渊叫白渊，是昆吾之师洗澡的地方。

荒南-27有个族群名叫张弘，正在大海上捕鱼。大海的海岛上有个张弘国，以鱼为食物，能够驯化驾驭四种野兽。

荒南-28有一个氏族，长着鸟嘴，生有翅膀，擅长在海上捕鱼。在南部大荒之中，有个人名叫驩头。鲧的妻子名叫士敬，士敬生的儿子叫炎融，炎融又生了驩头。驩头长着人的面孔、鸟的嘴，长有翅膀，吃海中的鱼，凭借着翅膀行走。也把苣、苣、穆、杨树叶做成食物吃。有驩头国。

荒南-29帝尧、帝喾、帝舜都埋葬在了岳山。这里有花斑贝、三足乌、鸺鹠鸟、老鹰、维蛇、视肉、熊、罴、老虎、豹子。还有朱树，长有红色的枝干、青色的花朵、黑色的果实。还有座申山。

荒南-30在南部大荒之中，有座山名叫天台高山，海水流到这座山的山脚下。

荒南-31在东南少数民族聚居区之外，甘水之间，有个羲和国。这里有个女子，叫羲和，开始在甘渊里给太阳洗澡。羲和这个女子，是帝俊的妻子，是她生了十个太阳。

蜮　人

荒南-32有座山叫盖犹山，山上有甘柤树，树枝和树干都是红色的，叶子是黄色的，花朵是白色的，果实是黑色的。在甘柤树的东侧还有甘华树，树枝和树干也都是红色的，叶子是黄色的。有青马，有红马，名叫三骓。还有视肉。

荒南-33有一种十分矮小的人，名字叫菌人。

荒南-34有一座叫南类的山，这里有遗玉、青马、三骓马、视肉、甘华，各种谷物都能在这里生长。

【解析】

《大荒南经》是介绍处于南海（南蛮聚居

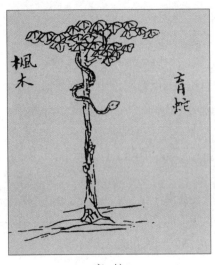

育 蛇

区)及之南,被统治集团蔑视为"政教荒忽"的族群及其山川地理、历史文化的专门章节。但在实际介绍的过程中,也介绍了一些处于东海(东夷)的一些族群。

## (一)

从五帝到夏、商、周、秦的中华统治集团均为黄帝一族,此事在《史记》中记载的非常清楚。但在民族融合的过程中,也有一部分黄族人沦为夷、蛮、狄、戎,甚至沦入大荒之中。如本经之中的三身国、季厘国、载民国、伯服国、驩头国等,都是黄族的后裔之国。其他几个海外经和荒经中也有不少这样的国家。

造成这种状况原因有二:

一是分封造成的。早期分封的初步想法,是想以黄帝后裔治理庞大的炎族。被分封者当初还是有这样的思想的,处处维护黄族人的利益。但传过几代之后,被分封者已经和当地炎族打成一片,不仅不再维护黄族人的利益,而且成了本地炎族的代言人。后来的分封者恐怕连维护黄族(包括后来的华夏族)的想法都没有,一心只想维护自身利益。如楚国,按照屈原的说法,楚国公室是"帝高阳之苗裔兮",但他们与同为黄族后裔的周朝统治者根本没有亲近的想法,而是与之分庭抗礼,沦为名符其实的"南蛮"。

二是由被贬造成的。本经中"帝舜生无淫,降载处",就是这样的例子。《史记·五帝本经》中更有"流共工于幽陵,以变北狄;放驩兜于崇山,以变南蛮;迁三苗于三危,以变西戎;殛鲧于羽山,以变东夷"的记载。其中驩兜、鲧都是黄帝一族,因犯了领导者不能容忍的"错误",被贬往四夷之中,久而久之变成四夷,甚至有一些部族最终也没能融合到华夏族中来。

当然,炎族中的一些部族,由于接受黄族(后来的华夏族)的领导,与统治集团同心同德,中央统治集团并不将他们当做四夷来看。如有穷氏后羿部落、东夷的风后部落等,都比较早地融入华夏一族。再如后来周朝的齐国,本是神农氏的后裔之国,但他们与周朝统治者利益攸关,虽是东夷,位处东夷,但周朝统治者并没有将他们看作东夷。

实际上炎黄之界，当然
后来变成了华夷之界，在春
秋时期还是很清楚的。那时
的诸侯，大多数都是黄帝后
裔，少数为炎帝后裔，而黎民
百姓绝大多数为炎帝后裔。炎
黄民族融合的最后推手，还
是伟大的秦始皇帝，他高瞻
远瞩，明察秋毫，洞悉了春秋

焦侥国

战国动乱的原因，变分封制为郡县制，使民族之界化于无形。

## （二）

本经中羲和是作为中国神话中的太阳神出现的："羲和者，帝俊之妻，生十日。"
当然这里的帝俊是谁，并不重要，但羲和作为太阳之母的身份，已经明确不过，当
然这只是羲和的一种身份。

羲和的第二身份，便太阳的车夫——日御。曲原在《楚辞·离骚》中说："吾令
羲和弭节兮，望崦嵫而勿迫。"这里的崦嵫，在古代是指太阳落山的地方。这句话
的意思是："我命羲和赶着太阳这架马车，不慌不忙地走在回家的路上。"这不是
太阳车夫是什么。

羲和的第三身份，是日历的制定者。《尚书·尧典》上说："（尧）乃命羲和钦若
昊天，历象日月星辰，敬授人时。"可见帝尧时期之历
法，乃是羲和制定出来的。当然，这里的羲和并不是
单纯地指所谓的帝俊之妻，而是指整个羲和部族。

祖状之尸

本经中说羲和"生十日"。当然，并非是说羲和真
的生了十个太阳，而是创立了十干纪日法，也叫天干纪
日法。即用甲、乙、丙、丁、戊、己、庚、辛、壬、癸等十
个古代农历用数词纪日。我们知道，伏羲时已经"首
设元日"，也就是明确了每一年的第一天，也就是知
道了一年有多少天。炎帝时已经有了回归年的概念。
所谓回归年，就是太阳从离我们最近，然后向南远
去，再回来，再离我们最近，这就是一个回归年。测

量的方法有二：一是树起一个标杆，日积月累的观察，从日影最短到再次最短，或者从日影最长到再次最长。二是观察日出、日落，《大荒东经》、《大荒西经》分别给出了六座日出之山、六座日落之山，就是古人观测天象和制定日历的参照物。那时人们测得一个回归年是366天。并且也测立有立春、立夏、立秋、立冬四个节气，也就是有了四季，每个季节91天，或92天不等。尧帝时的节气更多了，除了立春、立夏、立秋、立春四个节气之外，还测有中春（春分）、中夏（夏至）、中秋、中冬（冬至）四个节气。但那时还没有每年12个月的纪日方法，时间长了容易把日子记错。羲和就是在这个时候创立了十干纪日法。十天一个周期的记日子，就像现在一月一个周期记日子一个道理。那么，为什么还要"浴日"呢？主要是到每个季节末尾的时候，也就是过完9个10天后，再过一天或两天，才能过下个季度。至于那个季度在过完90天后，再过一天或两天，那要经过详细的计算，这就叫"浴日"。这种十干纪日法，实际上使用时间很短，后来就被十二个月纪日法代替，但这种十干纪日法在《黄帝内经》上仍有体现。

从羲和族所处的位置来看，当是东夷族。这个邦国的位置一般都认为在山东省日照市附近。日照以日出先照而得名。当地有不少关于羲和的传说，甚至还有一座山叫天台山，上有羲和老母庙。当地的老母庙会历史悠久，规模宏大，影响广泛。

看到这里你可能会说，你是不是太推崇东夷人了？实际上不是我太推崇东夷人，而是东夷人在人文之初，便走在了文明前列。我国现代杰出的历史学家蒙文通先生在其《古史甄微》中说："中华文明，创造于泰族（即泰山一带民族），导源于东方，炎黄二帝后起，自应多承袭之……"上古时代的一些重要的发明创造，如一些动物和植物种子的驯化、青铜和铁的应用、刑罚、巫术，等等，都是东夷人或其祖先发明的。我们有个成语叫"匪夷所思"，其中"匪"是语气词，不讲，这样"匪夷所思"便成了"夷所思"。这个成语的意思是：不是一般人能想到的。这个

羲和浴日

成语怎么来的？这是先前的黄帝部族，后来的华夏族，对东夷人创新能力的赞叹之词。

## （三）

我们都知道娥皇是帝舜之妻，而本经中又成了帝俊之妻，似乎帝俊应是指帝舜。恐不能这样理解，应从上古之人婚姻特性上去理解。因为帝俊、娥皇所处的时代，人们实行的是对偶婚，并不是一夫一妻制。根据恩格斯在《家庭、私有制和国家的起源》中对对偶婚的论述，我们知道，所谓对偶婚是："一个男子在许多妻子中有一个主妻，而他对这个女子来说也是她许多丈夫中的一个主夫。"从恩格斯这段关于对偶婚的描述中，我们可以开拓思路，是不是可以这样认为：娥皇是帝俊

菌 人

之妻，但不是帝俊的主妻，娥皇仍是大舜的主妻。因为本经中说："帝俊妻娥皇，生此三身之国，姚姓。"姚姓是大舜的姓，而帝俊销姓。说到这里也许还有人不会接受这个观点，因为大舜、娥皇、帝俊都是圣人，都是帝王、帝后，不可能像常人那样实行对偶婚。要知道，在对偶婚大兴其道的年代，任何人都会自觉不自觉地遵循社会发展规律，都不会超越这个时代，去实行其它的婚姻方式。

## （四）

《山海经》，特别是《海经》、《荒经》，除记邦国、民族、帝王世系、博物、神话传说外，还记载了大量的姓氏。如：《大荒东经》中的销姓、姜姓、勾姓，《大荒南经》中的姚姓、於姓、阿姓、桑姓、几姓，《大荒西经》中的姬姓，《大荒北经》中的烈姓、肃慎氏、依姓、任姓、盼姓、威姓、辛氏、乞姓，等等，有姓有氏，再加上其它经中的姓氏，姓氏就更多了。由于《山海经》是先秦文献，秦以前是我国姓氏的发展阶段，姓氏并没有定型，故《山海经》对于我国姓氏的研究有着重要意义。

我们知道，姓、氏二字在现代汉语中是同一个意思，但在秦以前，姓与氏有着明显的区别。宋代郑樵《通志·氏族略》中有："三代（夏商周）之前，姓氏分而为二，男子称氏，妇人（女子）称姓。氏所以别贵贱，贵者有氏，而贱者有名无氏……姓所以别婚姻，氏同姓不同者，婚姻可通；姓同氏不同者，婚姻不可通。"因原始社会先有母系氏族社会，后转为父系氏族社会，故先有姓后有氏。历代的研究结果

表明，最早的姓，多从女，如：姬、姜、嬴、姚、妫、姞、姛、娥等，这些姓很可能起源于母系社会，有母系社会八大姓之说。因为"氏所以别贵贱"，故"氏"的起源较晚，最早起源于父系社会初期，最早的氏，有伏羲氏、赫胥氏、神农氏、轩辕氏，等等，称氏者少之又少。春秋之后，人们开始"胙土命氏"——以国为氏、以官为氏、以地为氏、以谥（先祖谥号）为氏，等等，氏才开始多了起来。秦灭六国，贵族皆成庶民，再无所谓贵贱，姓、氏合二为一。

姓氏的起源，再往前考证，则来自图腾崇拜。

从这个意义上来讲，我们每个人的姓氏，多是来自氏族。并不像一些关于百家姓起源的书上说的：某某姓氏，源自某某名人，是某某名人之后。如作者的"韩"姓，百家姓起源的书上是这样讲的："系出姬姓。周武王少子封于韩原，是为韩氏之祖。"那我们不禁要问：那韩原是怎么来的？实际上，韩姓也毫不例外地源自氏族。在黄帝之前就有韩姓、韩氏族，并且，韩氏族在中华文明的进程中也有自己的贡献。"韩"字本身源自韩氏族的图腾，这个图腾上有历法的影子、有猪的影子、有井栏的影子，说明韩氏族在制定历法、驯化野猪为家畜、创制井栏方面做出过贡献。所以，我们在探寻每个姓氏的起源的时候，要往氏族上多想一想。

过去关于百家姓起源的书籍，最早出自汉儒，他们是在先秦古籍中来探寻百家姓的起源的。他们见古籍中某个最早姓这个姓的人，便认定为这个姓的始祖。用这种方法认定出的百家姓的起源，并不完全对。

## 第二十三章 大荒西经①第十六

【原文】

荒西-1西北海②之外，大荒之隅，有山而不合，名曰不周负子③，有两黄兽守之。有水曰寒暑之水。水西有湿山，水东有幕山。有禹攻共工国山④。

荒西-2有国，名曰淑士⑤，颛顼之子。

荒西-3有神十人，名曰女娲之肠⑥，化为神，处栗广之野，横道而处。

荒西-4有人名曰石夷，来风曰韦，处西北隅，以司日月之长短。

荒西-5有五采之鸟，有冠，名曰狂鸟。

荒西-6有大泽之长山。有白氏之国⑦。

荒西-7西北海之外，赤水之东，有长胫之国。

荒西-8有西周⑧之国，姬姓，食谷。有人方耕，名曰叔均⑨。帝俊生后稷，稷降以百谷。稷之弟曰台玺，生叔均。叔均是代其父及稷播百谷，始作耕。有赤国妻氏。有双山。

荒西-9西海⑩之外，大荒之中，有方山者，上有青树，名曰柜格之松，日月所出入也。

荒西-10西北海之外，赤水之西，有先民之国，食谷，使四鸟。

荒西-11有北狄之国⑪。黄帝之孙曰始均，始均生北狄。

荒西-12有芒山。有桂山。有榣山，其上有人，号曰太子长琴。颛顼生老童⑫，老童生祝融，祝融生太子长琴，是处榣山始作乐风。

女娲之肠

荒西-13有五采鸟三名：一曰皇鸟，一曰鸾鸟，一曰凤鸟。

荒西-14有虫状如菟，胸以后者裸不见，青如猨状。

荒西-15大荒之中有山，名曰丰沮玉门⑬，日月所入。

荒西-16有灵山⑭，巫咸、巫即、巫盼、巫彭、巫姑、巫真、巫礼、巫抵、巫谢、巫罗十巫，从此升降，百药爰在。

荒西-17西有王母之山、壑山、海山。

石夷

荒西-18有沃之国，沃民是处。沃之野，凤鸟之卵是食，甘露是饮。凡其所欲，其味尽存。爰有甘华、甘柤、白柳、视肉、三骓、璇瑰、瑶碧、白木、琅玕、白丹、青丹，多银、铁。鸾鸟自歌，凤鸟自舞，爰有百兽，相群是处，是谓沃之野。

荒西-19有三青鸟，赤首，黑目，一名曰大鵹，一名曰少鵹，一名曰青鸟。

荒西-20有轩辕之台⑮，射者不敢西向射，畏轩辕之台。

荒西-21大荒之中，有龙山，日月所入。有三泽水，名曰三淖⑯，昆吾之所食也。

荒西-22有人衣青，以袂蔽面，名曰女丑之尸。

荒西-23有女子之国。

荒西-24有桃山。有䲮⑰山。有桂山。有于土山。

荒西-25有丈夫之国。

荒西-26有弇州之山。五采之鸟仰天，名曰鸣鸟。爰有百乐歌舞之风。

荒西-27有轩辕之国。江山之南栖为吉。不寿者乃八百岁。

荒西-28西海陼中有神，人面鸟身，珥两青蛇，践两赤蛇，名曰弇兹。

荒西-29大荒之中有山，名曰日月山，天枢也。吴姬天门，日月所入。有神，人面无臂，两足反属于头山（上），名曰嘘。颛顼生老童，老童生重及黎⑱，帝令重献上天，令黎邛下地，下地是生噎⑲，处于西极，以行日月

狂鸟

星辰之行次。

荒西-30有人反臂，名曰天虞。

荒西-31有女子方浴月。帝俊妻常羲㉑，生月十有二，此始浴之。

荒西-32有玄丹之山。有五色之鸟，人面有发。爰有青鴍、黄鷔。青鸟、黄鸟，其所集者其国亡。

荒西-33有池，名孟翼之攻颛顼之池。

荒西-34大荒之中有山，名曰鏖鏊钜，日月所入者。

荒西-35有兽，左右有首，名曰屏蓬。

荒西-36有巫山者，有壑山者，有金门之山。有人名曰黄姖之尸。

荒西-37有比翼之鸟。有白鸟，青翼、黄尾、玄喙。

荒西-38有赤犬，名曰天犬，其所下者有兵。

荒西-39西海之南，流沙之滨，赤水之后，黑水之前，有大山，有曰昆仑之丘。有神㉑，人面虎身，有文有尾，皆白，处之。其下有弱水之渊环之，其外有炎火之山㉒，投物辄然。有人，戴胜，虎齿，有豹尾，穴处，名曰西王母。此山万物尽有。

荒西-40大荒之中有山，名曰常阳之山，日月所入。

荒西-41有寒荒之国。有二人：女祭、女薎㉓。

荒西-42有寿麻之国。南岳娶州山女，名曰女虔。女虔生季格，季格生寿麻。寿麻正立无景，疾呼无响㉔。爰有大暑，不可以往。

荒西-43有人无首，操戈、盾立，名曰夏耕之尸㉕。故成汤㉖伐夏桀㉗于章山，克之，斩耕厥前。耕既立，无首，走厥咎，乃降于巫山。

荒西-44有人名曰吴回㉘，奇左，是无右臂。

荒西-45有盖山之国。有树，赤皮、支、干，青叶，名曰朱木。

荒西-46有一臂民。

荒西-47大荒之中有山，名曰大荒之山，日月所入。有人焉，三面，是颛顼之子，三面一臂，三面之人不死。是谓大荒之野。

荒西-48西南海之外，赤水之南，流沙之西，有人珥两青蛇，乘两龙，名曰夏后开㉙。开上三嫔于

北 狄

325

太子长琴

天⑩，得《九辩》与《九歌》以下。此天穆之野，高二千仞，开焉得始歌《九招》。

荒西-49有互人之国㉛。炎帝之孙名曰灵恝，灵恝生互人，是能上下于天。

荒西-50有鱼偏枯㉜，名曰鱼妇㉝，颛顼死即复苏。风道北来，天乃大水泉，蛇乃化为鱼，是为鱼妇。颛顼死即复苏。

荒西-51有青鸟，身黄，赤足，六首，名曰鸀鸟㉞。有大巫山。有金之山。

荒西-52西南大荒之中隅，有偏句、常羊之山。

## 【注释】

①大荒西经：即记载处于西戎聚居区及其之外的，被统治者蔑视为"政教荒忽"的族群及其山川地理、历史文化的专门章节。

②西北海：这里的"海"是人文之"海"。西北海即古代处于我国西北部，戎、狄等民族的聚居区。

③不周负子：即不周山。详见《西次三经》。

④禹攻共工国山：此山名乃因事立名，说明大禹曾与公共部落在此山发生过战争。至于具体地点已经无法确定。

⑤淑士：传说中的部族，颛顼后裔之国。

⑥女娲之肠：传说女娲一天能有七十多个变化，其肠子一动即能变化出十个神人。实际上是指女娲的十个后裔之国。

⑦白氏之国：即白民国。详见《海外西经》。

⑧西周：历史上的西周，建立于公元前1046年，于公元前771年周幽王被杀，西周灭亡，共经历11代12王。此后平王东迁，称东周。这里的西周指周朝公室先祖的另一世系，即台玺、叔均一脉。

⑨叔均：某代后稷的侄子，台玺之子，《山海经》认为他是牛耕的创造者。

⑩西海：这里的海是人文之海。西海，即西戎民族聚居区。

⑪北狄之国：北狄，原是对北方少数民族的统称，但这里的北狄之国，并不是作统称用，而是指位于北方的某个少数民族。

⑫老童：即《西次三经》中所说耆童，颛顼之子。

⑬丰沮玉门：玉门，即玉门山，在甘肃省，现在叫玉门关。丰，即风，沮即阻。唐朝王之涣《凉州词》中有句"春风不度玉门关"，说是暖风吹到玉门的时候，已经到了夏天，故有"春风不度玉门关"之说。在先秦的时候，就叫丰沮玉门。

⑭灵山：上古时代"灵"、"巫"不分。灵山，疑即巫山。

⑮轩辕之台：即轩辕之丘。详见《西次三经》。

⑯三淖：疑为三淖盆地。在新疆维吾尔自治区哈密市，天山东北部。

⑰虽：同"虹"。

⑱重及黎：传说中的重和黎，分别是掌管天上和人间事物的神仙。详见解析。

⑲噎：即噎鸣。详见《海内经》。

⑳常羲：传说中的月亮女神，也叫月御。详见解析。

㉑神：即《西次山经》中的陆吾。相传为虎身，九尾，管理昆仑山。

㉒炎火之山：疑为火焰山。在新疆维吾尔自治区。

㉓女祭、女薎：即《海外西经》中的女祭、女戚。

㉔正立无景，疾呼无响：景，影的原字。正立无景，是因为太阳在头顶上正照，故无影。疾呼无响，这里的"响"，并不是指喊声，而是指回声。因为在山中疾呼，只有太阳照不到的山谷才有回声。在寿麻国，因为太阳在天上正照，没有阳光照不到的山谷，故无回声。这反映的是北回归线以南的情形，故寿麻之国应在北回归线以南，所以"爰有大暑，不可以往"。

㉕夏耕之尸：过去注解者都把"夏耕之尸"解作一个叫夏耕的人的尸体，或一个叫夏耕的神主，恐都不对。应解作：一个叫夏耕的夷人部落。文中被杀的是夏耕部落的首领夏耕。首领被杀后，部落成员离开原居住地，跑到巫山生存。文中"有人无首"，应该是这个部落，或氏族，没有首领的意思。也可能是图腾的反映。

㉖成汤：即商汤王，商朝的开国君主。

㉗夏桀：夏朝的亡国之君。

㉘吴回：又叫康回，祝融。帝颛顼曾孙，

十　巫

老童之子。也有人说是祝融之弟，叫康回，因迁至吴地，而名吴回。最切合实际的情况是，其兄被贬或被杀后，吴回继任祝融。

鸣　鸟

㉙夏后开：即夏后启。汉代避汉文帝刘启之讳，将"启"字改为"开"字。

㉚三嫔于天：三，虚指，多次的意思。嫔，与"宾"同义。这句话的意思是，夏后启多次到天上做客才得到《九辨》、《九歌》、《九招》等乐歌。

㉛互人之国：即氐人国。

㉜偏枯：中医上讲，人患半身不遂的病，叫偏枯。

㉝鱼妇：即鱼凫，古蜀国君主。李白在《蜀道难》中曾有"蚕丛与鱼凫，开国何茫然"的疑问，诗中的鱼凫，便是指《山海经》的鱼妇。《山海经》中的这段文字，说明鱼凫与颛顼帝的关系。颛顼帝不是其父族，便是其母族。

㉞鸲鸟：一种乌鸦，也叫山乌、赤嘴鸟、红嘴山鸦。羽毛黑而发亮，尾、翼有绿色光泽，嘴鲜红，脚淡红。

## 【译文】

荒西-1在西北戎、狄等民族聚居区之外，大荒的一个角落，有座山山体断裂、合不到一起，叫不周山，有两头黄色的瑞兽保护着它。山的附近有一条水流，叫做寒暑水。水的西面有座山叫湿山，水的东面有座山叫幕山。还有一座山叫禹攻共工国山。

弇　兹

荒西-2有个国家名叫淑士国，是帝颛顼的子孙后代建立的国家。

荒西-3有十位神守诸侯，带领着十个部落，名字叫女娲肠，说是由女娲的肠演化成的部落，在一个叫栗广的原野上，他们临道而居。

荒西-4有人，名字叫石夷，西方人单称他叫夷，来风称他叫韦。他住在大地的西北角，掌管着太阳和月亮每天运行时间的长短。

荒西-5有一种长着五彩羽毛的鸟，头上有冠，名字叫狂鸟。

荒西-6有一处大泽，大泽中有长山，这里有一个白氏国。

荒西-7在西北戎、狄等民族聚居区之外，赤水的东岸，有个长胫国。

荒西-8有个西周国，这里的诸侯姓姬，以谷类为主食。有个人善于耕田，名字叫叔均。帝俊生了后稷，是后稷把各种谷物的种子从天上带到人间的。后稷有个弟弟叫台玺，台玺生了叔均。叔均接替父亲和后稷，播种各种谷物，创造了耕田种植的新方法。这里还有个赤国妻氏，有座双山。

荒西-9在西戎聚居区之外，大荒之中，有座山叫方山，山上有棵青树，名叫柜格松，是太阳和月亮经过的地方。

荒西-10在西北戎、狄等民族聚居区之外，赤水的西岸，有个先民国，这里的人以谷类为主食，能够驯化、驾驭四种野兽。

荒西-11有个北狄国。黄帝的孙子叫始均，始均的子孙后代，建立了北狄国。

荒西-12这里有座芒山，有座桂山。还有座榣山，山上有一个人，号称太子长琴。颛顼生了老童，老童生了祝融，祝融生了太子长琴，太子长琴住在榣山上，创作音乐，从此音乐风行人世间。

荒西-13有五彩鸟，它们三个的名字：一叫皇鸟，一叫鸾鸟，一叫凤鸟。

荒西-14有一种野兽，它的形状与兔子相仿，胸脯以下部分全露着，但你又什么都看不见，那是因为它长有青色的长毛，像猿猴一样而把裸露的部分遮盖住了。

荒西-15在大荒中，有座山名叫丰沮玉门山，是太阳和月亮降落的地方。

荒西-16有座灵山，巫咸、巫即、巫盼、巫彭、巫姑、巫真、巫礼、巫抵、巫谢、巫罗等十个巫师在这里上下。各种各样的药物都生长在这里。

荒西-17西有王母山、壑山、海山。

荒西-18有个沃民国，沃民便居住在这里。生活在沃野的人，吃的是凤鸟下的蛋，喝的是甘露。凡是他们想吃的美味，这里都能尝得到。这里还有甘华树、甘柤树、白柳树、视肉、三骓马、璇瑰玉、瑶碧玉、白木、琅玕玉、白丹、青丹，富产银、铁。鸾鸟逍遥自在地歌唱，凤鸟逍遥自在地舞蹈。还有各种野兽，群居相处，无相害之心，所以称作沃野。

荒西-19有三只青色的大鸟，红脑袋、黑

嘘

噎

眼睛，一只叫做大鵹，一只叫做少鵹，一只叫做青鸟。

荒西-20有座轩辕台，射箭的人都不敢向西射，因为他们敬畏轩辕台上黄帝的灵魂。

荒西-21大荒当中，有座山叫龙山，是太阳和月亮降落的地方。有三个大的水泽，名字叫三淖，是昆吾族人的封地和食邑。

荒西-22有人穿着青色衣服，用袖子遮住脸面，名字叫女丑夷。

荒西-23有个女子国。

荒西-24有座桃山，还有座䖫山，还有座桂山，有座于土山。

荒西-25有个丈夫国。

荒西-26有座弇州山，五彩鸟，正仰天鸣叫，名字叫鸣鸟。这里歌舞之风盛行。

荒西-27有个轩辕国。这里的人把居住在江山的南边当作吉利，就是不长寿的人也能活到八百岁。

荒西-28在西戎聚居区的水渚上，有神守诸侯，长着人的面孔、鸟的身子，耳朵上挂着两条青蛇作装饰，脚底下驾驭着两条红蛇飞翔，名叫弇兹。

荒西-29大荒之中，有座山叫日月山，是天的枢纽。主峰叫吴姖天门山，是太阳和月亮降落的地方。有神守诸侯，形象像人，但没有臂膀，两只脚直接长在头上，名字叫噎。颛顼帝生老童，老童生重和黎，天帝命令重托着天用力往上举，又命令黎撑着地使劲朝下按，于是黎来到人间并生了噎。噎就住在大地的最西端，主管着太阳、月亮和星辰运行的先后次序。

荒西-30有人，反长着臂膀，名字叫天虞。

荒西-31有个女子给月亮洗澡。帝俊的妻子常羲，生了十二个月亮，这才开始给月亮洗澡。

荒西-32有座山叫玄丹山。山上有一

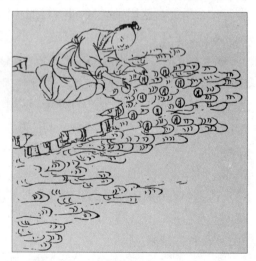

常羲浴月

种五色鸟，长有一副人的面孔，而且还长有头发。这里还有青鸾、黄鷔。这种青色的鸟、黄色的鸟，它们在哪个国家聚集，那个国家就会灭亡。

荒西-33有个水池，名叫孟翼攻颛顼池。

荒西-34大荒当中，有座山名叫鏖鏊钜山，是太阳和月亮降落的地方。

荒西-35有一种野兽，左边和右边各长着一个头，名叫屏蓬。

荒西-36有座巫山，还有座壑山。还有座金门山，山上有个族群，叫黄姖夷。

五色鸟

荒西-37有比翼鸟。还有一种白鸟，长着青色的翅膀、黄色的尾巴、黑色的喙。

荒西-38有一种红颜色的狗，名字叫天犬，它所出现的地方就会发生战争。

荒西-39在西戎聚居区的南面，流沙的边沿，赤水的北面，黑水的南面，屹立着一座大山，就是昆仑山。山上有神守诸侯，长着人的面孔、老虎的身子，身子上有花纹、有尾巴，都是白色的，在这里。昆仑山下有条水，叫弱水，汇聚成渊环绕在昆仑山下。弱水的外侧有座火焰山，一投进东西就会燃烧起来。有位神人，头上戴着叫玉胜的首饰，嘴边长着一对虎牙，身后有一条豹子的尾巴，住在山里的洞穴中，名叫西王母。这座山拥有世间万物。

荒西-40大荒当中，有座山名叫常阳山，是太阳和月亮降落的地方。

荒西-41有一个叫寒荒的国家。这里有两个氏族分别叫女祭、女薎。

荒西-42有个国家叫寿麻国。南岳娶了州山族的女子为妻，她的名字叫女虔。女虔生了季格，季格的后裔成立了寿麻国。在寿麻国这个地方，人端端正正站地在太阳下没有一点影了，大声疾呼没有一点回响。那里异常炎热，人是不可以前往的。

荒西-43有个人没有脑袋，一手持戈、一手持盾牌站立着，名叫夏耕尸。从前成汤在章山这个地方讨伐夏桀，把夏桀打败了，斩杀夏耕尸于他的面前。夏耕尸站立起来后，发觉没了脑袋，为了逃避罪责，于是逃往巫山去了。

荒西-44有个人名叫吴回，只剩下左胳膊，而没了右胳膊。

荒西-45有个盖山国。这里有一种树，树皮、树枝、树干都是红色的，叶子是青色的，名字叫朱木。

屏蓬

天犬

荒西-46有一个这样的族群，这个族群的人只长一条胳膊，人称一臂民。

荒西-47大荒之中，有一座山，叫大荒山，是太阳和月亮降落的地方。这里有这样一个族群，这个族群的人的头上的长了三张脸，他们是颛顼帝的后代，三张面孔、一只胳膊。这种长着三张脸的人永远不会死亡。这里就是所谓的大荒野。

荒西-48在西南戎、蛮等民族聚居区之外，赤水的南岸，流沙的西面，有人耳朵上佩戴着两条青蛇，驾驭着两条龙，名叫夏后启。夏后启曾多次到天帝那里去做客，得到天帝的乐曲《九辩》和《九歌》，回到人间。这里就是天穆野，高达二千仞，夏后启在此开始演奏《九招》乐曲。

荒西-49有个氏人国。炎帝的孙子名字叫灵恝，灵恝生了氏人。氏人是能上下于天庭的。

荒西-50有鱼，它的身子半边干枯，名字叫鱼妇。帝颛顼死后立刻复苏。这天，风从北方吹来，天上下起大雨如泉涌，蛇于是借机变化成为鱼，这便是所谓的鱼妇。颛顼死后立刻复苏。

荒西-51有一种青鸟，身子是黄色的，爪子是红色的，长有六个头，名字叫鷐鸟。有座大巫山，还有座金山。

荒西-52在西南部大荒的一个角落，有偏句山、常羊山。

【解析】

　　《大荒西经》是介绍处于西北的戎、狄等民族聚居区及其之外，被统治者蔑视为"政教荒忽"的族群及其山川地理、历史文化的专门章节。这些族群中，有的在文中写得非常清楚，有得写的虽然不清楚，但也无更多资料可做介绍。这里重点讲一

人面虎身神

讲后稷、常羲和灵恝，还有中华上古历史上的一件大事——绝地天通。

## （一）

按照《史记》的说法：后稷、名弃，其母为有邰氏女，叫姜嫄，是帝喾元妃，生后稷。关于后稷的出生，《史记》还记载了一段神话：姜嫄到大自然中去游玩，见巨人脚印，踩了上去，于是砰然心动，便怀了孕，生时过了孕期，以为不详，弃之。先是弃之陋巷，牛马都躲避他；弃之树林之中，遇到了砍柴人收养；弃之渠中冰上，飞鸟护卫他。姜嫄以为这是神仙降临，便重新收养他，故名弃。

弃长大之后，特别喜欢稼穑耕种，能知道哪块地适合种什么庄稼，附近的农民都效法他。帝尧知道之后，便举弃为农师。帝舜也非常器重他，封弃于有邰，号曰后稷，别姓姬氏。于是后稷的家族开始兴盛起来，后稷也被后世封为农神。

实际上，中国农业的起源远远早于后稷时期，根据现代考古发现，中华先民在八千年前就开始种植水稻、谷子，在五六千年前就开始种植小麦和大麦。后来神农氏崛起于西方，发明耕田、浇地、相宜水土，又把农业向前推进一步。

有邰氏，也是炎帝一族，后稷（弃）应该是耳濡目染外祖之家的耕作方式，并成功向全国推广的。另外，据说后稷（弃）是稷（其籽粒为黄米）这种作物的驯化、并率先种植的人。仅此一项发明，后稷（弃）厥功甚伟，称为农神当之无愧。

此外，后稷葬地也是《山海经》的一个难解之谜。因为《山海经》中出现了三个后稷葬地。一是在《西次三经》中：

槐江之山……南望昆仑，其光熊熊，其气魂魂。西望火泽，后稷所潜也。

郝懿行《山海经笺疏》说："后稷所潜，即所谓葬也，葬之言藏也。"

二是在《海内西经》中：

寿麻

夏耕尸

后稷之葬，山水环之。在氐人国西。

三是在《海内经》中：

西南黑水之间，有都广之野，后稷葬焉。爰有膏菽、膏稻、膏黍、膏稷，百谷自生，冬夏播琴。

根据杨慎《山海经补注》的说法：这里的都广，应该指今成都。都广之野，指成都平原。

这样就出现了三个后稷葬地。为什么会出现这种情况？难道是疑冢？肯定不是。因为上古时候人都朴实，后稷又是造福人群、受人尊重的圣贤，根本不会用什么疑冢。那又是为什么呢？《史记·周本记》可以给出答案。文中说：

帝舜曰："弃，黎民始饥，尔后稷播时百谷。"封弃于邰，号曰后稷，别姓姬氏。后稷之兴，在陶唐、虞、夏之际，皆有令德。后稷卒，子不窋立，不窋末年，夏后氏政衰，去稷不务，不窋以失去官而奔戎、狄之间。

三面人

也就是说，弃及其后代任后稷这个职位的时间是从尧帝时开始的，历经舜帝时期、禹帝时期、整个夏朝，到夏朝末期，传到裔孙不窋时才"去稷不务"。这期间，不知有几多世纪，也不知道有多少代后稷。因为仅夏朝就有470年（根据夏、商、周断代工程，夏朝兴起于公元前2070年，亡于公元前1600年）之长。可见后稷就像炎帝、祝融、公工、后羿一样，是个职位，父子相替，兄终弟及。本经中的后稷之弟台玺和台玺之子叔均，都可能当过后稷。故太史公说："皆有令德。"一个"皆"字，足见《史记》笔法严谨。因历史上有多个后稷，故后稷的葬地应也有多个，《山海经》仅记其三个而已。当然，这三个葬地都不是后稷弃的，因为后稷弃的封地叫有邰，先是在山西省，后又移封到陕西省武功县，不可能葬到槐江山、氏人国西和都广之野。

## （二）

一说到月亮，我们便想起了嫦娥，认为嫦娥是月亮女神。而《大荒西经》却说："有女子方浴月。帝俊妻常羲，生月十有二，此始浴之。"可见帝俊之妻常羲生月、浴月，好像常羲才是真正的月亮女神。

这则记载是什么意思呢？实际上，它并不是要告诉我们是常羲生了十二个月亮，而是要告诉我们是常羲创造了一年十二个月的律历，叫地支纪月法，或叫十二支纪月法。为什么还要浴月，那是要对月历进行调整。因此，常羲又被称为"女和月母"。

我们知道，中国的传统历法，即所谓夏历，是阴阳合历，就是同时参照太阳、太阴（月亮）运行规律制定历法。按照太阳运行轨律，地球周而复始的公转决定了冷暖交替，这个交替周期便是三百六十五天又四分之一天。当然，那时人们并不知道地球公转这件事，但那时的人们已知道一个回归年是三百六十六天。实际上，按照太阳的运行规律来确定历法的季节，这项工作很早之前就开始了。伏羲氏时就设定元日。神农氏时便有了立春、立夏、立秋、立冬四个节气，也就是有了四季。帝尧时又有中春（春分）、中夏（夏至）、中秋、中冬（冬至）四个节气。

可见二十四节气是根据太阳历创建的，那么十二个月是什么时候出现的呢？具体时间真不好说，应当是帝舜时期。《大荒西经》这样告诉我们的：帝俊的妻子羲和创建一年十二月的月历。从月的得名来看，肯定是羲和根据月亮晦朔弦望的变化而得来，制定月份，用来记日子。

这就带来一个问题，便是太阳的一个回归年大体为365天多一点，而月亮绕地球一周约为29.5天，12个月才354天，差了十多天。如果不加以调整，过不了多久，季节和月份就会发生很大的差距，只有加以调整，即"浴月"才能解决这一问题。解决的办

夏后开

法便是规定阴历一年为360天，而阳历一年多出的几天，用每隔几年置一闰月的方法解决。

## （三）

灵恝，按照郭璞的说法，"恝"音如券契之契，即古代先民要祈求上帝某事，如祈雨，求丰收，求婚配等等，都要先将事项刻于木板、石板或龟甲，称作契。可见契并不是商代才出现的，而是很早就有了。应该是始于伏羲时代，炎帝时期又有所发展。这个创新发展之人，便是灵恝。灵恝氏族初兴甘肃灵台，以灵人居住而得名，此后内迁至陕西，西安市里的灵台、灵沼，渭南市的灵台山等，都是因灵人迁居于此而得名。

## （四）

本经中"帝令重献上天，令黎邛下地……"一则，讲的是中国上古社会发生的一场宗教改革：绝地天通。

这里的"天"，可理解为上帝；这里的"地"，可理解为百姓。也可把"天"理解为宗教，把"地"理解为人间事物。绝地天通，就是切断百姓与上帝、神明之间的联系，把对上帝的祭祀权收归到帝王手中，实行政教分离。

原来，在黄帝部族进入中原之初，九州处于一种无政府状态，人人可以通神明，人人可以从事祭祀活动。甚至，人人可以借上帝的名义，号召大家起来抵抗黄族的入侵。按照《国语·楚语下》的说法：

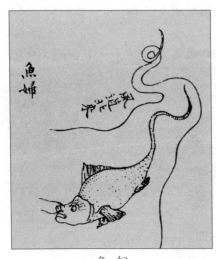

鱼妇

及少暤氏之衰也，九黎乱德，民神杂糅，不可方物。夫人作享，家为巫使，无有要质。民匮于祀，而不知其福。烝享无度，民神同位。民渎齐盟，无有严威。神狎民则，不蠲其为。嘉生不降，无物以享。祸灾荐臻，莫尽其气。

当然，《国语》这些说法是从爱惜民力、关心民生的角度说的。但这只是问题的一个方面，最重要的还是害怕民众借上帝的名义反抗异族侵略与统治。颛顼帝看到这一点，

于是实行宗教改革，把宗教事务收归统
治者手中，别人谁也不能对上帝进行祭
祀，对上帝的祭祀专门安排"重"去负
责，而民间事务则交给"黎"去负责，实
行政教分离。于是，《国语·楚语下》又
说：

躅 鸟

> 颛顼受之，乃命南正重司天以属
> 神，命火正黎司地以属民，使复旧常，
> 无相侵渎，是谓绝地天通。

对此，郭璞注曰："古者人神杂扰无别。颛顼乃命南正重司天以属神，命火正黎
司地以属民。重寔上天，黎寔下地。"

# 第二十四章　大荒北经①第十七

【原文】

荒北-1东北海②之外，大荒之中，河水之间，附禺之山③，帝颛顼与九嫔葬焉。爰有鸱久、文贝、离俞、鸾鸟、皇鸟、大物、小物④，有青鸟、琅鸟⑤、玄鸟⑥、黄鸟、虎、豹、熊、罴、黄蛇、视肉、璇瑰、瑶碧，皆出卫于山。丘方员三百里，丘南帝俊竹林在焉，大可为舟。竹南有赤泽水，名曰封渊。有三桑无枝。丘西有沈渊，颛顼所浴。

荒北-2有胡不与之国，烈姓，黍食。

荒北-3大荒之中有山，名曰不咸⑦。有肃慎氏之国。有蜚蛭⑧，四翼。有虫，兽首蛇身，名曰琴虫。

荒北-4有人名曰大人。有大人之国，厘姓，黍食。

荒北-5有大青蛇，黄头，食麈。有榆山。有鲧攻程州之山。

荒北-6大荒之中有山，名曰衡天。有先民之山。有槃木千里。

猎　猎

荒北-7有叔歜国。颛顼之子，黍食，使四鸟：虎、豹、熊、罴。有黑虫如熊状，名曰猎猎。

荒北-8有北齐之国⑨，姜姓，使虎、豹、熊、罴。

荒北-9大荒之中有山，名曰先槛大逢之山，河、济所入，海北注焉。其西有山，名曰禹所积石。

荒北-10有阳山者。有顺山者，顺水出焉。

荒北-11有始州之国，有丹山。

荒北-12有大泽方千里，群鸟所解。

荒北-13有毛民之国，依姓，食黍，使四鸟。禹生均国，均国生役采，役采生修鞈，修鞈杀绰人。帝念之，潜为之国，是此毛民。

荒北-14有儋耳之国⑩，任姓，禺号子，食谷。

荒北-15北海之渚中，有神，人面鸟身，珥两青蛇，践两赤蛇，名曰禺强。

荒北-16大荒之中有山，名曰北极天柜，海水北注焉。有神，九首人面鸟身，名曰九凤。又有神，衔蛇操蛇，其状虎首人身，四蹄长肘，名曰强良。

琴虫

荒北-17大荒之中有山，名曰成都载天。有人，珥两黄蛇，把两黄蛇，名曰夸父。后土生信，信生夸父。夸父不量力，欲追日景，逮之于禺谷。将饮河而不足也，将走大泽，未至，死于此。应龙已杀蚩尤，又杀夸父⑪，乃去南方处之，故南方多雨。

荒北-18又有无肠之国，是任姓，无继子，食鱼。

荒北-19共工之臣名曰相繇⑫，九首蛇身，自环，食于九土。其所歍所尼，即为源泽，不辛乃苦，百兽莫能处。禹湮洪水，杀相繇，其血腥臭，不可生谷。其地多水，不可居也。禹湮之，三仞三沮，乃以为池，群帝因是以为台。在昆仑之北。

荒北-20有岳之山，寻竹生焉。

荒北-21大荒之中有山，名曰不句，海水入焉。

荒北-22有系昆之山者，有共工之台，射者不敢北乡。

荒北-23有人衣青衣，名曰黄帝女魃⑬。蚩尤作兵伐黄帝，黄帝乃令应龙攻冀州之野⑭。应龙蓄水，蚩尤请风伯、雨师，纵大风雨。黄帝乃下天女曰魃，雨止，遂杀蚩尤。魃不得复上，所居不雨。叔均言之帝，后置之赤水之北。叔均乃为田祖。魃时亡之。所欲逐之者令曰："神北行！"先除水道，决通沟渎。

荒北-24有人方食鱼，名曰深目民之国⑮，盼姓，食鱼。

荒北-25有钟山者。有女子衣青衣，名曰赤水女子献⑯。

荒北-26大荒之中有山，名曰融父山，顺水入

儋耳国

禺强

焉。有人，名曰犬戎。黄帝生苗龙，苗龙生融吾，融吾生弄明，弄明生白犬，白犬有牝牡，是为犬戎，肉食。

荒北-27有赤兽，马状，无首，名曰戎宣王尸[17]。有山，名曰齐州之山、君山、鬵山、鲜野山、鱼山。

荒北-28有人一目，当面中生，一曰是威姓，少昊之子，食黍。

荒北-29有继无民，继无民任姓，无骨子，食气[18]、鱼。

荒北-30西北海外，流沙之东，有国，曰中輻[19]，颛顼之子，食黍。

荒北-31有国，名曰赖丘。

荒北-32有犬戎国。有神，人面兽身，名曰犬戎。

荒北-33西北海外，黑水之北，有人有翼，名曰苗民[20]。颛顼生驩头，驩头生苗民，苗民厘姓，食肉。有山，名曰章山。

荒北-34大荒之中，有衡石山、九阴山、泂野之山，上有赤树，青叶，赤华，名曰若木[21]。

荒北-35有牛黎之国[22]。有人无骨，儋耳之子。

荒北-36西北海之外，赤水之北，有章尾山。有神，人面蛇身而赤，直目正乘，其瞑乃晦，其视乃明，不食不寝不息，风雨是谒。是烛九阴，是谓烛龙[23]。

**【注释】**

①大荒北经：即记载处于北方的，被统治者蔑为"政教荒忽"族群及其山川地理、历史文化的专门章节。

②东北海：指处于东北部的夷、狄等民族聚居区。当指河南省北部、山东省西部、河北省、山西省等。

③附禺之山：即《海外北经》中的务隅山，《海内东经》中的鲋鱼山。古代附、务、鲋字通用；禺、隅通用。

④大物、小物：指陪葬的各色物等。

九凤

⑤琅鸟：即白色的鸟。琅，白色。

⑥玄鸟：黑色的鸟，即燕子。

⑦不咸：古代山名，即位于吉林省境内的长白山。

⑧蜚蛭：蜚，即飞。蛭，一种环节动物。蜚蛭，即一种会飞翔的环节动物。

⑨北齐之国：古代国名。有两种说法：一是指由炎帝后裔姜延在夏朝时建立的诸侯国，在今内蒙自治区境内。二是指姜子牙的封国——齐国。

⑩儋耳之国：即《海外南经》中的离耳国。该国应在南方，不知何故，现在该国出现在《大荒北经》中。

⑪又杀夸父：上文说夸父追赶太阳，力所未逮，渴死。这里又说被应龙杀死。这是古代神话传说的歧异。

⑫相繇：即《海外北经》中的相柳氏。

⑬女魃：传说中的旱神，女性。据说她所居住的地方，长年不下雨。

⑭冀州之野：古代冀州是指山西南部、河北南部、河南北部这一带。

⑮深目民之国：即深目国。详见《海外北经》。

⑯赤水女子献：即上文中所说的安置在赤水岸边的女魃。

⑰戎宣王尸：尸，即夷，"戎"也是夷，故有"尸"名。宣王，可能是犬戎的某个首领。

⑱食气：古代传说中有些神明靠食气而生。应该就是后世的调息、辟谷。

⑲䎽：读若"扁"。

⑳苗民：这里的苗民，即现在西南方言区苗族人的祖先。在尧帝时中央政权曾"窜三苗于三危"。三危，也就是现在的敦煌附近的三危山。但从苗族人现在的居住情况来看，这些苗民并没有在敦煌附近扎根，而是向南，到了南方居住。详见《蚩尤、驩兜和苗族》。

㉑若木：传说中的神木。枝、干皆赤，叶青、花红。有古文字专家研究认为，"若"字，可能是"桑"字的误写，古"若"字与"桑"字相仿，很容易误写。

㉒牛黎之国：即《海外北经》中的柔利国，因其能反膝曲足，故说"无骨"。

㉓烛龙：又叫烛阴。详见《海外北经》。

强良

黄帝女魃

【译文】

荒北-1在东北夷、狄等民族聚居区之外，东北部大荒之中，黄河流经的地方，有座附禺山，帝颛顼与他的九个妃嫔就葬在这座山里。这里有鸱鹠鸟、花斑贝、离朱鸟、鸳鸟、凤鸟、大物、小物，还有青鸟、琅鸟、燕子、黄鸟、老虎、豹子、熊、罴、黄蛇、视肉、璿瑰玉、瑶碧玉，都出现在这座山中。这座山方圆三百里，山的南面有帝俊的竹林，竹子大得可以独自成舟。竹林的南面有一片红色的湖水，名字叫封渊。有三桑无枝。山的西面有个深渊，是颛顼帝洗澡的地方。

荒北-2有个胡不与国，烈姓，这里的人以黄米为主食。

荒北-3大荒之中有座山，叫不咸山。这里有个国家叫肃慎国。当地有一种能飞的蛭，长有四只翅膀。当地有一种虫，长着野兽的脑袋、蛇的身子，名字叫琴虫。

荒北-4有一个族群，名字叫大人。他们建立的国家叫大人国，厘姓，这里的人以黄米为主食。

荒北-5有一种大青蛇，黄色的脑袋，能吞食大鹿。有座榆山。又有座鲧攻程州山。

荒北-6大荒之中有座山，名字叫衡天山。还有座先民山，上面有一棵盘旋弯曲一千里的大树。

荒北-7有个叔歜国，是颛顼帝的后代建立的国家，以黄米为主食，能驯化、驾驭四种野兽：老虎、豹子、熊和罴。还有一种形状与熊相似的黑虫，名字叫猎猎。

荒北-8有个叫北齐的国家，姜姓，能驯化、驾驭虎、豹、熊、罴四种野兽。

荒北-9北部大荒之中有座山，名叫先槛大逢山，是黄河水和济水流过的地方，海水从北面也能倒灌到这里。它的西面有座山，名叫禹所积石山。

荒北-10有座阳山。又有座顺山，顺水从这座山发源。

荒北-11有个叫始州的国家，国中有座丹山。

荒北-12有一大泽方圆千里，是鸟类更新羽毛的地方。

荒北-13有个叫毛民的国家，依姓，这里的人以黄米为主食，能驯化、驾驭四种野兽。大禹生了均国，均国生了役采，

蚩尤

役采生了修鞈,修鞈杀了绰人。大禹哀念绰人的不幸,暗地里帮助绰人的后人建成了个国家,就是这个毛民国。

荒北-14有个儋耳国,任姓,是禺号的后代,以谷类为主食。

荒北-15在北狄民族聚居区的水渚上,有一位神守诸侯,长着人的面孔、鸟的身子,耳朵上佩戴着两条小青蛇,脚底下驾驭着两条红蛇,名字叫禺强。

荒北-16北部大荒之中有座山,名叫北极天柜山,海水从北面倒灌到这里。这里有一位神守诸侯,长着九个脑袋,形象是人的面孔、鸟的身子,名字叫九凤。还有一位神守诸侯,嘴里衔着蛇,手中握着蛇,长着老虎的脑袋、人的身子、四只蹄子、长长的腿肘,名字叫强良。

荒北-17北部大荒之中有座山,名叫成都载天山。有一个人,耳朵上佩戴着两条黄蛇,手上摆弄着两条黄蛇,他的名字叫夸父。后土生了信,信生了夸父。夸父不自量力,想要追赶太阳,直追到禺谷才追上。夸父想喝了黄河水解渴,但黄河水却不够喝的,准备跑到北方去喝大泽的水,还未到,便渴死在这里了。应龙在杀了蚩尤以后,又杀了夸父,因其神力耗尽,上不了天,就去了南方居住,所以南方的雨水很多。

赤水女子献

荒北-18还有个叫无肠的国家,任姓。他们是无继国人的后代,以鱼类为生。

荒北-19共工有一位臣子叫相繇,他的形象是蛇的身子上长了九个人头,盘桓成一团,贪婪地霸占九州的食物。他所呕吐和走过的地方,马上就会变成沼泽地,气味不是辣就是苦,百兽中没有敢居住的。大禹治理洪水,杀死了相繇,而相繇的血又腥又臭,血流过的地方什么谷物都不长。这地方又水涝成灾,使人不能居住。大禹填塞它,三次填塞,三次塌陷,干脆把它挖成大池子,各位大帝就利用挖出的泥土建造了几座帝台。帝台位于昆仑山的北面。

荒北-20有座大山叫岳山,高大的寻竹生长在这座山上。

荒北-21大荒之中有座山,名叫不句山,海水倒灌到这里。

荒北-22有座山叫系昆山,山上有座共工台,射箭的人因敬畏共工的神灵而不敢向北射。

荒北-23有一个人穿着青色衣服,名字叫黄帝女魃。蚩尤制造兵器用来攻击黄帝,黄帝便派应龙到冀州的原野去攻打蚩尤。应龙积蓄了很多水,而蚩尤请来风伯和雨师,纵起一场大风雨。黄帝派叫女魃的天女去助战,雨被止住,于是应龙杀死蚩尤。女魃不能再回到天上去,她居住的地方很长时间没下一点雨。叔均将此事禀报给了黄帝,后来黄帝就把女魃安置在赤水的北岸。叔均便做了田神。女魃常常逃亡,所到之地常常出现旱情。想要想驱逐她的人便祷告说:"神啊,请向北去吧!"事先清除水道,疏通大小沟渠。

荒北-24有一个食鱼族,名叫深目民国,盼姓,这里的人以鱼类为主食。

荒北-25有座山叫钟山。钟山上有一个穿青色衣服的女子,名叫赤水女子献。

荒北-26大荒之中有座山,名叫融父山,顺水流入这座山。有一个夷人族群,名叫犬戎。黄帝生了苗龙,苗龙生了融吾,融吾生了弄明,弄明生了白犬,这白犬有公有母,自相婚配,便产生了犬戎一族,以肉类为主食。

荒北-27有一种红色的野兽,形状像马,但没有脑袋,名叫戎宣王夷。这里有齐州山、君山、鬵山、鲜野山、鱼山。

荒北-28有一个夷人族群,这个族群的人都只长着一只眼睛,这只眼睛长在脸部的中间。一种说法认为他们姓威,是少昊的后裔,以黄米为主食。

荒北-29有一族群叫继无民,任姓,是无骨民的后代,以吃空气和鱼类为生。

荒北-30在西北戎、狄等民族聚居区之外,流沙的东面,有个国家叫中輪国,是颛顼帝的子孙后代建立的国家,以黄米为主食。

荒北-31有个国家名叫赖丘国。

荒北-32有个国家叫犬戎国。有一位神守诸侯,长着人的面孔、野兽的身子,名叫犬戎。

犬戎

荒北-33在西北戎、狄等民族聚居区之外,黑水的北岸,有一个夷人族群,这里的人长着翅膀,名字叫苗民。颛顼生了骓头,骓头生了苗民,苗民姓厘,以肉类为主食。那里还有一座山,名字叫章山。

荒北-34北部大荒之中,有衡石山、九阴山、洞野山,山上有一种树干、树枝均为红颜色的树,青色的叶子、红色的花朵,名字叫若木。

荒北-35有个叫牛黎的国家。这里的人身体软若无骨,是儋耳国人的后代。

荒北-36在西北戎、狄等民族聚居区之外,赤水的北岸,有座章尾山。这里有一位神守诸侯,长着人的面孔、蛇的身子,全身都是红的。他的眼睛直直的,望着前方,他闭上眼睛就是黑夜,睁开眼睛就是白昼,不吃饭、不睡觉、不呼吸,只以风雨为食物。他能照耀所有阴暗的地方,所以称作烛龙。

戎宣王尸

## 【解析】

《大荒北经》是记载北狄民族聚居区及之外,被统治者蔑视为"政教荒忽"的族群及其山川地理、历史文化的专门章节。但是《海经》与《荒经》中,有很多的族群的记载是重复的,有些族群在《海经》中有记载,在《荒经》中也有记载。《大荒北经》是《荒经》的最后一章,似乎没有什么可解析的了,说说犬戎吧:

犬戎,也叫猃狁,在早为炎裔,是九夷中畎夷的后裔,是氐、羌的近亲,为人身体强壮,骁勇善战。这样一个族群自然是不甘于被奴役的。因此,在黄帝部族进入中原之后,犬戎一族就是反抗队伍中的一员。但伟大的黄帝,自有其胸襟和办法,采取打、拉、和亲等多种办法分化瓦解、融合原来属于炎裔的部族,黄帝的后世继承者也都效法黄帝的做法,通过和亲,即用黄族的男子与炎裔诸侯的女子成亲,用其所生儿子,领导该部族。终于有一天犬戎族也接受了和亲。《大荒北经》就讲:"黄帝生苗龙,苗龙生融吾,融吾生弄明,弄明生白犬。"苗龙便是黄帝或其后裔与犬戎诸侯的女儿所生后代,为新的犬戎诸侯。并且,这个部族一直延续着与黄帝一族的婚姻。但到了白犬时,可能由于某种原因,犬戎族切断了与黄族的联姻,自相婚配,此后白犬便成了犬戎的人文始祖,犬戎也就切断了与黄族的民族融合的进程。因为在黄族看来,不接受黄族的婚姻,便是不接受黄族的领导,便是黄族的敌人。

少昊之子

可见,犬戎和黄族(或后来华夏族)关系开始是融洽的。但时间一长,血脉渐远,或内部诸侯变更,这种融洽的关系

苗民

便难以为继了。因此，在过了若干世纪之后，犬戎走向了黄族或华夏族的对立面，二者之间战争时常发生。在犬戎叫猃狁的时候，中央统治集团又拿出一项策略，叫"化猃为夷"。我们知道东夷人性格沉稳、平和、内敛，对早期的黄族、后来华夏族的中央统治集团一直持合作态度，比较早地，并且长时间地接受其领导。中央统治集团就是想把猃狁变成另一个东夷。还是用和亲的办法，用华夏族君王，或其子孙，与猃狁族酋长女儿成亲，生子长大后封为猃狁的诸侯。但这次"化猃为夷"的策略作用仍然有限，这位新诸侯受到族人的裹挟，很快就走上与中央政权对抗的老路上去。这件事发生在夏朝，故司马迁在《史记·匈奴列传》中有夏后氏为"匈奴之先"之说。

"化猃为夷"作为策略，作用不彰，但作为成语却保留下来，变成了"化险为夷"：猃变了险，夷由名词变成形容词——平安。就像成语"逃之夭夭"一样，本来是"桃枝夭夭"，形容桃花茂盛的样子，现在却成了形容敌人逃跑的狼狈相。

关于"夷"的三个成语：夷为平地、匪夷所思、化险为夷都是有其来历的。本来这其中"夷"的本是专指东夷，但经过多年的演变，第一个"夷"变成动词，第三夷变成了形容词，只是第二个"夷"词性未变。

再说犬戎。犬戎再一次登上中国的历史舞台是在商朝末期。周文王的谋士姜子牙知道犬戎部落英勇善战，便建议文王、武王利用之，文王于是派出大将南宫适携美女、美酒和青铜器，与犬戎中最大的一支叫义渠戎的，建立了良好的关系，于是义渠戎王向周文王、周武王贡献出了自己的战车制造技术，并在灭商的战争起到了重要作用。

从上述事实来看，战车是犬戎人的发明的。在西周初年分封诸侯的时候，义渠戎王应该受到分封，但两者的友好关系很可能并没有维持多久。在西周开国一百年的时候，周穆王不听大臣的劝阻，攻打义渠戎王，虽然取得了战争的胜利，但永远失去了犬戎，以及其他处于荒服的国家的拥戴。《史记·周本记》就说："于是荒服不至。""不至"是什么意思？就是表示不再接受其领导，不再承认是你周王朝的诸侯国，而是与你周王朝分庭抗礼的独立国家。关于义渠戎立国时间，一般认为，是在西周末年，现在看起来，要远远早于西周末年。

人们之所以认为义渠戎是在西周末年立国，因为那一年，有一件大事发生——义渠戎的入侵导致了西周的灭亡。西周的最后一个帝王叫周幽王，他是一个无道的昏君，他竟用"烽火戏诸侯"这样荒唐事来博取美人褒姒一笑。原来美人褒姒进入周幽王的后宫之后就一直没笑过，为博褒姒一笑，幽王下令，谁能让王后（此时褒姒已晋为王后）一笑，赏千金。这就是"千金难买一笑"的来历。于是有大臣想出了一个"烽火戏诸侯"的主意，周幽王还真的采用了，褒姒也真笑了。可这一笑，周幽王却失去信誉和人心。

申候见自己的女儿申太后和外孙、太子宜臼被废（周幽王封褒姒之子为太子）之后，遂起了反叛之心，联合义渠戎人，以及山东的缯人起事，攻入西周都城镐京，周幽王急命人点燃烽火，并无一位诸候来救。这样犬戎杀幽王于郦山之下，并将周朝宝物和褒姒带回西戎，西周灭亡。歧、丰之地大半为犬戎所有。

烛 龙

周平王东迁洛阳，史称东周。为了表彰秦人在东迁过程中的功绩，便允许秦人在驱逐犬戎后，将歧、丰之地封于秦人，秦国始大。犬戎与周朝的矛盾，也换位为犬戎与秦国的矛盾。在此后二百多年的时间里，两者战争不断。秦穆公是"春秋五霸"之一，他的霸业就是在西部实现的，那时的犬戎肯定是不得志的。到秦昭襄王的时候，其母宣太后让昭襄王把年轻的义渠戎王作为人质扣押的咸阳城中。宣太后以其情色消磨这位年轻戎王的意志，最后将这位义渠戎王诱杀在后宫，遂后秦国大起兵革，将这个被称作义渠戎的民族消灭。其他的犬戎族人，一部分融入华夏族；一部分出走北方，融入匈奴。

犬戎在中华民族的历史上驰骋纵横了二千多年，其面积最大时，西部曾达到西海固，东部到达陕西，北达宁夏北部，南部直到泾水，面积达十万多平方公里。

# 第二十五章　海内①经第十八

【原文】

内-1东海之内，北海之隅，有国，名曰朝鲜。

内-2天毒②，其人水居，偎人爱之。

内-3西海之内，流沙之中，有国，名曰壑市。

内-4西海之内，流沙之西，有国，名曰氾叶。

内-5流沙之西，有鸟山者，三水出焉。爰有黄金、璇瑰、丹货、银、铁，皆流于此中。又有淮山，好水出焉。

内-6流沙之东，黑水之西，有朝云之国、司彘之国。黄帝妻雷祖③生昌意，昌意降处若水④，生韩流⑤。韩流擢首、谨耳、人面、豕喙、麟身、渠股、豚止，取淖子⑥曰阿女，生帝颛顼。

内-7流沙之东，黑水之间，有山，名不死之山。

内-8华山、青水之东有山，名曰肇山。有人，名曰柏高⑦。柏高上下于此，至于天。

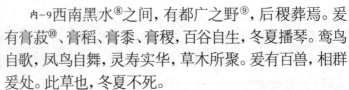

内-9西南黑水⑧之间，有都广之野⑨，后稷葬焉。爰有膏菽⑩、膏稻、膏黍、膏稷，百谷自生，冬夏播琴。鸾鸟自歌，凤鸟自舞，灵寿实华，草木所聚。爰有百兽，相群爰处。此草也，冬夏不死。

内-10南海之外，黑水、青水之间，有木，名曰若木，若水出焉。有禹中之国。有列襄之国。有灵山，有赤蛇在木上，名曰蟜蛇，木食。

内-11有盐长之国。有人焉，鸟首，名曰鸟氏⑪。

内-12有九丘，以水络之，名曰陶唐⑫之丘、有叔得之丘、孟盈之丘、昆吾之丘、黑白之丘、赤望之丘、参卫之

韩　流

丘、武夫之丘、神民之丘。

内-13有木，青叶紫茎，玄华黄实，名曰建木，百仞无枝，（上）有九欘⑬，下有九枸，其实如麻，其叶如芒，大暤⑭爰过，黄帝所为。

内-14有窫窳，龙首，是食人。

内-15有青兽，人面，名曰猩猩。

内-16西南有巴国⑮。大暤生咸鸟，咸鸟生乘厘，乘厘生后照，后照是始为巴人。

内-17有国，名曰流黄辛氏，其域中方三百里，其出是尘。有巴遂山，渑水出焉。

内-18又有朱卷之国。有黑蛇，青首，食象。

内-19南方有赣巨人，人面长臂，黑身有毛，反踵，见人笑亦笑，唇蔽其面，因即逃也。

内-20又有黑人，虎首鸟足，两手持蛇，方啗之。

内-21有嬴民，鸟足。有封豕⑯。

内-22有人曰苗民。有神焉，人首蛇身，长如辕，左右有首，衣紫衣⑰，冠旃冠，名曰延维⑱，人主得而飨食之，伯天下。

内-23有鸾鸟自歌，凤鸟自舞。凤鸟首文曰德，翼文曰顺，膺文曰仁，背文曰义，见则天下和。

内-24又有青兽如菟，名曰菌狗⑲。有翠鸟。有孔鸟。

内-25南海之内有衡山⑳。有菌山。有桂山。有山名三天子之都。

内-26南方苍梧之丘、苍梧之渊，其中有九嶷山，舜之所葬，在长沙零陵界中。

内-27北海之内，有蛇山者，蛇水出焉，东入于海。有五采之鸟，飞蔽一乡，名曰翳鸟㉑。又有不距之山，巧倕㉒葬其西。

内-28北海之内，有反缚盗械、带戈常倍之佐，名曰相顾之尸㉓。

内-29伯夷父㉔生西岳，西岳生先龙，先龙是始生氐、羌，氐、羌乞姓。

内-30北海之内，有山，名曰幽都之山㉕，黑水出焉。其上有玄鸟、玄蛇、玄豹、玄虎，玄狐，

柏　高

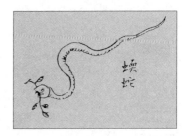

螣　蛇

鸟 氏

蓬尾。有大玄之山。有玄丘之民㉖。有大幽之国。有赤胫之民。

内-31 有钉灵之国㉗，其民从厀已下有毛，马蹄，善走。

内-32 炎帝之孙伯陵㉘，伯陵同吴权之妻阿女缘妇，缘妇孕三年，是生鼓、延、殳。始为侯㉙；鼓、延是始为钟，为乐风。

内-33 黄帝生骆明，骆明生白马，白马是为鲧。

内-34 帝俊生禹号㉚，禹号生淫梁，淫梁生番禺，是始为舟。

内-35 番禺生奚仲㉛，奚仲生吉光，吉光是始以木为车。

内-36 少暤生般，般是始为弓矢。

内-37 帝俊赐羿彤弓素矰㉜，以扶下国，羿是始去恤下地之百艰。

内-38 帝俊生晏龙，晏龙㉝是为琴瑟。帝俊有子八人，是始为歌舞。

内-39 帝俊生三身，三身生义均，义均是始为巧倕，是始作下民百巧。

内-40 后稷是播百谷。稷之孙曰叔均㉞，是始作牛耕。

内-41 大比赤阴，是始为国㉟。

内-42 禹、鲧是始布土，均定九州。

内-43 炎帝之妻，赤水之子听訞生炎居，炎居生节并，节并生戏器，戏器生祝融，祝融降处于江水，生共工，共工生术器，术器首方颠，是复土壤，以处江水。共工生后土，后土生噎鸣，噎鸣生岁十有二㊱。

内-44 洪水滔天，鲧窃帝息壤㊲以堙洪水，不待帝命。帝令祝融杀鲧于羽郊。鲧复生禹㊳，帝乃命禹卒布土，以定九州。

**【注释】**

①海内：这里的海内是指人文之海，即中央政权及其兄弟之国。文中的东海、西海、南海、北海仍是指其人文意义，即东夷、西戎、南蛮、北狄等民族聚居区。

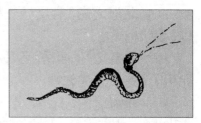

黑 蛇

②天毒：又名天竺，即今印度。因其气温高、雨水多，故称其天毒。下文中的"偎人爱之"，是佛教初入中国时，人们对印度的印象。我们知道，佛教正式传入中国是在东汉时，但在这之前，有关印度或佛教的一些信息已经传入我国。"如意"的传入，便是明证。"如意"本是佛教法器，传入中国的时间是在战国。

③雷祖：即螺祖，相传是教人养蚕纺织的始祖。实际上，在黄帝部族进入中原之前的几百年，甚至上千年的时间里，伏羲部族早已养蚕用丝。螺祖是东方人，自然会养蚕用丝，因其为黄帝之妻，故被后世的黄族捧为养蚕纺织的始祖。

黑 人

④若水：从前面我们已经知道，"若"字是"桑"字之误。若水，一说在四川。一说在东方，即山东省曲阜市以北的承桑山附近。若只从韩流生帝颛顼的情况看，应该是指东方若水，因为颛顼的出生地是山东省平邑县颛臾村。四川之若水，乃族迁名随所得。若从本文的连贯性上来看，此处的若水，应该是四川的若水。这似乎有些矛盾。

⑤韩流：从《山海经》中看，韩流是黄帝之孙，而《史记·五帝本纪》却无韩流这个人。可以说《山海经》补正了《史记》的不足。

⑥淖子：上古氏族名称，又叫浊山氏、蜀山氏，东方部族。下文的阿女，《史记》上又叫昌仆。其初居地在山东省泰安市岱岳区、宁阳县，一直到济宁市汶上县一带，此地在古代有蜀亭、蜀里、东蜀、蜀湖等地名。明代《兖州府志·汶上县》说："蜀山，县西南四十里。

赢 民

《尔雅》：'蜀者独也。'四望无山，挺立波心，因名。其下，曰蜀山湖。"只可惜蜀山湖现在即无山，也无湖，仅存地名。但从这些古代传承下来的这些地名，可看出蜀山氏的得名地和初居地在山东省。四川之蜀，乃是族迁名随所得。

⑦柏高：传说中的圣人。传说尧帝时有个圣贤叫柏高，他辞去诸侯不做，亲自耕种稼穑。

⑧西南黑水：并非指甘肃省的黑河，而是指流经四川的金沙江。

⑨都广之野：即成都平原。

⑩膏菽：膏：味道鲜美，光滑如怡的浆状物质。菽：豆类植物的总称。膏菽，即可做成膏状物质的豆类。

⑪鸟氏：即鸟夷，九夷之一。

封　豕

⑫陶唐：即唐尧、尧帝。因最初封于陶，又徙封于唐，故称陶唐。

⑬樆：读若"逐"。按郭璞注，意即树枝弯转回环的意思。下文的"枸"，盘根错节的意思。

⑭大暤：即太暤、泰昊，又叫伏羲氏，三皇之一。

⑮巴国：上古邦国名称，该邦国所在位置在今大巴山区。

⑯封豕：即野猪。这里是指封豨部族的图腾及封豨部族。该部族为后羿所灭。

⑰衣紫衣：第一个"衣"是名动用法，穿的意思。衣紫衣，即穿紫色衣服。下文的冠旃冠，即戴红色的帽子。旃，指纯红色的旗子，这里是红色的意思。

⑱延维：即委蛇，双头蛇。可能是苗民的图腾。

⑲崮狗：崮，读若"岗"。崮狗，即旱獭。

⑳衡山：指南岳衡山，在湖南省衡阳市。

㉑翳鸟：即传说中的凤凰、鸾鸟等瑞鸟。

㉒巧倕：传说中的上古能工巧匠。从下文看，巧倕是官名。第一任巧倕叫义均。

㉓相顾之尸：即一个叫相顾的夷人部落。

㉔伯夷父：传说是颛顼帝的老师，炎帝后裔，氏、羌始祖。

㉕幽都：上古时的幽都在雁门山之北。应指山西省北部、河北省北部、内蒙古自治区东南部。

㉖玄丘之民：玄，黑色。玄丘之民，传说生活在此丘上的人，浑身上下都是黑色的。

㉗钉灵之国：即丁灵部族，游牧于蒙古高原和我国西北，后定居在河西走廊到新疆一带。下文的"马蹄"，指马靴。这样看起来丁灵族是马靴的发明创造者。

㉘伯陵：炎帝后裔，在殷商时为诸侯，其诸侯国封地在山东省东南部。

㉙始为侯：句前掉一"殳"字。侯，即箭靶。这句话的意思是：是殳发明了箭靶。

㉚禺号：即《大荒东经》中的禺貌，黄帝后裔。

㉛奚仲：夏朝车服大夫，传说中的造车鼻祖。其部族居住地在山东省枣庄市。《海

延　维

内经》说是奚仲之子吉光造车，这是传说的歧异。应该是奚仲发明了造车技术。

㉜彤弓素矰：彤，红色。矰，一种用白色羽毛作尾翼的箭。彤弓素矰，即红色弓、白羽箭。

㉝晏龙：《海内经》认为晏龙是琴瑟的发明创造者。实际上，伏羲是琴的发明人，神农是瑟的发明人。

囷狗

㉞叔均：《大荒西经》说叔均是后稷之侄，这里又说是后稷的孙子，这种说法并不矛盾，因为后稷是官名，不是某个人的名字，两经记述的角度不同，故叔均有时是侄，有时是孙。

㉟大比赤阴，是始为国：一般认为，大比，即大妣，这里指帝喾元妃姜嫄；赤，即赤水，这里的赤水指黄河的一段；阴，水之南为阴。整句话的意思，是指后稷被封有邰，开始建国，而姜嫄也在那里居住。

㊱噎鸣生岁十二：是说噎鸣创造了岁星纪年法。

㊲息壤：传说中一种能够自己膨胀的土壤，可能就是现在三合土之类。

㊳鲧复生禹：传说鲧死后三年身体不腐，且腹内有生命迹象，人们帮其刳腹后，便生了禹。实际上，这句话的意思是：鲧生有大禹这个儿子。

【译文】

内-1在东海之内，北狄聚居区的一个角落里，有个国家叫朝鲜。

内-2有一个国家叫天毒，天毒国的人傍水而居，怜悯人，慈爱人。

内-3在西戎聚居区之内，流沙的中央，有个国家叫壑市国。

内-4在西戎聚居区之内，流沙的西边，有个国家叫氾叶国。

内-5流沙的西面，有座山叫鸟山，三条河流从这座山流出。这里储藏有黄金、璿瑰玉、丹臒、银、铁，全都产于这三条河中。还有座淮山，好水就是从这座山流出的。

内-6在流沙的东面，黑水的西岸，有朝云国、司彘国。黄帝的妻子雷祖生下昌意。昌意被封到若水去做诸侯，生下了儿子韩流。韩流长着长长的头颅、小小的耳朵、人的面孔、猪的长嘴、麒麟的身子、罗圈的双腿下长着一双小猪的蹄子。韩流娶淖子族中一位叫阿女的女子为妻，生帝颛顼。

孔鸟

353

翳鸟

内-7在流沙的东面，黑水的西岸，有座山叫不死山。

内-8在华山、青水的东面，有座山叫肇山。山上有位圣人叫柏高。柏高就是由这里上下，到达天上的。

内-9在西南方黑水流经的地方，有一处旷野，叫都广野，后稷就埋葬在这里。这里出产膏菽、膏稻、膏黍、膏稷，各种谷物都能生长，冬夏都能播种。鸾鸟自由自在地歌唱，凤鸟自由自在地舞蹈，灵寿木开花结果，花草、树木繁荣茂盛。这里还有各种飞鸟走兽，混杂群居，和平相处。这里生长的草，无论冬夏都不会枯死。

内-10在南蛮聚居区之内，黑水、青水流经的地方，有一种神树，名字叫若木，若水就从这里发源的。有个禺中国，还有个列襄国。有一座山叫灵山，有一种红颜色的蛇栖息在树上，叫做螭蛇，以树木的果实为食。

内-11有个国家叫盐长国。有一个夷人族群，他们长着鸟头一样的脑袋，名字叫鸟氏。

内-12有九座山丘，被水流环绕着，它们分别叫做陶唐丘、叔得丘、孟盈丘、昆吾丘、黑白丘、赤望丘、参卫丘、武大丘、神民丘。

内-13有一种树木，长有青色的叶子、紫色的茎干、黑色的花朵、黄色的果实，叫做建木，树干即便高达一百仞也不长枝条，只是在树顶上有九根弯转回环的枝杈，树底下有九条盘根错节的树根，它的果实密密麻麻，叶子像芒。大皞通过攀登建木上过天，黄帝看管着它。

内-14有一种野兽叫窫窳，长着龙头一样的脑袋，能吃人。

内-15还有一种青色的野兽，长着和人一样的面孔，名字叫猩猩。

内-16西南方有个巴国。大皞生了咸鸟，咸鸟生了乘厘，乘厘生了后照，后照就是巴人的始祖。

内-17有个国家叫流黄辛氏国，疆域方圆三百里，域内出产一种大鹿。这里还有座巴遂山，渑水从这座山中流出。

内-18还有个朱卷国。朱卷国内有一种黑颜色的大蛇，长着青色脑袋，能吞食大象。

内-19南方有一个叫赣的巨人部落，长着人的面孔，手臂很长，黑黑的身上长满了毛，脚背在下、脚心朝上反长着，看见人笑，他们就笑，一发笑嘴唇便会遮住他们的面孔，人就会趁此机会逃走。

内-20有一种黑人，长着老虎一样的脑袋，飞鸟一样的爪子，两只手握着蛇，正在吞食它。

内-21有一种族群被称作嬴民，长着飞鸟一样的爪子。这里还有大野猪。

内-22有一夷人族群被称作苗民。有一位神守诸侯，长着人的脑袋、蛇的身子，身体长的像车辕一样长，左边、右边各长着一个脑袋，穿着紫色的衣服，戴着红色的帽子，名字叫延维。人主征服了他，用来祭祀，便可以称霸天下。

内-23这里有鸾鸟自由自在地歌唱，有凤鸟自由自在地舞蹈。凤鸟头上的花纹是"德"字，翅膀上的花纹是"顺"字，胸脯上的花纹是"仁"字，背上的花纹是"义"字。它一出现，天下就会出现和平景象。

内-24有一种像兔子一样的青色野兽，名字叫菌狗。还有翡翠鸟，还有孔雀鸟。

内-25在南蛮聚居区之内，有座衡山，还有座菌山，有座桂山，有座山叫做三天子都山。

内-26南方有苍梧丘、苍梧渊，其间有座九嶷山，帝舜就埋葬在这里。九嶷山位于长沙零陵境内。

内-27在北狄聚居区之内，有座山叫蛇山，蛇水从蛇山发源，向东流入大海。这里有五彩鸟，飞起来能遮蔽一乡的天空，名字叫翳鸟。还有座山叫不距山，巧倕便葬在不距山的西面。

内-28在北狄聚居区之内，有一个反绑着、戴着刑具、带着戈，经常图谋反叛的族群，名字叫相顾夷。

内-29伯夷父生了西岳，西岳生了先龙，先龙创立了氐羌国，氐羌的诸侯乞姓。

内-30北狄聚居区之内，有一座山，名叫幽都山。黑水从这座山发源，山上有黑鸟、黑蛇、黑豹、黑虎。有尾巴毛蓬蓬的黑色狐狸。有座大玄山，有玄丘民。有一个大幽国。有赤胫民。

内-31有一个钉灵国，这里的人的腿部从膝盖以下都长有长毛，长着马的蹄子，善于奔跑。

内-32炎帝的孙子叫伯陵，伯陵与吴权的妻子、阿族之女缘妇私通，缘妇怀孕三年，生下鼓、延、殳三个儿

相顾之尸

氏 羌

子。殳发明了箭靶，鼓、延二人发明了钟，创制了音律，创作了乐曲。

内-33黄帝生骆明，骆明生白马，这白马就是鲧。

内-34帝俊生禺号，禺号生淫梁，淫梁生番禺，是番禺发明了船。

内-35番禺生奚仲，奚仲生吉光，是吉光开始用木头制作出车辆。

内-36少皞生般，是般发明了弓和箭。

内-37帝俊赏赐给后羿红色的弓和白羽的箭，让他去扶助下界各国，后羿开始救助人世间的各种艰难困苦。

内-38帝俊生晏龙，晏龙发明琴、瑟两种乐器。帝俊有八个儿子，他们开始创作出歌曲和舞蹈。

内-39帝俊生三身，三身生义均，这位义均便是巧倕，是巧倕教给百姓，开始制作各种工艺技巧。

内-40后稷播种各种农作物。后稷的孙子叫叔均，是叔均发明了使用牛耕田。

内-41帝喾的元妃姜嫄在黄河的南岸，开始建立国家，中华地域开始有了"国家"这个概念。

内-42大禹和鲧开始削高填洼、治埋洪水，划定九州。

内-43炎帝的妻子、赤水族的女儿听訞生了炎居，炎居生了节并，节并生了戏器，戏器生了祝融。祝融被封到江水作诸侯，在江水生了共工。共工又生了术器，术器的头顶是平的，他恢复了祖父祝融的土地，从而成为江水的诸侯。共工生了后土，后土生了噎鸣，噎鸣创立了十二年一纪的岁星纪年法。

内-44洪荒时代洪水滔天。鲧偷拿了天帝的息壤，用来堵塞洪水，事先没有得到天帝的允许。天帝派遣祝融把鲧杀死在了羽山的郊野。是鲧生了大禹，天帝就命令禹继续治理洪水，最后取得成功，从而完成了九州的区划。

【解析】

《海内经》之海内，仍是人文意义的海内。但在文中的记载中，既有人文意义上的"海"，也有自然界里的"海"。涉及的族群，还超出了现代中国的范围，记载了朝鲜、天毒。

《海内经》大体分为两部分内容：一是天南海北的一些族群；二是中国历史上

众多的"第一"，众多的发明创造及其发明人。记载的这些族群，实际上在前面的《海经》、《荒经》中都已涉及，这里不再专门讲述。这里只就中国历史上的众多发明创造及其发明人稍作阐述。

一般来说，在上古历史上，某个时代的发明或进步，都会记在这个时代的领导人头上。如伏羲时代的发明或进步，都记为伏羲的发明创造，如设元日、演八卦、驯家禽、定婚姻等。炎帝时代的发明创造或进步，都记为炎帝的发明创造，如兴贸易、兴医药等。黄帝时代的发明创造或进步，有些虽也记为黄帝的发明创造，但下文都已有发明人的名字，如发明文字一项，是黄帝时代的创造，但我们又知道是仓颉造字。再如车的发明，我们知道是黄帝的发明创造。这里《海内经》又告诉我们"吉光是始以木为车"。这本身就是一个进步。

这样又带来一个问题，《山海经》告诉我们的，或者民间流传的这些发明创造的发明人对不对呢？肯定不完全对。如螺祖，后世都把她作为发明种桑养蚕、抽丝纺织、缝绸做衣的始祖，似乎在她之前根本无人会这些技艺。实际上这是错误的，在这之前的上千年的岁月里，伏羲时代的人们，东方部族就已经蚕化蠹蛾、植桑养蚕、缫丝做衣。空桑、穷桑，也叫承桑，在今山东省宁阳县东部"郕城遗址"附近，是伏羲时代的地名。这个地名就充分说明，在伏羲时代就已植桑养蚕。炎帝时代又有了进一步的发展。《路史》就说：炎帝"教以麻桑，以为布帛"，说明炎帝时就能非常成熟运用桑蚕制作服装。

再如农耕，我们知道，中华先人们在八千年前，就已驯化、人工种植水稻、谷子；在五六千年前，就已驯化、人工种植小麦、大麦。神农氏更是改革以前的农业生产方式，将农业向前推进一大步。但后来的农神，却成了后稷。

这是为什么呢？这是黄族人统治的需要，黄族人进入中原之后，自认为是正统，需要把炎族人以前引以自豪的印迹抹去。把以前的一些发明创造，都以本族中在某个方面技术领先者当之。这样农神就变成后稷，因为后稷在农业方面有创新，驯化人工种植了稷这种作物。他的子孙叔均，还"始作牛耕"。

在种桑养蚕方面，以螺祖当之；在农业方面，以后稷当之；在琴瑟发明上，以晏龙当之；……这样完全抹杀了以前伏羲、炎帝时代的先人们在这方面所做的工作。因此，深入研究

玄 虎

玄 豹

伏羲时代、炎帝时代的文化，能将中华民族进入文明社会的时间向前推进一大步。

还有九州的问题。《海内经》告诉我们是"禹卒布土，以定九州"。这句话前头一半或对，是"禹卒布土"，治理水土。但定"九州"，并不是始定"九州"。因为"九州"这个概念，早在伏羲时代就已发轫。

现在人们都承认是伏羲"始治天下"。《史记》就有"泰帝兴、神鼎一"的说法。治天下，就要有区划。《易坤灵图》说："伏羲立九部，而民易理。"九部是什么？九部就是最初的九州。《始学篇》说："人皇九头，兄弟各三百岁，依山川土地之势，裁度为九州，各居一方。"这里说得更清楚了，是伏羲早于大禹几百年，甚至上千年之前就划定了九州。

"州"是什么？"州"篆字是这样写的"州"，川就是水流，三个点或三个圆圈便是水中土地。划九州的方法就是以山川地势为依据，以方便管理的原则来划定的。

从以上可知，最初划九州的时间不是大禹时代，而是伏羲时代。并且九州的区划还有两次变化。一次是帝舜时代。那时候，天下之水可能更大了。因为水大，才有了大禹治水。治水之前，原来山川土地，又被水流分割成更多块。帝舜为了方便管理，就把天下划分为十二州，多出来的三个州的名字分别是并州、幽州和营州。第二次是在大禹治水之后。这时洪水已有所消减，有些被水分割的土地，又连在一起。大禹因势利导，又将十二州从新划定成九州。《海内经》"禹卒布土，以定九州"，就是记载的这件事。

"九州"到底是哪九州？它们的区划又是怎么的呢？

根据《史记·夏本纪》记载：

> 冀州："既载壶口，治梁及岐。既修太原，至于岳阳。覃怀致功，至于衡漳。"

这里的"梁"，即吕梁山；"岐"，即陕西岐山。岳阳之岳指霍太山。漳即漳河。这样冀州包括河北西南部，山西大部，陕西一部。

济、河维兖州。就是济水和黄河中间的这块土地属兖州的区划。这样古兖州并不局限于现在的山东省兖州市，而是包括山东西部，河北东南部，可能还有河南省的

钉灵国

北部。

海岱维青州。就是泰山以北，东到大海属青州。有研究学者认为，东北辽东一带也属青州。真不知道当年先人们是怎样跨海而治的。

海岱及淮维徐州。就是泰山以南到淮河，东到大海属徐州的区划。

淮海维扬州。也就是淮河以南，并且跨过长江，到江浙一带归属扬州。

荆及衡阳维荆州。即今湖南、湖北一带属荆州区划。

荆河维豫州，就是南到荆山，北到黄河的今河南省部分地区归豫州区划。

华阳黑水维梁州。也就是华山以南、汉水上游、四川盆地归属梁州区划。

黑水西河维雍州。黑水指甘肃黑河。西河，指黄河从内蒙古到河南省的这一段。这样雍州就包括陕西、宁夏、甘肃、青海、以及内蒙古西部这一带，甚至到了新疆东部。

附　录

# 上山海经表

[西汉] 刘歆

侍中奉车都尉光禄大夫臣秀领校秘书言：校秘书太常属臣望所校《山海经》凡三十二篇，今定为一十八篇，已定。

《山海经》者，出于唐虞之际。昔洪水洋溢，漫衍中国，民人失据，崎岖于丘陵，巢于树木。鲧既无功，而帝尧使禹继之。禹乘四载，随山刊木，定高山大川。益与伯翳主驱禽兽，命山川，类草木，别水土。四岳佐之，以周四方，逮人迹之所希至，及舟舆之所罕到，内别五方之山，外分八方之海，纪其珍宝奇物，异方之所生，水土、草木、禽兽、昆虫、麟凤之所止，祯祥之所隐，及四海之外，绝域之国，殊类之人。禹别九州，任土作贡；而益等类物善恶，著《山海经》。皆圣贤之遗事，古文之著明者也。

其事质明有信。孝武皇帝时尝有献异鸟者，食之百物，所不肯食。东方朔见之，言其鸟名，又言其所当食，如朔言。问朔何以知之，即《山海经》所出也。孝宣帝时，击磻石于上郡，陷，得石室，其中有反缚盗械人。时臣秀父向为谏议大夫，言此贰负之臣也。诏问何以知之，亦以《山海经》对，其文曰："贰负杀窫窳，帝乃梏之疏属之山，桎其右足，反缚两手。"上大惊。朝士由是多奇《山海经》者，文学大儒皆读学以为奇，可以考祯祥变怪之物，见远国异人之谣俗。故《易》曰："言天下之至赜而不可乱也。"博物之君子，其可不惑焉。

臣秀昧死谨上。

# 山海经序

## [晋] 郭璞

　　世之览《山海经》者，皆以其闳诞迂夸，多奇怪俶傥之言，莫不疑焉。尝试论之曰，庄生有云："人之所知，莫若其所不知。"吾于《山海经》见之矣。夫以宇宙之寥廓，群生之纷纭，阴阳之煦蒸，万殊之区分，精气浑淆，自相濆薄，游魂灵怪，触象而构，流形于山川，丽状于木石者，恶可胜言乎？然则总其所以乖，鼓之于一响；成其所以变，混之于一象。世之所谓异，未知其所以异；世之所谓不异，未知其所以不异。何者？物不自异，待我而后异，异果在我，非物异也。故胡人见布而疑鲿，越人见罽而骇毳。夫玩所习见而奇所希闻，此人情之常蔽也。今略举可以明之者：阳火出于冰水，阴鼠生于炎山，而俗之论者，莫之或怪；及谈《山海经》所载，而咸怪之，是不怪所可怪而怪所不可怪也。不怪所可怪，则几于无怪矣；怪所不可怪，则未始有可怪也。夫能然所不可不，可所不可然，则理无不然矣。

　　案《汲郡竹书》及《穆天子传》，穆王西征，见西王母，执璧帛之好，献锦组之属。穆王享王母于瑶池之上，赋诗往来，辞义可观。遂袭昆仑之丘，游轩辕之宫，眺锺山之岭，玩帝者之宝，勒石王母之山，纪迹玄圃之上。乃取其嘉木艳草、奇鸟怪兽、玉石珍瑰之器、金膏烛银之宝，归而殖养之于中国。穆王驾八骏之乘，右服盗骊，左骖騄耳，造父为御，奔戎为右，万里长骛，以周历四荒，名山大川，靡不登济。东升大人之堂，西燕王母之庐，南轹鼋鼍之梁，北蹑积羽之衢。穷欢极娱，然后旋归。案《史记》说穆王得盗骊騄耳骅骝之骥，使造父御之，以西巡狩，见西王母，乐而忘归，亦与《竹书》同。《左传》曰："穆王欲肆其心，使天下皆有车辙马迹焉。"《竹书》所载，则是其事也。而谯周之徒，足为通识瑰儒，而雅不平此，验之史考，以著其妄。司马迁叙《大宛传》亦云："自张骞使大夏之后，穷河源，恶睹所谓昆仑者乎？至《禹本纪》、《山海经》所有怪物，余不敢言也。"不亦悲乎！若《竹书》不潜出于千载，以作徵于今日者，则《山海》之言，其几乎废矣。

　　若乃东方生晓毕方之名，刘子政辨盗械之尸，王颀访两面之客，海民获长臂之衣，精验潜效，绝代县符。於戏！群惑者其可以少寤乎？是故圣皇原化以极变，象物以应怪，鉴无滞赜，曲尽幽情，神焉廋哉！神焉廋哉！盖此书跨世七代，历载三千，虽暂显于汉而寻亦寝废。其山川名号所在多有舛谬，与今不同，师训莫传，遂将湮泯。道之所存，俗之所丧，悲夫！余有惧焉，故为之创传，疏其壅阂，辟其茀芜，领其玄致，标其洞涉。庶几令逸文不坠于世，奇言不绝于今，夏后之迹，靡刊于将来；八荒之事，有闻于后裔，不亦可乎！夫翳荟之翔，匠以论垂天之凌；蹄涔之游，无以知绛虬之腾。钧天之庭，岂伶人之所蹑；无航之津，岂苍兕之所涉。非天下之至通，难与言《山海》之义矣。呜呼！达观博物之客，其鉴之哉！

# 主要参考书目

| | |
|---|---|
| 司马迁《史记》 | 中华书局本 |
| 王献唐《炎黄氏族文化考》 | 齐鲁书社本 |
| 郭璞《山海经注》 | 岳麓书社《山海经·穆天子传》本 |
| 杨慎《山海经补注》 | 浙江古籍出版社《百子全书》本 |
| 王崇庆《山海经释义》 | 岳麓书社《山海经·穆天子传》本 |
| 毕沅《山海经新校正》 | 浙江书局《二十二子》本 |
| 郝懿行《山海经笺疏》 | 巴蜀书社本 |
| 吕调阳《五藏山经传》 | 武汉大学出版社本 |
| 袁珂《山海经校注》 | 巴蜀书社本 |
| 《尔雅》 | 清乾隆间孔继汾家刻《尔雅音注》本 |
| 《尔雅注疏》 | 清康熙间宝旭斋刻本 |
| 《尚书》 | 清光绪间善成堂《书经备旨辑要善本》 |
| 伏胜《尚书大传》 | 清陈寿祺《尚书大传辑校》家刻本 |
| 《周易》 | 上海古籍出版社《周易译注》本 |
| 《周礼》 | 清同治间同德堂刻本 |
| 《黄帝内经》 | 浙江古籍出版社本 |
| 管仲《管子》 | 中华书局《诸子集成》本 |
| 左丘明《左传》 | 北京出版社本 |
| 庄周《庄子》 | 中华书局《诸子集成》本 |
| 尸佼《尸子》 | 华东师范大学出版社本 |
| 《诗经》 | 清乾隆间文成堂《诗经阐著备考大全》本 |
| 商鞅《商君书》 | 中华书局《商君书注释》本 |
| 韩非《韩非子》 | 山东人民出版社本 |

《列子》　　　　　　　　　　中华书局《诸子集成》本

《国语》　　　　　　　　　　民国间上海鸿宝斋石印本

屈原等《楚辞》　　　　　　　上海古籍出版社本

吕不韦等《吕氏春秋》　　　　北京出版社本

班固《汉书》　　　　　　　　中华书局本

班固《白虎通义》　　　　　　清成锦堂本

刘安等《淮南子》　　　　　　中华书局《诸子集成》本

许慎《说文解字》　　　　　　九州出版社本

陆贾《新语》　　　　　　　　中华书局《诸子集成》本

王符《潜夫论》　　　　　　　中华书局《诸子集成》本

应劭《风俗通》　　　　　　　中华书局《风俗通义校注》本

《古本竹书纪年》　　　　　　上海人民出版社《古本竹书纪年辑校订
　　　　　　　　　　　　　　正》本

皇甫谧《帝王世纪》　　　　　辽宁教育出版社《帝王世纪山海经逸周
　　　　　　　　　　　　　　书》本

谯周《古史考》　　　　　　　清光绪间训纂堂刻本

王嘉《拾遗记》　　　　　　　中华书局本

葛洪《抱朴子》　　　　　　　中华书局《诸子集成》本

郦道元《水经注》　　　　　　文学古籍刊行社本

郑樵《通志》　　　　　　　　中华书局本

罗泌《路史》　　　　　　　　商务印书馆本

《春秋命历序》　　　　　　　河北人民出版社本

李吉甫《元和郡县志》　　　　中华书局《中国古代地理总志丛刊》本

李时珍《本草纲目》　　　　　陕西师范大学出版社本

王守仁《历朝纲鉴会纂》　　　清乾隆间晋祁书业本

董斯张《广博物志》　　　　　上海古籍出版社本

郭沫若《中国史稿》　　　　　人民出版社本

谭其骧《简明中国历史地图集》　中国地图出版社本

石朝江《苗学通论》　　　　　贵州民族出版社本

# 后 记

　　我是在"文革"后恢复高考不几年考上大学的，在大学读的是理科，然而我又酷爱文学。因为那个年代是我国改革开放之初，从国家这个层面讲，是百废待举、百废待兴；从个人这个层面讲，需要迅速穿过"文革"给人们带来的文化上的荒漠。即便是作为天之骄子的大学生们，这个文化上的荒漠也是存在的。因此，阅读成了那时人们工作之外、课业之余的第一需要。阅读的首选当然是文学，"文学热"成了中国社会的"第一热"。"炒股热"、"炒房热"、"下海热"等等，那都是后来之"热"，其规模和影响远不如那时的"文学热"。据说，那个时候，你如果不是文学青年，是不好找对象的。

　　那时，我也受到了"文学热"的"裹挟"，在大学期间阅读了大量的欧美文学和中国当代文学作品。大学毕业后，我被分到一所农村中学任教，欧美文学是看不到了。上帝对我关上一道门，却为我打开了一扇窗。因为中学图书室并不多的书籍中有一套中华书局出版的《二十四史》。竖排版、繁体字、文言文这三个"拦路虎"似乎比较轻易地被突破了，于是，我又爱上了古籍。几年后，我离开了教育行业，从事行政工作，但阅读古籍的爱好仍然未改变，只不过把阅读重点放在了先秦古籍，或者有先秦内容的古籍上。"九夷、八狄、七戎、六蛮，谓之四海"这句话，似乎早已知悉，但是并没有与《山海经》这部奇书结缘。

　　再后来，读到了当代著名经学家、金石学家王献唐先生的《炎黄氏族文化考》一书。这部书中对中华文明的起源探讨入微、论述细腻，对上古时期发生的炎黄民族融合讲得透彻、论证充分。从《炎黄氏族文化考》中，自己对氏族、世系和炎黄民族融合的长期性、复杂性和残酷性、曲折性进一步加深了理解。当然，这个时候，还是没有与《山海经》这部奇书结缘。

　　与《山海经》结缘，缘自与弟弟广岳的一次对话。胞弟广岳勤奋、善思考，在鲁之邮储银行行长任上，写出了《周易易读》一书，一年三印。后来升至蜀郡邮政集

368

团老总。在与他送行时，他说，他想写一本有关《山海经》的书，我听后随口答道：
"《山海经》之海是人文之海，'九夷、八狄、七戎、六蛮，谓之四海'；《山海经》之
荒是人文之荒，源自中国古代的'五服'制度中的'荒服'；《山海经》之神是神守诸
侯，也就是后世之'绅'。"听完我说的话，他似乎很吃惊，惊奇的看着我说："你有
这种认识，何不把她解出来！"

　　于是，当我把《山海经》这部奇书再次拿出来，端在手中的时候，自己对她的认
识似乎超出了书中注解的范畴，我觉得这部书在我的手中"活"了起来。我看到：我
们的大中华在人文之初的时候，就是一个大一统的格局，有伏羲、女娲世系、神农
氏炎帝世系先后领导中华先民披荆斩棘、走出蛮荒、走向文明。在这之后，黄帝崛
起于西北游牧区，通过战争等手段走进我们的民族大家庭中。《山海经》所描述的
时代就是这样的一个时代：氏族林立，邦国比邻，有战争，有和平，纵横捭阖，民族
融合艰难地进行着。对这期间发生的历史事件，《山海经》用神话的笔触、象征性
的描写为我们真实地记录下来。

　　接下来，自己似乎自然而然地进入注解的环节，查古籍、查资料，乐此不"彼"，
乐此不"疲"，一年有余，书稿成型，蔚然可观。

　　邢兆泉君是我的挚友，早年间他辞去自己的正式工作，专门从事起收集古籍的
工作，收获颇丰，故他家书架便成了我的图书室。借书、阅书、还书，议论中受益良
多。董娟女士是我的同事，业余时间承担起书稿打印工作。在这里，向两位表示诚
挚的谢意。

韩广峰

2014年4月30日于昼锦堂